CIVILISATIONS DU PROCHE-ORIENT

HORS SERIE
VOLUME 2

Série éditée par N. PONS

RECHERCHES ET PUBLICATIONS
Neuchâtel - Paris
1996

Abréviation recommandée pour ce volume : *CPO* HS 2

Recherches et Publications
Neuchâtel - Paris

Texte saisi en CunéiType 1, dessiné par D. Charpin.

Couverture : fragment de coupe à glaçure, Iraq - Iran (IXe s.).

ISBN 2-940032-07-6   ISSN 1420-7737

L'ouvrage présenté ici, le second des Hors Série de la collection *Civilisations du Proche-Orient*, réunit une abondante documentation provenant d'un site particulièrement important de l'Arménie médiévale. L'ensemble des travaux réalisés à Dvin est pris en compte, ce qui permet une large vision du matériel archéologique de cette époque. Le contexte historique est également évoqué et mis en relation avec les observations sur le terrain ; notons que l'époque des sources citées telles celles de Moïse de Khoren ou de Faust de Byzance ne font pas l'unanimité des chercheurs. La conviction de l'auteur a cependant été pleinement respectée dans cet ouvrage.

Au sujet de la transcription, deux conventions ont généralement été adoptées : 'sh' pour le 'ch' français et 'u' pour le 'ou' français, sauf pour certains noms d'auteurs.

Enfin, nous tenons à remercier très vivement le Professeur A. Mekhitarian (Bruxelles) pour l'attention qu'il a manifestée à ce livre. Notre reconnaissance va également à la Fondation Gulbenkian de Lisbonne et à des donateurs anonymes sans le soutien desquels ce livre n'aurait pu paraître. Mentionnons également la gentillesse de Marina Mkhitarian (Erévan) qui a bien voulu assumer la saisie de la bibliographie.

N. P.

Pour le mil sept centième anniversaire de
l'adoption du christianisme en Arménie en 301.

ACADEMIE NATIONALE DES SCIENCES D'ARMENIE

INSTITUT D'ARCHEOLOGIE ET D'ETHNOGRAPHIE

DVIN

HISTOIRE ET ARCHEOLOGIE DE LA VILLE MEDIEVALE

par

ARAM A. KALANTARIAN

traduit de l'arménien par

AÏDA TCHARKHTCHIAN

Ouvrage publié avec le concours de la
Fondation Calouste Gulbenkian
et d'amis arméniens de Belgique

RECHERCHES ET PUBLICATIONS
Neuchâtel - Paris
1996

SOMMAIRE

Table des figures dans le texte IX

INTRODUCTION 1
    Aperçu des fouilles archéologiques 6

CHAPITRE I
    Histoire politique de la ville 11

CHAPITRE II
    La stratigraphie 35

CHAPITRE III
    Architecture et urbanisme 55

CHAPITRE IV
    Le commerce, la circulation monétaire et les métiers 87

CHAPITRE V
    Les bulles du haut Moyen Age et certaines questions
    d'ordre social et économique 97
      Représentations d'êtres humains 109
      Représentations d'animaux 110
      Représentations d'oiseaux 111
      Représentations de plantes 112
      Représentations d'animaux fantastiques 112
      Symboles, neshans, monogrammes 113

CHAPITRE VI
    La céramique 115
      Les complexes de production 115
      La céramique des Ve-VIIIe siècles 119
      La céramique d'usage courant 121
      La céramique sans glaçure des IXe-XIIIe siècles 123
      Les éléments de construction en céramique 124
      Les jarres 124
      Les cruches 124
      Les pots 125
      Les coupes 125
      Les lampes 126
      Les récipients à paroi épaisse, dits "sphéro-coniques" 126
      Les couvercles 126
      Les décors 127
      La céramique à glaçure des IXe-XIIIe siècles 129
      La céramique monochrome 129
      La céramique peinte polychrome 130
      La céramique du Xe siècle 133

CHAPITRE VII

    La verrerie aux Ve - XIIIe siècles 137

      Le procédé du traitement à froid 139
      Le procédé du soufflage dans une forme 140
      Le procédé du soufflage libre 140
      Les verres cylindriques 144
      Les cruches 146
      Les flacons 146
      Les coupes 147
      Les lampes 148
      La verrerie peinte 150

CHAPITRE VIII

    Le traitement des métaux 157

      Les objets forgés 158
      Les armes 158
      Les objets en cuivre 165
      La joaillerie 166

Conclusion 168

GLOSSAIRE 171

BIBLIOGRAPHIE 173

RESUMÉ EN ARMÉNIEN 191

PLANCHES *in fine*

Les photographies sont dues à R. Hacopian, G. Jamkotchian, M. Aharonian, V. Hacopian, P. Nazarian et A. Kalantarian ; les dessins à N. Khanzadian.

TABLE DES FIGURES DANS LE TEXTE

Fig. 1.   Carte du Caucase méridional (d'après *AMI* 25, 220). 2

Fig. 2.   Plan général de la ville relevé par R. Ker-Porter en 1817 (d'après H. HACOPIAN, 1934, fig. 2). 4

Fig. 3.   Plan général de la ville d'après F. DUBOIS DE MONTPÉREUX (1834). 4

Fig. 4.   Plan général de la citadelle de la ville d'après N. MARR (1899). 4

Fig. 5.   Plan schématique de la ville d'après B. KHALATIAN (1908). 8

Fig. 6.   Plan des bâtiments de la période antique sur la citadelle. Au centre : l'église à trois nefs du IVe siècle. Relevé de K.K. Ghafadarian. 37

Fig. 7.   Plan général du quartier central de la ville. A : palais du *catholicos*, Ve siècle. B : cathédrale, IVe-IXe siècles. C : palais du *catholicos*, VIIe siècle. D : basilique mononef, Ve siècle. 38

Fig. 8.   Plan du palais du *catholicos* (Ve siècle) et des restes d'habitations du IXe siècle. Relevé de K.K. Ghafadarian. 39

Fig. 9.   Coupe sur l'édifice monumental à côté de la tour sud (Ve-Xe siècles). Relevé de K.K. Ghafadarian. 43

Fig. 10.   Plans des différentes sub-couches au sommet de la colline. 1-3 : Xe-XIIIe ss. 3a : IXe s. 4 : VIIIe s. 5-6 : Ve-VIIe ss. Rel. de K.K. Ghafadarian. 44

Fig. 11.   Plan d'une habitation située à l'ouest de la cathédrale (IXe siècle). Rel. de G.K. Kotchoyan. 46

Fig. 12.   Récipients à glaçure. 1-8 : IXe siècle. 9-19 : XIe-XIIIe siècles. 47

Fig. 13.   Plan du quartier artisanal sur le versant ouest de la citadelle (XIIe-XIIIe siècles). Relevé de K.K. Ghafadarian. 49

Fig. 14.   Plan du secteur sud de la citadelle. Relevé de K.K. Ghafadarian. 51

Fig. 15.   Plan général de la ville par K.K. Ghafadarian. 1 : la citadelle. 2 : le quartier central. 3 : l'enceinte. A : le palais du *catholicos*, Ve siècle. B : la cathédrale, IVe-IXe siècles. C : le palais du *catholicos*, VIIe siècle. D : l'édifice monumental, Ve-VIe siècles. 56

Fig. 16.   Plans de la cathédrale (relevés par G.K. Kotchoyan, architecte). 1 : IVe-Ve siècles. 2 : Années 470-480. 3 : 607-618. 4 : Plan de l'église mononef (Ve siècle). 61

Fig. 17.   Plans de l'église à trois nefs et de la citadelle. 1 : reconstruction de G.K. Kotchoyan. 2 : reconstruction de K.K. Ghafadarian. 3 : Plan de l'église St.-Julien (399-402) à Brād (Syrie du Nord). 64

Fig. 18.   Plan du palais du *catholicos* (Ve siècle) et du temple du feu par K.K. Ghafadarian. 70

Fig. 19.   Plan des vestiges du temple du feu, VIe siècle ; relevé par K.K. Ghafadarian. 71

Fig. 20.   1 : reconstruction de la couverture du palais du *catholicos* (VIIe siècle) d'après V.M. Haroutunian. 2 : plan du palais du *catholicos* (VIIe siècle). 73

Fig. 21.   Plans du palais du *catholicos* (VIIe siècle). 1 : d'après G.K. Kotchoyan. 2-4 : d'après K.K. Ghafadarian. 75

Fig. 22.   Plan des vestiges du palais arabe (VIIIe siècle) par K.K. Ghafadarian. 79

Fig. 23.   Plan des bâtiments du secteur nord-ouest de la citadelle par K.K. Ghafadarian. 82

Fig. 24.   Plan général de la citadelle (Xe-XIIIe siècles). Relevé de G.K. Kotchoyan. 84

Fig. 25.   1-2 : conduites d'eau dans le secteur des ateliers ; plan et coupes. 3 : plan et coupes de l'un des secteurs (relevé de G.K. Kotchoyan) 116

Fig. 26.   Principales formes de verreries du haut Moyen Age. 142

Fig. 27.   Principales formes de verres cylindriques à parois épaisses (IXe siècle). 145

Fig. 28.   Principales formes de lampes (IXe siècle). 149

Fig. 29.   Principales formes de verres et de coupes des XIe-XIIIe siècles. 152

Fig. 30.   Principales formes de flacons des IXe-XIIIe siècles. 153

Fig. 31.   Principales formes de la production métallurgique (fer) du haut Moyen Age. 1-4, 16 : outils. 5-11, 13-15 : couteaux et dagues. 17-18, 23-31 : pointes de flèches. 19-22 : fers de lances. 32-35 : éléments d'armure (Ve-VIIIe siècles). 160

Fig. 32.   Outils et armes des VIIIe-XIIIe siècles. 161

Fig. 33.   Objets en fer provenant d'une forge (IXe-XIIIe siècles). 163

Fig. 34.   Coutcaux, dagues, pointes de flèches des VIIe-XIIIe siècles. 164

Fig. 35.   Ornements en bronze (Xe-XIIIe siècles). 167

Fig. 36.   1-6, 11 : ornements en argent (VIIe s.). 7-10, 28-30 : récipients provenant du trésor de Nor-Bayazet (Ve-VIe ss.). 12, 13, 15-16 : ornements en cuivre (Ve-VIIe ss.). 14 : croix en or (VIIe s.). 17-22, 24-26, 31, 32, 34-35 : empreintes de sceaux sur bulles d'argile (VIe-VIIe ss.). 23, 27, 33 : gemmes (IVe-VIe ss.). 36, 37 : poids byzantins (VIe-VIIe ss.). 169

INTRODUCTION

L'étude archéologique des sites médiévaux d'Arménie commence à la fin du 19ème siècle, en 1892, lorsque N.Y. Marr entreprit des recherches dans la ville d'Ani, important centre et capitale de l'Arménie bagratide entre 961 et 1045. Ces fouilles ont révélé une riche documentation archéologique dont l'étude a permis d'éclaircir un certain nombre de questions relatives à l'économie, l'artisanat, l'architecture et l'art de l'Arménie médiévale. Toutefois, ces recherches restent inachevées ayant dû être interrompues en 1918.

Les fouilles commencées à Dvin en 1937 par S. Ter-Avétissian acquièrent dès lors une importance capitale pour l'intelligence de l'histoire médiévale arménienne et constituent, en fait, le début d'une deuxième étape de cette étude. Le présent ouvrage expose les résultats des fouilles de cette cité qui a joué un rôle important dans la vie économique et culturelle de la Transcaucasie et du Proche-Orient.

L'apparition de Dvin sur la scène historique date des années 330 ; elle est alors la capitale des Arsacides arméniens (IVe-Ve ss.). Elle devient ensuite la résidence des gouverneurs-*marzpans* arméniens (Ve-VIIe ss.). Durant le VIIIe s. et la première moitié du IXe, Dvin est le centre administratif de la province arabe d'Arminia puis celui des émirs semi-indépendants (Xe-XIIe ss.) et enfin celui des Zakarides dans la première moitié du XIIIe s.

Cette apparition de Dvin sur la carte de l'Arménie se situe dans une période politique mouvementée (fig. 1). En effet, durant les premiers siècles de l'ère chrétienne — surtout aux IIIe et IVe ss. — on observe une consolidation du régime féodal : extension des grands domaines, luttes de plus en plus âpres entre les paysans et les *nakharars*, décadence des villes et crise des échanges commerciaux internationaux. Les villes souffrent également des campagnes de Shapur II qui détruisent les centres artisanaux et économiques du pays dans les années 360. L'activité économique et politique est transférée dans les châteaux, ce qui explique la décadence des villes et la transition vers une économie naturelle (S.T. ERÉMIAN, 1984, 9).

Dans ces conditions, la tentative des rois arsacides de fonder une nouvelle ville n'est pas très appréciée et au début la ville se développe lentement. Dvin n'acquiert son aspect définitif avec tous les attributs propres à une ville qu'après la consolidation définitive des relations féodales dans toutes les sphères de la vie économique et politique du pays.

La destinée historique de la ville a un développement tragique. Dès sa fondation au IVe siècle et jusqu'à sa destruction au cours de la première moitié du XIIIe, elle subit plus d'une fois les invasions des Perses, des Byzantins, des Arabes, des Seldjukides et des Mongols qui s'approprient les richesses innombrables, tuent les habitants ou les font prisonniers. L'histoire de Dvin est celle d'une lutte constante contre les envahisseurs. Au IXe siècle, la ville subit de grands dommages à cause des séismes dont parlent toutes les sources arméniennes et étrangères de l'époque et des siècles suivants. Mais la ville vit, elle se reconstruit et se relève grâce à l'art des tailleurs de pierre, des bâtisseurs et des artisans du bâtiment, grâce aussi à la vitalité de sa population. Toutefois, le temps aidant, les possibilités d'un peuple privé de sa souveraineté s'épuisent. Impitoyablement détruite par les Mongols, la capitale jadis célèbre est désertée par ses habitants et vouée à l'oubli. Des splendides bâtiments rasés ne subsistent que des dépressions et des monticules inexpressifs. Seules, les puissantes murailles de terre rappellent la gloire et la majesté de la ville ancienne.

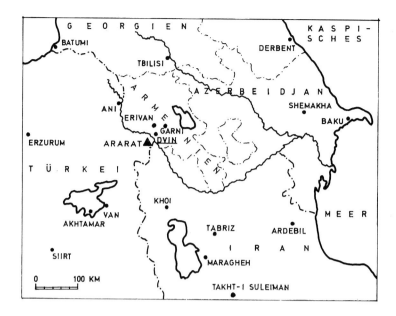

Fig. 1. Carte du Caucase méridional (d'après *AMI* 25, 220).

Dvin occupe une place particulière dans l'historiographie arménienne. Elle est mentionnée de nombreuses fois à partir du Ve siècle. La fondation de la ville et sa transformation en résidence des rois arsacides arméniens sont narrées par Paustos Buzand (édit. 1912) et Movsès Khorénatsi [1] (édit. 1913). Ils décrivent en détail la construction des bâtiments palatiaux par le roi Khosrow II ainsi que les plantations de forêts. Toutes les mentions ultérieures concernant Dvin comme capitale du royaume d'Arménie sont exclusivement basées sur ces renseignements.

L'œuvre de Lazare Parpétsi (édit. 1907) — l'une des sources digne de foi de la seconde moitié du Ve siècle — décrit en détail l'insurrection des années 480, événement au centre duquel se trouve Dvin qui, selon l'historien, est déjà capitale de l'Arménie (*bun vostan Hayots*) et où se déroulent bien des événements d'importance nationale.

En décrivant la situation politique générale du pays, Sébéos (édit. 1979) laisse une place de choix à Dvin ; il décrit la révolte des années 571-572, la prise de la ville lors des premières campagnes arabes en automne 640 ainsi que les grands travaux entrepris par le *catholicos* Nersès Tayétsi à cette même époque.

D'intéressants renseignements sur Dvin durant l'occupation arabe sont donnés par Ghévond (édit. 1887). C'est la source la plus ancienne concernant les grands travaux de fortifications entrepris par les Arabes au début du VIIIe siècle. Dvin y est aussi mentionnée comme un grand centre de fabrication d'armes.

Les sources anciennes mentionnent également l'existence d'un diocèse dans la région de Dvin (Hovhan Mamikonian, édit. 1941). Sur la voie commerciale venant de Bactriane et qui, en allant vers le nord, traverse l'Arménie, Dvin est un important centre de transit (Anania Shirakatsi, édit. 1944).

---

[1]   A la fin du XIXe siècle et au début du XXe, un groupe de chercheurs (A. Gutschmidt, O. Carrière, G. Khalatiantz, etc.) mettent en doute le siècle traditionnellement reconnu où vécut et œuvra Movsès Khorénatsi, le plus grand représentant de l'historiographie médiévale arménienne, et en reculent la datation jusqu'aux VIII-IXe siècles, eu égard surtout à certaines inexactitudes dans la mention des sources, mais négligeant une richissime documentation digne de foi. Des spécialistes bien plus compétents de l'œuvre de Khorénatsi, tels F. Conybeate, M. Abéghian, S. Malkhassian, G. Sarkissian, n'ont jamais mis en doute le fait que cet historien ait réellement vécu et écrit au Ve siècle. Certains renseignements autobiographiques contenus dans l'*Histoire d'Arménie* de Movsès Khorénatsi attestent qu'il fut l'élève de Mesrop Machtotz, créateur de l'alphabet arménien.

L'une des sources les plus importantes pour l'histoire de l'Arménie et de Dvin aux IX-Xe siècle est l'œuvre du *catholicos* Hovhannès Draskhanakertsi (édit. 1912). Contemporain des événements, il décrit dans le détail les différentes étapes de l'histoire de la ville : luttes entre les Bagratides et les Arabes pour la domination de la ville, séismes et autres événements. Nombre de ces témoignages sont confirmés par Thovma Artzruni (édit. 1917). Par ailleurs, d'intéressantes informations sur la période des Shédaddides, le gouvernement d'Abu-l-Asvar et les relations avec l'empire byzantin (XIe-XIIIe siècles) nous parviennent d'Aristakès Lastivertsi (édit. 1968) et de Matthéos Urhaétsi (édit. 1898). Elles sont complétées, entre autres, par Stépanos Orbélian et Kirakos Gandzakétsi.

L'histoire de Dvin est également éclairée par des auteurs byzantins [2], syriens [3], arabes [4], géorgiens [5] et dans d'autres sources dont l'analyse détaillée est donnée dans différents chapitres, selon la diversité des problèmes.

Pendant environ quatre siècles, du XIVe au XVIIe, les sources écrites passent le nom de Dvin sous silence. C'est à partir du XVIIIe siècle qu'on voit apparaître dans les œuvres géographiques d'auteurs arméniens, tels Z. Agoulétsi (édit. 1938) et Mesrop Taghiadian (édit. 1975), et de voyageurs européens comme J. TAVERNIER (1678), CHARDIN (1902), F. DUBOIS DE MONTPÉREUX (1839) entre autres, la description des ruines de Dvin et des villages apparus sur le territoire de la ville. Ces observations présentent un grand intérêt pour les chercheurs et surtout pour l'éclaircissement des questions discutables relatives à la topographie de la ville. Il est toutefois nécessaire de noter que les voyageurs européens sont à l'origine d'une confusion topographique relative à l'emplacement des villes d'Artashat et de Dvin, confusion dont l'une des raisons est le nom du village Ardashar-Artashar-Ardashir (actuellement Haut-Artashat) situé près des ruines de Dvin. Néanmoins, cette confusion est compensée par la description du site contenue dans les œuvres des voyageurs.

J. Morier, diplomate anglais, ayant visité Dvin en 1814, note une analogie entre les ruines de cette ville avec celles de Rey [6] : "A proximité des ruines principales, on voit le village nommé Artashir et beaucoup d'autres dispersés à l'intérieur des vestiges encore debout des fortifications" [7].

L'Anglais R. Ker-Porter visite Dvin en 1817. Il décrit les ruines et relève le plan général de la ville et de la citadelle (fig. 2) : "Je me trouvais dans une petite ville dont rien ne subsistait … ni monuments, ni coupoles, ni murs d'édifices, tout était détruit … A Ani, j'étais entouré de majestueux monuments d'énormes dimensions. A Artashat, je me tenais sur leurs tombes …" [8].

En 1834, les ruines de Dvin sont visitées par F. DUBOIS DE MONTPÉREUX (1839) qui relève le plan du site qu'il nomme plan d'Artashat (fig. 3). Il écrit : "Où qu'on regarde, on voit les vestiges du passé, rien ne subsiste, ni colonnes, ni plafond, ni même les murs à demi-démolis des maisons. Tout est enfoui sous terre".

En 1816, Mesrop Taghiadian (édit. 1975, 95-96) détermine nettement l'emplacement de Dvin et d'Artashat : "En remontant le cours de la rivière (de Garni), nous avons découvert les ruines de l'enceinte d'une ville puissante qui, selon l'archimandrite Poghos, sont les vestiges de l'ancienne Dvin, *Vostan* d'Arménie".

Les sites de la vallée de l'Ararat ne deviennent accessibles aux spécialistes russes qu'après 1828, lorsque les *khanats* d'Erévan et de Nakhtchavan sont rattachés à l'Empire Russe [9].

---

[2] Procope de Césarée (édit. 1880 et 1967) ; Constantin Porphyrogénète (édit. 1970) ; Jean de Scylla (édit. 1979).

[3] *Sources syriaques*, 1976.

[4] *Sources arabes*, 1965, Ibn al-Assir (édit. 1981), Baladzori (édit. 1927) et d'autres.

[5] L. MÉLIKSET-BEK, 1934 et 1936 ; Matiané Kartlissa (édit. 1976) ; *Chronographie géorgienne*, 1971.

[6] Ville médiévale de Perse, située non loin de Téhéran, connue pour sa production de faïence.

[7] HACOPIAN, 1934, 315-316.

[8] HACOPIAN, 1934, 770-772.

[9] K.G. GHAFADARIAN, 1952, 17 ; A.A. KALANTARIAN, 1988a, 22-23.

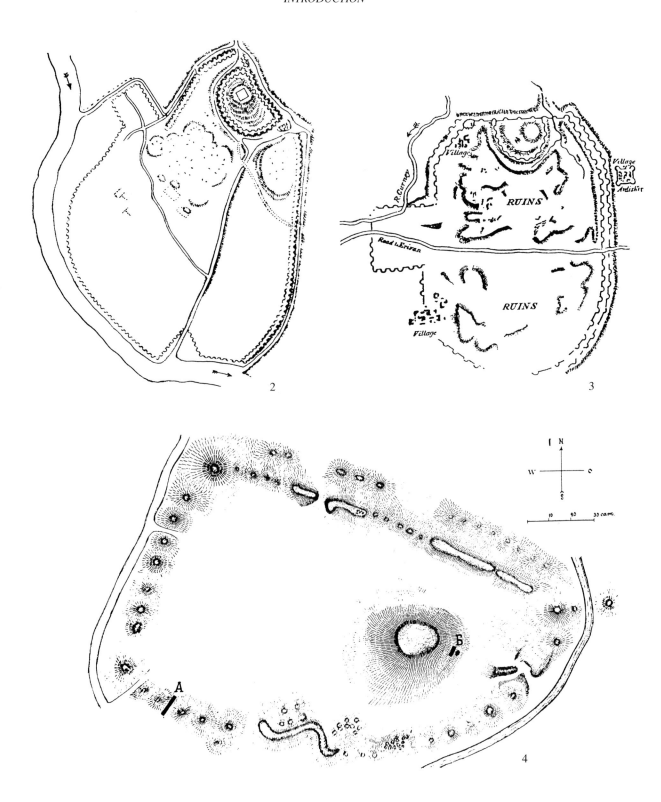

Fig. 2. Plan général de la ville relevé par R. Ker-Porter en 1817 (d'après H. HACOPIAN, 1934, fig. 2).
Fig. 3. Plan général de la ville d'après F. DUBOIS DE MONTPÉREUX (1834).
Fig. 4. Plan général de la citadelle de la ville d'après N. MARR (1899).

Dans le contexte de l'étude des villes médiévales d'Arménie, l'histoire de Dvin présente une importance spéciale. Il n'est donc pas fortuit que nombre de conclusions et de généralisations relatives à l'apparition, au développement, à l'économie et aux relations socio-culturelles de ces villes soient fondées sur les documents de Dvin [10]. De très nombreux ouvrages sont consacrés à Dvin. Dès le XVIIIe siècle, dans sa volumineuse "Histoire d'Arménie", M. TCHAMTCHIAN (1784, 1785), se fondant sur les sources sans les soumettre à aucune critique, relate différents épisodes de l'histoire de Dvin. Malheureusement, ils font partie de tous les ouvrages concernant l'histoire de l'Arménie publiés au XIXe siècle.

Les événements de Dvin ont leur écho même dans les œuvres fondamentales consacrées à l'histoire générale du peuple arménien [11].

Au début de notre siècle, on voit apparaître l'ouvrage de M. Ormanian, consacré à l'histoire ecclésiastique de l'Arménie médiévale, où nombre d'aspects politiques de l'histoire de Dvin et de questions chronologiques sont exposés sous un jour nouveau.

En 1934 et 1936, H. Manandian publie ses travaux sur l'histoire des villes, des métiers et du commerce, dans lesquels il établit la place de Dvin dans l'économie du pays.

Un premier essai d'étude générale historico-géographique de Dvin est entrepris par A. CHAHNAZARIAN (1940). Malheureusement, l'auteur ne tient pas compte des documents produits par les fouilles de 1936-1939, ce qui est à l'origine de toute une série d'erreurs dans l'appréciation du rôle économique de Dvin dans la vie du pays à différentes périodes, surtout pour la dernière. Toutefois, l'auteur apporte sa contribution à l'intelligence d'un certain nombre de questions relatives à l'histoire de la ville aux Ve-VIIe siècles.

Immense est la contribution de A.N. TER-GHÉVONDIAN (1965, 1977) pour la connaissance de l'histoire de Dvin à la période arabe et des relations entretenues par les Bagratides avec les émirats arabes. L'auteur a recours à des sources nouvelles et donne une autre interprétation à de nombreuses questions d'ordre politique et socio-économique, ainsi qu'une appréciation réelle du rôle de Dvin en tant que centre de la satrapie (*vostikanoutiun*) du nord du Califat ; la chronologie de la ville est exposée pour la première fois.

Avant 1937, époque à laquelle débutent des fouilles systématiques à Dvin, les publications archéologiques ne sont que fortuites. Citons le rapport de N.Y. MARR (1902) concernant les prospections de 1899, de petits entrefilets publiés dans les journaux par l'archimandrite Khatchik Dadian sur les fouilles de 1907-1908 ("Ararat", 1907, 1909). Après 1937, de nombreux articles et monographies sont consacrés à Dvin.

Le manuscrit de S.V. TER-AVÉTISSIAN (1939), directeur des fouilles, contient d'amples informations sur les fouilles de 1937-1939.

Les ouvrages de K.G. Ghafadarian, chef de l'expédition de 1946 à 1976, constituent une contribution immense à l'étude de cette question. Citons son œuvre fondamentale [12] relative à l'étude de la culture matérielle et de la production artisanale de Dvin, monographie qui expose les résultats des fouilles des années 1937-1972. L'auteur y donne la description détaillée des fouilles, il étudie l'architecture ainsi que divers domaines de l'artisanat. Il y fait également d'intéressantes remarques sur les hautes périodes du développement de la ville tout en passant en revue les sources arméniennes et étrangères ainsi que les notes des voyageurs russes et européens.

Une place de choix parmi les œuvres consacrées à ce sujet revient aux ouvrages de V.A. ABRAHAMIAN (1946, 1956) et à la monographie en deux volumes de B.N. ARAKÉLIAN (1958, 1964). Les articles de B.A. CHELKOVNIKOV (1940, 1942, 1942a, 1952) consacrés à la céramique et aux verreries de Dvin, sont d'un intérêt capital.

---

[10]   Cf. B.N. ARAKÉLIAN, 1958, 1864.

[11]   Voir, entre autres, LÉO, 1967 ; H.A. MANANDIAN, 1977, 1978, 1981 ; S.T. ERÉMIAN, 1971, 1976, 1984.

[12]   K.G. GHAFADARIAN, 1952, 1982.

La verrerie de Dvin est minutieusement étudiée par H.M. Djanpoladian qui en donne l'appréciation et en établit la part dans les différents domaines de l'économie du pays. Ces questions, et bien d'autres, sont résumées dans une monographie consacrée aux verreries de Dvin des IX-XIIIe siècles [13]. Un autre ouvrage du même auteur, écrit en collaboration avec A.A. Kalantarian, présente une partie de ces verreries comme produits des échanges commerciaux [14]. H.M. DJANPOLADIAN (1982a) est aussi la première à publier les vases sphéro-coniques de Dvin.

Les objets métalliques sont étudiés dans l'ouvrage de N.G. HACOPIAN (1981) où l'auteur résume les résultats de longues recherches sur le travail artistique du métal, les ornements ... L'ouvrage de A.S. JAMKOTCHIAN (1981) est consacré à la faïence ; les traits caractéristiques des articles locaux sont cernés et l'auteur tente de préciser les principaux centres exportateurs d'objets en faïence en Arménie et, plus particulièrement à Dvin. Non moins digne d'attention est l'ouvrage de P. BABAYAN (1981) sur la céramique et le symbolisme de son ornementation.

Certains ouvrages sont consacrés aux autres domaines de la production artisanale. G.H. KARAKHANIAN (1954) étudie la céramique estampée de Dvin ; l'ouvrage, consacré aux bulles en argile, permet d'éclaircir un certain nombre d'activités en relation avec le commerce et les échanges internationaux.

Deux monographies de Kh.A. MOUCHÉGHIAN [15] présentent l'histoire de la circulation monétaire et les principales voies de relations internationales reconstituées d'après les pièces de monnaies découvertes.

Nous avons entrepris d'étudier certaines questions se trouvant en relation avec la culture du haut Moyen Age de Dvin [16], de présenter le tableau stratigraphique du quartier central de la ville et de préciser la chronologie des différents groupes d'édifices profanes et d'objets de la production matérielle [17].

L'ouvrage de K.K. KOUCHNAREVA (1977) est consacré à la culture matérielle de Dvin de la haute période, tandis que les nombreux articles et monographies de G.G. KOTCHARIAN (1991 [18]) traitent de la période hellénistique.

Nombre d'ouvrages sont consacrés à l'architecture de Dvin. Les édifices monumentaux du haut Moyen Age de la ville sont étudiés par V.M. HAROUTUNIAN (1950) et N.M. TOKARSKI (1946, 1961), les édifices du culte par M. D'ONOFRIO (1973). Différents articles traitent des questions relatives à l'urbanisme et précisent la chronologie de la ville [19].

Le présent ouvrage tient compte d'une vaste littérature consacrée aux régions voisines, au Proche-Orient, à l'Asie Centrale, à Byzance ... et présente différents aspects de l'architecture, de la production matérielle et de l'artisanat notamment.

Aperçu des fouilles archéologiques

Les toutes premières fouilles sont effectuées à Dvin en 1850 sur l'ordre de M.S. Vorontsov, gouverneur du Caucase, par un certain Tokarev, assesseur de la chancellerie du gouverneur voyageant à travers l'Arménie dans le but de réunir des objets pour le musée nouvellement créé du Caucase. Ce document, conservé aux archives historiques centrales de Géorgie, est publié pour la première fois par L. MÉLIKSET-BEK (1947). Par erreur, Tokarev situe l'emplacement de Dvin à Moz, à

---

[13] H.M. DJANPOLADIAN, 1974.
[14] H.M. DJANPOLADIAN et A.A. KALANTARIAN, 1988.
[15] Kh.A. MOUCHÉGHIAN, 1962, 1983.
[16] A.A. KALANTARIAN, 1970.
[17] A.A. KALANTARIAN, 1976.
[18] Cf. également la bibliographie.
[19] Par exemple : A.A. KALANTARIAN, 1975 ; S.Kh. MNATSAKANIAN, 1974.

proximité du village de Malishka du district de Yeghegnadzor, et identifie les véritables ruines de Dvin avec Artashat. Toutefois, il doute par la suite de sa version, car l'emplacement supposé d'Artashat ne coïncide pas avec la description du géographe romain Strabon. TOKAREV (1850, 18-19) écrit : "Près du village de Moz, j'ai découvert les ruines d'une ville entière s'étendant sur deux ou trois verstes ... Ces ruines sont celles de l'ancienne capitale de l'Arménie, la suivante d'Artaxata : Tovine ou Dvin. ... De là (de Nakhtchavan), je me suis dirigé par Kamarli vers le village d'Ardashir, près duquel se trouvent les ruines d'une ville qui est, dit-on, l'antique Artaxata. Là, j'ai entrepris un petit essai de fouilles sur le tertre principal [20] et j'ai découvert les vestiges d'un édifice et quelques objets à l'intérieur ... Les récits entendus et mes observations attentives du site me font fortement douter que ce soit Artaxata".

En 1899, la Commission archéologique Impériale charge N.Y. Marr d'effectuer à Dvin des prospections. Les travaux sont concentrés près de l'enceinte ouest et au sommet de la colline (fig. 4). On découvre des vestiges d'habitations, un fragment de conduite d'eau et une quantité importante d'objets (céramique, monnaies, ornements ...). N.Y. Marr ne réussit finalement pas à identifier la ville à laquelle appartiennent ces ruines : Artashat ou Dvin [21].

En 1907-1908, l'archimandrite Khatchik Dadian découvre à Dvin les premiers édifices monumentaux [22] qui servent ensuite de base pour les fouilles futures. Les fouilles de K. Dadian donnent la possibilité à Thoros TORAMANIAN (1948, 159) et à Joseph STRZYGOWSKI (1918, 164), architecte autrichien, de réaliser la reconstruction du plan de la cathédrale de Dvin et de la présenter à un large cercle de scientifiques. C'est dans ces mêmes années que l'on découvre les vestiges d'une église à nef unique comportant d'intéressants détails architecturaux. L'un des plus grands mérites de K. Dadian est la découverte de la mosaïque représentant la tête de la Vierge (Pl. 7 : 1) sur le plancher de la chambre latérale nord de la cathédrale, mosaïque qui était, de l'avis des témoins, un authentique chef-d'œuvre. En même temps que certains autres objets exposés dans la cathédrale, elle est barbarement détruite par la population musulmane locale. Heureusement, nous possédons la photographie de cette mosaïque [23]. Par la suite, les objets archéologiques de Dvin sont exposés au musée de Zvartnotz, mais sans être munis de passeports. Bien que l'absence de pratique professionnelle soit parfois chez K. Dadian à l'origine d'erreurs méthodologiques au cours des fouilles, il réussit à attirer l'intérêt des scientifiques sur Dvin.

Les travaux de prospection effectués en automne 1908 à Dvin par Bagrat Khalatian, historien et philologue, ont échappé à l'attention des chercheurs. Les Archives de l'Institut de la Culture Matérielle de l'Académie des Sciences de Russie conservent le rapport de B. Khalatian (1908) concernant les fouilles pratiquées à Kars et à Erévan, où les travaux menés à Dvin sont également présentés. Ce rapport fait une place importante à la description du site dont l'identification avec Dvin n'est pas mise en doute. Pratiquant quelques fouilles préliminaires à l'est de la citadelle, B. Khalatian situe les limites de la ville entre les villages de Toprakh-Kala, Artashar, Bzovand, Vérine Kurdkend, Nerkine Kurdkend, Tapabash, Dvin et Ipaklou. L'auteur conclut alors que le site est essentiellement placé sur le territoire du village de Toprakh-kala (aujourd'hui Hnaberd) et de ses environs (fig. 5).

B. Khalatian entreprend ensuite des fouilles dans le fossé entourant la citadelle, dans la partie nord de la colline, dans l'espoir de découvrir l'entrée de la forteresse. Il est à noter que le fossé de la citadelle de Dvin était alors plein d'eau. Nous n'avons pas réussi à préciser le lieu de ces fouilles, bien qu'il s'étende probablement aux alentours de la grande colline. Les fouilles ont mis au jour les vestiges d'une muraille en pierres, parmi lesquelles on peut en remarquer deux polies, plus grandes, ce qui permet de supposer qu'il s'agit de l'entrée. Toutefois, la dureté du matériau ne donne pas la possibilité d'étendre les fouilles qui sont alors interrompues.

---

[20]   Il s'agit en fait de la citadelle de Dvin.

[21]   Les résultats de ces travaux sont exposés en détail dans le rapport de N.Y. MARR, 1902, 90-94.

[22]   *Ararat*, 1907, 526, 659-661 ; *Ararat*, 1909, 173-178.

[23]   La photographie est conservée aux Archives Nationales d'Arménie, fonds Khatchik Dadian ; Cf. A.A. KALANTARIAN, 1970, XLII.

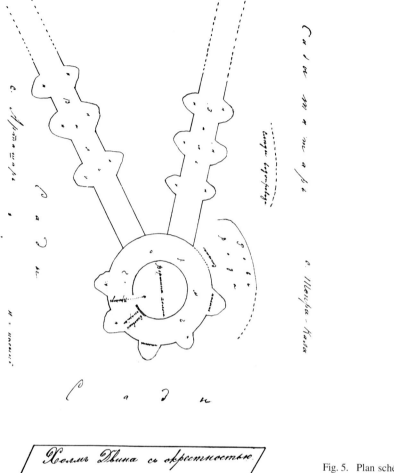

Fig. 5. Plan schématique de la ville d'après
B. KHALATIAN (1908).

Parmi les objets découverts, B. Khalatian mentionne un fragment de brique portant des signes cunéiformes. Par la suite, ce fait est confirmé par des spécialistes en Allemagne [24]. Pour nous, ce fait est nouveau, car les fouilles de Dvin n'ont presque pas mis, à notre connaissance, d'objets urartéens au jour. La destinée ultérieure de ce fragment de brique, de même que celle des autres objets, est inconnue. Peut-être sont-ils conservés dans un musée d'Allemagne, pays où B. Khalatian donnait des conférences à cette époque.

Fort intéressante est la découverte d'un passage secret dans la partie sud de la colline. Entièrement rempli de terre et de pierres, le passage secret laisse voir des traces de fouilles. Il est dégagé sur une étendue d'environ cinquante pas vers la citadelle. Toutefois, les travaux sont interrompus sous menace d'éboulement. Dans cette partie, le lieu des fouilles de B. Khalatian est évident près de la muraille sud de la colline, qui s'est actuellement transformée en profonde tranchée. Là, B. Khalatian met au jour des murs en gros blocs de pierre qui font indiscutablement partie des assises inférieures de cette partie de l'enceinte. Parmi les objets découverts en ce lieu, on mentionne un flacon à mercure (sphéro-conique), un petit couteau et des pointes. Le fouilleur conclut que cette colline est la Dvin mentionnée par Movsès Khorénatsi et Paustos Buzand, plus précisément sa

---

[24] Les précisions que nous avons demandées à ce sujet ne nous sont pas parvenues (note de l'éditeur).

citadelle. Les parties centrales de la ville correspondent aux alentours de la colline, c'est-à-dire au territoire des villages de Toprakh-Kala et d'Artashat.

Prenant à l'appui la découverte du débris de brique portant une inscription cunéiforme, B. Khalatian avance que la colline a une origine urartéenne, de même que la colline d'Armavir et les hauteur de Khor-Virap. Cette conclusion relève du cercle des intérêts scientifiques du fouilleur puisque la majorité de ses recherches historiographiques concernent l'Urartu.

Dans les années 1920-1930, on découvre un grand nombre d'objets anciens au cours de travaux agricoles. Citons en particulier la découverte de bijoux en or (bracelets, boucles d'oreilles …) au village d'Ayguestan. En 1931, on fait les premières tentatives d'étude du site ; on établit les limites spaciales et chronologiques de la ville. On y récolte une quantité importante d'objets : céramique, verreries … Il devient urgent d'effectuer des fouilles systématiques à Dvin afin d'apporter une réponse aux questions relatives à la vie économique et à la production artisanale de la ville médiévale, à son urbanisme, à la position sociale de ses habitants …

En 1936, il est décidé d'organiser une expédition de la Filiale d'Arménie de l'Académie des Sciences dans le but d'accomplir une étude archéologique multilatérale de Dvin, capitale médiévale de l'Arménie. En 1937-1939 [25], les travaux sont concentrés dans le quartier de la ville que l'on nomme central et qui est situé à l'ouest de la citadelle. On y fouille des édifices monumentaux religieux et profanes : la cathédrale et l'église à nef unique connues d'après les fouilles de K. Dadian, le palais du *catholicos*, des restes d'habitation, de bâtiments ancillaires, d'édifices commémoratifs … la multitude d'objets découverts témoigne du niveau de la production artisanale (céramique, verreries, objets métalliques …). Dès 1939, on commence l'étude de la citadelle (Ière partie). Les travaux, interrompus par la guerre, sont repris en 1946. Les principaux résultats de ces travaux et un aperçu détaillé des fouilles menées jusqu'en 1972 sont exposés par K.G. GHAFADARIAN (1952, 1982). Ces travaux fournissent de précieuses données sur l'urbanisme médiéval, la production, le commerce et bien d'autres questions relatives à la vie socio-économique et publique. Les fouilles mettent au jour des édifices publics et privés remontant à différentes étapes de grands travaux de construction et donnent la possibilité d'étudier la chronologie et la stratigraphie de la ville. La place occupée par Dvin dans l'histoire de la Transcaucasie et du Proche-Orient est établie. Les fouilles révèlent aussi des couches plus anciennes de Dvin. Dès 1964, nous continuons les fouilles dans le quartier central de la ville (Pl. 20). D'importants travaux sont effectués dans la partie située à l'ouest de la cathédrale [26]. Ils mettent au jour des habitations en terre détruites par le tremblement de terre de 894, révèlent de nombreux objets remontant à la fin du VIIIe et au IXe siècles [27]. En 1972, les fouilles font découvrir un énorme édifice monumental avec une salle à colonne au centre, situé au sud-ouest de la cathédrale ; ce bâtiment est identifié comme le premier palais du *catholicos*, construit dans les années 480, après le transfert à Dvin du centre spirituel d'Arménie. La composition planimétrique du palais et tous les remaniements dont il fait l'objet au cours des cent ans de son existence sont établis. L'aile ouest révèle les vestiges d'un sanctuaire du feu zoroastrien. La partie nord des fouilles, dans laquelle se situe le second palais, révèle des bâtiments ancillaires avec d'énormes *karasses*. Il est définitivement établi que le second palais a été construit au VIIe siècle et non au Ve, comme le croient certains chercheurs.

Les fouilles pratiquées dans différentes parties du quartier central révèlent des couches antiques et des *karasses* enterrés.

Dès 1973, d'importantes fouilles sont pratiquées dans la citadelle dans le but d'une étude plus poussée de la ville et des questions relatives à la solution spatio-volumétrique des habitations traditionnelles, à la précision du tableau stratigraphique, aux traits caractéristiques de la production artisanale, à l'établissement d'une chronologie plus nette …

---

[25]   Le chef de l'expédition était S.V. Ter-Avétissian.

[26]   Fouilles de N.G. Hacopian.

[27]   A.A. KALANTARIAN, 1976.

Sur le versant ouest de la citadelle, on découvre tout un quartier artisanal et commercial aux maisons disposées des deux côtés de la rue. On y fouille un grand atelier et plusieurs complexes dont les pièces sont destinées à l'habitation, à la production artisanale et aux besoins ancillaires. Construites en tenant compte du relief naturel, les maisons sont disposées en terrasses. Les fouilles révèlent une quantité importante d'objets remontant à la deuxième moitié du XIIe et à la première moitié du XIIIe siècles et permettent de donner une nouvelle interprétation de beaucoup de questions relatives à la production matérielle, à l'architecture traditionnelle, aux problèmes d'ordre social ... Une multitude de pièces de monnaies découvertes sur place témoignent avec évidence de l'existence de rapports commerciaux et monétaires durant la dernière période de l'histoire de la ville [28].

D'importantes fouilles sont commencées dans la partie sud de la citadelle, au pied d'une des grandes tours de l'enceinte (Pl. 21). Le but principal en est d'éclaircir la disposition des bâtiments d'habitation par rapport à l'enceinte à différentes époques. Ces questions ne sont résolues que partiellement, mais nous réussissons à effectuer de fort intéressantes observations stratigraphiques dans les secteurs des couches des Xe-XIIIe siècles et à déterminer les trait caractéristiques de la culture matérielle des différentes époques. Il est nettement établi que les murailles et les tours sont restaurées après le séisme puisqu'on trouve au-dessous des bâtiments du haut Moyen-âge. On y découvre un énorme édifice monumental à gros murs en blocs de pierre semi-taillés liés au mortier d'argile. Les murs sont recouverts d'argile. La hauteur des murs subsistant atteint par endroits 6 m. Cet édifice, qui occupe une superficie de plus de 1000 m2, doit visiblement avoir une destination publique ou défensive. Des fouilles ultérieures pourraient nous donner d'intéressants renseignements sur les édifices monumentaux civils du haut Moyen-âge [29].

Depuis 1982, des fouilles sont pratiquées sur le sommet de la colline. Auparavant, les couches supérieures de cette partie sont enlevées et mettent au jour un grand édifice à colonnes (IVe siècle), des habitations (Ve-VIIe siècles) et un palais de la période arabe (VIIIe siècle). Nous réussissons à établir un tableau stratigraphique des Ve-VIIIe siècles, à bien délimiter les couches, à découvrir et à fouiller sur une grande surface des couches antiques. Il est assuré que les bâtiments publics et privés de la partie supérieure de la citadelle sont entourés d'un second cercle supplémentaire de murailles. De minutieuses recherches dans la partie de la salle à colonnes et de nouvelles fouilles révèlent le caractère religieux de l'édifice qui se présente comme un exemple ancien d'église à trois nefs. Les limites du palais en terre de la période arabe sont agrandies et de nouvelles fouilles montrent qu'il s'étend plus loin, vers l'est, occupant une immense superficie.

Certains travaux sont également effectués dans les parties urbaines, surtout à l'ouest du village de Hnaberd, où ils révèlent une multitude d'ateliers de poterie. On y découvre une quantité énorme de déchets de production, des pivots d'argile et des trépieds, des vestiges de fours, quelques fragments du réseau urbain de distribution d'eau ... attributs de la production de poteries aux XIIe-XIIIe siècles témoignant de son caractère massif [30].

---

[28]   Fouilles de F.S. Babayan.
[29]   Fouilles de A.S. Jamkotchian.
[30]   A.A. KALANTARIAN, 1974.

CHAPITRE I

HISTOIRE POLITIQUE DE LA VILLE

D'après le témoignage de deux sources dignes de foi du Ve siècle — Movsès Khorénatsi et Paustos Buzand — la fondation de la ville de Dvin se rattache au nom du roi arménien Khosrow II Kotak l'Arsacide (330-338). Selon le premier, le roi "transporte sa cour sur un point élevé au-dessus de la forêt et se fit bâtir un palais entouré d'ombrage à l'endroit appelé en langue perse Dvin qui se traduit par 'colline'. Car en ce temps-là, Arès (Mars) faisait route avec le Soleil et les vents soufflaient un air embrasé, corrompu et fétide. Ne pouvant supporter ce fléau, les habitants d'Artashat consentirent volontiers à émigrer." [31] D'après le second, "Le roi d'Arménie, Khosrow, donna ordre à son commandant [32] de faire venir beaucoup de palissades de tout le pays (par des corvées d'état), d'apporter des noisetiers sauvages et de planter une forêt de noisetiers dans la province d'Ararat, depuis le solide château royal, nommé Garni, jusqu'à la plaine de Métsamor qui s'étend au pied de la colline appelée Dvin, située au nord de la grande ville d'Artashat. Cette forêt suivait le courant du fleuve jusqu'au palais de Tiknuni que le roi nomma Tatshar-maïri ('Palais du Bosquet'). Une autre forêt fut plantée au sud de la première, dans la plaine qui s'étend depuis l'endroit où croît le roseau : on la nomma Khosrowakert. C'est ici qu'on construisit un palais royal. Les deux forêts étaient entourées de palissades, et on ne les avait pas réunies pour laisser libre la grande route qui les traversait" [33]. Tous les auteurs répètent ces renseignements ou les relatent un peu différemment [34].

Eu égard à ces sources, la plupart des chercheurs ayant étudié l'histoire de l'Arménie paléochrétienne et les questions relatives à la culture matérielle et à l'architecture du haut Moyen Age, font remonter la fondation de Dvin aux années 330 [35]. Toutefois, certains auteurs nient le développement de Dvin en ville puis en capitale de l'Arménie sous les Arsacides [36], réservant à Artashat le rôle dominant dans la vie politique.

Pour notre part, nous acceptons les faits rapportés par Movsès Khorénatsi et Paustos Buzand. Notre opinion à ce sujet est formulée dans un de nos ouvrages précédents [37] : "Khosrow II Kotak, roi arsacide arménien, transporte la résidence royale d'Artashat à Dvin. Toutefois, Artashat reste le centre politique traditionnel du pays, le lieu de réunion des troupes des féodaux et des conciles arméniens. Au IVe siècle, Artashat est encore le centre du commerce de transit international. Dans le traité de 387 conclu entre Byzance et la Perse, Artashat est mentionné comme l'un des trois principaux points pour les échanges dans le domaine du commerce international. Tout ceci atteste que jusqu'à la fin du Ve

---

[31] Moïse de Khorène, trad. de V. LANGLOIS, 1869, 137.

[32] Du nom de Vatshé. (A.K.)

[33] Faust de Byzance, trad. de V. LANGLOIS, 1867, 216.

[34] Ainsi, par exemple, Stépanos Taronatsi (édit. 1885, 67), Vardan (édit. 1861, 63-64), Kirakos Gandzakétsi (édit. 1976, 49) et David Baghichétsi (édit. 1956, 320).

[35] Par exemple M. TCHAMTCHIAN, 1785, 429 (selon cet auteur, Dvin est fondée en 346 ; de toute évidence, cette date est en relation avec sa chronologie des rois arsacides arméniens) ; K.G. GHAFADARIAN, 1952, 1982 ; B.N. ARAKÉLIAN, 1958, 35, 71 ; V.M. HAROUTUNIAN, 1950, 22 ; N.M. TOKARSKI, 1961, 52, *Essais*, 1964, 78-79 et A. CHAHNAZARIAN, 1940, 21.

[36] Cf. G. KHALATIANTS, 1903, 201-202 ; A. CHAHNAZARIAN, 1940, 21 ; V.M. HAROUTUNIAN, 1950, 22 ; S.T. ERÉMIAN, 1953, 23 et J.D. KHATCHATRIAN, 1987.

[37] A.A. KALANTARIAN, 1970, 37-38.

siècle non seulement Artashat existe, mais il rivalise avec Dvin qui commence à se développer. Cette rivalité continue jusqu'au milieu du Ve siècle, lorsque le *marzpan* Vassak dévaste la ville. Au début, la citadelle de Dvin est entourée d'un petit bourg qui s'agrandit progressivement grâce aux artisans et aux commerçants venus d'Artashat. Jusqu'au milieu du Ve siècle, les historiens ne disent rien sur Dvin. Cependant, les fouilles archéologiques montrent que de grands travaux y ont été entrepris sous les derniers Arsacides et les premiers *marzpans* arméniens."

Ainsi, la résidence est transférée d'Artashat sur la colline de Dvin où l'on construit des palais royaux et où émigrent volontiers une partie des habitants d'Artashat. Il est hors de doute que la cour royale ne pouvait se trouver uniquement dans le centre politique du pays. La fondation d'une nouvelle capitale et le déplacement de la cour d'Artashat vers Dvin ne peuvent être exclusivement expliqués par le changement des conditions climatiques, visiblement causé par le détournement du cours de la rivière Métsamor. Selon toute probabilité, il y a d'autres raisons socio-économiques plus importantes, au sujet desquelles nous ne pouvons que faire des suppositions. Dvin est fondée durant la période de la formation en Arménie de nouveaux rapports de production et du développement des forces productives. D'autre part, les traditions hellénistiques et différents éléments de synœcisme ne devaient manquer de jouer un rôle précis.

Il nous semble que le choix du lieu pour la construction de Dvin n'est pas fortuit. L'on sait que cette colline et ses environs sont couverts d'un important site de l'époque du Bronze Ancien et de celle du Fer II [38] (K.K. KOUCHNAREVA, 1977). Du IIe siècle av. J.-C. au Ier siècle on y trouve un site hellénistique (G.G. KOTCHARIAN, 1991), probablement détruit par le général romain Corbulon au printemps de l'an 59. Ces données sont confirmées par les fouilles. Les vestiges archéologiques des Ier au IIIe siècles manquent sur les parties étudiées du site et de ses environs. Visiblement, les Arsacides construisent au IVe siècle leurs palais sur la colline abandonnée de Dvin. Toutefois, sur le territoire de la ville médiévale, il y a des découvertes d'objets, parfois fortuites, qui remontent au début du Ier millénaire : *karasses* enfouies, monnaies des rois de Rome et du Bosphore, autel tétraédrique en basalte, notamment, (G.G. KOTCHARIAN, 1991, 62-81) qui témoignent avec évidence que la vie dans cette région n'a pas été interrompue.

Selon Agathange (édit. 1909, 404), de nombreux temples païens sont détruits au début du IVe siècle, après l'adoption du christianisme en Arménie ; parmi eux figure également le temple de Tir, situé sur la rive gauche du Métsamor, le long de la route qui relie Artashat à Vagharshapat. Nous avons déjà signalé ailleurs que la rivière Métsamor passait tout près de Dvin [39], tandis que la route susmentionnée était l'une des principales voies commerciales de la vallée de l'Ararat sur la rive gauche de l'Araxe et du Métsamor. Elle est mentionnée dans l'œuvre de Paustos Buzand [40] et, indirectement, chez Agathange (édit. 1909, 24).

S.T. ERÉMIAN (1971, 761, 826 et 1984, 83) identifie le temple de Dvin-Assahak — par la fondation duquel le roi arménien Tiridate Ier l'Arsacide (63-88) sanctifie son accès au trône — au temple de Tir. Il tient ce sanctuaire, qu'il localise à Dvin, au nord d'Artashat, pour l'un des lieux cultuels arméniens de la maison des Arsacides, vénérés — selon Agathange (1909, 19) — par Tiridate. Par ailleurs, il signale que l'un des principaux temples des Arsacides iraniens, lieu où Arshak-Tiridate, fondateur de la dynastie, est proclamé roi, se trouve au nord-est du royaume Parthe, à Assahak, la principale ville du pays d'Astavène (E.D. DANIÉLIAN, 1971, 174). D'autre part, on trouve en Hyrcanie [41] des sites du nom de Guira-Douvine, Sultan-Douine, Lala-Douine …, tandis qu'au XIIIe siècle la ville de Kutshan [42], en Astavène, se nomme Davin [43].

---

[38] IIIe millénaire et IXe-VIIIe siècles av. J.-C.
[39] Cf. A. KALANTARIAN, 1988, 65 ; voir aussi T. AVDALBÉKIAN, 1969, 80-101.
[40] Trad. V. LANGLOIS, 1867, 216.
[41] Région limitrophe d'Astavène située au sud-est de la Mer Caspienne.
[42] L'ancienne Ustava.
[43] M.V. MINORSKI, 1930, 117-120.

Suivant les affirmations de T. TORAMANIAN (1942, 214) et de K.G. GHAFADARIAN (1952, 91-93), S.T. Erémian considère que le temple païen transformé au IVe siècle en église chrétienne et qui est devenu ensuite la cathédrale n'est autre que l'ancien temple de Dvin.

Il nous semble que le temple de Tir, indépendamment de son nom Dvin-Assahak, est situé dans la plaine où passe la route d'Artashat à Vagharshapat. Devant se trouver très près de Dvin, il doit certainement être localisé dans les limites des villages actuels de Kanatshut, Deghtsut et Arevshat, où l'on trouve des vestiges d'édifices monumentaux et des détails architecturaux [44].

La toponymie de Dvin a fait l'objet de nombreuses hypothèses. Movsès Khorénatsi note que "dvin" est un mot persan qui se traduit par "colline" (en arménien : "blur"). Dans les sources arméniennes plus récentes, "dvin" et "blur" apparaissent comme synonymes ; souvent, le mot "blur" est remplacé par "dvin" [45]. Toutefois, certains chercheurs s'élèvent contre ce point de vue, puisque "dvin" signifiant "colline" n'est attesté ni en persan moderne, ni en pehlevi [46]. N. ADONTZ (1908, 222) met en relation la dénomination "Dvin" avec le nom de la ville de Daban en Asie Mineure alors que K.G. GHAFADARIAN (1952, 11) fait remonter l'origine du nom à des temps plus anciens, le reliant à celui de la tribu ayant peuplé la colline durant la période énéolithique.

Norayr BUZANDATSI (1889, 13) établit un lien entre "dvin" et le "dun" celtique, la "dune" française, le "dunum" latin et le "dounon" grec qui signifient "hauteur". Selon S. Malkhassiants, le "dyn" de certaines langues indo-européennes a le sens que Movsès Khorénatsi attribue au mot "dvin". Il note que le pehlevi, que l'historien connaissait, compte beaucoup de mots non employés dans la littérature qui se sont conservés dans l'arménien comme emprunts. C'est le cas du mot "dvin" [47].

Développant la pensée de N. Buzandatsi, G. DJAHOUKIAN (1963, 96) conclut que les mots celtiques signifiant "butte de sable, mur de terre, butte, hauteur, colline, montagne" dérivent de la racine indo-européenne "dheu" et ont leurs parallèles dans les langues grecque, germaniques et autres.

M.V. MINORSKI (1930, 17) fait remonter ce mot au nom d'une région parfaitement précise de la Mer Caspienne, nom précédé du préfixe "douine". Dans les temps anciens, ces collines étaient occupées par des sites fortifiés. D'après les lois de la phonétique arménienne, "douine", emprunté au persan, devient "dvin" [48].

D'après M.V. Minorski (cité dans les *Sources arabes*, 1965, 168) le nom arabe de Dvin, "Dabil, Davine", est interprété comme un "lieu dans le désert, libre de sables".

G. KOTCHARIAN (1991, 7) définit "Dvin-Douine" comme un terme culturel-technique en relation avec le règne des Arsacides et le milieu culturel/historique persan.

Fort intéressante est la mention de Dvin à l'occasion de l'adoption du christianisme par les Arméniens au début du IVe siècle. Hovhan Mamikonian (édit. 1941, 78), historien du VIe siècle, rapporte d'une source qui nous est inconnue que Grégoire l'Illuminateur, de retour de Césarée, ordonne évêque de la plaine de Dvin un certain Dimaire d'Alexandrie de nationalité syrienne. Dans la traduction arabe ancienne de l'Histoire d'Agathange, Dvin est mentionné comme centre d'un diocèse indépendant : "Saint Grégoire nomme quelques évêques à Ayrarat-Vagharshapat, Artashat et Dvin et les soumet à son siège" [49]. Ukhtanès (édit. 1871, 92), historien du Xe siècle, mentionne Dvin en relation avec la vie de Sainte Hripsimé. Toutefois, ce renseignement est la transposition directe du texte d'Agathange qui situe le lieu du refuge des vierges à Vagharshapat, important centre administratif et économique du pays au début du IVe siècle ; Ukhtanès, à l'époque duquel Vagharshapat n'a plus ce rôle, transporte naturellement les événements à Dvin qui est à cette époque un grand centre artisanal et commercial [50].

---

[44] A. KALANTARIAN, 1988, 65.
[45] G.G. KOTCHARIAN, 1991, 7.
[46] Cf. M. BROSSET, 1870, 9 ; M.J. SAINT-MARTIN, 1818, 119 et H. HUBSCHMAN, 1907, 337 *et passim*.
[47] Movsès Khorénatsi (édit. 1940, 317-318, note 263).
[48] M.V. MINORSKI, 1930, 18.
[49] N.Y. MARR, 1911, 72.
[50] H.M. DJANPOLADIAN, 1974, 29.

Dvin est également mentionné dans les sources géorgiennes. Dans "Kartlis Tzkhovréba", on mentionne dans la vie de Sainte Nouné un Arménien nommé Niaphore, originaire de la ville de Dvin, que Nouné sert à Jérusalem [51].

Il est difficile de juger à quelles sources les historiens empruntent ces faits. Comme la ville de Dvin est archéologiquement encore peu étudiée, parler de l'existence à cet endroit d'un site antérieur à Khosrow (premiers siècles de l'ère chrétienne) ne nous semble pas possible. L'on peut supposer qu'après l'adoption du christianisme le domaine royal dit *Vostan*, dont une partie serait nommée "Plaine de Dvin" (*Dvnodasht*) possède son propre centre diocésain.

Après les mentions de Paustos Buzand et de Movsès Khorénatsi, les sources arméniennes ne parlent plus de Dvin jusqu'aux années 470-480, époque de la seconde révolte arménienne contre les Perses sous la direction de Vardan Mamikonian, lorsque la ville était déjà capitale et centre spirituel de l'Arménie. Les sources de cette période la nomment expressément *bun vostan Hayots* [52], c'est-à-dire, domaine royal.

Les fouilles archéologiques de ces dernières années montrent que les édifices anciens de la ville ont été presqu'entièrement détruits par les guerres postérieures et que leurs matériaux de construction ont été réemployés. Ceci s'observe particulièrement sur les murs de la basilique à trois nefs du IVe siècle située au sommet de la citadelle, mais aussi sur certains éléments de la cathédrale (IVe-Ve siècles) et du palais patriarcal (Ve siècle) entre autres. Le bourg nouvellement fondé a pu être détruit au cours de l'une des nombreuses incursions qui ont ravagé la Vallée de l'Ararat et, en premier lieu, par les campagnes dévastatrices de Shapur II durant les années 350-360. Selon toute probabilité, Dvin a beaucoup souffert durant les insurrections des années 450-451. Il est mentionné que le *marzpan* Vassak a détruit plusieurs forteresses et localités importantes servant de quartiers royaux pour l'hivernage des troupes. On cite parmi ces derniers Artashat et les sites aux environs, parmi lesquels Dvin figure sans doute [53]. Durant les années 480, Dvin est une grande ville avec des édifices religieux et palatiaux. De toute évidence, il est déjà le centre de l'Arménie des *marzpans*, mais Artashat reste traditionnellement la première ville et figure dans les sources comme lieu de réunion des conciles vers le milieu du Ve siècle. En général, les sources ne mentionnent pas de lieu de résidence permanent pour les premiers *marzpans* après la chute des Arsacides arméniens en 428 ; stratégiquement, la ville abandonnée d'Artashat ne peut être retenue pour une telle fonction. La situation géographique et les conditions climatiques y jouent certainement un rôle secondaire, puisque Dvin ne se trouve qu'à une dizaine de kilomètres d'Artashat.

Hovhannès Draskhanakertsi et Thovma Artzruni relatent la construction, à Dvin, d'un temple du feu et sa destruction par Vardan Mamikonian. "Ensuite, certains de nos *nakharars*, détournés par Satan, renièrent leur foi chrétienne et se soumirent aux lois païennes. Et les deux premiers d'entre eux, Shavasp Artzruni et Vendo, originaire de la ville de Dvin, ordonnèrent d'élever un autel dédié à Ormizd et un temple pour y vénérer le feu ... Le brave Vardan, petit-fils de Sahak le Grand [54], réunissant ses troupes, porta un coup audacieux et inattendu à l'impie Shavasp et son épée le frappa comme la foudre, tandis que le *marzpan* Meshkan prenait la fuite. Prenant l'impie Vendo, il le brûla sur le feu du temple que l'autre avait construit à Dvin et pendit son fils Shéro sur une idole en bois. A l'emplacement de l'idole, il construisit une grande église dédiée à saint Grégoire, y transféra le siège patriarcal sur lequel il fit monter le grand patriarche Gut" [55].

Thovma Artzruni (édit. 1917, 135-138) décrit cet événement avec un peu plus de détails. A la fin, il ajoute que les *nakharars* arméniens se construisent des palais royaux et de belles résidences, et qu'ils entourent la ville de murailles.

---

[51] MÉLIKSET-BEK, 1934, 22, 169.
[52] Lazare Parpétsi (édit. 1907, 311, 346, 378, 390).
[53] Eghiché (édit. 1971, 80).
[54] Vardan Mamikonian est le petit-fils du *catholicos* Sahak Parthev. (A.K.)
[55] Hovhannès Draskhanakertsi (édit. 1912, 58-59).

Ces précieux renseignements sur Dvin sont toutefois pleins d'anachronismes et manquent de cohérence. Le premier à les avoir relevés est Maghakia ORMANIAN (1912, 432) qui remarque que Vardan et Gut ne sont pas contemporains. En effet, Vardan Mamikonian, célèbre commandant et chef du mouvement de libération arménien, est tué au cours de la bataille d'Avarayr en 451, alors que Gut devient *catholicos* en 461. Sous le règne du roi sassanide Péroz (457-484), Vardan n'est pas vivant. Après Vassak, les *marzpans* d'Arménie sont Atrormizd et Atrveshnasp mais non Meshkan ou Vendo. Les historiens Eghiché (édit. 1971, 166) et Lazare Parpétsi (édit. 1907, 185), contemporains de ces événements, ne mentionnent pas, parmi les faits de Vardan, la destruction du temple de Shavasp Artzruni. Au contraire, ce dernier est cité parmi les chefs de l'insurrection arménienne, fait prisonnier par l'ennemi. M. Ormanian attribue ces événements à Vardan Mamikonian.

A. Chahnazarian doute lui aussi de l'authenticité de ces renseignements. Il les tient pour l'écho des événements de 572 : la prise de la capitale Dvin, l'assassinat du *marzpan* Suren, la destruction du temple des adorateurs du feu. Ce sont d'importants événements pour l'Arménie et par la suite des légendes entières sont tissées autour d'eux, légendes dans lesquelles les événements de différentes époques et les personnalités historiques sont confondus [56]. Toutefois, cet auteur lie tous ces faits à la fondation de Dvin et nie que Dvin soit résidence des *marzpans* en 471-472. Il nous semble que les événements cités sont réellement en relation avec l'insurrection de 572 menée par Vardan Mamikonian le cadet et que le principal lieu de leur déroulement est Dvin.

Dvin est aussi en relation avec l'insurrection de 482-484 contre les Perses. Après l'assassinat, en Géorgie, du *pitiashkh* Vazguen par le roi Vakhtang Gorgassar en révolte, les *nakharars* arméniens réunis dans le Shirak décident de se révolter eux aussi. Poursuivant le *marzpan* Atrveshnasp, ils arrivent à Dvin et assiègent la ville d'Artashat où le *marzpan* et ses troupes se cachent dans la citadelle. Malgré le siège, ces derniers réussissent à s'échapper de la forteresse et à fuir dans la direction de l'Atropatène [57].

Avec la participation du *catholicos* Hovhan Mandakuni (478-490), les insurgés instaurent un nouveau gouvernement à Dvin. Sahak Bagratuni est nommé *marzpan* d'Arménie et Vardan Mamikonian obtient la fonction de *sparapet* (Lazare Parpétsi, édit. 1907, 267). Le siège du *catholicos* est transféré à Dvin et une messe solennelle est chantée dans la cathédrale en l'honneur de l'instauration du nouveau gouvernement.

Les troupes de l'ancien *marzpan* Atrveshnasp, qui entreprend de réprimer la révolte, sont défaites à proximité du village d'Akori. A Dvin, cette nouvelle est accueillie avec enthousiasme ; des cérémonies se déroulent avec la participation des chefs de l'insurrection, des *nakharars*, des citadins et du clergé [58]. Une seconde victoire des insurgés a lieu près du village de Nersehapat. Toutefois, les troupes géorgiennes et arméniennes réunies essuient une défaite en Géorgie. Sahak Bagratuni est tué pendant cette bataille, tandis que Vardan Mamikonian se retire dans son domaine du Tayk. Lorsque la cour sassanide rappelle d'urgence les troupes perses, il revient à Ayrarat. Servant à Vagharshapat une messe en mémoire des morts, il installe ses quartiers d'hiver dans la capitale Dvin [59]. A Dvin, Vardan Mamikonian s'occupe de remettre de l'ordre dans le pays. Visiblement, après la mort de Sahak Bagratuni, c'est à lui que revient la dignité de gouverneur d'Arménie : il est *marzpan* et *tanuter* d'Arménie [60]. En 483 [61], les Perses entreprennent une campagne en Arménie. Traversant l'Araxe, elles s'installent à Artashat : "S'approchant de la ville de Dvin, suivant les lois de la guerre, Hazaravukht prépara (le lieu) de la bataille. Il ordonna de commencer l'attaque du milieu du bois qu'on appelle Khosrowakert, (lui-même) il mena ses troupes vers la résidence, jusqu'à l'emplacement de la montagne

---

[56]   A. CHAHNAZARIAN, 1940, 27-28.
[57]   Lazare Parpétsi (édit. 1907, 259-266).
[58]   *Idem* (édit. 1907, 272-277).
[59]   *Idem* (édit. 1907, 310-311).
[60]   S.T. ERÉMIAN, 1984, 203.
[61]   Le 10 avril d'après M. ORMANIAN, 1912, 461-462.

Djrvej" [62]. Vardan Mamikonian réussit à rompre le siège et à se retirer vers les régions du nord-ouest du pays.

En 484, le roi Péroz est tué dans une bataille contre les Hephtalites, et Vagharsh (Vologèse, 484-491) lui succède. Les *nakharars* arméniens retournent à Dvin avec Vardan Mamikonian. Le calme règne alors dans le pays pendant un certain temps. Les sources parlent même de grands travaux entrepris par Vardan dans différentes provinces d'Arménie : des églises sont restaurées à Vagharshapat, à Dvin, à Mzrayk et en d'autres lieux [63]. C'est visiblement à cette époque que l'on construit l'église à une seule nef de Dvin et que l'on remanie la cathédrale St.-Grégoire pour y ajouter une galerie extérieure. L'administration iranienne affaiblie fait certaines concessions et, en 485, un traité est conclu avec les insurgés. Les droits des *nakharars* sont restaurés et le christianisme est adopté comme religion officielle de l'Arménie.

Vardan Mamikonian est reconnu *marzpan* d'Arménie. L'historien décrit les cérémonies solennelles qui se déroulent à Dvin à l'occasion de la réception de la charte royale : "Entendant cette nouvelle, tous les gens qui se trouvaient dans la ville (de Dvin), *nakharars*, *azats*, *vostaniks*, *ramiks*, hommes et femmes, même les mariées de la veille, auxquelles la joie faisait oublier leur pudeur de mariée, se ruèrent à l'église. Mais la maison de Dieu étant incapable de les accueillir tous, les gens remplissaient les galeries extérieures et toutes les rues attenant à la place." [64]

Le gouvernement de Vardan Mamikonian apporte la paix au pays et le retour des grands travaux. La capitale s'orne de palais, d'édifices de culte et de bâtiments profanes. Au début du VIe siècle, Dvin est une ville "riche et royale" [65].

La situation semi-dépendante du pays se ressent des relations qu'entretiennent les deux grandes puissances voisines, les Sassanides et l'Empire Byzantin. En montant sur le trône d'Iran, Kavadh Ier (488-531) commence contre Byzance une lutte qui se termine, au début du VIe siècle, par la perte pour les Arméniens d'une partie des droits sur leur gouvernement qui retombe sous la dépendance de la cour Sassanide. C'est dans cette situation compliquée que Vard Mamikonian est nommé *marzpan* (506-510) et *sparapet* d'Arménie après la mort de son frère Vardan en 506.

Après 510, l'Arménie est gouvernée par des *marzpans* persans [66] parmi lesquels les historiens mentionnent Burgan entre 511 et 520 (M. TCHAMTCHIAN, 1785, 236). A partir des années 490 et jusque vers 560-570, les historiens mentionnent peu d'événements relatifs à Dvin. On sait qu'en 506 un concile est tenu à Dvin qui reconnaît officiellement la confession monophysite ; un autre, celui de 554, fait suite à des événements importants : en effet, vers 540, un groupe de commerçants nestoriens fondent une communauté à Dvin. Venus du Khuzistan, ils mènent une propagande dirigée contre l'Eglise apostolique arménienne. Ce concile se déroule avec la participation de tous les évêques d'Arménie, des *nakharars* les plus influents ainsi que des représentants du peuple ; les partisans du nestorianisme et ceux du Concile de Chalcédoine sont voués à l'anathème. Le concile proclame le nestorianisme hérétique et prend la décision de raser la chapelle de Manutshehr Rajiq.

En 564, la cour sassanide nomme Suren comme *marzpan* d'Arménie. De nationalité perse, il dispose d'une grande autorité, augmente les impôts et fait tout son possible pour abolir l'autonomie de l'Arménie, allant pour ce faire jusqu'à l'assassinat des *nakharars*.

Après la réforme de Khosrow Ier Anushirvan (531-579), l'Arménie se retrouve dans une situation extrêmement difficile. Le nouveau système de taxation tient compte de tous les biens agricoles, champs, vignes, vergers, têtes de bétail, afin de régler l'impôt sur la terre. Un recensement de la

---

[62]   Lazare Parpétsi (édit. 1907, 316-317).

[63]   Cf. *Idem* (édit. 1907, 346) et Sébéos (édit. 1979, 66-67).

[64]   *Idem* (édit. 1907, 394).

[65]   Stépanos Orbélian (édit. 1910, 77).

[66]   Sébéos (édit. 1979, 67) nous apprend qu'après Vard Mamikonian "les *marzpans* sont persans ; alors les Arméniens ne peuvent plus faire la guerre et restent soumis jusqu'à la venue du *marzpan* Suren et jusqu'à Vardan, seigneur Mamikonian".

population est fait pour établir l'impôt sur les personnes. L'impôt sera payé aussi bien en nature qu'en argent. Le nouveau système contribue à la centralisation des terres entre les mains des féodaux et à l'accroissement du nombre de paysans sans terre. La puissance militaire du pays est réduite au minimum.

D'autre part, l'intolérance religieuse augmente, surtout après les années 560. Sur ordre du roi et à l'instigation des mages, on construit des temples du feu à Dvin, contraignant la population à se convertir au zoroastrisme.

En 552-553, à l'époque du *marzpan* Veshnasp-Vahram, les sources arméniennes rapportent le récit de l'assassinat — pour des motifs religieux — d'un certain Iztbuzit [67], d'origine perse, et de ses compagnons [68]. Iztbuzit est enterré à l'est de la cathédrale et une petite chapelle, dont les traces sont conservées, a été construite sur sa tombe.

Ces événements motivent une insurrection des Arméniens menée par Vardan Mamikonian (le Rouge). Les actions les plus importantes se déroulent à Dvin en 571-572. Toutefois, les différends entre les féodaux arméniens nuisent énormément au mouvement de libération. En 571, avant l'insurrection, Vardan, prince de Siunie, demande au roi perse Khosrow Ier de transférer le *divan* (les archives) de Dvin, capitale de la province du Sissakan, dans la ville de Paytakaran et d'enregistrer celle-ci dans les registres de l'Atropatène [69]. Cependant, c'est à Théodosiopolis que tous les trésors de Dvin — y compris les précieux vases sacrés du patriarcat — et les archives seront transportés [70].

En 570, un traité arméno-byzantin est conclu ; selon ce dernier, l'Arménie des *marzpans* doit passer sous l'égide de l'Empire après la victoire des insurgés [71].

L'insurrection est décrite en détail dans les sources arméniennes et étrangères. A Dvin, où le *marzpan* Suren commence la construction d'un temple du feu, une armée de 10 000 soldats se réunit, *nakharars* en tête. Suren est contraint de retourner en Iran. Recevant de Khosrow Ier une armée de 15 000 soldats, il revient à Dvin et continue les travaux du temple. L'insurrection est désormais inévitable. L'armée arménienne écrase les Persans et le *marzpan* est tué [72] : "Au cours de la 41e année du règne de Khosrow, fils de Kavadh, Vardan s'insurge et, en accord avec tous les Arméniens, il rejette la domination perse. Prenant par surprise Suren à Dvin, ils le mettent à mort, s'emparent d'un grand butin et vont servir les Grecs" [73]. D'après Anania Shirakatsi (édit. 1944, 228) [74] Suren est tué par Zorak Kamsarakan, probablement l'un des compagnons de Vardan. Sébéos (édit. 1979, 68), lui, écrira : "Quant au roi grec, il fait un serment solennel aux Arméniens, remet en vigueur le traité conclu entre le bienheureux Tiridate et Constantin et leur donne l'armée impériale pour les aider. Avec cette armée, ils attaquent Dvin, l'assiègent et en chassent l'armée perse qui y est installée. Mais là, ils sont subitement atteints d'une grande tristesse, car les Perses, après avoir transformé en dépôt l'église St.-Grégoire construite à proximité de la ville, y ont mis le feu, d'où cette immense tristesse". K. Gandzakétsi (édit. 1976, 60), quant à lui, témoigne qu'"un signe miraculeux est donné à la capitale arménienne : un incendie détruit le palais de l'*hamarkar* persan, ancien gouverneur du pays" [75].

---

[67] On suppose qu'il était le le fils du mage principal de Dvin.

[68] Cf., entre autres Hovhannès Draskhanakertsi (édit. 1912, 64) ; Stépanos Orbélian (édit. 1910, 454) et Kirakos Gandzakétsi (édit. 1976, 60).

[69] Cf. Sébéos (édit. 1979, 67-68) et N. ADONTZ, 1908, 220. Selon M. ORMANIAN, 1912, 558, cette action de Vardan relève plutôt de son mécontentement du gouvernement intransigeant du *marzpan* Suren que du désir de rejeter l'autorité des Mamikonians.

[70] S.T. ERÉMIAN, 1984, 255. D'après Sébéos (édit. 1979, 91), l'événement se passe après 574, sous le *catholicos* Movsès : "Et les vases sacrés retirés de toutes les églises de Dvin sont conservés dans la ville de Karine."

[71] M. TCHAMTCHIAN, 1785, 284.

[72] *Sources syriaques*, 1976, 388-390.

[73] Sébéos (édit. 1979, 67).

[74] Voir aussi J.A. ORBÉLI, 1963, 522.

[75] Certains renseignements sont également donnés par les chroniqueurs géorgiens, cf. L. MÉLIKSET-BECK, 1934, 41-42. L'*hamarkar* est un collecteur d'impôts persan en Arménie.

L'intervention de l'Empire Byzantin dans les affaires arméniennes suscite une nouvelle guerre entre l'Iran et Byzance qui, pourtant, n'est pas prête à cette lutte et son aide n'assure pas la victoire aux Arméniens. Les insurgés quittent le pays, certains s'installent à la cour, d'autres en Arménie byzantine où l'on exige d'eux d'adopter la confession chalcédonienne.

H. MANANDIAN (1954, 110) remarque : "Durant l'insurrection de 572, lorsque Vardan Mamikonian et les chefs de l'insurrection fuient à Byzance, ils se présentent, selon Grégoire de Tours, à l'empereur avec une quantité énorme de soie, lui demandent sa protection et lui racontent qu'ils se sont soulevés contre le roi de Perse". Ernst Stein, auquel nous empruntons cette citation, croit probable que cette soie n'est pas, en réalité, apportée par les Arméniens, mais par les Turcs. Le doute de Stein est mal fondé. En 572, les insurgés se rendent maître de Dvin et il est tout à fait probable qu'ils pillent la ville et y prennent la soie chinoise apportée pour être échangée.

Après le meurtre de Suren en 572-573, les commandants persans Vardan Veshnasp et Gogon Mihran arrivent à Dvin avec l'ordre d'exterminer tous les hommes en Arménie, "d'extirper, d'enterrer, de raser (le pays) et de détruire impitoyablement" [76]. Philippe, *nakharar* de Siunie, livre bataille aux troupes perses près de Dvin. En 576, le roi Khosrow Anushirvan arrive en personne en Arménie (Sébéos, édit. 1979, 70).

En 590, "lorsque ces troubles surviennent en Iran [77], Jean Patrick et l'armée grecque assiègent la ville de Dvin et, utilisant des machines, s'apprêtent à détruire ses murailles. Mais quand cette nouvelle les atteint, ils laissent la ville et se dirigent vers l'Atropatène qu'ils dévastent, passent les hommes et les femmes au fil de l'épée, prennent tout le butin et les prisonniers et retournent dans leur pays." (Sébéos, édit. 1979, 74).

L'insurrection et les incursions portent un grand dommage à Dvin. C'est ce dont témoigne aussi la lettre du stratège Sormen à Vertanès, où Sormen reproche à l'évêque d'avoir permis à un certain *kertogh* de rester dans la ville détruite de Dvin et d'y enseigner une hérésie. Dans sa réponse à Sormen, Vertanès écrit qu'il a tort d'accuser le *kertogh* Pétros Siunétsi "d'être assis dans l'église détruite par le feu de Dvin pour y prêcher une soi-disant nouvelle doctrine. C'est l'antéchrist qui lui a donné refuge, en a fait (son) chef et précurseur, celui qui est la cause de la révolte de toute une nation, qui a séparé les maris de (leurs) femmes et les femmes de (leurs) maris, dont un grand nombre a péri en vagabondant dans d'autres pays, sans même avoir mérité une sépulture …" [78].

Les fouilles archéologiques pratiquées à Dvin ont mis au jour une série d'édifices qui portent les traces évidentes des destructions subies lors de l'insurrection de 572. Citons en particulier le palais (Patriarcal) construit en 470-480, transformé en résidence sous le gouvernement de Suren. Dans l'aile occidentale du palais, on découvre les vestiges d'un temple du feu. Il est hors de doute qu'il s'agit de l'un des temples construits par Suren et que les insurgés ont livré au feu. Les limites chronologiques de cet événement sont confirmées par les données stratigraphiques. L'endroit souillé est ensuite abandonné et tous les détails du palais sont enfouis sous une épaisse couche de cendres, de déchets et de terre. Ce n'est pas par hasard que dans la première moitié du VIIème siècle le nouveau palais du *catholicos* est construit au nord de la Cathédrale.

La guerre de vingt ans entre l'Iran et Byzance se termine en 591 par un traité de paix. Comme le roi sassanide Khosrow II l'avait promis à l'empereur, ce traité remet à Byzance de vastes territoires arméniens. L'auteur anonyme de *Narratio de rebus Armeniæ* communique : "Il (Khosrow) donna à Maurice toute l'Arménie jusqu'à Dvin" (H. BARTIKIAN, 1962, 466). Selon Sébéos (édit. 1979, 84), Khosrow "tient toutes les promesses faites à l'empereur : il lui donne tout l'Arvastan jusqu'à Mtzbine, les terres arméniennes qui se trouvent sous son contrôle, le domaine du *tanuter* jusqu'à la rivière de l'Hurazdan et la province du Kotayk jusqu'à la localité de Garni … Le pays du *gound* de Vaspurakan reste au pouvoir du roi de Perse."

---

[76] Sébéos (édit. 1979, 70).

[77] Il s'agit d'une tentative de Vahram Tchobine de s'emparer du trône. (A.K.)

[78] *Livre des Epîtres*, 1901, 93 ; voir aussi A. CHAHNAZARIAN, 1940, 42-43.

Selon le *catholicos* Hovhan, Maurice reçoît un certain nombre de provinces, dont le pays de *tanuter* (*gound*), sauf l'*Ostan* (*Vostan*) avec la ville de Dvin et deux *gavars* (cantons) : Masseatsotn et Aragatzotn (Draskhanakertsi, édit. 1912, 67).

Le droit du *tanuter*, comme forme de gouvernement, est en fait établi après l'insurrection de Vardan Mamikonian, lorsqu'il est nommé *tanuter* du pays. L'Arménie est alors reconnue semi-indépendante avec certain droits autonomes. Les privilèges des *nakharars* et du clergé sont restaurés. Le pays qu'on désigne comme appartenant au *tanuter* inclut les régions d'Ayrarat, de Turubéran et de Tayk [79]. Il est aussi nommé *gound* du *tanuter*. Selon N. ADONTZ (1908, 233), le terme de *gound* correspond au θέμα byzantin et signifie un nombre précis de soldats commandés par un *snahbed*. V.M. VARDANIAN (1980, 45) remarque avec raison que chez Sébéos, *gound* a la signification d'une unité militaire administrative précise, d'une province militaire correspondant au θέμα byzantin".

Il est à noter que sur l'une des bulles découvertes à Dvin, on lit l'inscription "maison du *gound* arménien" en langue pehlevi [80]. Ne possédant pas d'autres renseignements, l'on peut supposer que le *gound* (pays) du *tanuter*, avec Dvin comme centre administratif, s'appelait pendant un certain temps "*gound* d'Arménie" et que le sceau imprimé sur la bulle appartenait soit au gouverneur d'Arménie, soit au *snahbed*, commandant militaire nommé par la cour sassanide. Il faut noter que ce sceau appartient au nombre des sceaux officiels sur lesquels le domaine, le pays et le *gound* sont indiqués. Sur notre sceau, le nom du pays, "Arménie", est placé au centre.

C'est après les événements décrits que se forme le *gound* du Vaspurakan mentionné par Sébéos. La région d'Ayrarat qui fait désormais partie de l'empire se nomme "Arménie Intérieure" ou "région de la ville de Dvin" (Draskhanakertsi, édit. 1912, 68).

En 606, Sembat Bagratuni arrive en Arménie. Au début, il sert Byzance, mais il est mis en prison. Il s'évade alors et part chez les Sassanides puis, à la tête de la cavalerie arménienne, il participe aux combats contre les Hephtalites qui se déroulent aux confins orientaux de l'Iran. En récompense des services rendus, Sembat Bagratuni est nommé *marzpan* d'Hyrcanie. Après avoir passé huit ans à ce poste, le roi l'autorise à retourner dans sa patrie, mais nous ne savons pas quels pouvoirs lui sont alors accordés. S.T. ERÉMIAN (1984, 288) trouve que l'arrivée de Sembat Bagratuni en Arménie est en relation avec la préparation de nouvelles campagnes contre Byzance. Aucun des historiens — et surtout pas son contemporain, Sébéos — ne le considère comme *marzpan* d'Arménie puisque cette dignité appartient à une autre personne. Par ailleurs, Sébéos (édit. 1979, 100) nous apprend qu'"il demande au roi la permission de construire l'église St.-Grégoire à Dvin. Comme le bienheureux *catholicos* Movsès est décédé et qu'il n'y a pas de *vardapet* dans le pays, c'est la permission royale qu'il demande. L'ayant reçue, il s'occupe du grand siège avec zèle afin d'y faire nommer un gardien plein de sollicitude pour le bien de l'Eglise et le salut des âmes.

Abraham, évêque des Reshtunis, est placé sur le trône patriarcal. Et l'on pose les fondations de l'église. Il réunit d'habiles tailleurs de pierre et, nommant de fidèles contremaîtres, il ordonne d'exécuter rapidement le travail. Le commandant de la forteresse et le *marzpan* écrivent alors une lettre de dénonciation au roi en indiquant que l'église se construisait trop près de la forteresse et qu'elle pouvait constituer un danger en cas d'attaque de la ville. En réponse, on reçoit l'ordre du roi : 'démolissez la forteresse, mais que l'église reste à sa place'." C'est ce que nous apprennent aussi les sources plus tardives [81], mais elles mentionnent que la dénonciation a été rédigée par les défenseurs de la forteresse.

Stépanos Orbélian (édit. 1910, 126-127) indique qu'un concile s'est réuni à Dvin sous le gouvernement de Sembat Bagratuni pour élire un nouveau *catholicos*. Ceci témoignerait en faveur d'un grand pouvoir accordé à Sembat qui, peut-être, a été nommé *tanuter* du pays. Le concile se réunit en 607. Selon Ukhtanès, l'évêque Vertanès présente au nouveau *catholicos* les objets sacrés conservés au

---

[79]   N. ADONTZ, 1908, 31, 233-234.

[80]   Traduction de V.G. LUKONIN : A.A. KALANTARIAN, 1982, 25, 43, tabl. VI, 52.

[81]   Cf., par ex., Hovhannès Draskhanakertsi (édit. 1912, 71-72), Vardan (édit. 1861, 84), Mkhitar Anétsi (édit. 1983, 91-92).

trésor du *catholicossat* de Dvin : "le trône et le sceptre restés des temps anciens, les calices, les couvertures d'autel, les rideaux, les vases sacrés ornés de perles et de pierres précieuses, les vêtements sacerdotaux en soie brodés d'or, les chasubles en pourpre, les vêtements d'église, le costume dit du roi Tiridate (que l'historien a vu de ses propres yeux), un grand nombre de livres variés au contenu spirituel et scientifique, ainsi que différents objets nécessaires à l'homme." [82]

Au printemps de l'an 608, Sembat est rappelé à Ctésiphon ; le *catholicos* continue la construction de la cathédrale que l'on termine en 618-619 sous son successeur, Komitas. Visiblement, c'est à cette même époque que l'on commence les travaux du second palais patriarcal, situé au nord de la cathédrale. Dans son *Épître circulaire*, le *catholicos* écrit "qu'à cause des travaux il est dans l'impossibilité de quitter Dvin et d'aller vers le peuple." [83]

La paix conclue par le traité de 591 entre les Sassanides et Byzance est de courte durée. En effet, dès 608 Khosrow II Parvez recommence les campagnes contre Byzance. La guerre, menée avec des succès variables, se termine en 628 par la défaite des Sassanides et un nouveau traité de paix. Les événements de Dvin, notent les sources, se déroulent avec la participation de plusieurs *marzpans* perses : Sharaynpet, Parsianpet Parshnazdat, Namdar Veshnasp, Shahranplakan, Rodj Vehan [84]. En 623, l'empereur Héraclius "qui se dirige vers le nord, arrive directement à Karine et de là jusqu'à Dvin en Ayrarat qu'il dévaste ainsi que la ville de Nakhtchavan" [85]. H. MANANDIAN (1960, 145-146) estime que les habitants de Dvin opposent une forte résistance.

La longue guerre qui oppose ces deux grandes puissances affaiblit les Sassanides. Après Khosrow II, l'Iran perd son ancienne puissance. En outre, les Arabes portent des coups sensibles aux deux états. Dans ces conditions, l'Arménie reprend son indépendance pour un court laps de temps. Théodoros Reshtuni, *ishkhan* et *sparapet* d'Arménie, réussit à réunir les deux parties de l'Arménie (vers 639) et élit résidence sur l'île d'Aghtamar.

En automne 640, les Arabes, faisant irruption en Arménie du sud, s'emparent de Dvin. L'historien Sébéos (édit. 1979, 138-139), contemporain de ces événements, décrit en détail ces campagnes : "Le détachement de cavaliers venait du côté de l'Assyrie et pénétra dans la province du Tarone par la route de Dzor (gorge). Ils la prirent (Dvin), de même que Bznunik et Aghuihovit, et, s'avançant par les gorges de Berkri Ordsp et Goghovit, ils pénétrèrent en Ayrarat. Personne parmi les troupes arméniennes n'eut le temps de prévenir Dvin du danger. Seuls trois princes, Théodoros Vahévuni, Khatshian Aravéguian et Shapuh Amatuni, cherchant à rassembler leurs troupes en déroute s'enfuirent à Dvin ; après avoir traversé la rivière Metsamor, ils démolirent le pont et s'élancèrent vers la ville pour la prévenir du danger. Ils réunirent dans la forteresse toute la population venue pour les vendanges. Théodoros, ensuite, partit pour Nakhtchavan. L'ennemi, arrivé à la rivière ne put la traverser, mais leur guide, du nom de Vardik — seigneur de Moks, surnommé Aknik — les dirigea vers un autre pont. Ils pillèrent tout le pays, rassemblèrent des prisonniers et un très grand butin et se dispersèrent dans leurs camps à la lisière de la forêt Khosrowakert. Le cinquième jour, ils attaquèrent Dvin. Ils prirent la ville, car ils avaient allumé des feux tout autour ; les gardes se trouvant au haut des murailles avaient été chassés par la fumée et une pluie de flèches. Ils placèrent une échelle, montèrent sur la muraille et, descendant à l'intérieur de la ville, ils en ouvrirent les portes. Alors, les troupes ennemies se déversèrent dans la ville, tuèrent de nombreux habitants, prirent le butin pillé, ressortirent pour s'installer dans leur camp. Cela se passa le 20 du mois de *tré* [86], un vendredi. Après s'être reposés pendant quelques jours, ils repartirent par où ils étaient venus. Ils emmenèrent avec eux 35 000

---

[82]   Cf. Ukhtanès (édit. 1871, 66) et A. CHAHNAZARIAN (1940, 50-51).

[83]   *Livre des Épîtres*, 1901, 190-191.

[84]   Sébéos (édit. 1979, 111, 113).

[85]   Cf. Sébéos (édit. 1979, 124) et Thovma Artzruni (édit. 1917, 159).

[86]   Bien que Sébéos mentionne la date exacte de la prise de la ville par les Arabes (= le 6 octobre 640, un vendredi), les sources et la littérature historique citent d'autres dates pour cette conquête ; elles mentionnent également d'autres incursions arabes au cours du VIIe siècle. Cette question a été minutieusement examinée par H. MANANDIAN, 1978, 513-522 et A.N. TER-GHÉVONDIAN, 1977, 23-30.

prisonniers. Le gouverneur arménien, le seigneur Reshtuni, leur tendit un piège dans la région de Goghovit et les attaqua avec une petite troupe. Mais il ne put leur résister et prit la fuite. Les Ismaélites les poursuivirent et en tuèrent un grand nombre. Puis ils partirent pour l'Assyrie. C'était sous le *catholicos* Ezr."

La prise de la ville est également relatée par des historiens comme Ghévond (édit. 1887, 9), Hovhannès Draskhanakertsi (édit. 1912, 82) et Vardan (édit. 1861, 93). Denys de Telmahr rapporte que les Arabes ont tué 12 000 personnes à Dvin [87]. Par ailleurs, les sources arméniennes mentionnent le nombre de morts lors de la construction, par le *catholicos* Nersès III, de la chapelle St.-Sarkis où leurs restes sont ensevelis. Cette chapelle a été certainement élevée en 641, lorsque Nersès III remplace le *catholicos* Ezr [88].

L'emplacement de l'église St.-Sarkis n'est pas connu. Toutefois, au début du siècle, K. Dadian au cours des fouilles menées en 1930 met au jour des bases de colonnes et des chapiteaux qui devaient appartenir à cette église. Mentionnons aussi l'archivolte d'un édifice circulaire rappelant ceux de Zvartnots. L'église de Dvin était probablement un premier essai dans la série des constructions de Nersès III qui créa, par la suite, d'admirables exemples de l'architecture religieuse arménienne comme Zvartnots, Ishkhan et tant d'autres.

La politique perfide de l'Empire Byzantin entraîne de nouveaux différends confessionnels. Deux conciles ont eu lieu à Dvin en 645 et 649 où est refusée à nouveau la doctrine diaphysite de l'Eglise grecque (Sébéos, édit. 1979, 148).

En 650, les Arabes renouvellent leurs incursions en Arménie qui, en fait, se trouve sans défense. Byzance ne peut assurer la sécurité du pays et les forces locales sont incapables de retenir l'avancée des troupes ennemies. Devant cette difficulté, Théodoros Reshtuni, avec l'accord de tous les *nakharars* d'Arménie, conclut, en 652, un traité avec le califat [89]. Selon une expression très juste de Sébéos (1979, 169), les Arméniens "concluent une alliance avec la mort et un traité avec l'enfer, renonçant à l'alliance divine". C'est une démarche politique audacieuse, dont le but est d'accepter formellement l'hégémonie des Arabes, afin de conserver la souveraineté sur l'Arménie.

En 652-653, l'empereur Constant se dirige vers l'Orient à la tête d'une armée énorme et occupe la ville de Théodosiopolis. En 653, il arrive à Dvin avec vingt mille soldats. Il est probablement accompagné des adversaires politiques de Théodoros Reshtuni, qui se trouve dans ses domaines de l'île d'Aghtamar, ayant l'intention d'opposer une résistance aux Grecs. "Il est accompagné de ses alliés les Géorgiens, les Albans et les Siuniens" [90]. A Dvin, l'empereur s'installe au palais du *catholicos* [91]. Il nomme Mushegh Mamikonian *sparapet* des troupes arméniennes. Dans la cathédrale St-Grégoire, un prêtre grec sert la messe d'après le rite grec, en présence de l'empereur Constant, du *catholicos* Nersès III [92], de tous les évêques d'Arménie et des *nakharars* qui se trouvent à Dvin.

En 653-655, les Arabes entreprennent de nouvelles campagnes vers l'Arménie, le Kartli, l'Arran et les autres régions de la Transcaucasie. Bien que l'occupation de ces régions soit provisoire, l'historiographie arabe la considère comme le début de la domination arabe en Arménie et dans les pays voisins [93].

---

[87] A.N. TER-GHÉVONDIAN, 1977, 25.

[88] "Après Ezr, le seigneur Nersès devient *catholicos* pour vingt ans. Il construit la chapelle de St.-Sarkis à Dvin. Lorsque les Ismaélites massacrent les habitants de la ville de Dvin — douze mille personnes — le sang des massacrés recouvre le saint siège et le baptistère ; les autres, plus de 35 000 personnes, sont emmenés en captivité. Le patriarche fait ensevelir les os des morts dans cette même chapelle." (Kirakos Gandzakétsi, édit. 1976, 68).

[89] Cf., entre autres, S.T. ERÉMIAN, 1984, 310-311 ; A.N. TER-GHÉVONDIAN, 1977, 33-36 ; A. CHAHNAZARIAN, 1940, 70-71 ; B.N. ARAKÉLIAN, 1941, 61.

[90] Sébéos (édit. 1979, 166).

[91] Il s'agit de la première mention du palais élevé au début du VIIe siècle au nord de la cathédrale.

[92] Cf. Sébéos (édit. 1979, 167) et Hovhannès Draskhanakertsi (édit. 1912, 86).

[93] A.N. TER-GHÉVONDIAN, 1977, 38-45.

Les sources arméniennes et arabes mentionnent deux conquêtes de Dvin par Habib Ibn Maslam en 653 [94] et en 654-655. Baladzori, historien arabe du IXe siècle, et Yakut, géographe des XIIe-XIIIe siècles qui reprend à la lettre les informations du premier relate en détail la dernière campagne de Habib vers Dvin. Après la prise d'Ardjich, le commandant arabe s'avance et occupe Ardashat [95]. Puis, il franchit le Nahr al-Akrad [96] et établit ses quartiers dans la plaine de Dvin d'où il envoie sa cavalerie contre la ville ; il vient ensuite lui-même s'arrêter devant les portes [97]. "Les habitants de la ville se fortifient et se mettent à tirer des flèches sur l'armée (de Habib). Il avance alors une baliste jusqu'aux murailles et se met à lancer des pierres jusqu'à ce que les habitants demandent grâce et paix, ce qu'il leur accorde." [98].

Les conditions de paix sont exposées dans la charte suivante : "Au nom de Allah, bon et miséricordieux. Cette charte est donnée par Habib Ibn Maslam aux chrétiens de la ville de Dehbil, à ses mages (madjuss) et à ses Juifs, aux présents comme aux absents, pour garantir leur vie et leurs biens, leurs églises, leurs sanctuaires et les murailles de leur ville. Vous êtes en sécurité et nous nous engageons à observer ce traité tant que vous l'observerez vous-même en payant *djiziat* et *kharadj* [99], ce dont Allah est garant, le plus sûr des garants." [100] La charte est scellée du sceau de Habib Ibn Maslam. Avec Dvin, nous apprend Yakut, les Arabes se rendent maître des villages voisins. Les troupes byzantines non seulement ne participent pas à la défense de la ville, mais, après avoir pillé sa citadelle, se retirent à Nakhtchavan [101]. Très intéressant est le fait que Sébéos indique que le *batrik* (*ishkhan*) de Bagravand se présente devant Habib Ibn Maslam et conclut avec lui un traité de paix pour la prospérité de la ville. Il nous semble que ce *batrik* était Théodoros Reshtuni, *ishkhan* d'Arménie, que la destinée de Dvin — sa principale résidence, centre politique et spirituel de l'Arménie — ne pouvait laisser indifférent. Cette démarche, probablement, était un palliatif contre le danger qui menaçait la capitale.

Les campagnes de Habib sont suivies d'une période de développement pacifique qui dure jusqu'à la fin du VIIe siècle. Le *catholicos* Nersès III rentre à Dvin du Tayk où il séjournait et achève la construction de la cathédrale de Zvartnots.

L'Arménie est définitivement conquise par les Arabes sous le califat d'Abd al-Malik (685-705). Entre 699 et 701, ils mènent une guerre acharnée dans le but de soumettre le pays tout entier. Leur chef, Mohammad Ibn Marvan prend également Dvin où il laisse une garnison de 62 000 hommes, qui pourtant sera détruite par les Arméniens et les Byzantins (Movsès Kalankatvatsi, édit. 1984, 160). Néanmoins, Mohammad Ibn Marvan finira par soumettre l'Arménie. La province nord du califat reçoit le nom d'Arminia avec comme centre Dvin, et elle comprend l'Arménie, le Kartli et l'Arran [102]. Le premier *vostikan* de l'Arminia est Abdallah connu pour sa cruauté. Les historiens le caractérisent comme un homme méchant et perfide "qui met des chaînes aux princes arméniens" [103]. Sembat Bagratuni, *ishkhan* d'Arménie, et le *catholicos* Sahak Dzoraportsi sont exilés à Damas. Des persécutions religieuses commencent. David Dvnatsi est martyrisé à Dvin : "C'est là (à la cathédrale d'Arudj) qu'on avait baptisé un martyr du Christ, David, d'origine perse, qui , auparavant, s'appelait Surkhan ; pour s'être converti au christianisme, il est pendu à un arbre à Dvin" [104]. Il est enterré à côté

---

[94]   Sébéos (édit. 1979, 169).

[95]   = al-Kirmiz : village de la cochenille rouge.

[96]   Rivière des Kurdes, nom probablement le donné par les Arabes à la rivière de Métsamor.

[97]   Yakut (édit. 1965, 14).

[98]   Baladzori (édit. 1927, 10-11).

[99]   Impôts sur les personnes et sur la terre.

[100] Cf. Baladzori (édit. 1927, 42), Yakut (édit. 1965, 62-63) et A.N. TER-GHÉVONDIAN, 1977, 42.

[101] Sébéos (édit. 1979, 174).

[102] Cf. A.N. TER-GHÉVONDIAN, 1977, 74 et S.T. ERÉMIAN, 1984, 326.

[103] Hovhannès Draskhanakertsi (édit. 1912, 94).

[104] Kirakos Gandzakétsi (édit. 1976, 69).

de la chapelle d'Iztbuzite [105]. Cette situation débouche sur une révolte des Arméniens en 703 qui est cruellement réprimée.

En 705, de nombreux *nakharars* arméniens sont brûlés vifs à Nakhtchavan. Cet acte affaiblit dans une certaine mesure la puissance militaire du pays et les maisons des *nakharars*. Comme le dit H. Draskhanakertsi (édit. 1912, 98) : "Notre pays se couvrit d'une mer de larmes et se remplit de lamentations". Les sources étrangères parlent elles-aussi. Selon toute probabilité, Dvin partage le sort du pays. Dans le recueil *Soperk Haykakank* (1854, 19), un auteur anonyme nous apprend que "la première année du gouvernement de Vlit (le calife Walid, 705-715), le jour de la fête de Pâques, on amena de nombreux captifs dans la capitale Dvin, et on les garda au cachot pendant tous les jours chauds, et il me semble que le morts étaient plus nombreux que les vivants. En automne, on les retira du cachot, on leur pendit au cou un sceau et on les expédia en Syrie".

Suite à ces événements, les Arabes changent de politique : reconnaissant les droits héréditaires des féodaux arméniens, Abd al-Aziz, le nouveau gouverneur (707-709), les rappellent dans leurs domaines. De grands travaux de réfection sont entrepris à Dvin [106]. Contemporain de ces événements, l'historien Ghévond (1887, 36) écrit : "Gouvernant l'Arménie, Abdel-Aziz la protégea contre les attaques ennemies et arrêta, à l'aide de mesures puissantes, la perfidie menaçante des fils d'Ismaïl ; il reconstruisit la ville de Dvin plus puissante et plus vaste qu'auparavant, la fortifia avec des murailles et des verrous, entoura son enceinte d'un fossé qu'il remplit d'eau pour la sécurité de la place." [107]

Un groupe d'influents *nakharars* reviennent dans leur patrie et rentrent en possession de leurs domaines. Sembat Bagratuni est nommé *ishkhan* d'Arménie, fonction qu'il exercera jusqu'en 726. Toutefois, comme le montrent les événements, l'Eglise joue en Arménie un grand rôle politique et elle a de l'influence dans toutes les sphères de la vie du pays. C'est à cette époque que s'amplifie la lutte contre les partisans de la confession chalcédonienne, lutte que soutiennent naturellement les Arabes, puisque c'est un mouvement dirigé contre Byzance.

En 719, un concile se réunit à Dvin sous le *catholicos* Hovhan Odznétsi ; on y adoptera des canons contre les Pauliciens et en faveur d'un raffermissement de l'organisation intérieure.

A partir du califat de Hisham, la situation se détériore. En 724, celui-ci envoie en Arménie le commandant Hert qui recense la population [108] et remplace l'impôt sur les familles par un impôt sur les personnes. Cependant, la guerre contre les Khazars met le calife dans la nécessité d'assurer le calme et la paix en Arménie. En outre, la nouvelle politique des Arabes entraîne le mécontentement dans toutes les couches de la population du pays. Même le *catholicos* David Ier (728-741) quitte sa résidence de Dvin pour se retirer dans le village d'Aramonk [109].

En 732, Marvan Ibn Mohammad, gouverneur du Nord, réserve un accueil favorable aux *nakharars* qui viennent au devant de lui à Dvin et il nomme Ashot Bagratuni *ishkhan* d'Arménie [110].

Sous les derniers Omeyyades, une révolte éclate en Arménie (747-750) qui s'étendra aussi à la province de Sassun (749-752) [111]. Elle sera réprimée par les Abbassides venus au pouvoir en 750. Les impôts des provinces sont augmentés, ce qui conduit le pays dans des difficultés économiques. Lorsque le premier calife abbasside, Abu-Djafar, gouverneur de la province du Nord, arrive en Arménie (certainement à Dvin) il "met tout le monde à bout par ses violences et ses persécutions, réduit le

---

[105] Hovhannès Draskhanakertsi (édit. 1912, 95).

[106] Cf. Baladzori (édit. 1927, 15), Al-Hamadani (édit. 1902, 25) et Mkhitar Ayrivanétsi (édit. 1860, 51).

[107] Selon les propres paroles d'Abd al-Aziz rapportées par A.N. TER-GHÉVONDIAN (1977, 79), il participe, à l'âge de 12 ans — soit en 640 — à la campagne contre Dvin et contribue à sa destruction, c'est pourquoi il fait reconstruire la ville.

[108] "Il envoya le commandant Hert pour faire un recensement total en Arménie, afin de rendre plus lourd notre esclavage" (Ghévond, édit. 1887, 100-101).

[109] "Il (David) transféra le siège de Dvin à Aramonk, (y) construisit une église et une maison qu'habitait le patriarche, car il était opprimé par la tribu impie de Mahomet" (Kirakos Gandzakétsi, édit. 1976, 73 ; Hovhannès Draskhanakertsi, édit. 1912, 105).

[110] Ghévond (édit. 1887, 112).

[111] A.N. TER-GHÉVONDIAN, 1977, 93-97.

peuple à la misère, exigeant des impôts même des morts … et il ordonne à tous de porter au cou une plaque de plomb"[112], selon Ghévond (édit. 1887, 127).

La situation en Arménie devient particulièrement pénible dans les années 750-770. Nombre de *nakharars* quittent leurs domaines. Les Arabes pillent la population, les impôts sont augmentés, les paysans sont volés et tués[113]. Ceci conduit vers une nouvelle révolte dans les années 774-775, dirigée par les Mamikonians qui seront chassés d'Arménie. Celle-ci, décrite en détail par l'historien Ghévond[114], cause beaucoup d'inquiétudes à la population musulmane de Dvin, qui prend une part active à sa répression.

Le gouverneur Hassan augmente ses violences et grossit les impôts. Ceci amène encore une révolte conduite cette fois par Mushegh Mamikonian. A Bagrévand, il s'empare d'Abumdjur, collecteur d'impôts, et de ses serviteurs et les met à mort. Il inflige aussi une défaite à un petit détachement d'Arabes. Alors "Mahmet réunit une armée à Dvin, la confie au commandant Apundjip et lui ordonne de venger les morts." Mais, au cours de la rencontre avec Mushegh, le chef du détachement est tué et le détachement défait. "Parmi les ennemis en fuite, seuls quelques-uns atteignent Dvin où leurs compatriotes — hommes et femmes — viennent au-devant d'eux avec des cris et des pleurs, ils se couvrent la tête de terre, se battent le front et déchirent leurs vêtements. Tous les quartiers de l'immense ville se remplissent de cris, de pleurs et de lamentations ; une grande terreur s'empare des Sarrasins ; ils n'osent plus sortir de la ville, mais se tiennent à l'intérieur de la forteresse."[115].

Sembat Bagratuni, *sparapet* et *ishkhan* d'Arménie, s'unit aux insurgés. Ils réussissent à garder pendant quelques temps les régions centrales d'Arménie[116]. Les troupes arabes "sorties de Dvin font des razzias dans les régions attenantes, pillent et tuent."[117].

La répression de la révolte de 775 a des conséquences pénibles pour l'Arménie. Les premières années du règne de Harun al-Rashid (786-809) sont particulièrement cruelles. Il envoie en Arménie Huzeyma pour y accomplir des répressions[118]. Sous le gouvernement de Suleiman (788-790), la résidence des gouverneurs d'Arminia est Partav (Barda), ce que Ghévond est le premier à mentionner. Néanmoins, Dvin ne perd pas son importance et reste la seconde capitale d'Arminia, gardant un rôle dominant dans la vie politique et économique du pays[119]. C'est ce qu'indiquent les sources arméniennes et étrangères. On continue à frapper monnaie à Dvin. Al-Istahri (édit. 1901, 19), géographe arabe du Xe siècle, parle du palais du gouverneur qui rappelle ceux de Partav et d'Ardébil.

Sous le gouvernement de Suleiman, son gendre Ibn-Doké — d'origine grecque — se livre à des excès à Dvin. Il "fait souffrir les habitants par des exactions étranges et humiliantes … ordonne de ramasser le double d'impôts … Il ordonne de suspendre au cou de chacun une plaque de plomb et exige beaucoup de *zouzas* pour chaque plaque jusqu'à ce que le peuple tombe dans la misère noire à

---

[112] Ces plaques, utilisées par les Arabes pour recenser la population et réaliser un strict contrôle des impôts, sont souvent mentionnées par les historiographes arméniens et arabes. Les fouilles de Dvin ont mis au jour de petits boutons ronds en plomb à la surface ondulée et munis d'un trou ce qui permettait de les coudre aux vêtements ou de les suspendre. Visiblement, ce sont ces plaques de plomb dont on parle dans les sources historiques.

[113] Ghévond (édit. 1887, 135).

[114] "… Les *nakharars* arméniens, poussés à bout par ces malheurs, prennent une résolution désespérée, mais ils sont incapables de la mener à bien à cause de leur petit nombre. Préférant une mort courageuse à un danger permanent, ils tentent une révolte … Elle est commencée par Artavazd, de la maison des Mamikonians. Il se rend à la capitale Dvin, y rassemble ses troupes, se procure des armes et des munitions et, revêtant une cuirasse et un casque, il se dit fidèle à l'armée d'Ismaïl … ; bientôt, se séparant d'eux, il se rend dans la province de Shirak, au bourg de Koumayr, où il tue le collecteur d'impôts et s'empare de tout ce qu'il possède … Lorsque Dvin apprend la nouvelle de la révolte du fils de Hmayak, Mahmet réunit une puissante armée et, accompagné du *sparapet* arménien Smbat, fils d'Ashot, et d'autres *nakharars*, il se met à la poursuite des insurgés." (Ghévond, édit. 1887, 137-138).

[115] Ghévond (édit. 1887, 139-141).

[116] A.N. TER-GHÉVONDIAN, 1977, 107.

[117] Ghévond (édit. 1887, 144).

[118] *Idem*, (édit. 1887, 162).

[119] A.N. TER-GHÉVONDIAN, 1960, 133-136.

cause de cet excès d'impôts." [120]. Il pille même les biens de l'Eglise [121]. Les faits d'Ibn-Doké à Dvin sont consignés par K. Gandzakétsi (édit. 1976, 75) : "Après son décès [122], Ibndokl pille l'église ; grâce à un gros pot-de-vin, le seigneur Stéphanos remplace pour un an (le seigneur Esaïe). Il est originaire de Dvin. Il est suivi (dans sa fonction) par le seigneur Iovah pour un an ; celui-ci est originaire de Vostan et a été nommé *curopalat*."

En 793-794, Abu Muslim Ash-Shari se révolte en Arminia. Battant l'armée arabe, il se dirige sur Dvin et l'assiège pendant quatre mois [123].

Nommé pour la seconde fois gouverneur d'Arménie, Huzeyma al-Tamimi (803-806) se venge cruellement des princes arméniens, les exterminant avec leurs fils. "Il fait le bornage à Dabile (Dvin) et à Nashav (Nakhtchavan) pour pouvoir réprimer rapidement les révoltes et contrôler le pays [124]. Huzeyma al-Tamimi tâche de s'approprier le domaine du *catholicos* (sous Joseph II, 795-806) : Kavakert, Horomots, Marg et Artashat. Après une longue lutte, le *catholicos* est contraint à céder Artashat avec ses terres [125].

La politique de plus en plus cruelle du califat a pour résultat de mettre hors d'action les plus influentes maisons de *nakharars* d'Arménie : les Mamikonians, les Kamsarakans et les Amatunis entre autres. Ce processus s'approfondit surtout dans la deuxième moitié du VIIIe siècle. Le pays voit grandir l'influence des Bagratides, dont les représentants sont depuis environ deux siècles *ishkans* d'Arménie. Les Bagratides possèdent le Shirak, ainsi que les domaines des Kamasarakans et des Mamikonians. En 804, Ashot Msaker, représentant éminent de cette maison, est officiellement reconnu *ishkan* d'Arménie. Luttant pour acquérir pleins pouvoirs sur le pays, il se heurte aux émirs arabes qui tâchent de s'approprier des domaines féodaux en Arménie [126]. Les historiens citent en particulier sa lutte contre Djahhaf, qui a des relations de parenté avec les Mamikonians, et prétend entrer en possession de leurs terres. En 820, il s'empare de Dvin avec son fils Abd al-Malik, que même le califat reconnaît gouverneur d'Arminia. Toutefois, bientôt le *sparapet* Shapuh Bagratuni, frère d'Ashot Msaker, les attaque et, avec l'aide des citadins insurgés, met à mort Abd al-Malik [127].

Ashot Msaker est remplacé par ses fils : Bagrat Bagratuni, *ishkan* d'Arménie, et Sembat, *sparapet*. En fait, tout le pouvoir est entre leurs mains, car la position des Arabes, qui dépensent trop de forces pour réprimer la révolte, s'est affaiblie. Bien qu'entre 847 et 861, sous le règne du calife Mutavakil, la politique de persécution des chrétiens reprenne de la vigueur en Arménie, la révolte de 850-852 ébranle la puissance des Arabes. Nommé en 855 *ishkan* d'Arménie, Ashot Bagratuni est proclamé en 862 "*ishkanats ishkan*" (prince des princes). Ayant vaincu leurs adversaires, les émirs arabes, et s'étant soumis les grandes maisons des *nakharars* [128], les Bagratides créent les conditions nécessaires à la restauration du Royaume arménien.

A cette période, Dvin est mentionnée dans les sources uniquement en relation avec les campagnes de Bugha qui réprime la révolte de 852-855 et dévaste impitoyablement le pays [129]. Après ses incursions dans les provinces du sud, il se dirige vers Dvin. Selon le *catholicos* Hovhan, Bugha fait une quantité énorme de captifs, tant dans les environs de Dvin que dans la ville elle-même. Les princes faits prisonniers dans les autres régions d'Arménie sont mis aux fers et jetés dans les cachots de Dvin [130]. "A son entrée dans la ville, il (Bugha) amène avec lui d'innombrables captifs et prisonniers

[120] Ghévond (édit. 1887, 167).
[121] Samuel Anétsi (édit. 1893, 89).
[122] Celui d'Esaïe en 788.
[123] H. MANANDIAN, 1978, 560, A.N. TER-GHÉVONDIAN, 1977, 120-121.
[124] *Sources arabes*, 1965, 197, note 313.
[125] Hovhannès Draskhanakertsi (édit. 1912, 111-112).
[126] A.N. TER-GHÉVONDIAN, 1988, 126.
[127] Vardan (édit. 1861, 106-107).
[128] A.N. TER-GHÉVONDIAN, 1977, 150.
[129] A.N. TER-GHÉVONDIAN, 1977, 141-147, S.T. ERÉMIAN, 1984, 354-359.
[130] Hovhannès Draskhanakertsi (édit. 1912, 120-121).

(littéralement : enchaînés) qu'il expédie pour être vendus en esclavage parmi les peuples étrangers, les éloignant et les privant de leurs domaines familiaux" [131].

Le tremblement de terre de 862-863 cause de grands dommages à Dvin. Il est décrit en détail par H. Draskhanakertsi (édit. 1912, 133-134) : "En ce temps-là, un terrible tremblement de terre eut lieu à Dvin, beaucoup de maisons oscillèrent et s'effondrèrent, ainsi que les palissades et les palais ; en général, la ruine et la douleur régnèrent sur la ville ; de nombreux gens furent frappés à mort et si grand était le (terrible) danger que personne ne restait sous le toit, tous sortaient en sanglotant désespérément sur les places et dans les rues. Par ailleurs, le froid glacial de l'hiver ajoutait encore bien des peines et des difficultés, car nombreux furent ceux qui gelèrent et souffrirent du froid". Movsès Kalankatvatsi (édit. 1984, 167) écrit que le séisme, qui dure toute une année, emporte cent douze mille vies (chiffre visiblement exagéré) tandis que Mkhitar Ayrivanétsi (édit. 1860, 403) n'en mentionne que douze mille.

A en juger d'après les événements suivants, Dvin ne tarde pas à se reconstruire et continue à rester le centre économique du pays ainsi que la résidence des gouverneurs arabes.

L'Arménie est définitivement débarrassée du joug arabe en 874-875. Ahmad Ibn Khalid, nouvellement nommé gouverneur d'Arminia, conçoit l'idée de faire disparaître les princes arméniens, de massacrer les *nakharars* et de se rendre maître du pays entier. Selon l'historien qui fait cette communication, Dvin doit servir de cadre principal à cette opération [132]. Toutefois, Ashot Bagratuni, devinant les desseins du gouverneur, arrive à Dvin avec son frère le *sparapet* Abass et les troupes arméniennes. Il déjoue les plans d'Ahmad Ibn Khalid dont les troupes sont battues, tandis que lui-même est renvoyé du pays [133].

Vers 870, Ashot Bagratuni est en fait reconnu roi d'Arménie par les *nakharars*. Il est officiellement couronné et reconnu par le califat et Byzance en 884-885. Le pouvoir des Bagratides s'étend à toutes les provinces du pays à l'exception des régions de l'ouest et du sud-ouest. L'Ayrarat, ancien domaine royal *Vostan*, et Dvin font également partie du royaume des Bagratides.

Dvin continue à jouer le rôle de ville centrale d'Arménie au Royaume arménien des Bagratides. Les historiens la nomment "grande capitale" [134], "capitale" [135], "*shahastan*" [136] … Visiblement, c'est là que l'*ishkan* d'Arménie donne solennellement audience aux gouverneurs arabes. Toutefois, sous les Bagratides, la résidence permanente est d'abord Daruynk dans la province de Koghovit, puis, sous Ashot Msaker, Bagaran ou Shirak où le roi est couronné [137].

A la période du gouvernement d'Ashot Msaker (862-890), Dvin est abandonnée par les gouverneurs arabes et soumises aux Bagratides, ce qui est très important pour le raffermissement du pouvoir central.

Selon Ibn Hauqal, Dvin appartient à Sembat (Sinbat Ibn Ashot), roi de tous les Arméniens et à ses ancêtres, et se trouve au pouvoir des notables ; al-Istahri tient aussi Dabile pour la capitale de l'Arménie où siège "Sanbat, fils d'Ashut. La ville est en permanence aux mains des chrétiens notables et les chrétiens constituent la majorité des habitants d'Arménie, dite aussi "royaume Arman" [138].

Sous le règne d'Ashot Ier, l'Arménie connaît un essor économique sans précédent. L'agriculture, les métiers, le commerce, la construction des villes se développent rapidement. Les sources en donnent de nombreux témoignages. Le développement paisible du pays continue sous Sembat qui succède à son père en 890. Dès les premières années de son règne, il réalise la politique de la réunion des terres arméniennes et du raffermissement du pouvoir central. Ceci se heurte à

---

[131] Thovma Artzruni (édit. 1917, 276), Stépanos Orbélian (édit. 1910, 171).
[132] *Idem* (édit. 1917, 353).
[133] *Idem* (édit. 1917, 358-359).
[134] *Idem* (édit. 1917, 488).
[135] Hovhannès Draskhanakertsi (édit. 1912, 120, 160, 186, 214 *et passim*).
[136] Thovma Artzruni (édit. 1917, 371).
[137] Hovhannès Draskhanakertsi (édit. 1912, 139, 143).
[138] Al-Istahri (édit. 1901, 19).

l'opposition de l'émirat d'Atropatène, à la tête duquel se trouve Mohammed Afshine depuis 890. Sembat assiège Dvin qui, avec une partie de la Vallée de l'Ararat se trouve aux mains des gouverneurs arabes (il faut supposer qu'à la fin du règne d'Ashot Ier, Dvin est repassée aux mains des Arabes) [139] et après deux ans d'une lutte acharnée, il la prend. Les princes arabes sont enchaînés et envoyés en don à l'empereur Léonce.

En 894, un nouveau et terrible tremblement de terre secoue Dvin. Il est mentionné par tous les historiens. H. Draskhanakertsi (édit. 1912, 162-163), témoin oculaire du séisme , écrit : "A cette époque, à une heure inattendue du milieu de la nuit, un effrayant tremblement de terre survient à Dvin ; de puissantes secousses accompagnées de fracas, la terreur et la mort fondent sur les habitants de la ville détruite de fond en comble. Car, s'effondrent sans exception les palissades, les murs, les palais des aristocrates et les maisons des pauvres, se transformant en un clin d'œil en lieux déserts et pierreux. Et même la divine église du palais patriarcal, de même que toutes les autres chapelles, s'effondrent avec fracas, tombent à terre et apparaissent aux spectateurs comme autant de tas de pierres difformes et, tout près, de nombreuses personnes écrasées que le sort impitoyable a enseveli sous les pierres les plus dures, invitent le spectateur à une douleur immense et à des pleurs interminables. Sans parler des parents et des proches, des gens liés par des liens de parenté, dont les sanglots, les pleurs et les soupirs, les voix tristes, les cris et les lamentations, ainsi que les voix douloureuses des jeunes chanteuses et des femmes en deuil et les soupirs affligés des hommes frappés de malheur montent au ciel. Comme il est impossible d'enterrer toute la multitude des cadavres, on jette la majorité dans les fosses, les fossés, les cavernes démolies et les (y) enfouit. Quant à ceux qui sont restés en vie, ils se sentent frappés d'horreur devant la colère de Dieu".

Thovma Artzruni (édit. 1917, 371-372) consacre tout un chapitre de son ouvrage à cet événement. Il appelle Dvin un "*shahastan*" fortifié de puissantes murailles, "saturé et nourri de commerces et d'abominations diverses". Pour de nombreux citadins, leurs maisons deviennent des tombes. Selon l'historien, plus de 70.000 habitants y trouvent la mort.

Ibn al-Assir (édit. 1981, 172), historien arabe, parle aussi de cet événement : "Au mois de Chaval (14.XII.893-11.I.894), il y eut une éclipse de la lune et Dvin, ainsi que le peuple de tout le pays restèrent dans l'obscurité. Cette obscurité dura jusqu'au moment où un vent noir se mit à souffler dans la soirée. Il dura jusqu'à la troisième heure de la nuit, un tremblement de terre survint et la ville fut détruite. Parmi ses maisons, une centaine restèrent (intactes). Ensuite, (la terre) fut secouée cinq fois. Le nombre (de victimes) extraites des ruines était de cent cinquante mille, toutes mortes".

Bien que le nombre de victimes soit visiblement exagéré par tous les historiens, le dommage causé à la ville est incontestablement immense. Les traces du séisme sont nettement visibles au cours des fouilles, surtout au quartier central où se trouvent concentrés la majorité des édifices du culte. La cathédrale et les édifices qui l'entourent ne sont plus restaurés ; quant au palais patriarcal, il est transformé en mosquée deux ou trois décennies plus tard. Le pays est dans une profonde tristesse. Le prieur du monastère de Sévan, le seigneur Mashtots, adresse aux habitants de Dvin un message de consolation [140]. Le *catholicos* Guévork quitte Dvin et s'installe à Vagharshapat ("Nor-kaghak" - Nouvelle ville), à la petite localité de Zvartnots où, au VIIe siècle, Nersès III construit la splendide cathédrale St.-Grégoire [141]. Le siège du *catholicossat* de Dvin cesse pratiquement d'exister, malgré d'infructueuses tentatives de restauration.

En 894, alors que Sembat est probablement occupé à reconstruire l'ancienne capitale, l'un des plus grands centres économiques du pays à cette époque, Afshine attaque l'Arménie et occupe les villes de Nakhtchavan et de Dvin. La lutte entre l'Arménie et l'émirat d'Atropatène dure cinq ans [142]. En

---

[139] Hovhannès Draskhanakertsi (édit. 1912, 160-161).
[140] *Idem* (édit. 1912, 163-166).
[141] Thovma Artzruni (édit. 1917, 372).
[142] S.T., ÉRÉMIAN, 1976, 30-32.

898, après la mort d'Afshine, son gouverneur Devdad fuit Dvin, ce qui met un terme à la domination arabe de la Vallée de l'Ararat.

En 901, Yussuf Ibn abu Sadj Divdad est nommé émir d'Atropatène et recommence des opérations militaires contre l'Arménie. Traversant l'Albanie du Caucase et le Shirak, il pénètre dans la plaine de l'Ararat et s'installe à Dvin. C'est le début d'une longue et cruelle lutte pour la souveraineté du pays. L'historien H. Draskhanakertsi (édit. 1912, 231-300), témoin oculaire de ces événements, décrit avec d'amples détails ces sombres années. Etant lui-même fait prisonnier à Dvin, il est libéré contre une importante rançon.

Au cours de cette lutte, un schisme se fait jour entre les *nakharars* arméniens et le pouvoir central, ce qui est utilisé par Yussuf Ibn abu Sadj Divdad. En 908, il proclame roi d'Arménie Gaguik Artzruni, ce qui est en fait le début du Royaume de Vaspurakan [143]. L'une après l'autre, les influentes maisons de *nakharars* d'Arménie se rendent à Yussuf Ibn abu Sadj Divdad, ainsi que le *sparapet* Ashot, chef des troupes arméniennes. Comprenant l'inutilité de la lutte, le roi Sembat se rend à l'ennemi sous condition de faire cesser les campagnes qui dévastent le pays et de recevoir la garantie de sa sûreté personnelle. Néanmoins, il est tué sur ordre de Yussuf Ibn abu Sadj Divdad en 914 et son corps est pendu sur la place de la ville de Dvin.

Après la mort de Sembat, le mouvement national arménien est dirigé par son fils Ashot II surnommé Yerkat (de fer), qui libère l'Arménie des Arabes et parvient presque à restaurer les limites du Royaume Bagratide.

A cette époque, Dvin est le centre de la lutte nationale du peuple arménien. Au début, la ville est sous la domination de Yussuf Ibn abu Sadj Divdad. C'est là que les troupes arabes tiennent leurs quartiers d'hiver et commencent leurs campagnes vers différentes régions d'Arménie. Dvin est probablement détruite au cours des terribles campagnes des tribus du nord vers la vallée de l'Ararat. En quittant l'Arménie, Yussuf Ibn abu Sadj Divdad propose la couronne au *sparapet* Ashot qui se trouve à Dvin. Le conflit entre les neveux est résolu grâce à l'intervention du *catholicos*, et le *sparapet*, renonçant à ses prétentions au trône, reçoit, outre Koghb et Dvin, Vagharshapat avec ses environs. La lutte entre les deux Ashot dure deux ans, Dvin est deux fois assiégée par Ashot II. En 922, les forces byzantines essaient de prendre Dvin, mais elles essuient une défaite.

Nasr al-Subuk est nommé nouveau représentant de Yussuf Ibn abu Sadj Divdad à Arminia. Il charge de chaînes quarante notables de Dvin, sortis à sa rencontre, et les ramène ainsi en ville pour exiger une rançon.

Pendant environ quatre siècles et demi, Dvin est le centre spirituel de l'Arménie. Après le séisme de 894, durant une trentaine d'années, le siège patriarcal est visiblement sans résidence permanente. Le *catholicos* Hovhan s'adresse à Nasr pour le prier de restaurer le *catholicossat* de Dvin, mais cela lui est refusé. Vers 923, il s'installe à Aghtamar où il décède en 929, année de la mort d'Ashot II.

Au Xe siècle, Arminia, province nord du califat, se désintègre pour différentes raisons, aussi bien intérieures qu'extérieures, et un certain nombre d'émirats arabes se forment sur son territoire. Le pouvoir centralisé des Bagratides subit aussi un grand coup ; quelques petites royautés se séparent, mais elles continuent à obéir au royaume central des Bagratides. Ce processus s'accélère cependant avec le développement ultérieur des rapports féodaux et la formation d'émirats arabes, dont l'un est Dvin.

Selon les sources arméniennes et étrangères, la ville de Dvin et ses environs, ainsi que l'Ayrarat font partie des domaines du royaume arménien, bien qu'à certaines périodes ils soient occupés par les émirs d'Atropatène. Le *catholicos* Hovhan établit avec précision les limites de l'Arménie [144]. Stéphane de Tbethtsi (édit. 1934, 91), auteur géorgien des IXe-Xe siècles, inclut dans les vastes territoires de l'Arménie, à part d'autres provinces, la plaine de Dvin (*Devnodasht - Dafine, Adashti*) et

---

[143] Thovma Artzruni (édit. 1917, 466-467).
[144] Hovhannès Draskhanakertsi (édit. 1912, 160-161).

Sharur (Sharul), la plaine située au sud de Dvin — *Vostan*. Les sources arabes précisent elles aussi les frontières de l'Arménie avec sa capitale Dabile (Dvin), de l'Azerbaïdjan et de l'Arran [145]. Les sources byzantines comptent Dvin (Tivi) parmi les domaines d'Ashot II [146].

Après une lutte de trente ans contre les Arabes survient une période de paix. En 928, les Byzantins tentent à nouveau de se rendre maîtres de Dvin, mais ils sont battus par la garnison arabe. Ces événements sont décrits avec de nombreux détails par Ibn al-Assir. Selon cet auteur, même les citadins se soulèvent contre le Byzantins [147]. Après cela, Nasr al-Subuk laisse la ville. C'est la fin des Sadjides. Visiblement, Dvin passe sous l'autorité des Bagratides.

Vers 930, un certain Arabe soumet des régions de l'Ayrarat, prend la grande capitale Dvin et exige des impôts de la population. L'armée arménienne menée par Abass (929-953) et le roi Gaguik du Vaspurakan bat l'ennemi sur les rives de l'Araxe. Passant le fleuve, Gaguik Artzruni veut détruire la ville, mais il cède aux prières des doyens de Dvin et se limite à imposer la ville et à prendre des otages [148]. La ville passe à nouveau sous l'autorité des Bagratides.

De très intéressantes données sur la ville de Dvin aux années 930-940 sont fournies par les documents numismatiques découverts lors des fouilles. Les monnaies sont de frappe locale. Les chercheurs ont raison de croire que l'inscription "Arminia" de la pièce de 931 de Yussuf Ibn Divdad [149] sous entend Dvin (et non Partav) et l'Arménie [150]. A. Bykov croit que la monnaie de 941-942 de Dayssam Ibn Ibrahim, gouverneur de l'Atropatène, qui soumet Dvin, est également frappée à Dvin. Là aussi, "Arminia" sous-entend Arménie, car la province d'Arminia commence à se désintégrer depuis un certain temps [151].

Vers 940, Dvin passe sous l'autorité des Salarides. En 948, la ville appartient à Marzuban Ibn Mohammad (941-957) dont le pouvoir s'étend aussi à l'Atropatène, à la vallée de l'Araxe et à l'Arran. Ce sont des moments difficiles pour Dvin qui change sans cesse de gouverneur.

La même année, Marzuban est fait prisonnier et reste en captivité jusqu'en 953. Pour la seconde fois, il se rend maître de Dvin de 954 à 957. Avant 953, on mentionne comme gouverneur de Dvin Fadl Ibn Djafar et Ibrahim al-Dabbi, tous deux chassés de la ville par Dayssam Ibn Ibrahim, mentionné plus haut. En 951, le premier Shaddadite, Mohammed Ibn Shaddad (951-954) fait son apparition à Dvin. La seule source qui éclaire ces événements est le manuscrit de Munadjim Bashi, auteur du XVIIe siècle ayant à sa disposition un manuscrit arabe des XIe-XIIe siècles [152]. Le manuscrit contient des descriptions fragmentaires des tentatives d'Ashot III le Miséricordieux, roi d'Arménie, de prendre Dvin en 953, tentatives qui se soldent par un échec. Visiblement, c'est après cela qu'Ani devient capitale d'Arménie. La même source mentionne la construction de la forteresse de Tall Hasli ("Colline de fourmis") qu'on identifie à la forteresse de Tiknuni située au nord de Dvin.

En 957-966, selon le témoignage de certains documents [153], Dvin fait partie du domaine des Bagratides. En 966, Ibrahim Ibn Marzuban se rend maître de l'Atropatène et soumet aussi Dvin. Le pouvoir des Salarides dure jusqu'au début des années 980, lorsque Dvin passe au pouvoir d'Abu Dulaf, émir de Goltn.

Ainsi, le gouvernement des Salarides à Dvin coïncide avec le règne des rois Bagratides Abass, Ashot III et Sembat II, et avec la formation en Arménie de quelques petites royautés. Dvin, Nakhtchavan et Goghtn, situés dans la vallée de l'Araxe, passent aux mains d'émirs musulmans. Peut-

---

[145] Al-Istahri (édit. 1901, 19), Ibn Hawqal (édit. 1908, 93-94), Al-Muqaddasi (édit. 1908, 7).
[146] Constantin Porphyrogénète (édit. 1970, 10).
[147] Ibn al-Assir (édit. 1981, 176).
[148] Thovma Artzruni (édit. 1917, 487-491).
[149] K.A. MOUSHÉGHIAN, 1962, 143-144.
[150] A.N. TER-GHÉVONDIAN, 1965, 140.
[151] A. BYKOV, 1955, 14-19.
[152] A.N. TER-GHÉVONDIAN, 1956, 1962, 1965.
[153] A.N. TER-GHÉVONDIAN, 1965, 176.

être est-ce la raison du manque absolu de renseignements sur l'histoire de Dvin à cette époque dans les sources arméniennes [154].

En 987, le pouvoir en Atropatène passe aux Ravvadians d'origine kurde. Ils se rendent maîtres de Dvin également. Cependant, dès 989, Abu Dulaf leur reprend la ville et conclut un traité de paix avec le roi Sembat II.

Sous le règne de Gaguik II (990-1020), Dvin passe aux mains des Bagratides. Un certain David de Dvin est nommé gouverneur de la ville. Les vestiges de la culture matérielle révélée lors de fouilles de Dvin montrent qu'aux Xe-XIe siècles, la ville continue à s'épanouir et à se construire. Ceci concerne également la période du règne de Gaguik lorsque l'Arménie, devenue très puissante, reprend les grands travaux avec un redoublement d'énergie. Après la mort de Gaguik en 1020, la lutte pour le trône entre ses deux fils se termine en fait par le partage de l'Arménie bagratide : Hovhannès-Sembat devient roi d'Ani et Ashot règne sur les autres régions. La situation se complique, d'une part du fait de la politique expansionniste byzantine à l'égard des terres arméniennes et, d'autre part, par le nouveau danger qui menace l'Orient. En 1021, l'Arménie est envahie du côté de Nakhtchavan et de Dvin par les Turcs-Oghuzes se trouvant au service des Delmiques, que le prince Vassak Pahlavuni réussit à arrêter [155].

Visiblement, le résultat de ces campagnes est de séparer la vallée de l'Araxe et la ville de Dvin du domaine des Bagratides ; elles passent aux mains des Shaddadides. En 1021-1022, Dvin, qui se trouve au pouvoir d'Abu-l-Asvar, est l'une des plus importantes localités de la région. Durant les premières années de son gouvernement, Abu-l-Asvar, gendre d'Ashot qui prénomme son fils Ashot, entretient d'étroits contacts avec les Bagratides dans le but de raffermir son pouvoir sur les terres arméniennes.

Après la mort de Hovhannès-Sembat, Byzance prétend avoir des droits sur la capitale Ani. Ces prétentions prennent de l'ampleur sous Constantin Monomaque. Après une série d'échecs des troupes byzantines, l'empire envoie contre Gaguik II (1042-1045) l'émir Abu-l-Asvar de Dvin, lui promettant que les terres et les forteresses prises feront partie du domaine de Dvin. En 1044, Abu-l-Asvar remporte plusieurs victoires [156] et le royaume d'Ani des Bagratides devient immédiatement limitrophe du puissant émirat de Dvin.

En 1045, le Royaume d'Ani est supprimé et la capitale passe à Byzance. Ces événements et les suivants sont décrits en détail par les historiens Aristakès Lastivertsi, Matthéos Urhaétsi et Jean de Scylla entre autres. L'empire exige d'Abu-l-Asvar le retour des terres prises. Au sujet de la première campagne des Byzantins en 1046, Aristakès Lastivertsi (édit. 1968, 85) écrit : "Et un certain *ishkan* du nom d'Assit, qui gouvernait auparavant en Orient, est envoyé par l'empereur comme gouverneur à Ani. Dès son arrivée, il rend de grands honneurs au patriarche Pétros et soumet tout le pays. Puis, il se dirige vers Dvin avec une immense armée. Le gouverneur de la ville, Apusoir (Abu-l-Asvar) lui livre bataille et fait un grand massacre aux environs de la ville. C'est là que tombent le grand *ishkan* d'Arménie Vahram avec son fils … Le récit plus détaillé de Jean de Scylla permet de conclure qu'Abu-l-Asvar est un capitaine de talent. Il détourne le cours de l'Azat vers les champs des environs de Dvin qui s'embourbent fortement, et il dresse des embuscades dans les villages des alentours. La lourde cavalerie des Grecs et des Arméniens est incapable de surmonter ces obstacles et subit de grandes pertes [157].

Durant la campagne de 1047, dirigée par Constantin Etiarche, on réussit à reprendre Sourb Marie, Amberd et Sourb Grigor [158]. Helidonion [159], à proximité de Dvin, est assiégée mais on ne réussit pas à la prendre.

[154] A.N. TER-GHÉVONDIAN, 1956, 89.
[155] Aristakès Lastivertsi (édit. 1968, 31), Matthéos Urhaétsi (édit. 1898, 11), Vardan (édit. 1861, 131).
[156] Jean de Scylla (édit. 1979, 147).
[157] *Idem* (édit. 1979, 148-149).
[158] Il faut supposer que c'est la forteresse de Khor Virap.
[159] En arménien, Tzitzernakaberd = forteresse des hirondelles.

Selon certains chercheurs, la défense de Dvin fait en réalité obstacle à l'avancée des troupes byzantines à l'intérieur de l'Arménie [160]. Néanmoins, la politique impériale laisse de profondes traces en Arménie. C'est le début de l'émigration en masse des Arméniens, ce qui affaiblit la puissance militaire du pays et en fait une proie facile pour les Turcs Seldjukides.

En 1048, Abu-l-Asvar devient émir de Gandzak et laisse Dvin à son vice-gouverneur. En 1053, il nomme son fils Abu Nasr gouverneur de Dvin. Les troupes d'Abu-l-Asvar participent avec les armées seldjukides au siège d'Ani. "La même année, l'armée persane envahit l'Arménie au nom du Sultan (Toghrulbek) ; on dit que ce sont les soldats d'Apusoir, gendre du roi arménien Ashot, maître de Dvin et de Gandzak" [161].

Avec l'aide des Seldjukides, surtout après les campagnes d'Alpaslan (1063-1072), Abu-l-Asvar fortifie ses domaines dans la plaine d'Ayrarat. Après sa mort en 1067, son fils Fatlun est nommé émir de Gandzak et de Dvin [162]. Il achète en fait la ville d'Ani aux Seldjukides et la transmet à son fils cadet, Manutshé, en 1072.

Les sources ne mentionnent presque plus les années suivantes du gouvernement des Shaddadides à Dvin. L'on sait qu'en 1075 ils quittent Gandzak qui est occupée par les Seldjukides [163] et qu'ils gouvernent seulement Ani et Dvin. Ils s'efforcent d'avoir une politique loyale à l'égard des Arméniens, surtout des *nakharars* et de l'Eglise. Selon l'historien Vardan (édit. 1861, 138), Ashot, le fils d'Abu-l-Asvar, est gouverneur de Dvin.

Les Shaddadides ne peuvent se maintenir longtemps à Dvin. Dès 1105, Kyzyl, un émir Seldjukide, occupe Dvin et tue Abu Nasr, frère de Manutshé [164], mais il essuie une défaite dans la même année et il est tué à son tour par Manutshé.

De 1118 à 1124, Dvin et Ani sont gouvernées par Abu-l-Asvar, fils de Manutshé, que le roi David le Constructeur de Géorgie chasse en Abkhasie. La ville d'Ani passe aux mains des Orbélians. En 1126, Fadlun, fils d'Abu-l-Asvar, se rend maître de Dvin, mais il est tué lors de la prise de Dvin par l'émir Kurt, fils de Kzy, en 1130.

En 1131, les Orbélians font une tentative pour libérer la ville, mais ils sont battus près de Garni [165]. Selon Vardan (édit. 1861, 161), sur ordre de l'émir Kurt, les têtes des soldats géorgiens tués sont cuites et rangées sur le toit du minaret de Dvin.

A partir des années 1130, le Royaume Géorgien, où les princes Orbélians et Zakarides sont très influents, prend une part active à la libération de l'Arménie. L'émirat d'Atropatène des Seldjukides où gouvernent les Ildéguizes leur oppose une forte résistance. Sous Shams ad-Din (1136-1148), les Ildéguizes deviennent gouverneurs souverains et se rendent maîtres de vastes territoires. Les *atabeks* Ildéguizes sont en fait maîtres de Dvin. Les monnaies ildéguizes, frappées dans les centres importants d'Atropatène, occupent une place de choix dans la circulation monétaire de Dvin.

En 1162, le roi géorgien Guéorgui III, attaquant Dvin à la tête des armées arméno-géorgiennes réunies, réduit à l'état de ruines la ville qui se trouve au pouvoir d'un *atabek* ildéguize (1148-1172). Selon le témoignage de l'historien Samuel Anétsi (édit. 1893, 137), 60 000 habitants sont faits prisonniers et toutes les mosquées sont détruites. Quant à Vardan (édit. 1861, 166), il écrit qu'il "les humilia (les musulmans) de la manière la plus cruelle, qu'il mit à feu et à sang, sauf les chrétiens qui s'y trouvaient ; (il) ordonna de faire descendre du minaret les crânes des têtes cuites et les mettant dans des cercueils et les recouvrant de linceuls brodés d'or, il contraignit les *mughris* [166] nu-pieds à les porter sur leurs épaules jusqu'à la ville de Tiflis". Ces campagnes sont également relatées par les

---

[160] H.V. BORNAZIAN, 1980, 62.
[161] Aristakès Lastivertsi (édit. 1968, 105).
[162] Vardan (édit. 1861, 158).
[163] A.N. TER-GHÉVONDIAN, 1965, 214.
[164] Vardan (édit. 1861, 150).
[165] H. MANANDIAN, 1977, 104.
[166] Les *mughris* sont des érudits musulmans.

historiens arabes [167]. La même année, l'*atabek* Ildéguize reprend Dvin. Selon Vardan (édit. 1861, 174), en 1186, Dvin est gouvernée par un certain Alisher.

Dans les sources des dernières décennies du XIIe siècle, Dvin est peu mentionnée. Les historiens parlent seulement de l'origine kurde du grand sultan Salaheddin (Saladin). Son père Eyub se déplace de Dvin vers la Mésopotamie. Selon la version arabe, il est originaire du village d'Ajdanakan, aux environs de Dvin, dont la population est constituée par la tribu kurde des Ravadias [168]. Précisant la date, 1168-1169, Ibn al-Assir (édit. 1981, 262) fournit plus de détails : "Quant à ses premières activités et son service (il s'agit de Shirkuni) chez Nur al-Din, il faut noter que lui et son frère Nadjim al-Din Ayub sont les fils de Shazi de la ville de Dvin de l'Atropatène. Ils descendent de la tribu kurde d'Al-Ravadia et les membres de cette tribu sont les Kurdes les plus honnêtes".

Selon les sources arméniennes, Ussub (Ussuyt d'après Vardan), fils d'Ayub, se trouvant au service du sultan Nureddin, prend après la mort de celui-ci le pouvoir dans ce pays [169].

Vers la fin du XIIe siècle, les campagnes des troupes arméno-géorgiennes menées par les Zakarides reprennent. Les parties nord de l'émirat d'Atropatène passent sous le pouvoir du Royaume de Géorgie. En 1196, la forteresse d'Amberd est libérée, en 1199, c'est au tour de Bjni et en 1203, celui de Dvin [170]. Abu-l-Fida, historien et géographe arabe, communique qu'en "l'an 599 de l'Hégire [171], les Géorgiens prennent la ville de Dvin ... qui appartenait à l'émir Abu-Bakr Ibn Bahlavani [172]. La même chose est communiquée avec plus de détails par Ibn al-Assir (édit. 1981, 281-282). La libération de Dvin des émirs musulmans est également mentionnée dans les sources arméniennes qui nomment Dvin "capitale" [173].

Trois principautés Zakarides sont fondées : 1) Ani-Shirak et Lori, avec comme centre la ville d'Ani (*amirspasalar* Zakaria), 2) une partie du Lori, Ayrarat, le bassin du lac Sévan, Vayots Dzor (*atabek* Ivané) et 3) Tavush, Gardman, Farisos (Zakaria) avec centre à Gag. La ville de Dvin fait partie du domaine d'*atabek* Ivané [174] et c'est le centre de la principauté.

La libération de Dvin contribue au développement économique de la ville. En fait, les Zakarides, qui reconnaissent le pouvoir souverain des Bagratides géorgiens, restaurent presque les limites du Royaume arménien des Bagratides. Comme en témoignent les sources géorgiennes, les terres arméniennes réunies à la Géorgie sont considérées comme les fiefs des Zakarides et des principautés séparées [175]. Dans les sources arméniennes, y compris les inscription lapidaires, les représentants des Zakarides portent des titres royaux et l'aristocratie est dite "royale" [176].

De nouvelles maisons princières font leur apparition sous les Zakarides : les Vatshutians, les Khaghbakians, les Orbélians ... qui jouent un rôle important dans la vie politique du pays ; elles reçoivent comme domaines les régions à la libération desquelles elles participent [177]. L'on peut supposer que c'est en Ayrarat que se situe le domaine des princes influents de la maison des Khaghbakians, originaire du Khatshen, connus pour leurs travaux de construction. Vassak participe à la libération de Dvin, tandis qu'en 1228, cette ville, occupée par les Khorezmiens, est reprise par son fils Proch. Naturellement, Dvin peut faire partie du domaine de ces princes, bien qu'il ne soit pas exclu que l'*atabek* Ivané se la soit réservée, lui donnant une administration locale autonome. Les sources

---

[167]   Ibn al-Assir (édit. 1981, 260), Abu-l-Fida (édit. 1965, 221).
[168]   *Sources arabes*, 1965, 170.
[169]   Samuel Anétsi (édit. 1893, 136), Vardan (édit. 1861, 171-172), Michel le Syrien (édit. 1871, 457), Yakut (édit. 1965, 144 *et passim*).
[170]   S.T., ERÉMIAN, 1976, 532-534.
[171]   20 septembre 1202 - 9 septembre 1203.
[172]   *Sources arabes*, 1965, 227.
[173]   Kirakos Gandzakétsi (édit. 1976, 163), Stépanos Orbélian (édit. 1910, 391-392) et Vardan (édit. 1861, 174).
[174]   S.T., ERÉMIAN, 1976, 541.
[175]   MÉLIKSET-BEK, 1936, 13-15, 36.
[176]   K. KOSTANIANTS, 1913, 39-42, 47, 71, 74.
[177]   Stépanos Orbélian (édit. 1910, 397).

géorgiennes communiquent que la reine Thamar, son mari David Soslan et Guéorgui Lasha passent l'hiver à Dvin et y collectent l'impôt des émirs musulmans [178]. K. THOROSIAN (1984, 68-74) estime que ces communications concernent non pas Dvin, mais une ville nommée, selon son hypothèse, Der, Dour ou Dvir, ce qui nous semble inexact.

La période durant laquelle Dvin se trouve dans le domaine de l'*atabek* Ivané n'est que très superficiellement éclairée dans les sources arméniennes. "Il paraît qu'à cette période, Dvin — séparément ou avec Bjni — possède un siège épiscopal qui occupe l'une des premières places parmi les autres évêchés ; en 1204, on mentionne à Dvin les évêques Vertanès et Grégoire de Dvin ; en 1205, au Concile de Lori, la participation de l'évêque de Dvin est notée" [179]. Stépanos Orbélian (édit. 1910, 355) mentionne le juge de la ville de Dvin lorsqu'il évoque les débats judiciaires qui s'étaient déroulés à Dvin après la plainte des évêques de Noravank, relative à la croix d'or.

En 1225, Djalal ad-Din, fils du sultan de Khorezm, fuyant les poursuites des Mongols, envahit la Transcaucasie avec une nombreuse armée et prend Dvin entre autres villes. Selon les historiens, ils "… arrivent en Atropatène avec une armée de cent quarante mille soldats. Puis ils s'avancent dans le pays des Longues-mains (les Zakarides), où Dvin appartient à l'*atabek* Ivané.

Ces Khorezmiens arrivent dans la troisième année après la mort de Guéorgui Lasha dans le but de détruire Dvin et les pays voisins … Ils massacrent si cruellement qu'ils n'épargnent ni les femmes ni les enfants" [180]. L'historien Vardan (édit. 1861, 187) communique que les Khorezmiens s'avancent avec une armée de deux cents mille soldats en Atropatène et en Ayrarat et prennent Dvin. La même chose est mentionnée par Ibn al-Assir (édit. 1981, 321).

En 1228, la ville de Dvin est attaquée par le grand prince Prosh Kaghbakian, *sparapet* des Zakarides. Il bat l'armée du Khorezm et punit les citadins musulmans qui avaient participé en 1225 au massacre de la population chrétienne de la ville [181].

Les campagnes de sept ans de Djalal ad-Din, qui est tué en 1232, affaiblissent les forces productives du pays, détruisent nombre de villes et de bourgs. La famine et les épidémies règnent dans le pays [182]. En 1236, les Mongols, menés par Tsharmaghan, prennent les domaines féodaux des Zakarides et certaines régions des pays voisins. Parmi les pays et les villes détruites par les Mongols, les sources géorgiennes mentionnent Dvin [183].

L'on croit habituellement qu'après la conquête mongole, Dvin perd graduellement son importance en tant que ville. Les fouilles montrent, ainsi que les documents numismatiques, que Dvin continue d'exister jusqu'aux années 1250-1260. La couche supérieure révèle les restes de pauvres masures. Parfois, on découvre de la céramique à dessins sous glaçure, peu caractéristique de la production de Dvin et qu'on rencontre souvent à la période mongole. On trouve des monnaies de Seldjukides Rumis : Kay Khusrau II (1242-1243) [184]. On trouve aussi des monnaies de frappe géorgienne (David Ulu, après 1247). Tout ceci témoigne d'une certaine vie qui continue à Dvin durant deux ou trois décennies, mais, visiblement, la destruction de la ville et la déportation de la population, dont une partie avait été massacrée, ne restent pas sans conséquences. Dvin quitte l'arène politique. Il est à noter aussi que l'inscription de 1265 faite sur la petite église du cimetière médiéval d'Oshakan mentionne un commerçant originaire de Dvin (1273) [185].

---

[178] S.T., ERÉMIAN, 1976, 542-543, MÉLIKSET-BEK, 1936, 16, 21, 33, 34, 51.

[179] A. CHARNAZARIAN, 1940, 132, Kirakos Gandzakétsi (édit. 1976, 122).

[180] *Chronographie géorgienne*, 1971, 59-62.

[181] H. MANANDIAN, 1977, 202, Mkhitar Ayrivanétsi (édit. 1860, 664), Michel le Syrien (édit. 1871, 522).

[182] S.T., ERÉMIAN, 1976, 605.

[183] *Chronographie géorgienne*, 1971, 72.

[184] K.A. MOUCHÉGIAN, 1962, 32.

[185] K. KOSTANIANTS, 1913, 107.

CHAPITRE II

LA STRATIGRAPHIE

L'étude de la stratigraphie de Dvin s'est beaucoup développée durant ces dernières années, axée essentiellement sur le quartier central et la citadelle, où de nombreux monuments de caractères divers ont été découverts depuis 1937. Les premières fouilles stratigraphiques sont effectuées au sommet de la citadelle, dans les années 1950 ; leur profondeur atteint 12 m, mais elles ne sont malheureusement pas menées à leur terme [186]. A cette profondeur, on découvre des vestiges d'habitations et des fragments de céramique noire lustrée caractéristique du Bronze Ancien (IIIe mill. av. J.-C.). Les fouilles suivantes permettent d'établir définitivement l'existence d'un important site sur la colline de Dvin à cette époque. Les traces de cette occupation sont particulièrement nettes sur le versant ouest de la colline où des parties de murs de construction cyclopéenne sont conservées. En 1983-1985, les fouilles du quartier artisanal du Bronze Ancien, immédiatement sous les bâtiments des XIIe-XIIIe siècles ap. J.-C., permettent de déterminer une couche livrant d'intéressantes découvertes : grand vase noir lustré à ornement en spirale, foyer cultuel …

Les raisons de l'interruption de cette occupation du Bronze Ancien nous sont inconnues. Ce n'est que longtemps après, au Fer Ancien, qu'un nouveau site se forme sur la colline de Dvin et le territoire environnant (IXe-VIIIe siècles av. J.-C.), et devient l'un des centres religieux de cette région. C'est ce dont témoignent les documents de fouilles (Pl. 3 : 4) : plusieurs temples, un grand atelier attenant à l'un d'eux, de la céramique à caractère cultuel, des sculptures en pierre découvertes sur la nécropole … L'épaisseur de la couche est d'environ 2 m ; elle est riche en céramique, en objets métalliques et en restes ostéologiques. Les habitations sont en briques crues sur des fondations de pierres (Pl. 1 : 1 à 3).

La stratigraphie de la couche du Ier millénaire av. J.-C. dans la citadelle et le quartier central de la ville est largement étudié par K.K. KOUCHNARÉVA (1977, 5-39).

Cette occupation du Fer Ancien est détruite par un incendie très important dont les traces sont visibles dans les strates supérieures de la couche. Cet événement est contemporain de l'invasion de la Vallée de l'Ararat par les tribus urartéennes (premier quart du VIIIe siècle av. J.-C.) et doit y être rattaché.

Au cours des six siècles suivants, la colline n'est pas peuplée. Au IIe siècle av. J.-C., la fondation de la capitale Artashat à proximité de Dvin y motive l'apparition d'une occupation assez importante. La couche antique de Dvin est observée dans tous les sondages à des profondeurs différentes, et, dès 1973, l'étude de la couche hellénistique devient systématique ; le matériel qui en provient est multilatéralement étudié [187].

Dans le quartier central, la couche antique [188] est nettement délimitée ; la limite inférieure est constituée par les bâtiments détruits du VIIIe siècle av. J.-C. tandis que la limite supérieure est une couche de 30 cm d'épaisseur comprenant des morceaux de calcaire blanc résultant de la taille des pierres

---

[186] K.G. GHAFADARIAN, 1982, 20.

[187] G.G. KOTCHARIAN, 1991.

[188] Les fouilles ont été pratiquées dans la partie située entre l'église mononef et le palais du VIIe siècle du *Catholicos*, ainsi qu'au nord et au sud-ouest de la cathédrale.

nécessaires à la construction de la basilique à trois nefs de la fin IVe-début Ve siècles. Epaisse d'un mètre, la couche antique se situe entre 2,50 m et 3,50 m de profondeur. On y découvre de la céramique ornementée et d'usage courant. Dans cette partie se trouve aussi la nécropole représentée par des karasses enfouis qui peuvent être datés des IIe-Ier siècles avant notre ère [189] d'après l'étude du matériel trouvé dans la couche ainsi que celui provenant de cinq nécropoles fouillées ces dernières années.

La couche antique est tout aussi nette dans la citadelle, sur les parties nord et sud du sommet de la colline (Pl. 2, fig. 6). A une profondeur de 5 m apparaissent des bâtiments avec des murs en pierres et des bases de colonnes en forme de tore. Les découvertes archéologiques sont riches, surtout en céramique ornementée (Pl. 3 : 1-3, 5 et Pl. 4). La limite supérieure de la couche archéologique révèle les traces d'un incendie qu'il y a tout lieu de rapprocher des événements qui se déroulent en l'an 59 de notre ère, lorsque Corbulon quitte Artashat et met le feu à la ville et aux localités environnantes [190]. Dvin est alors abandonnée pendant presque trois siècles, et certaines découvertes isolées datant des premiers siècles de l'ère chrétienne, faites dans les environs, ne sont pas suffisantes pour établir une occupation de Dvin à cette époque.

La période médiévale de la ville a également été étudiée sur le plan archéologique ; la stratigraphie du site, pour cette période, est extrêmement complexe. Au cours de son existence millénaire, la ville est souvent détruite et reconstruite. De plus, les deux séismes de 863 et 894 causent de grands dommages à la ville, d'après les historiens contemporains. Dès lors, la situation est très compliquée et, seul, un travail multilatéral permet la reconstruction du tableau volumétrique et planimétrique des différentes époques, ainsi que la datation des documents archéologiques et des structures architecturales.

Aucune étude spécifique de la stratigraphie de Dvin n'a été faite jusqu'à présent. Dans les exposés scientifiques, ces questions sont examinées par rapport aux fouilles des différents complexes [191], mais les limites chronologiques sont fortement écartées l'une de l'autre. Les documents archéologiques sont principalement datés de deux grandes périodes : haut Moyen-âge (IVe-VIIIe ss) et IXe-XIIIe siècles. Ainsi, dans la citadelle, la couche supérieure, de 3 m d'épaisseur, s'est formée après 894.

La première étude sur la stratigraphie du haut Moyen Age nous appartient [192], mais elle est actuellement caduque. En effet, les questions relatives à la stratigraphie du IXe siècle au quartier central sont résolues en 1976 [193] ; par ailleurs, les observations liées à la stratigraphie de la ville d'après les résultats des fouilles des dernières années sont partiellement publiées dans les comptes-rendus des expéditions [194]. L'ensemble des données permet certaines conclusions d'ordre général, ainsi que la détermination de caractéristiques propres à chaque étape de production ; un tableau général du développement de la ville peut être évoqué dans une certaine mesure.

Les plus anciens édifices médiévaux de Dvin sont situés, l'un, dans le quartier central, l'autre, dans la citadelle ; il s'agit de deux églises datées de la seconde moitié du IVe siècle-première moitié du Ve. Malheureusement, aucun édifice datant du roi Khosrow Kotak Arsacide, fondateur de la ville, n'a été découvert jusqu'à présent. Cependant, le réemploi d'une grande quantité de pierres taillées et d'éléments architecturaux dans les édifices du Ve siècle suggère la présence de bâtiments plus anciens, détruits.

Sous l'église à trois nefs de la partie supérieure de la citadelle, on observe une couche intermédiaire entre la couche antique (IIe-Ier ss av. J.-C.) et celle du IVe s. ap. J.-C. où des vestiges

[189] G.G. KOTCHARIAN, 1980, 277-285.
[190] A.A. KALANTARIAN, 1970, 10.
[191] K.G. GHAFADARIAN, 1952, 50-86 ; 1982, 10-88.
[192] A.A. KALANTARIAN, 1969, 57-67.
[193] A.A. KALANTARIAN, 1976, 23-32.
[194] A.A. KALANTARIAN, 1975, 89-99 ; 1979, 263-269 ; 1982, 54-65 ; 1982a, 87-94 ; 1986, 87-95 ; 1987, 136-146 ; K.G. GHAFADARIAN, A.A. KALANTARIAN, 1978, 99-106.

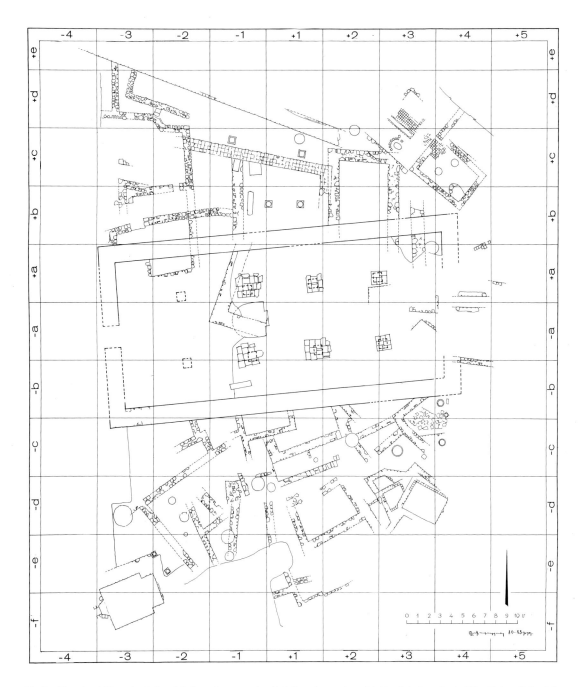

Fig. 6. Plan des bâtiments de la période antique sur la citadelle. Au centre : l'église à trois nefs du IVe siècle. Relevé de K.K. Ghafadarian.

d'habitations sont découverts, malheureusement sans matériel archéologique. Dans une autre partie de la citadelle, dite "cour" sont observés des vestiges d'habitation à fondations en pierre (Pl. 5). L'analyse stratigraphique de la fouille montre nettement que la construction médiévale de la haute période est faite à l'emplacement de l'antique avec emploi des murs antiques. On y découvre des fragments de coupes en verre poli, une bague en argent et des éclats de tuile, entre autres.

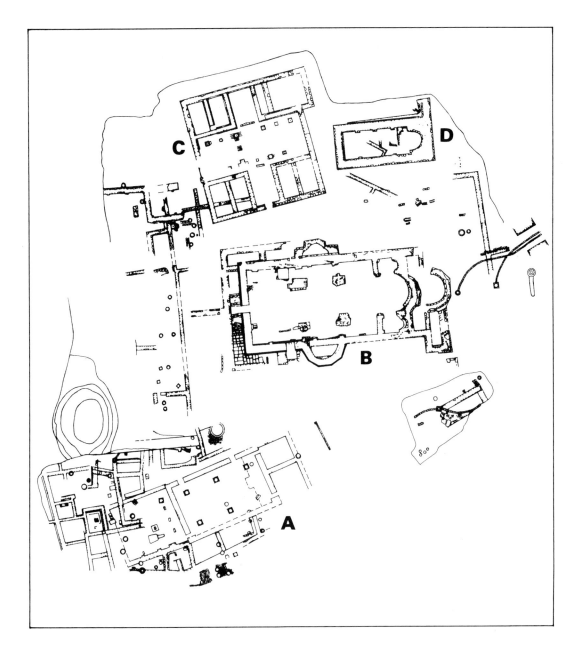

Fig. 7. Plan général du quartier central de la ville.
   A : palais du *catholicos*, Ve siècle. B : cathédrale, IVe-IXe siècles. C : palais du *catholicos*, VIIe siècle. D : basilique mononef, Ve siècle.

Les couches de la deuxième moitié du Ve - première moitié du VIIe siècles ont toujours été reconnues. Dans le quartier central, au sud-ouest de la cathédrale, se trouvent les vestiges d'un grand palais à salle centrale à colonnes (fig. 8). A divers endroits, la couche atteint une profondeur de 3,50 m. L'édifice occupe une superficie d'environ deux mille mètres carrés, et est recouvert d'une couche de cendres et de déchets de construction d'une épaisseur d'un mètre. Au cours des vingt dernières années a été fouillée la partie principale du palais, c'est-à-dire la salle à colonnes et les pièces attenantes, ce qui permet de présenter la chronologie et la stratigraphie du monument. Sur le sol de la

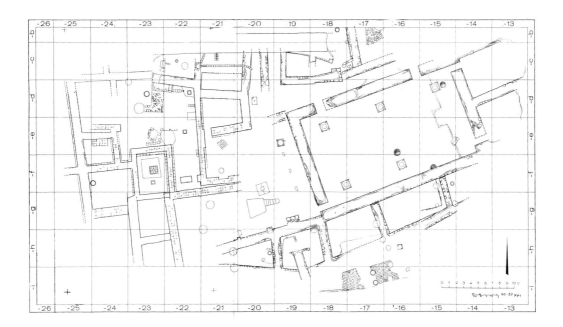

Fig. 8. Plan du palais du *catholicos* (Ve s.) et des restes d'habitations du IXe s. Relevé de K.K. Ghafadarian.

salle à colonnes ainsi que dans les autres pièces ont été découverts des objets datant des Ve-VIe siècles. Le plus grand intérêt est consacré aux fragments de vases en verre poli à facettes rondes et ovales et aux pointes de flèches exactement datés de la période mentionnée [195], ainsi qu'aux fragments de vases de type sassanide (fig. 12 : 5), aux fragments de karasses à décor en chevron …

Un élément particulièrement important pour la datation de cette couche sont les bases de colonnes dont les angles comportent des ressauts caractéristiques qui ne sont observés que dans les monuments des Ve-VIe siècles (Pl. 6 : 7-8).

Au début du VIIe siècle, le palais est déjà détruit puisque l'édifice est recouvert d'une couche épaisse de 0,50 à 0,70 m de déchets provenant des matériaux de construction utilisés pour l'église en forme de basilique qui a été détruite vers 570 ainsi que les déchets de taille des blocs de tuf utilisés lors de la reconstruction de la cathédrale en 608-619.

Ainsi, à l'emplacement du palais, on observe deux couches de construction : la première, qui convient une grande quantité de cendres, appartient au palais même et date des Ve-VIe siècles, tandis que la deuxième, formée de déchets de construction, date des années 570-620.

Le schéma stratigraphique du palais est complété et confirmé par les sources écrites. On sait que vers 470, sous le pontificat du *catholicos* Gute, le centre spirituel de l'Arménie — le *catholicossat* — est transféré de Vagharshapat à Dvin. Il est alors naturellement question de construire un palais patriarcal à proximité de l'église St.-Grégoire. Il n'est pas difficile de supposer que l'édifice construit doit précisément être le palais du *catholicos*. La spécificité des plans du palais et leur ressemblance avec les palais patriarcaux de Dvin et de Zvarnotz, datant du VIIe siècle, surtout le *bêma* surélevé à l'est, témoignent en faveur de cette hypothèse.

Vers le milieu du VIe siècle, certaines modifications sont apportées aux pièces attenantes à la salle centrale du palais, et leur sol est surélevé. Le temple zoroastrien découvert dans l'aile ouest du palais est d'un grand intérêt. Le sol de ce temple est plus haut de 0,70 m par rapport à celui de la salle.

---

[195] G.A. TIRATZIAN, 1963, 109-110 ; 1968, 287-290 ; A.A. KALANTARIAN, 1970, 17-18, 26.

L'unique base de colonne conservée sur place est d'une forme qui se rapproche de celle des bases de colonnes du palais. A côté de l'autel en pierre, est découvert une karass à décor en chevron caractéristique des Ve-VIe siècles. Il est hors de doute que ce temple est le résultat de reconstructions ultérieures du palais. Visiblement, vers 560, sous le gouvernement du *marzpan* Suren, de nationalité perse et connu pour son intransigeance religieuse, le palais est transformé en résidence d'un des hauts fonctionnaires locaux. C'est alors qu'est construit le temple du feu. Pendant l'insurrection de 572, le palais et le temple sont détruits et ne sont plus jamais restaurés.

Des traces de remaniement sont également observées dans les pièces orientales du palais. On y distingue nettement deux sols. Le plus ancien date de la construction du palais ; il est ensuite recouvert d'une couche de blocage et d'éclats de tuiles sur une épaisseur de 20 cm. Il est possible que tous ces changements datent des environs de 560, lorsque le palais est privé de sa destination cultuelle.

Ainsi, la couche des Ve-VIe siècles est exactement datée au moyen d'objets caractéristiques de cette période. La céramique présente certains rapports avec celle de l'époque antique [196], tout comme la verrerie et les armes.

Les limites chronologiques de la deuxième couche, formée après la destruction du palais, ne font l'objet d'aucun doute. La découverte la plus significative est celle d'un atelier de verrier (Pl. 100) avec de nombreux restes de pièces de rebut, de matières premières et de scories découvertes dans la couche de blocage [197]. C'est là que sont fabriqués les luminaires, les vitres, les pièces de mosaïque et les autres objets utilisés pour décorer l'intérieur de la cathédrale reconstruite au début du VIIe siècle et du nouvel édifice du palais patriarcal. Les lampes en forme de coupes à cannelures, découvertes ici, rappellent la forme des vases analogues du Xe siècle, ce qui est confirmé par les parallèles du Proche-Orient.

Cette couche présente des fragments architecturaux appartenant à la cathédrale des Ve-VIe siècles. Ce sont des pierres ornementées, parfois décorées de croix, des restes de la mosaïque des sols, des tuiles tombées (Pl. 6 : 4-5 ; 7 : 2 ; 59 : 2, 5-6). La forme et les dimensions des tuiles sont différentes de celles du VIIe siècle découvertes en grande quantité à Dvin, Zvartnotz et dans d'autres monuments de cette période.

La céramique de la seconde couche est représentée par des fragments de différents vases. Les pots sont caractérisés par une lèvre moulurée dont le dessus est creusé d'une gorge, un coloris jaune pâle, une panse piriforme et un large fond. Ce genre de vases n'existe pas dans les couches précédentes et ils sont rares parmi les objets du IXe siècle. Visiblement, la production de cette céramique à ornementation caractéristique — dessin superposé — est fréquente aux VIe-VIIIe siècles. La couche de blocage comprenait un grand nombre de luminaires en forme de coupe à petits becs recouverts de suie, fragmentés ou entiers. La période précédente produisait des luminaires à pied. Au même endroit, deux haches en fer destinées à tailler la pierre sont découvertes. Ces circonstances laissent supposer l'existence, en ce lieu, d'un chantier où les tailleurs de pierre travaillaient nuit et jour.

La stratigraphie du haut Moyen Age est également représentée au nord et au sud de la cathédrale. Les fouilles y ont révélé un palais patriarcal du VIIe siècle, une basilique mononef de la fin du Ve/début du VIe siècles ainsi que des vestiges d'autres édifices. Cette couche repose directement sur celle des Ve-VIe siècles qui succède elle-même aux couches de la période antique. Ainsi que nous l'avons déjà vu, cette couche intermédiaire est formée des déchets de taille de grès résultant de la construction de la basilique à trois nefs (Pl. 8 : 2).

Le palais patriarcal situé au nord de la cathédrale a été construit en même temps que celle-ci était reconstruite, au VIIe siècle, et non au Ve selon certains chercheurs [198].

Sous le sol et les murs du palais se trouvent les vestiges de locaux à karasses (Pl. 8 : 1). Il s'agit probablement de bâtiments ancillaires, desservant l'église et datant des Ve-VIe siècles, ce qui est

---

[196]   J.D. KHATCHATRIAN et A.G. KANÉTSIAN, 1974.
[197]   K.A. KOSTANIAN et A.A. KALANTARIAN, 1978, 167.
[198]   V.M. HAROUTUNIAN, 1950, 57 ; K.G. GHAFADARIAN, 1952, 118 ; H.K. KHALPAKHTCHIAN, 1971, 93.

confirmé par la présence du motif de chevrons. Tous les karasses ont des couvercles en picrre, sauf un qui est en argile et sur lequel le nom de "Grigor" est gravé (Pl. 60 : 7). Cette inscription est la plus ancienne connue sur la céramique et présente un grand intérêt pour les paléographes. Il est malaisé de déterminer si elle est en rapport avec l'église St.-Grégoire ou s'il s'agit simplement du nom de l'artisan.

A l'ouest du palais des murs d'édifices de l'époque précédente sont attestés sous le sol (Pl. 9). Cette couche présente de nombreux morceaux de tuiles appartenant à l'église détruite ainsi que des fragments de céramique commune, d'objets en verre, des pointes de flèche à trois facettes, des poignards en fer … caractéristique de cette époque. La datation est confirmée par une monnaie sassanide en argent découverte dans un karasse. Par ailleurs, les karasses sont nombreux et portent différents décors en relief. L'existence d'une réserve destinée aux besoins de l'église est attestée par une grande quantité de grains autour des karasses brisés.

Au sud-est de la cathédrale, immédiatement en-dessous de la couche de blocage apparaissent les vestiges d'un grand mur large de 3,10 m, construit en gros blocs non taillés. Un fragment de mur est découvert dans le quartier de l'église du Ve siècle où il est rejoint par les murs d'une pièce de l'aile sud. Il n'est pas exclu que le quartier central de la ville où se trouvent les principaux édifices de culte ait été entouré d'une enceinte au Ve siècle, d'après une hypothèse émise par K.G. Ghafadarian (1952, 41-42) à l'occasion de la découverte du portail et du mur en argile le long du fossé.

Des sépultures du haut Moyen-Age ont été mises au jour à cet endroit, appartenant sans doute à des ecclésiastiques, mais on n'y trouve que des chlamydes réduites en poussière. La nécropole est entourée de fragments de croix en pierre à bras égaux peintes en rouge.

Le sommet de la couche est interrompu par une longue conduite d'eau venant du côté du portail. Dès 1940, deux lignes de distribution d'eau sont découvertes ; elles passent sous le pont franchissant le fossé et se ramifient dans le quartier. Les différentes strates conservées de cette couche montrent que les croix à bras égaux ont été brisées par les Perses durant les événements de 572. Le système de distribution d'eau date du début du VIIe siècle lors des travaux d'aménagement effectués par Sembat Bagratuni. Ceci est également confirmé par les fouilles des années précédentes. En fait, tous les monuments commémoratifs du quartier central sont trouvés brisés, et sont situés juste en-dessous de la couche de blocage.

Ainsi, les grands travaux des Ve-VIIe siècles peuvent être reconstitués à partir de la stratigraphie du quartier central de la ville. A partir de 620 et jusqu'à la fin du VIIIe siècle, aucun aménagement architectural n'est effectué. Tout l'espace autour des édifices du culte et des palais est aplani et réservé aux sépultures. La place entourant la cathédrale est mentionnée à l'occasion de la cérémonie de la nomination de Vardan Mamikonian au poste de *marzpan* d'Arménie en 480 [199].

Des couches du haut Moyen Age ont également été reconnues dans la citadelle, surtout dans la partie de l'église à trois nefs et de la construction ronde dite "bassin". L'étude minutieuse des couches a permis de déterminer qu'elles sont limitées par des couches résultant d'incendies très importants. Celle inférieure, sous laquelle se trouve la couche antique, date de la seconde moitié du Ier siècle, lorsque les Romains détruisent le site ; la couche supérieure a été formée par l'incendie de 640 provoqué par les Arabes. Au-dessus, on observe une couche d'une profondeur de 3,50 à 4 m et d'une épaisseur de 1,50 à 2 m correspondant aux travaux entrepris par les Arabes à la fin du VIIe et au début du VIIIe siècles.

A la fin du IVe siècle, une grande église à trois nefs est élevée au sommet de la citadelle (fig. 6). C'est l'un des plus anciens édifices de ce genre en Arménie [200]. On peut y déceler les différentes réfections effectuées au Ve siècle. En 640, le bâtiment remanié est détruit par les Arabes. Les couches supérieures fournissent une ampoule de St.-André en argile avec une inscription grecque datant des Ve-VIe siècles [201] (Pl. 61 : 2, 3), un grand nombre de morceaux de tuiles plates et semi-circulaires (Ve

---

[199] Lazare Parpétsi (édit. 1907, 393-394).
[200] Pour davantage de détails au sujet de cette église, se reporter au chapitre "Urbanisme et architecture".
[201] A.A. KALANTARIAN, 1968, 274-276.

siècle), des bulles en argile (Pls. 51-53) avec empreintes de sceaux des VIe-VIIe siècles [202], des fragments de croix en pierre, de la céramique commune ... En 1961, on découvre dans la partie sud-ouest un atelier de joaillier [203] qui révèle des gemmes sassanides achevés ou en cours de fabrication, des nomismas byzantines en verre, un poids en bronze pesant 12 *hexagies* et d'autres objets datant des Ve-VIe siècles (Pl. 49 : 2, 4, 5).

En 1983-84, une importante construction est mise au jour au nord de l'église ; elle date des Ve-VIe siècles et comporte deux bases de colonne en tuf d'un grand intérêt.

Au sud de la basilique, est découvert en 1960 un atelier muni d'un système compliqué de fosses et de conduites d'eau [204]. Datant du haut Moyen-Age, cet atelier devait être en relation avec la fabrication de verreries car de grandes quantités de verre ont été trouvées dans les fosses à proximité [205].

En 1986, on découvre dans une petite pièce à proximité de l'atelier une profonde fosse d'où l'on retire des objets en verre, des morceaux de tuiles et des fragments d'objets d'usage courant. Toutes ces trouvailles sont datées du VIIe siècle. Un morceau de tuile conserve une inscription en arménien : trois lettres caractéristiques du VIIe siècle (Pl. 58 : 6). Les vases en verre sont très intéressants, surtout les coupes peu profondes en verre transparent ou bleu pâle. Un fragment de coupe conserve la représentation d'un oiseau à longue queue, aux ailes déployée et ruban, exécutée en brun (Pl. 102 : 3). L'ensemble de cette figure témoignent de son origine sassanide jusque dans les détails. A partir de ces éléments, il est possible de rectifier la datation de certaines verreries découvertes auparavant à Dvin [206] et, par là, rétablir la datation de certaines couches considérées comme plus récentes.

En 1987, une grande fosse profonde de 16 m est fouillée : elle contient de nombreux morceaux de tuiles (caliptères et solens) (Pl. 58 : 3-5) d'un type archaïque qui se rencontre très rarement dans les couches inférieures du quartier central. Ces tuiles sont rouges lustrées, épaisses avec de hauts rebords triangulaires. Elles comportent presque toutes un bourrelet. Elles proviennent sans doute du toit de la basilique du IVe siècle et sont très différentes de celles des VIe-VIIe siècles dont la forme est classique ; ces dernières sont bien attestées à Dvin et sur d'autres sites d'Arménie. Dans cette fosse se trouvaient également du verre poli, de la céramique commune, des fragments de gros karasses à décor de chevrons, une épingle en bronze à pommeau ...

Les couches du haut Moyen Age ont également été reconnues dans les autres secteurs de la citadelle, notamment dans celui dénommé "bassin". Là, les couches inférieures, immédiatement situées sous le bâtiment palatin du VIIIe siècle, sont fouillées dans les années 1950-60. On y trouve différentes parties de murs avec des fondations en pierres, détruits par les Arabes. Les objets exhumés sont des Ve-VIIIe siècles ; il s'agit de coupes en verre à parois taillées en facettes rondes et ovales, des pointes de flèches trièdres, des bulles en argile, des *hexagies* en verre, des récipients à bec verseur, de la vaisselle de cuisine, des bases de pierre isolées ...

A proximité de l'enceinte, au sud de la citadelle, les fouilles ont mis au jour à une profondeur de 2,50 m les murs en pierre d'un bâtiment monumental élevés sur des fondations de calcaire (fig. 9, Pl. 10). Ces fondations se trouvent à une profondeur de 7 m, dans la couche du Fer Ancien. La céramique trouvée est du haut Moyen Age. L'un des murs, d'une largeur de 2,50 m et conservé sur 4 m de haut environ a pu être suivi sur plus de 45 m de long. La destination de ce bâtiment reste inconnue, toutefois, d'après sa situation, on peut évoquer une destination publique, douane ou garnison. Ce bâtiment, qui perdure jusqu'au XIe siècle, porte des traces de reconstruction (trois sols). Au XIe siècle, il est en ruine et une importante tour, fouillée en 1961-63 [207], est construite sur son emplacement.

[202] A.A. KALANTARIAN, 1982.
[203] K.G. GHAFADARIAN, 1982, 59.
[204] *Idem*, 1982, 60-63.
[205] *Idem*, 1982, 3, fig. 41-44.
[206] H.M. DJANPOLADIAN, 1974, no. 3-5.
[207] K.G. GHAFADARIAN, 1982, 109-110.

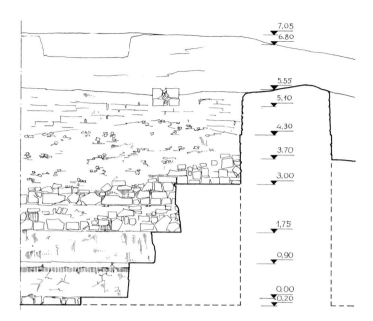

Fig. 9. Coupe sur l'édifice monumental à côté de la tour sud (Ve-Xe siècles). Relevé de K.K. Ghafadarian.

Après la conquête de l'Arménie par les Arabes à la fin du VIIe siècle/début du VIIIe et la création de la province nord du califat sous le nom d'"Arminia", on observe un brusque déclin dans le domaine du bâtiment, de l'artisanat, du commerce et des autres activités économiques du pays. Dvin est alors centre militaire et administratif des Arabes et les grands travaux effectués par eux, d'après Ghévond (édit. 1887, 36), rentrent probablement dans le domaine de la fortification : renforcement de l'enceinte avec creusement d'un fossé autour ... Ils construisent toutefois un grand palais pour le gouverneur et l'administration locale qui occupe toute la partie supérieure de la citadelle. Ses murs épais sont élevés en grandes briques crues ; la cour centrale est entourée de petites pièces en enfilade. Lors de la construction de ce bâtiment, tous les édifices antérieurs sont détruits. Aucune fondation préexistante n'est réutilisée ; la technique de construction est totalement différente de celle utilisée à l'époque précédente : absence de fondations en pierres et pose de grandes briques directement sur la terre.

Des bâtiments de la même époque se trouvent également sur le versant oriental de la colline, mais ils sont conservés partiellement et n'ont pas été reconnus par les fouilles des années précédentes. En 1985, la coupe stratigraphique d'une petite hauteur abandonnée met au jour une partie de mur fait également en grandes briques (11 x 22 x 44 cm) et présentant la même largeur (fig. 10 : 4 ; Pl. 11 : 1 ; Pl. 12 : 2). Ces bâtiments sont entourés d'une enceinte dont les traces peuvent être suivies dans les parties oust et nord-est du sommet de la colline. Ce mur, d'une largeur de 5 m constitue, en fait, une seconde enceinte de fortification, découverte en 1950 [208] (Pl. 11 : 2).

Les objets conservés dans cette couche sont peu nombreux. Il s'agit essentiellement d'objets courants : pots à haut rebord, cruches piriformes, pointes de flèches trièdres et de section ovale, vaisselle en verre à parois épaisses et facettes rondes nettement différents des exemplaires de la période précédente ...

Le palais continue d'exister au IXe siècle et il est probablement détruit par le séisme de 894. Aucune partie du bâtiment ne présente de trace de reconstruction, nouveaux murs ou surélévation de sol. La datation définitive du palais s'appuie sur le matériel trouvé : céramique glaçurée peinte en trois couleurs, céramique d'importation de type proche-orientale, monnaies et autres objets.

---

[208] K.G. GHAFADARIAN, 1982, 52.

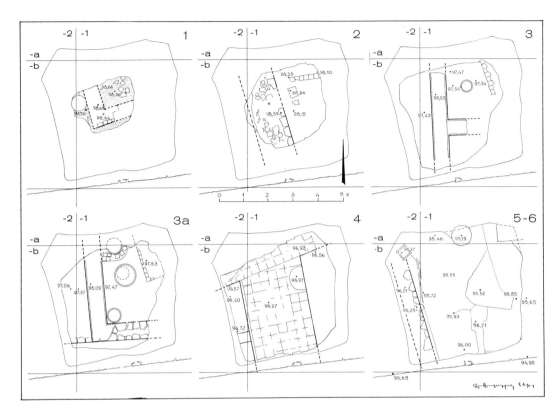

Fig. 10. Plans des différentes sub-couches au sommet de la colline. 1-3 : Xe-XIIIe siècles ; 3a : IXe siècle ; 4 : VIIIe siècle ; 5-6 : Ve-VIIe siècles. Relevé de K.K. Ghafadarian.

A la fin du VIIIe et au début du IXe siècles, le quartier central est couvert de construction en terre, surtout sur les côtés sud et ouest de la cathédrale. Elles souffriront beaucoup lors de l'établissement des nécropoles des XVe-XVIIe siècles. Elles sont en outre détruites par les deux séismes du IXe siècle. Dès lors, il est très difficile de reconstituer le plan complet de ces constructions. Le séisme de 894, en causant l'écroulement des murs a permis de conserver les fosses et les sols où l'on découvre de splendides vases glaçurés de production locale et d'importation, de la vaisselle en verre, des objets métalliques … Ces objets sont parfaitement datés grâce à leurs parallèles proche-orientaux. La datation de la couche du IXe siècle est confirmée par les monnaies arabes en argent et en cuivre, découvertes sur place ; certaines sont frappées au IXe s. tandis que d'autres portent l'inscription "Dabil", et sont frappées à Dvin au VIIIe siècle. Les particularités du relief font que la couche d'une épaisseur de 1 à 1,20 m descend à une profondeur de 1,30 à 1,50 m.

La culture matérielle du IXe siècle est le résultat d'une nouvelle étape de développement commencée dans le pays après sa libération du joug arabe [209]. Une production de masse est alors observée dans la céramique glaçurée médiévale [210] qui connaît un grand développement à Dvin, mais aussi dans la verrerie et les autres types d'objets.

Les habitations du quartier central sont construites en briques crues [211]. Les murs de certains bâtiments sont dépourvus de fondations en pierre, probablement par réminiscence de la période

---

[209]   Voir à ce sujet B.N. ARAKÉLIAN, 1958, 59.

[210]   A.L. JACOBSON, 1978, 148-150.

[211]   16-20 x 16-20 x 5 cm.

précédente. Les habitations ont une couverture pyramidale (arm. *hazarashen*), ce dont témoignent la découverte et la disposition de bases de colonnes en bois, certaines étant réemployées. Les restes d'une maison située à 20 m à l'ouest de la cathédrale sont particulièrement intéressants [212] car les murs en pierre sont conservés sur une hauteur d'un mètre (fig. 11 ; Pl. 13). Le plan comprend un grand local central à quatre colonnes, une cour et des pièces contiguës destinées à l'habitation ou aux besoins ancillaires. Il s'agit d'une habitation traditionnelle arménienne dont le plan est repris dans certaines régions de la vallée de l'Ararat jusqu'à la fin du XIXe siècle.

Dans la partie sud-ouest, les bâtiment sont en terre. L'une des pièces conserve un foyer (1 m x 1 m) réalisé en briques cuites avec un vase en argile au centre (Pl. 14 : 2).

Les maisons du IXe siècle révèlent un grand nombre de fosses de différents diamètres à destination domestique. On y trouve la plupart du matériel : fragment d'objets en verre ou en céramique.

A la limite sud des fouilles, se trouve un atelier avec deux foyers. Son sol est revêtu de briques cuites. Les fosses fournissent de splendides exemplaires de verrerie et de céramique glaçurée, dont certaines sont d'origine mésopotamienne (école de Samarie).

Dans une fosse ont été découvertes des bulles en argile portant l'empreinte de sceaux avec des inscriptions arabes [213], d'un grand intérêt pour l'étude des relations commerciales au IXe siècle. On note que certains partenaires des contrats sont des habitants locaux et appartiennent au haut clergé ou à la classe des commerçants de Dvin.

Le matériel archéologique provenant des couches du IXe siècle est caractéristique de cette période. Ainsi, les vases glaçurés locaux et d'importation, en particulier les coupes, sont dotés d'un large support circulaire (fig. 12 : 1-7) qui se modifie progressivement au cours des siècles suivants. Les coupes sont peu profondes, à lèvre légèrement concave. La glaçure privilégie les couleurs verte, jaune et brune. Les exemplaires les plus anciens se reconnaissent à leur absence d'engobe. Le décor est réalisé par touches, gouttelettes et coulures, technique employée uniquement au IXe siècle. Tous les vases sont peints ; on ne trouve ni ornements perforés ni gravure, qui apparaissent pour la première fois sur la céramique du Xe et du début du XIe siècle. Les motifs sont essentiellement végétaux et géométriques (Pl. 80-83).

Dans la céramique non glaçurée, on trouve des vases présentant des proportions intéressantes (Pl. 65-66, 71). Cette période est caractérisée par des anses horizontales. La répétition d'un même motif sur différents objets montre qu'au IXe siècle, il existe à Dvin une production de vases moulés en série [214].

La verrerie connaît un grand essor au IXe siècle. Les couches de cette période, les fosses profondes situées à proximité de la cathédrale révèlent aussi bien des vases polychromes de production locale que des objets d'importation : verres et coupes à parois épaisses ou minces, lampes, coupes cannelées (fig. 27-28 ; Pl. 103-106).

Signalons également que des restes de fosses ont été découvertes dans les parties situées au nord et au sud-est de la cathédrale, dans les couches hellénistiques.

Au sommet de la citadelle, le matériel du IXe siècle est principalement attesté à l'emplacement du grand palais de la période arabe, ce qui confirme la continuation de son fonctionnement. Il s'agit essentiellement de céramique peinte et glaçurée qui provient de fosses à usage domestique. Les édifices sont partiellement conservés, ayant été détruits lors des séismes et des travaux ultérieurs effectués sur la citadelle, ce qui est confirmé par les fouilles pratiquées à côté de l'enceinte sud où la céramique et les verreries du IXe siècle sont découvertes au niveau du troisième sol du grand édifice [215].

[212] A.A. KALANTARIAN, 1976, 26-28.
[213] A.A. KALANTARIAN, 1982, 31.
[214] B.N. ARAKÉLIAN, 1958, 229 ; A.A. KALANTARIAN, 1976, 71, fig. 28 ; 1982, 90-91.
[215] A.A. KALANTARIAN, 1986, 93-94.

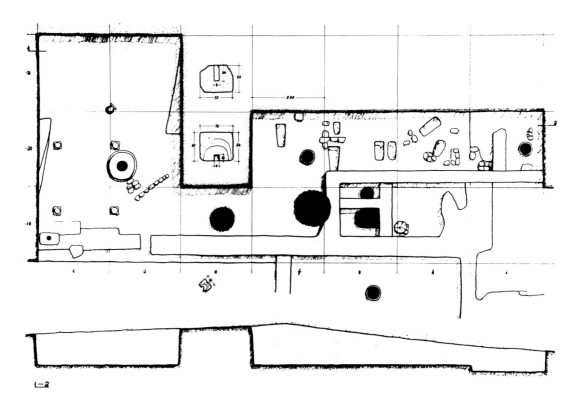

Fig. 11. Plan d'une habitation située à l'ouest de la cathédrale (IXe siècle). Relevé de G.K. Kotchoyan.

Après le séisme qui cause de grands dommages à la ville, Dvin est reconstruite. Lors des travaux dans la citadelle, les édifices sont construits sur des fondations de pierres ; les assises des murs sont souvent en matériaux réemployés. La technique de construction et l'ornementation plastique intérieure sont également modifiées. Des dallages et des sols en briques cuites sont plus souvent utilisés. Des ornements de gypse décorent les corniches et les chambranles de portes et de fenêtres, ce qui est tout à fait caractéristique des XIIe-XIIIe siècles.

Les vestiges architecturaux des couches supérieures révèlent qu'à partir du Xe siècle, la partie centrale de la citadelle est organisée selon un plan nouveau et unifié. Les fouilles de 1940 mettent déjà au jour les vestiges d'un grand bâtiment dont les murs extérieurs, épais de 2,20 m et espacés d'environ 35 m, sont réalisés avec des blocs de grès blanc taillé et de tuf de réemploi [216]. Manifestement, ces pierres appartiennent à des édifices, même cultuels, détruits.

Cet important bâtiment, probablement résidence des gouverneurs de Dvin aux Xe-XIIIe siècles, comporte un grand nombre de pièces de diverses destinations : habitations, pièces ancillaires (bains) … (Pl. 15). Il suit un nouveau plan, différent du précédent ; une situation identique à celle observée au VIIe siècle se présente : les constructions antérieures sont rasées et les nouveaux complexes ne réutilisent pas les anciens murs. C'est apparemment à cette époque que l'enceinte supérieure, restaurée à l'époque arabe, perd progressivement de son importance. De tous côtés, le grand bâtiment est entouré d'édifices qui lui sont contemporains d'après leur mode de construction.

Afin de pouvoir étudier les couches antérieures, les bâtiments des XIe-XIIIe siècles sont enlevés dans les années 1950, après avoir été relevés. Cependant, au sommet de la colline, dans la partie nord-

---

[216] K.G. GHAFADARIAN, 1952, 51-52, 61-62, fig. 31.

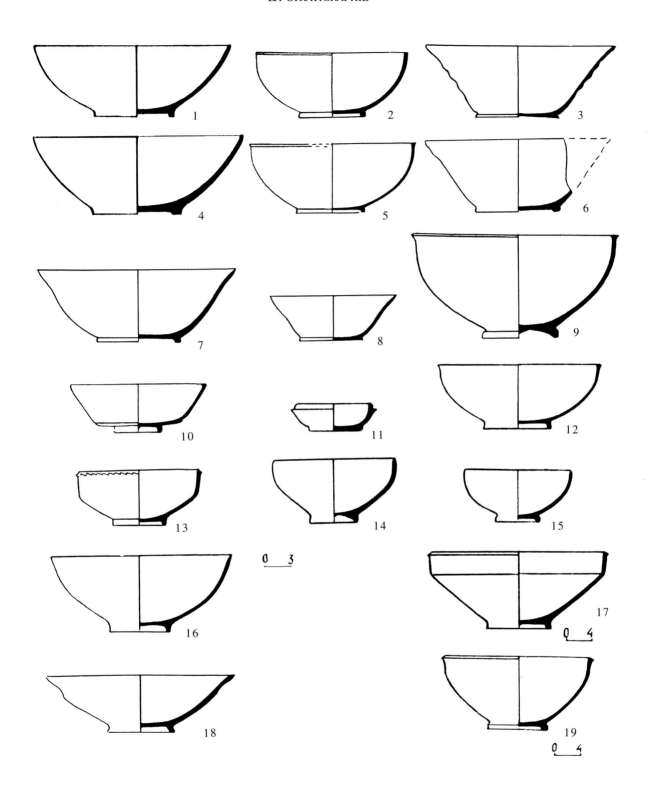

Fig. 12. Récipients à glaçure. 1-8 : IXe siècle. 9-19 : XIe-XIIIe siècles.

ouest, quelques vestiges de constructions récentes sont conservés [217] et sont fouillés en 1987. Les murs en pierres délimitent trois grandes pièces à colonnes, ayant eu une couverture pyramidale, et un long corridor menant au deuxième niveau (Pl. 16). Sur les murs, les morceaux de plâtre qui sont conservés portent des traces de couleur bleue, verte et rouge. Le complexe comprend une partie ancillaire composé de deux petites pièces avec fosses et fours. Deux périodes de construction sont visibles, avec deux à trois sols avec revêtement de briques ; les murs sont conservés sur une hauteur de 1,50 à 2 m.

A l'ouest de ce complexe est découvert en 1986 un édifice comportant une grande pièce (11 x 3 m) dont le sol est revêtu de briques cuites (Pl. 17). Les murs en pierres sont conservés sur une hauteur de 2,5 m. Il s'agit ici d'un des rares cas où un bâtiment non cultuel est construit entièrement en pierres, dont une partie est, bien sûr, récupérée de maisons détruites. Deux périodes de construction sont reconnues : la première remonte au début du Xe siècle. Les murs nord et ouest sont adossés aux restes de l'enceinte supérieure détruite, ce qui explique la maçonnerie à parement unique. Le milieu du mur ouest est doté d'un escalier en pierres. D'après la continuité du dallage de briques vers l'est, il est possible d'en déduire une seconde pièce contiguë ; elle est entourée d'un mur épais et présente une large ouverture du côté nord. La seconde pièce est située sous un édifice à quatre colonnes avec couverture pyramidale daté des XIIe-XIIIe siècles.

Les objets provenant de la couche inférieure datent des Xe-XIe siècles. Il s'agit de céramique glaçurée ornée de motifs exécutés en engobe. Les couches inférieures de la citadelle avaient déjà révélé ce genre de céramique . On note qu'elle est absente des couches antérieures, du IXe siècle, dans le quartier central de la ville et constitue donc un matériel de référence pour la datation.

A cette époque, certaines modifications sont observées dans les formes traditionnelles des vases (fig. 12 : 8-19), en particulier pour les supports et les lèvres des vases monochromes à glaçure verte. De la même couche provient de la céramique glaçurée polychrome et monochrome à motif légèrement gravé, technique qui apparaît à la fin du Xe-début du XIe siècles. Cette couche est caractérisée par la présence de grands couvercles estampés (Pl. 79) devenus très fréquents à cette époque et abandonnés dès le XIIe siècle.

La seconde période de construction de ce complexe remonte aux XIIe-XIIIe siècles. Son plan subit un certain nombre de modifications : le sol de l'édifice occidental est élevé de 1,50 m tandis que la grande pièce est partagée en deux par un mur en briques crues ; des fours et de profondes fosses sont creusés. Dans les strates supérieures, on observe un épaississement des murs obtenu à l'aide de blocs de schiste local, également employé dans les autres édifices de la même période, situés plus à l'est. Le mur sud est creusé de trois niches.

Le matériel est constitué d'objets courants : céramique simple et glaçurée, bracelets en verre ; les corniches sont décorées de sculptures en gypse. Confirmant la datation, des monnaies ildégiziques et géorgiennes des XIIe, fin XIIe et début XIIIe siècles sont découvertes.

Dans les années 1950, un grand espace situé à proximité de l'enceinte occidentale est fouillé. Deux habitations et un atelier d'armurier sont mis au jour [218]. La première maison est composée d'une grande salle centrale dallée de briques. Ce dallage est contigu aux différentes pièces et au même à un *tonratun* [219]. Les murs de la salle et des pièces étaient couverts de fresques où domine la couleur bleue. La salle était, de plus, décorée de sculptures en gypse, caractéristiques des XIIe-XIIIe siècles. Le puits central révèle un splendide fond de lustre importé de l'un des centres persans.

La deuxième maison, située plus au nord dans des couches plus profondes peut être datée des XIe-XIIe siècles. Les murs sont en briques cuites, briques crues et en tuf poli. Une des pièces est très intéressante ; le mur est présente une construction à gradins et des niches revêtues de tuf. La grande

---

[217] K.G. GHAFADARIAN, 1982, 99-102, fig. 77.
[218] K.G. GHAFADARIAN, 1982, 102-106.
[219] Pièce où l'on fait cuire le pain.

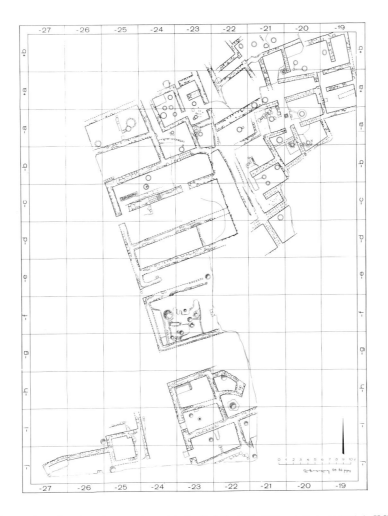

Fig. 13. Plan du quartier artisanal sur le versant ouest de la citadelle (XIIe-XIIIe siècles). Relevé de K.K. Ghafadarian.

niche est encadrée d'un ornement fait d'entrelacs et de torsades ; dans la petite niche, un carafon en faïence bleue était posé. Le mur opposé comporte un siège en pierres décoré d'entrelacs.

Au nord de la deuxième maison, se trouve un vaste atelier composé de plusieurs pièces. Au centre, où se trouvait le fourneau, quatre colonnes carrées en briques sont installées. Malheureusement, la documentation sur cet ensemble est extrêmement insuffisante. Il n'y a pas de photographies ni de relevés et la reconstitution est faite d'après les notes et les publications de K.G. Ghafadarian, chef de l'expédition [220]. Différents objets en fer y sont trouvés ainsi que de grandes quantités de pointes de flèches et des restes de scories.

A la fin des années 1960, l'étude du versant sud de la colline commence. Les fouilles sont alors intéressantes pour l'étude de la dernière période de Dvin, entre 1170 et 1260 [221]. Sont découverts une partie de rue, des restes d'habitations et d'édifices industriels et une grande quantité de différents objets de production artisanale. La profondeur de ces fouilles varie de 1 à 1,50 m suivant le relief (fig. 13).

---

[220] K.G. GHAFADARIAN, 1982, 106.

[221] Au cours des deux dernières décennies, une superficie de 2000 m^2 est fouillée. Les principaux résultats des travaux sont publiés par l'auteur sous forme de brefs exposés dans le *Bulletiin des Sciences Sociales*, 1978, no. 21, 12 ; 1979, no. 2 ; 1987, no. 1).

Aux XIIe-XIIIe siècles, ce secteur de la citadelle est densément peuplé. Le versant en pente est utilisé rationnellement et les habitations sont disposées en terrasses (Pl. 18). Les fondations des murs en briques crues sont constituées de petits galets et de blocs de schiste local à demi taillé. Les édifces portent les traces de reconstructions : deux à trois sols sont reconnus. La corrélation entre ces différentes strates et les événement historiques est assez difficile ; en fait, au cours du dernier siècle de son existence, la ville a plusieurs fois souffert d'opérations militaires et a été reconstruite.

Dans ce secteur sont mis au jour trois maisons et un atelier comprenant des restes de four de potier et des déchets de production. La partie de rue existante dans la partie ouest est jonchée de scories de silicate et de fer ainsi que de fragments de fer. Il y avait donc à proximité des forges où étaient fabriqués des outils, des armes et d'autres objets courants. Les fouilles ont mis au jour des couteaux en fer, des pointes de flèches, des haches, des ciseaux, des fers à chevaux, des ornements en cuivre …

Le versant ouest révèle une grande quantité de céramique glaçurée. Il s'agit essentiellement de céramique monochrome à glaçure verte et jaune, produite en série (Pl. 93-94). L'ornement gravé est canonique ; il est principalement constitué de rosettes triangulaires à torsades, motif très fréquent sur les objets découverts dans l'atelier fouillé en 1968 dans le quartier central de la ville [222]. Les diverses rosettes constituent l'un des décors les plus fréquents sur les vases glaçurés polychromes. La gamme chromatique et l'ornement gravé sont très nets, bien que les strates inférieures de la couche produisent des vases à dessin flou.

Les vases en faïence sont nombreux, de couleur bleu foncé ou vert clair : coupes, petits vases polygonaux, grand karasse ornementé … (Pl. 97-98). La faïence à lustre, marchandise de valeur, est très rare et fragmentaire, ce qui s'explique probablement par la situation sociale des habitants de ce quartier. Les vases polygonaux, caractéristiques pour les XIIe et XIIIe siècles, ont des parallèles proches dans le matériel byzantin et persan à la fois [223]. La surface d'un des exemplaires est entièrement recouvertes de mascarons et de rosettes en relief [224]. Dans les sites médiévaux d'Arménie, en particulier à Dvin et à Ani, les découvertes de vases décorés de mascarons présentent un caractère massif. L'abondance de ces objets dans les deux grands centres artisanaux du pays permet de supposer qu'il s'agit de deux centres de production, tandis que leur quantité moindre sur les sites contemporains de Géorgie et d'Azerbaïdjan trouve son explication dans le fait qu'il s'agit alors d'importations, ou de fabrication locale par des artisans arméniens se transmettant leur métier. de génération en génération. Ceci concerne aussi les petits karasses rouges lustrés à décors estampés. Il est à noter que la majorité des motifs figurant sur les karasses sont en relation avec les symboles chrétiens [225]. Les découvertes de karasses semblables dans le quartier étudié de Dvin témoignent de leur fréquente utilisation dans la vie quotidienne aux XIIe-XIIIe siècles.

Des fragments de vases peints médiévaux ont également été trouvés dans les pièces d'habitation. La peinture est de couleur rouge, noire et brun foncé. Auparavant, deux exemplaires présentant ce genre de peinture avaient déjà été trouvés à Dvin, l'un d'entre eux étant un petit karasse entièrement couvert de représentations d'oiseaux (Pl. 64 : 5). Ces vases ne sont pas caractéristiques de la production de céramique médiévale de Dvin : durant le haut Moyen Age, ils sont attestés dans l'art copte. A la période étudiée, cette céramique est très fréquente en Géorgie (Jinvali, Roustavi …). Les vases peints découverts à Dvin ont donc sans doute une origine géorgienne et sont le résultat de relations commerciales.

Les fouilles révèlent également des vases ordinaires non glaçurés de différents types (coupes, cruches, pots, karasses, couvercles …). Notons, en particulier, les cruches rouges lustrées de grande valeur artistique, très fréquentes également dans les autres secteurs de la ville.

---

[222] A.A. KALANTARIAN, 1974.

[223] G. FÉHERWARI, 1973, 110, tabl. 59, no. 141-142.

[224] A.S. JAMKOTCHIAN, 1981a.

[225] G. TCHOUBINOV, 1916, 32-35.

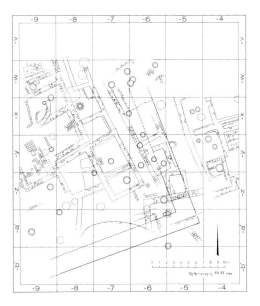

Fig. 14. Plan du secteur sud de la citadelle. Relevé de K.K. Ghafadarian.

La datation de la couche dans ce secteur des XIIe-XIIIe siècles est confortée par les monnaies ildégiziques et géorgiennes. La plus ancienne des pièces ildégiziques est frappée sous le gouvernement d'Atabek Ildégiz et du sultan Arslan ibn Toughroul (1136-1172) ; la plus ancienne pièce géorgienne porte la légende de Thamar-David et date de 1200.

Tout le matériel provenant des fouilles montre que le versant ouest est couvert de constructions au XIIe siècle. A divers endroits, les sols des habitations recouvrent les couches du IIIe millénaire av. J.-C. (Bronze Ancien). Dans tout le secteur, on trouve de gros blocs cyclopéens, réemployés lors de la construction des maisons médiévales. Il a été observé que le mur ouest du palais du VIIIe siècle était élevé sur la couche du début du Ier millénaire av. J.-C. [226].

Ce secteur est appelé artisano-commercial pour différentes raisons. On y a découvert un grand atelier de potier et, de tous les locaux, proviennent des déchets de production de céramique glaçurée ainsi que des outils en pierre pour graver les motifs des vases et des trépieds. Tous les complexes comportent des fosses rectangulaires peu profondes pour les besoins industriels. La céramique était cuite dans de grands fours qui ont été trouvés dans le premier et le quatrième édifice, à proximité desquels se trouvent des tas de cendres et des vases défectueux.

Dans ce quartier, une grande quantité de monnaies est découverte, ainsi que deux trésors. La production était probablement vendue sur place et de grandes quantités de vases divers concentrés dans différents locaux permettent de supposer l'existence de boutiques.

La stratigraphie précise de la ville est surtout établie grâce aux travaux pratiqués sur la partie sud de la citadelle, près de l'enceinte (fig. 14). Nous avons vu plus haut qu'un grand édifice existait déjà dans ce secteur durant le haut Moyen Age ; il est détruit aux Xe-XIe siècles. A son emplacement et aux alentours, à une profondeur de 2 à 2,50 m et sur une superficie d'environ 500 m2, une couche est reconnue, contenant des objets qui ne sont attestés ni dans les couches anciennes du quartier central (IXe siècle) ni dans les récentes du versant ouest de la colline (XIIe-XIIIe siècles). Il s'agit de céramique glaçurée avec engobe. Une céramique analogue provient des fosses d'usage domestique de la

---

[226] K.G. GHAFADARIAN, 1982, 50.

citadelle [227], datée hypothétiquement des Xe-XIe siècles et considérée comme un phénomène nouveau dans la production de la céramique. Notons que les couches de cette période contenant quantité de vestiges architecturaux sont rares à Dvin. Les murs ont des fondations en pierres et les blocs taillés proviennent le plus souvent de maisons détruites. La peinture sur les coupes glaçurée est faite à l'engobe de différentes couleurs. Les vases ont une forme un peu modifiée : les formes des supports et des lèvres présentent certains changements. C'est là aussi que l'on découvre des vases peints et glaçurés dont la qualité de la glaçure et du dessin se distingue déjà de la céramique analogue du IXe siècle. Le décor des vases est souvent fait de coulées et de rosettes caractéristiques de la céramique des Xe-XIe siècles à Dvin [228].

Le centre de la fouille est occupé par un grand entrepôt d'où proviennent trois grands karasses d'une forme semblable aux exemplaires anciens, mais le décor caractéristique en chevrons manque. L'un d'eux est muni d'une coupe-puisette : on y conservait donc du vin.

Tout comme au sommet de la colline, ici, les couches des Xe-XIe siècles contiennent de la céramique glaçurée légèrement gravée. La polychromie et le dessin abstrait deviennent très fréquents. C'est à cette époque que la glaçure au plomb est utilisée, car elle adhère mieux à l'argile et donne un éclat particulier. Pour la glaçure, c'est la potasse qui est employée aux IXe-Xe siècles, mais dès que les vases sont débarrassés de la terre qui les enveloppe, ils perdent leur éclat et la glaçure même se détache facilement.

La couche suivante, d'une épaisseur de 1,20 à 1,60 m, située à une profondeur de 0,50 à 0,70 m par rapport à la surface, est pleine de vestiges d'édifices et de matériel archéologique. La limite supérieure de cette couche datée des XIIe-XIIIe siècles, est constituée de restes d'habitations détruites par les Mongols en 1230 (Pl. 19 : 1-3).

Le centre de la fouille est occupé par un étroit corridor ou, peut-être une ruelle bordée d'habitations sur les deux côtés. Les murs, larges de 0,50 à 0,70 m, présentent les traces de nombreuses reconstructions. Ils sont en pierres, souvent réemployées, ou en briques cuites, et en briques crues dans la partie supérieure.

Les pièces comportent un grand nombre de foyers et de fours. L'absence de portes est en relation avec le type de la maison traditionnelle. La couverture pyramidale est également absente : aucune base de colonnes n'a été trouvée. La couverture était donc probablement plates, avec de petits orifices pour laisser passer la lumière (*erdik*). Des fragments de disques circulaires de vitres ont été trouvés.

Le plan de ces bâtiments suit le même schéma que celui observé sur le versant ouest de la colline. La céramique de production artisanale est abondante ; les vases sont cuits dans de petits fours où l'on découvre des pivots et des trépieds.

Les dessins et la gamme chromatique des vases glaçurés des XIIe-XIIIe siècles sont nets. La forme des vases changent. Les strates anciennes contiennent des vases polychromes glaçurés à motifs abstraits, dont le style, caractéristique de cette période, appartient à une tradition qui remonte à l'époque précédente. La céramique commune est constituée de grands chaudrons couverts de suie ainsi que de pots et de coupes de différentes formes. On trouve parfois des cruches rouges lustrées, splendidement travaillées, dont la forme reflète une influence des vases métalliques. On trouve également des cruches estampées, des luminaires, des salières et de grands karasses. Les objets en fer sont également bien représentés : outils, armes, ornements … Cette période est caractérisée par des verres transparents à parois minces et comportant un petit pied. Les bracelets sont nombreux et ils diffèrent l'un de l'autre aussi bien par leur ornementation que par leur couleur.

La strate la plus élevée du secteur fouillé met au jour, à une profondeur de 0,20 à 0,30 m, des restes de masure à murs peu épais, au-dessus des maisons détruites des XIIe-XIIIe siècles. Les traces de ces constructions sont aussi observées sur la tour effondrée et le mur de l'enceinte. Probablement, après

---

[227]   K.G. GHAFADARIAN, 1982, tabl. XXI, 1-2, 4-5.
[228]   K.G. GHAFADARIAN, 1982, tabl. XXII.

les deux coups puissants portés à la ville par Djalal ad-Din en 1225 puis par les Mongols en 1236, les fortifications de la ville et de la citadelle cessent d'être effectives et des travaux de construction sont effectués sur l'enceinte détruite. En 1977, des restes de murs y sont découverts ainsi que des fosses et des objets en céramique. Les vases glaçurés qui en proviennent ne sont pas attestés par ailleurs à Dvin aux époque précédentes, notamment les coupes polychromes dont le décor peint coïncide avec le motif gravé. Ce genre de céramique est connu à Ani, dans les couches des XIIIe-XIVe siècles et dans la ville rupestre de Spitak, à la même époque. On découvre une grande quantité de vases analogues dans différents sites de la Transcaucasie. Ainsi, il ne semble pas qu'il faille dater cette céramique d'une période antérieure [229].

Certains objets postérieurs à la destruction de la ville par les Mongols sont également découverts sur le versant ouest de la colline. Ce sont des fragments de céramique du même type que celui que nous venons de décrire et une monnaie géorgienne datée de 1240 (roi David Ulu). Ainsi, après le coup porté par les Mongols, la ville ne quitte l'arène historique que quelques décennies plus tard, vers 1250-1260.

La destinée ultérieure de Dvin nous est inconnue. Les sources écrites ne la mentionnent plus et les document manquent. Les voyageurs arméniens, russes et européens mentionnent quelques localités aux environs de la ville détruite et sur son territoire. C'est à cette époque, ou légèrement avant, que le quartier central est transformé en cimetière. Les tombes sont en schiste local ou en briques cuites, provenant des édifices détruits, et recouvertes de minces dalles de pierres (Pl. 8 : 3). De très rares objets sont découverts ; ce sont essentiellement des ornements de femme, dont un bracelet en bronze. Par ailleurs, des découvertes fortuites sont faites : monnaies iraniennes des XVIIe-XVIIIe siècles, pipes et autres objets.

Ainsi, la stratigraphie de la ville présente l'aspect suivant :

1. IIIe millénaire av. J.-C. : époque du Bronze Ancien. Couche du sommet et du versant ouest de la colline ; céramique, foyers cultuels et parties de murs cyclopéens. Nécropole.

2. IIe millénaire av. J.-C. : absence de couche.

3. IXe-VIIIe siècles av. J.-C. : époque du Fer Ancien. Dans la citadelle et le quartier central, couche riche en céramique variée, objets en bronze, vestiges architecturaux, temples, ateliers …

4. VIIe-IIIe siècles av. J.-C. : absence de couche.

5. IIe siècle av. J.-C.- Ier de notre ère : époque de la culture antique. Outils, céramique, vestiges architecturaux, karasses enterrés.

6. IIe-IIIe siècles : absence de couche.

7. IVe-Ve siècles : édifices religieux monumentaux dans la citadelle et le quartier central. Début de constructions du haut Moyen Age dans la citadelle.

8. Ve-VIe siècles : palais patriarcal, édifices ancillaires et parties de monuments commémoratifs dans le quartier central de la ville. Dans la citadelle, les couches de cette période sont très nettes au sommet de la colline, dans la partie de la basilique à trois nefs, du "bassin" et de la tour sud.

9. 572-618 : couches supérieures du palais patriarcal ; découvertes de céramique, de verreries, d'outils en fer, de vestiges architecturaux et d'un atelier de verrier.

10. VIIe siècle : couche du second palais, conduites d'eau, céramique et sépulture dans le quartier central. Dans la citadelle : couches au sud de la basilique à trois nefs, vestiges architecturaux, verreries …

11. VIII-IXe siècles ; quartier central ; vestiges d'architecture en briques crues, objets de production artisanale, bulles arabes en argile, monnaies … Dans la citadelle : grand palais en terre crue et céramique.

---

[229] M.N. MITSICHVILI, 1969.

12. Xe-XIe siècles : grand bâtiment au sommet de la colline, quartier artisano-commercial sur le versant ouest, bâtiments près des murailles sud et ouest, objets d'artisanat, monnaies ... dans la citadelle.

14. Entre 1230 et 1260 : céramique, monnaies, vestiges architecturaux à côté de la tour sud et sur le versant ouest dans la citadelle.

15. XVIe-XVIIIe siècles : nécropole, monnaies et ornements de femme dans le quartier central.

CHAPITRE III

ARCHITECTURE ET URBANISME

Les fouilles de Dvin ont révélé un immense matériel relatif à l'architecture et à l'urbanisme de l'Arménie médiévale. On a découvert d'admirables monuments religieux et civils, dont l'étude a contribué à une meilleure connaissance de l'histoire de l'architecture arménienne. Dvin, l'un des plus importants centres du développement de l'architecture médiévale arménienne est l'un des sites où l'on observe distinctement la variété des habitations traditionnelles, leurs traits caractéristiques et leur évolution au cours de tout un millénaire.

L'architecture de Dvin est étudiée dans un certain nombre de monographies [230] où l'analyse détaillée des monuments est basée sur le résultat des fouilles et leur appréciation donnée en tenant compte des sources narratives. Toutefois, l'état actuel de l'étude archéologique de la ville permet une interprétation nouvelle des monuments et une précision plus grande dans la stratigraphie et la chronologie.

Les ruines de la ville de Dvin se trouvent dans le district d'Artashat de la République d'Arménie, à 30 km au sud de la ville d'Erévan, à la limite sud-est de la Vallée de l'Ararat. A l'est, la ville s'avançait jusqu'au pied de la chaîne de Guégham. Selon David Baghichétsi (édit. 1956, 320), auteur du XVIIe siècle, la ville avait été construite au pied des monts de Guégham. A l'ouest, elle était limitée par le cours moyen de l'Azat qui se déversait jadis dans le Métsamor. Le vaste territoire de la ville (environ 400 hectares) est actuellement partagé entre les villages de Nerkin Dvin, Norashen, Verin Artashat, Berdik, Ayguestan et Hnaberd. Au centre, on voit s'élever la colline sur laquelle la citadelle avait été construite (Pl. I : 1). De cette colline, qui est le point le plus élevé (env. 30 m), on voit toute la vallée. Par beau temps, on aperçoit très bien les collines de Khor Virap, où se situe la citadelle de la ville d'Artashat, et à l'ouest, la colline d'Armavir (capitale ancienne de l'Arménie). Dès les temps les plus anciens, la colline de Dvin entretenait une relation visuelle avec les principales localités de la Vallée de l'Ararat.

L'apparition de Dvin a été liée à un certain nombre de facteurs d'ordre politique, social et économique qui ont incontestablement influencé les principes urbanistiques de la ville, compte tenu de son emplacement au point de vue dislocation de troupes, besoins stratégiques, présence de matériaux de construction, possibilité de distribution d'eau [231]. Dès les premiers siècles, Dvin est construite d'après le principe tripartite si fréquent aussi bien en Arménie que dans les autres régions (fig. 15). Cette structure inclut une citadelle, une partie urbaine (*shahastan*) et une banlieue. La dominante de la composition urbaine était la citadelle entourée de deux puissantes enceintes. Le cercle supérieur des murailles avait très probablement été construit vers 330, lors de la fondation de la ville médiévale. A la dernière période de l'existence de la ville, cette enceinte a été détruite et des habitations ont été construites à sa place avec leurs dépendances. La muraille supérieure est brièvement mentionnée par K.G. GHAFADARIAN (1952, 60) dès les années 1940. En 1985-1989, nous avons découvert des fragments isolés de l'enceinte dans différents secteurs du sommet de la colline. Elle s'observait le plus

---

[230] K.G. GHAFADARIAN, 1952, 1982 ; V.M. HAROUTUNIAN, 1950 ; N.M. TOKARSKI, 1946, 1961 ; H.K KHALPAKHT-CHIAN, 1971 ; M. D'ONOFRIO, 1973 ; F. GANDOLFO, 1982.

[231] V.M. HAROUTUNIAN, 1964, 23-24.

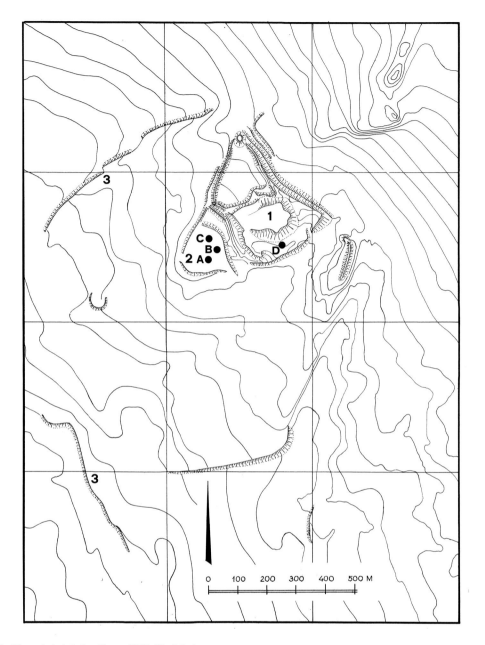

Fig. 15. Plan général de la ville par K.K. Ghafadarian.
  1 : la citadelle. 2 : le quartier central. 3 : l'enceinte. A : le palais du *catholicos*, Ve s. B : la cathédrale, IVe-IXe ss.
  C : le palais du *catholicos*, VIIe s. D : l'édifice monumental, Ve-VIe ss.

nettement dans le secteur ouest. La muraille entourait environ 0,50 ha de superficie où étaient construits des édifices palatiaux de toutes les périodes : arsacide, marzpane, arabe, bagratide, shaddadite. Dans le secteur ouest, on peut suivre les traces des assises inférieures en gros blocs de pierre. Il est hors de doute qu'initialement ces assises aient appartenu à la forteresse cyclopéenne du IIIe millénaire av. J.-C., puis à la citadelle du gros bourg du Ier millénaire av. J.-C. et de la période hellénistique. En 1989, les fouilles ont révélé à la périphérie est du sommet de la colline les restes d'une tour de plan carré. Dans le secteur nord, où la muraille est nettement mieux conservée, on voit les traces des remaniements des VIIIe et Xe-XIe siècles. Malheureusement, les autres secteurs de l'enceinte supérieure ont été partiellement enlevés au cours des fouilles sans être fixés, alors que sa partie principale avait été détruite aux XIIe-XIIIe siècles.

Le cercle inférieur de l'enceinte, le principal, entoure toute la colline et les territoires attenants d'une superficie de 10 à 12 hectares. Cette très puissante muraille forme autour de la colline une ligne courbe fermée, un rectangle irrégulier dont le long côté est orienté nord-ouest sud-est (Pl. I : 2). A une certaine distance l'une de l'autre, 44 tours semi-circulaires avaient été construites dont ne subsistent que des murs démolis.

Les tours angulaires sont plus importantes. Visiblement, c'est là que se trouvaient les portails s'ouvrant sur les principales routes et conduisant vers les quartiers de la ville par les ponts jetés sur le fossé. Les géographes arabes mentionnent l'existence à Dvin de portes d'Ani, de Tiflis et d'autres.

En 1961-1963, les fouilles ont révélé dans le secteur sud de l'enceinte une tour d'un périmètre de 39 m environ et quelques fragments de muraille, ce qui a permis de se faire une notion de la structure et de la chronologie des fortifications de la citadelle (Pl. 22 : 2).

Les assises inférieures de la muraille et de la tour sont constituées de deux à trois rangées de blocs de pierre non taillés. Ces blocs sont surmontés jusqu'à la hauteur d'un mètre environ d'une ceinture faite de briques cuites de 20 x 20 x 5 cm. La couche suivante est une maçonnerie en gros blocs, revêtus de briques crues de grandes dimensions. Ce dernier procédé s'observe très nettement sur la face intérieure de la demi-tour découverte dans ce même secteur au début des années 1980.

Comme en témoignent les traces de remaniements, l'enceinte a dû subir plusieurs modifications. Les fouilles des années 1960 ont déjà révélé les traces de petites tours hors de la ligne générale des remparts. Par la suite, on a découvert dans le secteur sud un édifice monumental construit aux Ve-VIe siècles et détruit entre le IXe et le XIe siècles. Il est à noter que c'est au-dessus de ce bâtiment que passe une partie du rempart et de la grande tour. Il est probable que de grands travaux de fortification aient été entrepris au XIe siècle. Cela pouvait avoir lieu uniquement sous un puissant pouvoir centralisé, tel le pouvoir exercé par Abu-l-Asvar.

De grands travaux de fortifications ont été effectués au VIIIe siècle sous le *vostikan* Abdul Aziz (706-709). Autour de la citadelle, un fossé a été creusé à l'extérieur de la muraille [232]. Les vestiges de fortifications plus anciennes ne sont pas visibles dans la citadelle. Visiblement, les fortifications existaient déjà aux IVe Ve siècles et elles ont été simplement modifiées par la suite. En 1988, dans le secteur sud-ouest, les restes d'un édifice en tuf bien taillé ont été exhumés au bord du fossé à 30 m environ du rempart. On peut supposer qu'ils ont appartenu au rempart initial, mais une définition plus précise exigerait des travaux complémentaires.

Dans le plan de la ville, la citadelle se situait près des contours nord-est extérieurs de la ville fortifiée et comportait un rempart du côté de la ville même. Ce procédé de fortification présentait un caractère purement défensif.

De tous côtés, la forteresse était entourée d'un fossé. La citadelle était reliée aux quartiers de la ville par des ponts. Les vestiges des remparts et du portail intérieur de la ville, qui se correspondent entre eux, se sont conservés sur une place de part et d'autre du fossé. Les traces d'un deuxième pont, visiblement à deux arches, se voient dans le secteur est, près de la grande tour angulaire où les restes de l'appui central se voyaient encore récemment au milieu du fossé (Pl. 23).

Les quartiers urbains constituaient la majeure partie de la ville fortifiée. C'était visiblement le quartier des affaires qui assumait aussi certaines fonctions défensives [233]. A Dvin, les quartiers de la ville étaient entourés de puissants remparts qui, à partir de l'angle sud-est de la forteresse, descendent directement vers le sud, passent par les villages actuels de Verin Artashat et de Berdik (ancien Bzovan),

---

[232] Ghévond (édit. 1887, 36). Certaines données témoignent que le fossé autour de la citadelle existait avant la venue des Arabes.

[233] V.M. HAROUTUNIAN, 1964, 28-29.

puis continuent vers le nord, vers le village d'Ayguestan, presque parallèlement à la chaussée. A partir de l'angle nord-est de la forteresse, la muraille va vers l'ouest à travers le village de Hnaberd jusqu'aux bâtiments industriels du village, puis elle tourne vers le nord tout près de la route Ayguestan-Nerkin Dvin et forme un espace rectangulaire. Elle sort ensuite sur la lisière est du village d'Ayguestan et se perd dans les potagers privés des villageois [234].

Ainsi, les murailles de la ville incluent un vaste territoire, à la lisière est duquel se trouvait la citadelle (fig. 2-4). Les descriptions de la ville par les voyageurs des XVIIIe-XIXe siècles et les plans du site tracés par Ker-Porter, Dubois et Marr correspondent à son emplacement actuel. Ker-Porter suppose que la ville était fortifiée par un double rempart, des tours et un fossé. En effet, dans tous les secteurs où les murailles de la ville se sont plus ou moins conservées, on observe de l'extérieur de profondes cavités, traces indiscutables du fossé. L'existence d'un double rempart est toutefois discutable, sauf dans le secteur sud où, d'après certains indices (largeur des murailles, murs doubles), elle n'est pas exclue.

A l'ouest, la citadelle voisine immédiatement avec l'un des principaux quartiers de la ville, le centre religieux (Pl. 20) où la cathédrale, l'église mononef, les palais patriarcaux, des martyriums et des stèles commémoratives ont été élevés aux IVe-VIIe siècles. Ce quartier (dit central) était un complexe religieux et jouait un rôle important dans la vie cultuelle de la ville. Il était entouré et séparé des autres parties de la ville par une muraille assez puissante dont les traces se sont conservées le long du fossé. Au même endroit, comme nous l'avons mentionné ci-dessus, il y avait un pont et un portail dont les traces se sont conservées de part et d'autre du fossé. Du côté de la ville, le portail était fait de blocs de tuf bien polis. Du côté de la citadelle, la ligne de distribution d'eau passait sous ce pont et fournissait de l'eau potable au quartier central de la ville. Tous ces grands travaux sont antérieurs à la conquête arabe. Il est hors de doute que le fossé a été creusé à l'époque des *marzpans* et qu'il existait déjà au VIe siècle.

Les quartiers d'artisans se trouvaient dans les secteurs occidentaux de la ville, immédiatement près du portail. On y trouve de grands tas de déchets de la production de céramique, des pièces ayant appartenu aux fours et des outils ayant servi à la cuisson. Les murailles sud de la ville avaient conservé jusqu'aux années 1960 les vestiges de grands fours qui montraient avec évidence qu'aux XIIe-XIIIe siècles certains secteurs du rempart avaient perdu leur fonction défensive, laissant la ville sans protection contre l'ennemi. Les sources des XIIe-XIIIe siècles permettent de conclure que les troupes ennemies pénétraient dans la ville presque sans obstacle.

Les vestiges de la culture matérielle qu'on découvre hors de la ville : détails d'architecture, restes de murs et objets archéologiques ramassés témoignent qu'à une certaine période la ville s'est développée à l'extérieur des remparts, dans la banlieue. C'est là que vivaient surtout les artisans, les agriculteurs et que s'installaient les commerçants étrangers. A l'est de la citadelle, les trouvailles remontant au haut Moyen Age sont nombreuses [235]. C'est visiblement l'emplacement de l'un des cimetières de la ville.

Le rôle de la rivière Azat a été primordial dans la vie économique de la ville. Nous sommes convaincus que même la situation des quartiers de la ville et de la citadelle dépendait du relief et des possibilités d'irrigation. D'après les plans tracés par les voyageurs, la rivière coulait dans le voisinage immédiat des remparts nord et ouest. A présent, elle s'est éloignée des limites de la ville et son lit se trouve à 2 km de Dvin. Les fouilles de protection pratiquées en 1988 près du rempart nord démoli ont révélé l'ancien lit de la rivière avec de grands tas de sable et de galets. L'étude du territoire entre le nouveau lit et les murailles de la ville montre que la rivière Azat a souvent changé son cours. La question du passage d'une rive à l'autre reste encore sans réponse, car il n'y a pas trace de pont et le lien avec la grande route Artashat-Vagharshapat passant dans le voisinage immédiat de Dvin reste inconnu.

---

[234] Au début des années 1960, les travaux de bonification ont fait disparaître tous les vestiges conservés sur les terres des remparts de la ville de Dvin. Aujourd'hui, une partie de la muraille est encore conservée au village de Verin Artashat, en face de la citadelle.

[235] Gemmes sassanides, pièces de monnaie, céramique antérieure au IXe siècle, bijoux.

Dvin était entourée d'un cercle de bourgs et de forteresses. Les noms de certains d'entre eux se sont conservés dans les sources. Non loin de la ville, sur la rive gauche de l'Azat, la forteresse de Tiknouni, place forte au nord de la ville, est située sur une haute colline. La première mention de cette forteresse est en relation avec les grands travaux entrepris par Khosrow II aux années 330. D'après la supposition de A.N. TER-GHÉVONDIAN (1965, 167, 219), sous la domination des Seldjukides la forteresse portait le nom de Tall-/H/asli. L'inaccessible place forte n'avait qu'une seule issue du côté sud. Le relief est rocheux, exposé au vent et les couches culturelles sont lavées. Tout autour de la colline, les rochers portent les traces de murailles. Les fouilles de prospection que nous avons pratiquées en 1984 ont mis au jour un matériel intéressant remontant à l'époque tardive de l'existence de la forteresse (XIIIe-XIVe siècles). Un édifice, visiblement palatial, a été partiellement fouillé, révélant une grande quantité de carreaux de faïence et de fragments de vitraux [236].

Au sud-est de Dvin, à une distance de 8-10 km, s'élève une haute colline que les habitants locaux nomment Odzassar ("Mont des vipères"). Sur cette hauteur inaccessible de toutes parts, il y a des vestiges d'édifices. C'est probablement l'emplacement d'une petite garnison à fonctions d'observation dont les signaux devaient prévenir la ville de l'approche des ennemis.

Un grand bourg existait non loin de la ville, à l'emplacement actuel du village de Kanatshout. Aux années 1950, on y a découvert lors de la construction de l'école locale des bases de colonnes du haut Moyen Age. Dans le village même, nous avons remarqué les vestiges d'une petite église à deux niveaux des XIIe-XIIIe siècles.

Le matériel archéologique médiéval a été ramassé sur les petites collines situées à l'est du site. Sur le territoire des villages d'Abovian et d'Arevshat, un grand bourg s'étendait sur la rive droite de l'Azat. Des détails architecturaux, de très intéressantes bases de colonnes et de la céramique ont été exhumés là au cours de travaux de bonification. Au village d'Ayguestan, des tessons de céramique glaçurée et des pierres tombales des XIVe-XVe siècles ont été découverts pendant des travaux de terrassement.

Eu égard aux documents fournis par la partie déjà fouillée de Dvin, les habitations du haut Moyen Age de la ville ne sont conservées que fragmentairement. Elles ont été presqu'entièrement détruites et leurs restes ont été utilisés comme matériaux de construction tout prêts pour les chantiers des périodes suivantes.

L'habitation du haut Moyen Age a été étudiée surtout sur le matériel découvert dans la citadelle. Les fondations des murs des maisons présentant des chambres communes à plan traditionnel étaient faits de blocs taillés dans du calcaire blanc, liés au mortier d'argile tandis que les murs étaient en briques crues. Les bases conservées montrent que les maisons avaient des couvertures plates en bois ou, rarement, des couvertures à orifice central (erdik) pour laisser passer l'air et la lumière. Certaines pièces à sol pavé de petits galets ont dû servir à garder le bétail. Dans les autres pièces, le sol est en argile. Une grande place était faite aux pièces auxiliaires où le vin et le blé étaient entreposés dans de grandes jarres, dont les fragments ont été trouvés dans tous les complexes datés des Ve-VIe siècles. Les tessons à ornement de chevrons sont particulièrement nombreux. On a aussi découvert de grandes fosses en forme de cloche destinées aux besoins domestiques ou à garder le grain.

Bien qu'insignifiants, les vestiges des habitations du haut Moyen Age permettent d'établir qu'une partie avait été construite immédiatement sur les bâtiments de la période antique (Ier siècle). Ceci est confirmé par les fouilles des complexes dans les couches inférieures du sommet de la colline et par les observations stratigraphiques.

Ces dernières années, on a découvert à Dvin de nouveaux complexes qui enrichissent nos notions sur l'architecture médiévale de l'Arménie.

La ville de Dvin du haut Moyen Age est connue pour ses édifices religieux. Au centre de la ville, on voit les vestiges d'un édifice très important : la cathédrale Saint-Grégoire sur lequel il est facile

---

[236] A.A. KALANTARIAN, 1987, 144-146.

de suivre toutes les modifications de plan et de volume apportées au monument au cours de son existence [237]. L'église initiale, à trois nefs, était la plus vaste parmi les édifices analogues d'Arménie (52,35 x 22,51 m). Elle a été probablement fondée à la fin du IVe ou au début du Ve siècle. L'opinion selon laquelle cette église aurait été un temple païen avant l'adoption du christianisme en Arménie [238] n'a pas été confirmée. Une étude stratigraphique détaillée du lieu montre que la cathédrale a été construite après 330, durant la période qui est considérée comme celle de la fondation de la ville. L'église à trois nefs est construite en blocs de grès bien taillés dont les déchets ont constitué une couche assez épaisse sur le territoire voisin de l'église. Sous cette couche, on trouve une nécropole et les vestiges d'un bourg de la période antique, détruit par les troupes romaines en 59 ap. J.-C. Après cela, le territoire de la ville n'a pas été peuplé pendant trois siècles. Ainsi, comme il n'y a sur place aucune trace de temple païen, il est hors de doute que le bâtiment a été élevé à l'époque chrétienne.

L'église à trois nefs de Dvin avait initialement une couverture en bois [239], ainsi que cela est connu pour les autres édifices religieux paléochrétiens d'Arménie [240]. Les vestiges qui nous sont parvenus ne permettent pas d'établir la date de la construction de la voûte en pierre, cependant, il est incontestable qu'elle existait déjà aux environs de 470.

Il est à noter que les historiens contemporains de la construction de l'église de Dvin ne mentionnent pas cet édifice grandiose, alors que les auteurs des siècles suivants nous renseignent sur la construction d'une église par Vardan Mamikonian à l'occasion d'une mention de l'édification d'un temple du feu à Dvin. Ces informations sont toutefois pleines d'anachronismes et il y a des inexactitudes dans l'évocation des personnages historiques [241]. Il est bien connu que la destruction de l'église et la construction d'un temple du feu à Dvin sont en relation avec la révolte de 572 dirigée par Vardan Mamikonian (Le Rouge) [242]. Il est difficilement crédible que vers 450, alors que les Arméniens, menés par le grand commandant Vardan Mamikonian, livraient une lutte sans merci contre la Perse Sassanide, on eut pu jeter les fondations d'un édifice aussi monumental.

En décrivant les fêtes consacrées à la nomination de Vahan Mamikonian au poste de *marzpan* d'Arménie en 485, Lazare Parpétsi (édit. 1907, 394) mentionne la galerie extérieure de la cathédrale. Des modifications au plan de l'église auraient pu être apportées seulement en temps de paix, c'est-à-dire aux années 460-470. D'autre part, elles étaient motivées par le transfert du centre spirituel, du *catholicossat*, de Vagharshapat à Dvin vers 470. Les fouilles de 1946-1951 [243] montrent que c'est précisément à cette époque qu'a lieu la première reconstruction importante de l'église à trois nefs : elle est entourée d'une galerie extérieure sur ses trois côtés, au sud, à l'ouest et au nord, des pièces auxiliaires sont ajoutées au nord et au sud de l'abside principale ; le sol est couvert de mosaïque.

La réfection de la couverture de tuiles (dont les restes ont été trouvés sous le sol du palais patriarcal du Ve siècle) et d'autres parties de l'édifice n'est pas exclue.

L'église achevée est restée debout pendant une centaine d'années avant d'être détruite en 572 par les Perses [244]. Au début du VIIe siècle, Sembat Bagratuni entreprend une deuxième importante reconstruction de l'église [245] au cours de laquelle le bâtiment subit de grandes modifications, se transformant en composition à coupole centrale cruciforme en plan. L'église est réduite à l'est où l'on construit une nouvelle abside avec pièces auxiliaires. La galerie extérieure est supprimée et de nouvelles absides, en demi-cercle à l'intérieur et polygonales à l'extérieur, sont ajoutées au nord et au sud. La

---

[237]   Fig. 16 ; 1-3, Pl. 24-25.

[238]   T. TORAMANIAN, 1942, 214 ; K.G. GHAFADARIAN, 1952, 90-95.

[239]   Hovhannès Draskhanakertsi (édit. 1912, 17), indique que l'église avait été construite en briques et en bois.

[240]   *Essais*, 1964, 94 ; N.M. TOKARSKI, 1946, 73.

[241]   Hovhannès Draskhanakertsi (édit. 1912, 59) ; Thovma Artzruni (édit. 1917, 136-138) ; Vardan (édit. 1861, 74-75).

[242]   Sébéos (édit. 1979, 67) ; Michel le Syrien (édit. 1871, 260, 264) ; *Sources Syriaques*, 1976, 388-389 ; L. MÉLIKSET-BEK, 1934, 41-42.

[243]   K.G. GHAFADARIAN, 1952, 97-98.

[244]   Sébéos (édit. 1979, 68).

[245]   Sébéos (édit. 1979, 100) ; Hovhannès Draskhanakertsi (édit. 1912, 71).

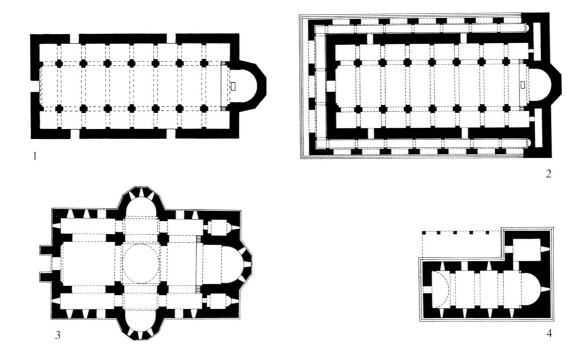

Fig. 16. Plans de la cathédrale (relevés par G.K. Kotchoyan, architecte).
1 : IVe-Ve ss. 2 : Années 470-480. 3 : 607-618. 4 : Plan de l'église mononef (Ve s.).

coupole est soutenue par quatre puissants piliers élevés au centre de l'édifice. Le nouveau sol est également couvert d'une mosaïque dont les fragments ont été découverts en 1907 [246] et en 1951 [247]. La couverture en tuiles est entièrement refaite. A l'extérieur, l'église était richement décorée ; des registres d'inscriptions se trouvaient sur les murs et leurs fragments ont été trouvés pendant les fouilles. Des lustres splendides étaient suspendus à l'intérieur et les débris de leurs lampes en verre ont été découverts par centaines autour de l'église [248].

La deuxième reconstruction de l'église est chronologiquement exactement documentée par les historiens : elle remonte à 607/8-618/9 [249].

La dernière mention de la cathédrale de Dvin date du tremblement de terre de 894 qui a causé de grands dommages à la ville. L'église a été détruite de fond en comble et n'a plus jamais été reconstruite. La tentative du *catholicos* Hovhannès de restaurer la cathédrale détruite s'est terminée par un échec et il a dû quitter la ville [250].

L'un des anciens édifices de Dvin est l'église mononef (fig. 16 : 4), située légèrement au nord de la cathédrale. Le plan et les particularités constructives du monument permettent de le classer parmi les spécimens classiques des édifices analogues d'Arménie. On voit encore les restes de l'assise inférieure de gros murs atteignant par endroits une largeur de 2 m, liés avec du mortier d'argile, et les pilastres qui supportaient les arcs-doubleaux de la voûte cylindrique en pierre (Pl. 26).

[246] A.A. KALANTARIAN, 1970, Pl. XLII
[247] A. PATRICK, 1964, 313-317.
[248] H.M. DJANPOLADIAN, 1974, 16, Pl. X-XI ; A.A. KALANTARIAN, 1976, 102-104.
[249] K.G. GHAFADARIAN, 1952, 99-100.
[250] Hovhannès Draskhanakertsi (édit. 1912, 357-358).

Tous les spécialistes sont unanimes à croire que l'église était mononef, mais pour la datation du monument, leurs opinions ne coïncident pas. Les uns identifient la basilique au martyrium fondé en 554-555 où fut enterré Iztbouzit tué par les Perses [251], mettant en relation le monument et les informations de Hovhannès Draskhanakertsi (édit. 1912, 64) sur la construction du martyrium et l'enterrement d'Iztbouzit. Toutefois, le témoignage de l'historien est mal interprété. Dans cette optique, il est intéressant de noter la remarque de S.Kh. MNATZAKANIAN (1974, 213-232) qui précise le sens des expressions "maison patriarcale" et "église patriarcale", datant le monument d'une période plus ancienne. D'autre part, il nous semble que, chronologiquement parlant, le palais patriarcal situé au nord de la cathédrale ne peut servir d'indication pour l'église mononef, car durant la deuxième moitié du VIe siècle, ce palais n'existait pas encore. Il n'a été construit qu'au début du VIIe siècle, lors de la dernière reconstruction de la cathédrale. Il est évident que le martyrium d'Iztbouzit ne pouvait se trouver à l'emplacement de la basilique et il faut le chercher ailleurs. Il devait visiblement se trouver au sud-est de la cathédrale où l'on a découvert les vestiges d'un petit édifice de plan carré construit en blocs de tuf bien taillés. M. ORMANIAN (1912, 543), se basant sur les informations de Hovhannès Draskhanakertsi, ne doute pas qu'Iztbouzit ait été enterré sous le *catholicos* Nersès Bagrévandtsi à l'est de la cathédrale, à l'emplacement de laquelle un martyrium aurait été construit en 553.

L'église mononef de Dvin est étroitement liée aux édifices paléochrétiens analogues et ne peut être datée d'une période plus récente. Il nous semble qu'elle a été construite à la fin du Ve siècle et au début du VIe siècle, durant les importants travaux entrepris par le *marzpan* Vahan Mamikonian, que les sources ne cessent de mentionner [252]. L'église mononef faisait partie d'une conception architecturale unique et ornait l'un des principaux quartiers de la ville. En 1988, nous avons pratiqué de nouvelles fouilles qui ont permis d'éclaircir certaines questions relatives au plan, à la datation et aux autres aspects de l'édifice. L'église a été construite sur les restes des bâtiments du commencement du Ier millénaire av. J.-C. (Pl. 27 : 1). Sous son sol, des inhumations en jarres de la période hellénistique ont été exhumées. Les larges fondations en gros blocs bruts de pierres locales sont à noter. On a pu établir avec certitude que l'église n'avait pas de galerie au nord, contrairement à la reconstitution de G. Kotchoyan [253], mais les vestiges d'une pièce auxiliaire avec une abside semi-circulaire sont conservés au nord-est.

Il est indiscutable que cette basilique soit bâtie à l'emplacement d'un temple païen détruit. Sous l'abside de la pièce auxiliaire, on a trouvé deux stèles en argile à représentations diverses (Pl. 3 : 4), composants des autels païens. De nombreuses stèles semblables ont été découvertes à Dvin dans les couches des IXe-VIIIe siècles av. J.-C. [254]. Dans l'église mononef, les stèles reposaient dans une épaisse couche de cendres, à côté de bases en argile fortement endommagées.

Hovhannès Draskhanakertsi, historien du Xe siècle, mentionne une église à Dvin, construite à l'emplacement d'une vieille église au début des années 640 par le *catholicos* Nersès III Tayétsi. C'est là qu'ont été enterrés les habitants de la ville tués lors de l'invasion de Dvin par les Arabes en automne 640. Cette église, dédiée à Saint Serge, est par la suite mentionnée de nombreuses fois par les historiens arméniens et les chroniqueurs géorgiens [255]. Dans les rapports de l'archimandrite K. DADIAN, publiés dans la revue "Ararat" (1907, 659), cette église figure parmi les monuments fouillés à Dvin. Toutefois, par la suite l'emplacement de cette église n'a pu être précisé ni par J. Strzygowski, ayant visité Dvin en 1913, ni par les membres de l'expédition archéologique de Dvin de 1937. Il faut donc mettre en doute le témoignage de K. Dadian sur l'église Saint Serge. En fait, on a découvert seulement certains détails, dont les chapiteaux semblables aux chapiteaux de Zvartnotz. Plus tard, on a trouvé aussi une entrevolte (actuellement exposée au Musée de Dvin), également semblable aux

---

[251] V.M. HAROUTUNIAN, 1950, 80-81 ; K.G. GHAFADARIAN, 1952, 106-109.

[252] Lazare Parpétsi (édit. 1907, 158) ; Sébéos (édit. 1979, 66-67) ; Hovhannès Draskhanakertsi (édit. 1912, 61).

[253] K.G. GHAFADARIAN, 1952, fig. 77.

[254] K.K. KOUCHNARÉVA, 1977, 11, 15, 17, 37.

[255] Samuel Anétsi (édit. 1893, 80-81) ; Kirakos Gandzakétsi (édit. 1961, 60) ; Vardan (édit. 1861, 93) ; Michel le Syrien (édit. 1871, 572) ; L. MÉLIKSET BEK, 1934, 114, 116.

fragments de Zvartnotz aux représentations d'artisans [256]. Il est fort probable que l'église Saint Serge ait eu un plan circulaire, car toutes les églises dont la construction est en relation avec le nom du *catholicos* Nersès III étaient circulaires en plan : Ishkhan, Garni, Zvartnotz [257].

L'église de Dvin est la première construite par Nersès et, visiblement, l'expérience de sa construction a ensuite servi lors de l'édification de la cathédrale de Zvartnotz (terminée en 661).

En 1961-1962, les ruines d'une grande salle à trois nefs ont été mises au jour dans la partie supérieure de la citadelle à une profondeur de 4 m. Son plan forme un rectangle de 12 x 29 m (Pl. 28 et 29). La salle avait huit colonnes dont une base a été conservée sur place (Pl. 6 : 6). Le sol en argile, défoncé au cours des travaux de construction suivants, avait pour base une couche de petits galets de rivière bien tassés. Les murs de la salle, faits de grès blanc sur mortier d'argile, sont démolis jusqu'aux fondations ; la couverture était très probablement en bois.

Au milieu du sol en argile, on voit se dessiner très nettement le plan semi-circulaire d'une chaire ou d'un trône, ce qui a valu à l'édifice monumental le nom de salle du trône des rois Arsacides d'Arménie [258]. Il ne fait aucun doute que la salle a été construite au IVe siècle sous les Arsacides. L'étude stratigraphique du monument (Pl. 31) montre qu'en 640, durant les premières incursions des Arabes, il a été complètement détruit. Au VIe siècle, les archives (*divane*) de la ville se trouvaient à cet endroit. Dans l'une des petites pièces, dont le sol était plus haut de 1 m que celui de la salle à colonnes, on a trouvé des bulles en argile [259]. Au début du VIIIe siècle, au cours des travaux du grand palais en terre battue du gouverneur arabe, l'aile ouest de la salle à colonnes a été démolie. L'aile et le mur est ont également beaucoup souffert et il n'y a aucune possibilité de reconstituer leur aspect initial.

La reconstitution du plan de la salle du trône, effectuée vers 1960 par G.K. Kotchoyan, architecte de l'expédition, (fig. 17 : 1) a fait l'objet d'un certain nombre d'objections (exprimées oralement). Afin d'éclaircir définitivement la destination fonctionnelle du bâtiment, la salle du trône a été étudiée en détail en 1983-1985 et fouillée complémentairement. Le tableau suivant est établi.

1. La salle à trois nefs était un monument indépendant sans pièces attenantes, qui sont pourtant caractéristiques aussi bien pour les édifices palatiaux du haut Moyen Age de Dvin que pour ceux de toute l'Arménie. Les fouilles des secteurs voisins de la salle au nord et à l'est ont révélé dans les couches inférieures les vestiges d'édifices antiques dont les murs se trouvent immédiatement sous le sol de la salle. Il a été établi que la construction de la salle remonte à la première période de travaux qui sont effectués juste après la fondation de la ville, vers 330. Ceci est également confirmé par le matériel archéologique.

2. Les nouvelles recherches ont introduit des changements essentiels dans nos notions sur le plan intérieur du bâtiment. D'après la reconstitution de G.K. Kotchoyan, la largeur des nefs latérales était de 2,70 m et celle de la nef centrale de 7,10 m. Cependant, les traces des bases sont nettement visibles sur le sol en argile ; la distance entre elles est de 5,80 m et celle des bases avec le mur est de 3,10 m. Ces données sont très différentes de celles de la reconstruction précédente. Cela permet d'interpréter de nouvelle façon les questions en relation avec la solution volumétrique de la salle à trois nefs [260]. Les photographies et les relevés architecturaux des fouilles de 1962 indiquent que la seule base conservée était *in situ* et les modifications survenues lors de la reconstruction restent inexplicables.

3. Chaque base était placée sur une plateforme carrée ou rectangulaire en tuf ou en grès bien taillé (Pl. 30). Ceci a été découvert par hasard durant des fouilles pratiquées sous une base. L'étude de six plateformes de différentes dimensions a montré qu'elles servaient de mesure de sécurité contre un affaissement du sol. Visiblement, les bâtisseurs ont tenu compte du fait de l'existence à cet endroit d'édifices antérieurs qui avaient affaibli le terrain. Les blocs bien taillés des plateformes provenaient de

[256] S.Kh. MNATZAKANIAN, 1971, fig. 15.
[257] *Idem,* 1971.
[258] K.G. GHAFADARIAN, 1973 ; 1982, 67-68, 89-96.
[259] A.A. KALANTARIAN, 1982.
[260] Fig. 17 : 2, reconstitution de K.K. Ghafadarian, architecte de l'expédition.

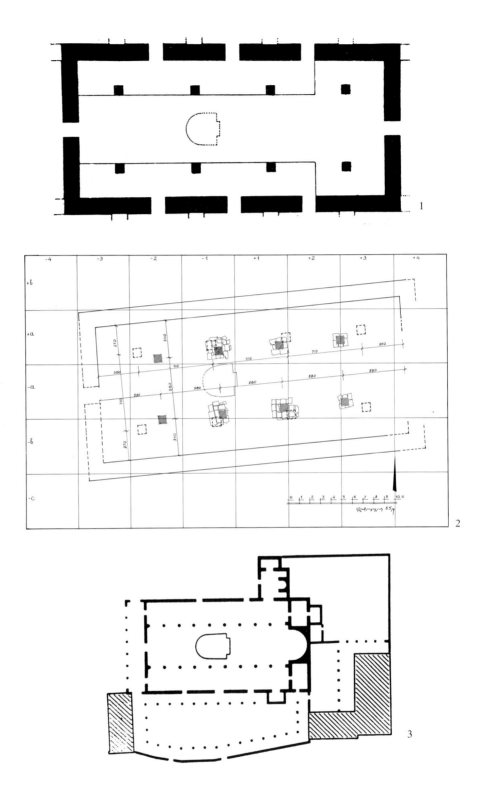

Fig. 17. Plans de l'église à trois nefs et de la citadelle.
1 : reconstruction de G.K. Kotchoyan. 2 : reconstruction de K.K. Ghafadarian. 3 : Plan de l'église St.-Julien (399-402) à Brād (Syrie du Nord).

64

quelque grande construction démolie. On y distingue les traces de peinture rouge et blanche, ayant probablement composé des fresques ; il y a des détails d'encadrement de fenêtres ou de niches. Tous les indices montrent que ces blocs ont appartenu à une construction monumentale bâtie avec l'utilisation de mortier d'argile, ce dont témoignent les traces d'argile sur les blocs de tuf. Cette circonstance laisse perplexe du fait que tous les édifices monumentaux de cette région, y compris Dvin, étaient construits à l'époque antique et à la période intermédiaire en grès blanc local avec seulement certains détails en tuf, comme certaines bases de colonnes.

Les blocs en tuf sont rares dans les édifices de cette période. L'argile comme matériau de construction est fréquente dans les monuments de la basse Antiquité (Garni, Artashat). A Dvin, elle est utilisée pour la première fois dans les édifices paléochrétiens qui auraient pu être détruits vers 360, lors des campagnes de Shapur II, ou aux environs de 440-450, durant le mouvement de libération nationale dirigé contre la Perse sassanide. Le plus probable est que la salle à colonnes ait été remaniée au milieu du Ve siècle et que les bases des colonnes aient été consolidées par des plateformes, bien que stratigraphiquement il soit difficile d'établir la date exacte de ces modifications.

4. Le nouveau sol en argile date de cette reconstruction. Dans différents secteurs de l'intérieur de la salle, les vestiges du sol initial en argile sont conservés. La différence entre les niveaux des sols est de 20 cm. Dans la couche intermédiaire, surtout dans l'aile orientale, on trouve des tessons de tuiles plates et de tuiles romaines (caliptères). La facture et le fini de ces tuiles répètent ceux des trouvailles analogues du quartier central sous le sol du palais patriarcal du Ve siècle, qui appartenaient à la couverture de l'église à trois nefs. Il est incontestable que la salle à colonnes de la citadelle était couverte de tuiles [261], mais les données relatives à la couverture manquent. Il nous semble que les dimensions absolues des travées et leur rapport avec la largeur générale de la salle ont une importance décisive pour l'établissement de la forme de la couverture. D'après la disposition des colonnes, elles étaient calculées pour supporter une simple couverture de poutres.

5. Les fouilles ont mis au jour une couche intermédiaire entre les bâtiments antiques et la salle à colonnes. On y a découvert les fragments des fondations des murs. Toute trace de culture matérielle est absente. Il nous semble que ces murs remontent aux plus anciens bâtiments de Dvin médiévale, qui ont été supprimés quelques décennies plus tard, lors de la construction de la salle à colonnes.

6. Trois tombes, dont une d'enfant, étaient placées entre le trône et la partie sud. Comme l'une de ces tombes était située exactement à l'emplacement de la plateforme, il faut conclure que ces enterrements ont eu lieu après la destruction de l'édifice, au VIIe siècle.

La présence de ces tombes nous convainc que la salle à colonnes est un édifice du culte et représente l'une des formes anciennes de l'église à trois nefs (IVe siècle). Ceci est d'ailleurs confirmé par l'isolement de l'édifice et son orientation d'est en ouest, comme les autres édifices cultuels paléochrétiens. Les tombes à l'intérieur de l'édifice sont aussi un argument de poids. D'habitude, les cimetières et les sépultures médiévales se trouvaient autour des églises et parfois à l'intérieur même. A Dvin, cette tradition a dû être suivie même après la destruction de l'église examinée. Il est probable que certains habitants de la ville aient été enterrés là après l'horrible destruction de Dvin en 640.

Les trouvailles de fragments de monuments commémoratifs — croix à bras égaux — sur le territoire entourant l'édifice et la présence d'une chaire (*bêma*) au centre de la salle viennent également confirmer l'opinion que la salle à colonnes était un édifice de culte. Aucun argument ne parle en faveur de la relation de la chaire à la cour royale et nous ne sommes nullement fondés à y voir un trône. Des chaires de ce type peuvent être vues dans les églises mononefs et à trois nefs paléosyriennes [262], surtout dans les régions du nord de la Syrie [263]. L'église St.-Julien à Brād a une chaire fort semblable à celle

---

[261] Une profonde fosse a été découverte à côté de l'édifice en 1987. On en a exhumé quelques centaines de tuiles fragmentaires.

[262] G. TCHALENKO, 1953, II, Pl. IX, 1 ; XI, 1-3, 6.

[263] Sinhār, mil. IVe s., Qirqbize, IVe s., Kféir, Ve s., Qalb-Louze, fin Ve s.

de Dvin [264]. Ces chaires ont servi à accomplir la liturgie non pas dans l'abside, mais au centre de l'église [265].

L'église de Dvin est l'unique édifice de ce type parmi les monuments de culte du haut Moyen Age d'Arménie dont nous connaissons le plan original, alors que les autres basiliques d'Arménie contemporaines ont été remaniées plus d'une fois au cours des siècles.

Les relations architecturales arméno-syriennes n'ont jamais encore fait l'objet d'une étude spéciale. La seule exception est l'article consacré à cette question par A.L. JACOBSON (1976, 192-206). Dès le début de notre siècle, N.Y. MARR (1968, 28, 30, 37) n'a cessé de noter "qu'à cette époque ancienne, l'Église arménienne orientale se trouvait en relation très étroite et exclusive avec l'Église syrienne" et que "le christianisme en Arménie Orientale était initialement lié organiquement à la Syrie d'où il faut supposer que l'on empruntait, avec le contenu spirituel, les normes de l'architecture chrétienne". N.M. TOKARSKI (1961, 73) ne nie pas non plus "la ressemblance de certains monuments arméniens paléochrétiens aux modèles syriens, d'autant plus que cette ressemblance ne diminue en rien leur valeur artistique, ni les talents éminents des artisans arméniens, et s'explique, bien sûr, non pas par un niveau inférieur de l'art du bâtiment ou de la pensée architecturale, mais bien par la nouveauté du sujet architectural, découlant des particularités spécifiques de l'architecture chrétienne, encore peu habituelle pour les Arméniens".

Les relations étroites existant entre les architectures arménienne et syrienne se sont brillamment manifestées dans l'église à trois nefs de Dvin, l'un des plus anciens monuments de l'architecture chrétienne. Très probablement, l'église a été fondée dans la deuxième moitié du IVe siècle et elle a cessé d'exister vers le milieu du VIe siècle pour des raisons inconnues de nous. En 554, le Concile de Dvin a pris la décision de détruire l'église nestorienne de Manutshihr Rajik [266], mais il est douteux que cette information concerne l'église examinée ici.

L'étude minutieuse des journaux de fouilles des années 1959-1961 a permis d'établir qu'on a observé sur son emplacement les restes de murs en terre battue formant de petites pièces [267]. On a trouvé dans l'une de ces pièces près de vingt bulles en argile des VIe-VIIe siècles. Dans l'aile occidentale de l'édifice, un atelier de joaillier a été fouillé et on y a découvert des objets achevés tandis que d'autres étaient en cours de réalisation [268].

L'histoire de l'architecture paléochrétienne arménienne fait une place de choix aux splendides complexes palatiaux de Dvin, de Zvartnotz, d'Arudj et d'Avan [269]. Tous ces édifices palatiaux ont des plans semblables et ne diffèrent que par certaines solutions volumétriques. Le centre du palais est occupé par une salle à trois ou quatre paires de colonnes. La salle à colonnes est flanquée sur deux, et parfois sur quatre côtés, de pièces destinées à l'habitation ou aux besoins domestiques constituant ensemble un complexe général.

Les premières informations sur les édifices palatiaux de Dvin que l'on rencontre dans les sources arméniennes concernent les grands travaux entrepris par le roi Khosrow II l'Arsacide [270]. Parlant des forêts que ce roi fait planter dans la région de Dvin, les historiens mentionnent en même temps les palais construits et le transfert de la cour royale sur la colline de Dvin. Toutefois, les édifices de Khosrow ne nous sont pas parvenus. Comme le remarque avec raison A. Sahinian (Essais, 1978, 55), "les édifices palatiaux construits aux années 330 et restés debout pendant tout un centenaire jusqu'à la chute de la dynastie des Arsacides auraient difficilement pu subsister à l'époque des *marzpans* et aux

[264] G. TCHALENKO, 1953, Pl. XI : 1.

[265] A.L. JACOBSON, 1983, 94 ; 1985, 35.

[266] *Livre des Épîtres*, 1901, 72-73 ; L. ALISHAN, 1890, 413-414.

[267] Malheureusement, les photographies et les relevés de ce secteur sont extrêmement insuffisants.

[268] K.G. GHAFADARIAN, 1982, 59-64.

[269] K.G. GHAFADARIAN, 1952 ; V.M. HAROUTUNIAN, 1950, 1953 ; N.M. TOKARSKI, 1961 ; H.K. KHALPAKHTCHIAN, 1971, S.Kh. MNATZAKANIAN, 1971, 1971a ; M. D'ONOFRIO, 1978.

[270] Movsès Khorénatsi (édit. 1913, 264-265) ; Paustos Buzand (édit. 1912, 29).

époques suivantes. Les guerres et les fréquentes incursions dirigées sur Dvin, au cours desquelles les principaux coups des ennemis étaient portés aux forteresses et aux châteaux des gouverneurs qui s'y trouvaient, ont dû leur causer de sérieux dommages ou les détruire complètement. Il est fort possible que par la suite ces bâtiments aient été restaurés". Cette supposition est confirmée par les fouilles pratiquées pendant de longues années. En effet, bien que jusqu'à présent on n'ait pas découvert à Dvin d'édifices de cette période, leur existence à l'époque est indiscutable. Comme cela a été déjà indiqué pour l'église à trois nefs de la citadelle, et comme nous le verrons encore ci-dessous, les édifices monumentaux du Ve siècle de Dvin usaient largement de pierres polies provenant des bâtiments détruits à la période précédente. En outre, on a découvert dans la ville des bases de colonnes, différents détails de murs et d'arcs appartenant aux édifices du IVe siècle et du début du Ve.

De grands travaux ont été entrepris à Dvin sous les *marzpans* (Ve-VIIe siècles). L'historien Thovma Artzruni (édit. 1917, 138) écrit qu'après la destruction du temple des adorateurs du feu et le transfert du *catholicossat* à Dvin, "chacun des *nakharars* arméniens construit des maisons royales (palais) et de remarquables résidences dans cette ville …".

Parmi les édifices monumentaux de Dvin, les deux palais patriarcaux mis au jour dans le quartier central sont les plus remarquables. L'un d'eux a été fouillé dès 1937-1939 au nord de la cathédrale. Ce monument est étudié sous tous ses aspects ; il est à noter que certaines questions touchant ses aspects volumétriques et sa datation font l'objet d'opinions contradictoires, mais nous y reviendrons.

L'autre palais est situé au sud-ouest de la cathédrale du Ve siècle. Le plan de cet édifice en fait un modèle classique des palais du haut Moyen Age. Les sources écrites ne font aucune mention de sa construction. Du fait de son emplacement, nous penchons à classer ce palais comme patriarcal. La construction d'un édifice aussi splendide dans le voisinage immédiat de la cathédrale ne pouvait être motivé que par un événement marquant, tel le transfert du *catholicossat* de Vagharshapat à Dvin sous les *catholicos* Gute et Hovhan Mandakuni. Nous sommes en présence d'un phénomène analogue à Avan, à Zvartnotz et à Aramus. Certains chercheurs font remonter le transfert du centre spirituel à Dvin aux années 460-470 [271], d'autres mettent cet événement en relation avec les travaux entrepris par le *marzpan* Vahan Mamikonian et indiquent une date approximative : 485 [272]. Il serait probablement plus correct de dater la construction du palais des années 470-480.

Nous fouillons le palais depuis 1971 ; avant d'arriver aux généralisations définitives, il faut encore effectuer un minutieux travail de recherche. Les fouilles du palais sont d'une grande importance pour l'étude de l'architecture civile monumentale arménienne du haut Moyen Age.

Le complexe palatial est un énorme édifice, rectangulaire en plan [273], orienté ouest-est avec certaines déviations (fig. 8, 18 ; Pl. 32 et 33). A l'encontre des édifices analogues du haut Moyen Age, le palais récemment découvert de Dvin est relativement en bon état de conservation. A différents endroits, les murs de la salle à colonnes atteignent 1 m de hauteur. Le sol, en terre battue recouverte d'argile, est parfaitement conservé. Les bases des colonnes sont restées sur place, trois de chaque côté. La salle à colonnes communiquait avec les pièces attenantes par quatre entrées : deux dans le mur nord (largeur 1,30 m), deux dans les angles des murs est et ouest (largeur 0,90 m). En outre, le mur est présente une baie de 1,50 m de large dont il est difficile de deviner la destination, car elle se trouve devant la base sud-est et n'aurait pas pu servir d'entrée. La pièce attenant de ce côté a un sol double et présente des traces évidentes de remaniement. Entre les deux sols, on a trouvé des tessons de tuiles plates et un canal remontant aux IVe-Ve siècles et provenant des édifices détruits, tassées sous le sol.

Une des pièces au sud a livré une base différant de celles de la salle à colonnes. Il n'est pas exclu que le complexe palatial ait comporté d'autres salles à colonnes. La salle à colonnes n'a pas de portail et cela s'explique par la présence de pièces tout autour de la salle. Par contre, on voit nettement les traces d'un portail dans la partie ouest du palais, construite au VIIe siècle. Visiblement, le portail

---

[271]   K.G. GHAFADARIAN, 1952, 115 ; V.M. HAROUTUNIAN, 1950, 57.

[272]   M. ORMANIAN, 1912, 434, 477.

[273]   Les dimensions ne sont pas définitivement établies, la surface fouillée est de 30 x 50 m.

du palais se trouvait quelque part dans l'aile est, encore non fouillée, en face de la cathédrale. Dès 1954, on a découvert à l'est de la salle à colonnes une pièce à quatre petites jarres ayant des couvercles en pierre [274]. Les murs de cette pièce ont le même badigeonnage que ceux de la salle à colonnes (Pl. 60 : 1). Tout indique que la pièce aux jarres faisait partie du complexe palatial et a été construite en même temps.

Les fouilles ont mis au jour certains détails architecturaux donnant une certaine notion de l'aspect intérieur du palais et des couvertures. Les murs du palais sont faits de blocs irréguliers de petites dimensions en grès brut sur mortier d'argile. Les assises des murs comportent de grands blocs cubiques et des pierres de voûte en tuf et grès réemployés pris aux édifices détruits des périodes précédentes.

Les murs de la salle à colonnes sont assez larges (1,50 m), ce qui s'explique probablement par la lourde construction de la couverture. Il y a tout lieu de croire que la salle à colonnes avait une couverture plate à deux orifices disposés au milieu de l'espace entre les colonnes. Bien que la distance entre les colonnes soit considérable (longueur 8,05 m, largeur 8,40 m), la couverture était en bois. La forme *hazarashen* [275] est exclue, car ses détails caractéristiques n'ont pas été trouvés. Les dimensions des poutres en bois (25-30 cm de diamètre) témoignent en faveur de la couverture plate. Très légitimement, on se demande comment se terminaient les colonnes, quel était le rapport constructif entre les poutres, le plafond et les bases ? Les chapiteaux qui auraient pu apporter une réponse plus ou moins nette à cette question manquent. La couverture de la salle à colonnes était vraisemblablement une épaisse couche de tiges de roseau liées d'argile, ce dont témoignent les restes de ces tiges trouvés parmi les débris de la couverture brûlée.

La présence des bases en tuf ne laisse aucun doute quant à l'existence de colonnes faites de la même pierre, bien qu'on n'ait pas découvert de débris sur place (probablement à cause de leur réemploi ailleurs). K.K. Ghafadarian, architecte de l'expédition, a remarqué parmi les débris découverts dans ce secteur un fragment de colonne dont le diamètre coïncidait avec celui des bases. Il est évident que c'est un débris des colonnes en pierre du palais.

La datation du palais et l'étude de certaines questions de l'architecture du haut Moyen Age sont dans une grande mesure fonction des dimensions et du décor des bases conservées, car on n'en connaît pas de plus grandes à cette époque (dimensions : 1,05-1,11 x 1,05-1,11 m ; hauteur 0,70 m, diamètre : 0,82-0,89 m). Aux angles, elles présentent des saillies triangulaires moulurées (Pl. 6 : 7). Ce type de bases est caractéristique de l'architecture des Ve-VIe siècles, bien que les bases du VIe siècle soient quelque peu différentes des modèles du Ve. On ne rencontre plus de bases de ce type dans l'architecture arménienne des siècles suivants, elles sont remplacées par d'autres à moulures plus compliquées. Sur le territoire de Dvin, des bases représentant le même décor ont été découvertes surtout dans le secteur urbain (douze unités) et elles appartiennent aux édifices palatiaux. A Zvartnotz, des bases à saillies analogues et presque de mêmes dimensions ont été trouvées dans les ruines de l'église datée des IVe-Ve siècles ; elles sont légitimement classées parmi les bases de l'édifice palatial à l'emplacement duquel on a construit au VIIe siècle le palais du *catholicos* Nersès III [276].

Il est possible qu'un palais comportant une salle à colonnes ait également existé à Agarak (district d'Ashtarak). Là, il était visiblement situé au nord de l'église où l'on a trouvé trois bases du même type. Deux bases analogues ont été découvertes au cimetière d'Eghvard où elles sont utilisées comme monument commémoratif, probablement transportées là d'une localité où un édifice monumental avait existé.

Le sol de la salle à colonnes de Dvin est surélevé de 15 à 20 cm dans sa partie est, à partir de l'avant-dernière colonne. Au centre de cette hauteur, il y a une saillie dirigée du côté de la salle. C'est

---

[274]   K.G. GHAFADARIAN, 1982, 31, fig. 13.

[275]   De *hazar* = mille et de *chene, chinel* = construire. Il s'agit d'une couverture pyramidale en poutres de l'habitation traditionnelle arménienne.

[276]   K.G. GHAFADARIAN, 1959, 189 ; S.Kh. MNATZAKANIAN, 1971, 242.

là sans doute que siégeaient les représentants du pouvoir laïc et les pontifes au cours des réceptions et des conciles. On trouve ce même type de tribunes surélevées dans l'aile ouest du palais de Nersès à Zvartnotz [277] et dans la salle à colonnes du palais du VIIe siècle à Dvin.

Le décor du palais du Ve siècle de Dvin était somptueux. C'est ce dont témoignent les fragments de plâtre peint trouvés sur place. Les pièces orientales ont livré des fragments de plâtre à ornements cultuels gravés (objets à croix) ou à lettres grecques.

Le palais récemment découvert de Dvin est une construction du Ve siècle. Cette datation est confirmée aussi bien par le matériel découvert (exemplaires anciens de céramique glaçurée, verre poli, pointes de flèches trilobées) que par le tableau stratigraphique du secteur. Toutefois, dès le début du VIIe siècle, le palais était en ruines et il a été enseveli sous les déchets du chantier de la cathédrale construite à cette époque. Le palais a été détruit par suite d'un grand incendie et son histoire ultérieure nous est communiquée par les sources narratives. Les historiens arméniens et étrangers du Moyen Age ont conservé de très intéressantes informations sur la situation historico-politique de l'Arménie aux années 560-570, en relation avec l'insurrection de Vardan Mamikonian (le Jeune). Très importante est, en particulier, l'information sur Dvin, selon laquelle les Perses brûlèrent une église et les Arméniens révoltés le temple païen et d'autres édifices. Sébéos (édit. 1979, 68) écrit : "... Les Perses, qui avaient transformé l'église St.-Grégoire construite à proximité de la ville en entrepôt, y ont mis maintenant le feu et l'ont brûlée". Kirakos Gandzakétsi décrit l'incendie du palais de *hamarkar* persan, principal fonctionnaire s'occupant des revenus et des dépenses de l'Etat [278]. Il est hors de doute qu'il s'agit ici précisément du palais du Ve siècle, brûlé par les insurgés au début des années 570.

Naturellement, on se demande pourquoi les insurgés arméniens devaient brûler le palais du *catholicos* ? Vers 560, un certain Suren est nommé *marzpan* d'Arménie. D'origine perse, dès le début de son gouvernement il se montre très cruel et intolérant. Visiblement, Suren a dû s'emparer du palais du *catholicos* et y installer la résidence de l'administration perse, y construisant en outre un sanctuaire zoroastrien. A cet égard, les informations des chroniqueurs géorgiens sont fort intéressantes, Arsen de Sapar écrit : "A cette époque, les *marzpans* perses s'emparent de l'Arménie (Somkhétie) et la loi chrétienne est reniée : le pouvoir de l'Église est rejeté. Le gouvernement des *azats* est foulé aux pieds par les *marzpans* perses … et les maisons des évêques sont transformées en temples païens … C'est pour cette raison que Vardan Mamikonian (Mamkuen) que l'on appelle Tshokkh, et les autres *nakharars*, ses parents, que l'on avait déshonorés, ne peuvent pas supporter cette honte. Ils tuent un certain Perse, Suren le *marzpan*, brûlent sa maison et partent avec leurs familles à Constantinople" [279].

Il est incontestable qu'il s'agit ici précisément du palais du Ve siècle de Dvin et ceci est confirmé par la situation archéologique générale du site.

Le sol en terre battue du bâtiment ouest, qui communique avec la salle à colonnes, est plus haut de 0,70 m. Au centre de la pièce, à une distance de cinq mètres à l'ouest de la salle à colonnes, on a découvert un piédestal carré (1,50 x 1,50 x 0,30 m) fait de trois blocs de tuf crevassés par le feu et couverts d'une fine couche de cendres. A côté, il y avait une jarre fêlée couverte de suie. Le centre du piédestal présente un petit creux carré.

Dans la partie nord de la pièce, une base a été trouvée dont l'aspect diffère peu des bases de la salle à colonnes. Au sud de cette base, trois pierres plates identiques sont disposées à égale distance l'une de l'autre. Il faut croire que cette pièce était une salle à quatre colonnes, dont les bases ne se sont pas conservées.

En 1985, lors des fouilles des habitations du IXe siècle, une deuxième base, semblable à la première, a été trouvée non loin de la pièce dans la maçonnerie d'un mur.

---

[277] S.Kh. MNATZAKANIAN, 1971, 241.
[278] A.G. PÉRIKHANIAN, 1973, 483 ; H. ADJARIAN, 1977, 23.
[279] L. MELIKSET-BEK, 1934, 41-42.

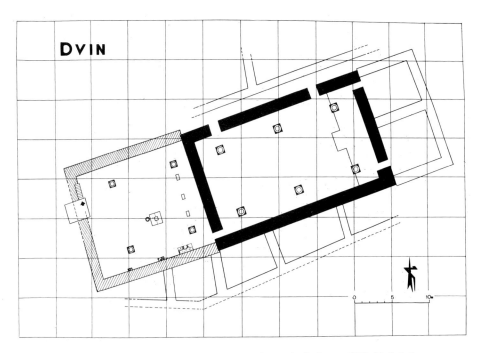

Fig. 18. Plan du palais du *catholicos* (Ve s.) et du temple du feu par K.K. Ghafadarian.

L'étude minutieuse des détails architecturaux et du matériel archéologique montre que le bâtiment examiné est précisément le sanctuaire zoroastrien en question (fig. 18, Pl. 34) et le piédestal décrit ci-dessus l'autel du lieu. Au milieu de l'autel, là où se trouve le creux, s'élevait une colonne au haut de laquelle le feu sacré brûlait dans une coupe métallique. Tous les détails du sanctuaire : le piédestal, la colonne et la coupe pour le feu sont caractéristiques des sanctuaires sassanides analogues.

C'est le genre d'autels représentés au revers des monnaies sassanides. Malgré la communauté de la composition, ces pièces de monnaie présentent certaines différences selon l'époque où elles ont été frappées, ce qui a déjà été noté par K.V. TRÉVER (1938, 274). Le temple du feu découvert à Dvin ne ressemble que par ses traits généraux à ceux représentés sur les pièces de monnaie. Visiblement, c'est dans une certaine mesure dû au fait que la petite surface des monnaies était un obstacle aux représentations détaillées. Le temple zoroastrien de Dvin a de nombreux traits communs avec les bâtiments analogues sassanides [280], mais son plan est différent de celui des sanctuaires du feu des temples sassanides classiques. Il est à noter que le temple du feu de Dvin n'a pas été spécialement construit pour cet usage et c'est l'une des ailes du palais qui y a été affectée. Le plan général des temples sassanides grands ou petits était habituellement traditionnel. Leur décor intérieur ou extérieur ne se distinguait pas par sa richesse. La pièce principale du temple était une salle à coupole à murs épais où l'autel était placé dans une niche profonde. La coupole reposait sur quatre colonnes [281]. Le temple du feu de Dvin s'apparente aux édifices analogues uniquement sous le rapport fonctionnel et les grands dommages qu'il a subi rendent impossible la reconstitution de son plan.

Sous les Sassanides, le zoroastrisme était religion d'Etat et l'un de ses traits caractéristiques était l'intolérance à l'égard des chrétiens. Cette politique était réalisée avec le plus d'esprit de suite en Arménie, ce qui peut s'expliquer par des raisons politiques, aussi bien que sociales, ayant de très profondes racines. La lutte des Arméniens contre l'intolérance religieuse sassanide se déroulait sous le

---

[280]   K. SCHIPMANN, 1971.
[281]   E.A. DOROCHENKO, 1982, 32.

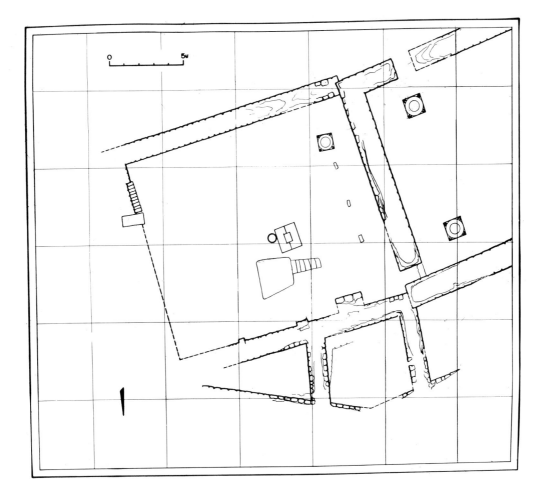

Fig. 19. Plan des vestiges du temple du feu, VIe s. ; relevé par K.K. Ghafadarian.

voile de l'indépendance politique et de la protection du peuple contre la destruction physique. Centre administratif du pays, Dvin a assumé tout le poids de cette lutte.

Les informations relatives à la destruction d'un temple du feu à Dvin se sont conservées dans des sources qui se divisent en deux groupes chronologiques. Certains historiens parlent de la construction d'un temple du feu au Ve siècle en se référant à une source inconnue de nous et mettant ces grands travaux en relation avec les noms de deux *nakharars* renommés : Vendo Dvinétsi et Shavasp Artzruni [282]. Eu égard à ces informations, certains chercheurs attribuent la construction d'un temple du feu à Dvin à une tentative des Arméniens de restaurer la foi de leurs ancêtres et considèrent que la cathédrale de Dvin était initialement un temple païen [283]. Ces informations renferment toutefois un certain nombre d'anachronismes et de contradictions touchant les personnages historiques. Il est très probable que la description de ces événements ait atteint les historiens des époques suivantes sous forme d'une narration orale et altérée. Il s'agirait plutôt des événements des années 560-570. Il nous semble que la construction de temples du feu à Dvin, ou ailleurs en Arménie, était l'expression de la politique sassanide et n'avait aucun rapport avec la foi des ancêtres.

[282] Hovhannès Draskhanakertsi (édit. 1912, 59) ; Thovma Artzruni (édit. 1917, 136-138) ; Vardan (édit. 1861, 74-75).
[283] T. TORAMANIAN, 1942, 214 ; K.G. GHAFADARIAN, 1952, 94-95.

Le deuxième groupe d'historiens, relatant les événements de cette époque avec plus d'exactitude, met la construction du temple du feu de Dvin en relation avec le nom du *marzpan* Suren (564-572)[284]. La transformation au VIe siècle de l'une des ailes du palais en temple du feu, confirmée par les données stratigraphiques, prouve avec une grande part de certitude que le palais était devenu la résidence d'un haut fonctionnaire étranger, chose qui n'a eu lieu que sous le gouvernement de Suren.

Le palais du Ve siècle de Dvin est l'un des plus splendides monuments de l'architecture civile du haut Moyen Age d'Arménie. L'analyse architecturale des édifices palatiaux de Dvin et de ses autres monuments montre que cette composition architecturale était la plus fréquente au haut Moyen Age. Il est certain que l'architecture des palais du Ve siècle de Dvin et de Zvartnotz a beaucoup influencé celle des palais du VIIe siècle (Dvin, Arudj), influence qu'on remarque dans les plans et divers détails d'architecture.

L'origine des formes architecturales des compositions palatiales de l'Arménie du haut Moyen Age fait l'objet de différentes opinions parmi les spécialistes, mais ils sont unanimes à reconnaître leurs sources locales traditionnelles. S.Kh MNATZAKANIAN (1971, 246-248) estime qu'en s'inspirant des formes connues de l'architecture traditionnelle, l'architecture arménienne du haut Moyen Age a élaboré une composition remarquable pour les édifices civils et palatiaux, qui a été ensuite largement appliquée durant tout le Moyen Age. En même temps, il admet que l'architecture palatiale de cette période laisse transparaître l'influence des édifices analogues iraniens, surtout sassanides. Ce point de vue est fermement soutenu par d'ONOFRIO (1978, 16-20). S.Kh MNATZAKANIAN (1971, 247) fait remonter la similitude des ensembles palatiaux arméniens et iraniens aux sources communes ourartéennes et orientales anciennes.

K.K. GHAFADARIAN (1984, 80, 130) tire des parallèles entre les ensembles palatiaux ourartéens et ceux du haut Moyen Age. En effet, les édifices palatiaux arméniens du haut Moyen Age rappellent sous certains aspects les édifices ourartéens analogues[285]. Il nous semble que l'architecture palatiale du haut Moyen Age d'Arménie se nourrit aussi bien des traditions de l'architecture nationale que des meilleures acquisitions des peuples voisins. Il n'est absolument pas exclu que les architectes du palais du Ve siècle de Dvin aient subi l'influence de l'architecture sassanide tout comme de la syrienne[286].

Ainsi, l'édifice examiné est le premier palais patriarcal, construit aux années 470 sous le *catholicos* Gute à l'époque où Dvin est devenue le centre spirituel de l'Arménie, ce qui est plus d'une fois mentionné dans les sources ; ce fait est admis par les historiens arménistes. L'époque de la construction du palais est précisée par les données stratigraphiques et par le matériel archéologique. Aux années 560, sous le gouvernement du *marzpan* Suren, le palais est transformé en résidence du haut fonctionnaire persan. Durant la révolte de 572, le palais est détruit par les insurgés et il n'est plus jamais restauré.

Quarante ans après cette révolte, ce quartier de la ville était encore en ruines. Nous l'apprenons de la correspondance de Vertanès Kertogh, régent du trône patriarcal, avec Sormen, gouverneur de la partie byzantine de l'Arménie. Ce dernier accuse Vertanès de souffrir qu'un certain religieux[287] siège sur les ruines des églises brûlées de Dvin et prêche des "hérésies"[288].

D'après Sébéos, en 652 l'empereur Constantin III de Byzance arrive à Dvin au cours de ses campagnes orientales et descend au palais patriarcal. Il s'ensuit que durant la première moitié du VIIe siècle il y avait déjà à Dvin un nouveau palais, dit "maison du *catholicos*", construit au lieu du précédent. Il est certain que le nouveau palais devait être placé à proximité de la cathédrale. En effet, les fouilles de 1937-1939 ont révélé au nord de la cathédrale les vestiges d'un édifice splendide ; la majorité des chercheurs reconnaissent là un palais patriarcal. Le bâtiment est construit en tuf poli sur

---

[284] Sébéos (édit. 1979, 76) ; Michel le Syrien (édit. 1871, 260, 264) ; Jean d'Ephèse (édit. 1976, 388-390).
[285] H.A. MARTIROSSIAN, 1974, fig. 30.
[286] J. STRZYGOWSKI, 1918, 267 ; A.L. JACOBSON, 1950a, 49, 51 ; S.Kh. MNATZAKANIAN, 1971, 247 *et passim*.
[287] Il s'agit de Pétros Siounétsi, homme d'Église célèbre.
[288] *Livre des Epîtres*, 1901, 90, 93.

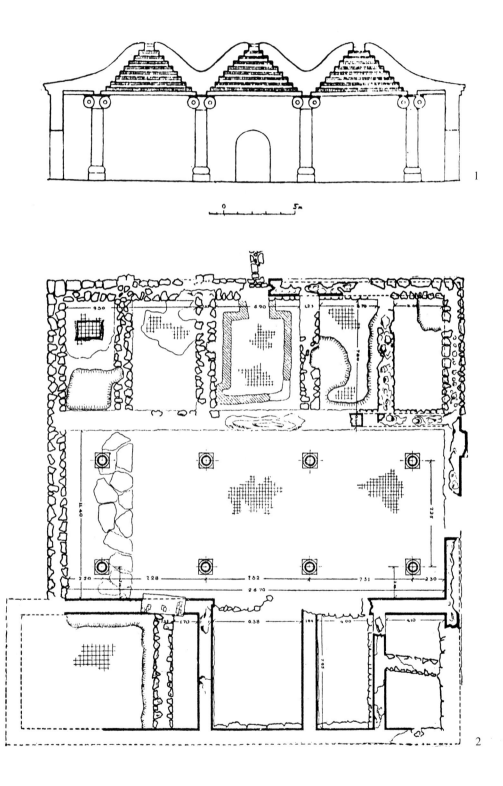

Fig. 20. 1 : reconstruction de la couverture du palais du *catholicos* (VIIe s.) d'après V.M. Haroutunian. 2 : plan du palais du *catholicos* (VIIe s.).

mortier d'argile. A présent, en sont conservés les assises inférieures des murs, les fondations, cinq bases des huit de la salle à colonnes et un chapiteau (Pl. 35, I, 4).

Comme nous l'avons déjà indiqué, ce palais est étudié en détail [289]. Concernant la restitution du plan, l'ensemble des chercheurs s'accorde pour un plan presque carré centré sur une salle à quatre paires de colonnes couronnées d'énormes chapiteaux de pierre (Pl. 6 : 2). Au nord et au sud, la salle était accolée de cinq pièces (dix en tout) affectées à l'habitation ou aux besoins domestiques (fig. 20 : 2, 21 : 1-4). N.M. TOKARSKI (1961, 58-59) croit toutefois qu'au lieu de la salle à colonnes, il y avait une cour ouverte entourée de galeries, ce qui semble assez douteux. Les opinions divergent aussi lorsqu'il s'agit de la construction de la couverture du palais. Certains chercheurs la supposent pyramidale [290] (fig. 20 : 1), d'autres plate [291]. D'après N.M. Tokarski, le palais aurait été couvert de tuiles. Cependant, les tuiles trouvées au cours des fouilles du palais appartiennent à la cathédrale située à proximité. dans notre reconstruction, la couverture du palais est pyramidale, pareille aux couvertures *hazarashen* des habitations traditionnelles, et recouverte d'une couche de terre mélangée de tiges de roseau et bien tassée.

La question de la datation du palais n'est pas moins discutée. Certains tiennent le palais pour un édifice du Ve siècle et mettent sa construction en relation avec le transfert du siège patriarcal de Vagharshapat à Dvin [292]. V.M. HAROUTUNIAN (1950, 57) affirme que l'édifice n'est pas postérieur au Ve siècle. N.M. TOKARSKI (1961, 66) et S.Kh. MNATZAKANIAN (1974, 213-232) datent le palais du VIIe siècle. S.V. TER-AVÉTISSIAN (1939, 10), chef de l'expédition des années 1937-1939, indique que "la maison du *catholicos* …, d'après certains indices, remonte à la première moitié du VIIe siècle".

Quant à nous (1978, 7-8), nous penchons à croire que le palais a été construit au début du VIIe siècle, au moment du remaniement de la cathédrale, selon certaines observations.

1. Le palais a été construit par les artisans ayant pris part à la reconstruction de la cathédrale, fait confirmé par leurs sigles conservés sur les pierres du portail ouest et sur les murs de l'aile nord du palais. La datation de ces sigles, qu'on rencontre aussi sur certaines pierres de la cathédrale, du début du VIIe siècle n'est pas douteuse. Les sigles des artisans sur les monuments d'architecture de l'Arménie médiévale apparaissent après la seconde moitié du VIe siècle et sont attestés en grande quantité au VIIe siècle. Par conséquent, le palais ne peut pas avoir été construit au Ve siècle.

2. Les formes des bases et des chapiteaux découverts dans le palais sont celles du VIIe siècle et on les trouve dans les édifices plus anciens. En même temps, leur similitude avec les bases et les chapiteaux du complexe palatial d'Arudj parle en faveur d'une influence possible du palais de Dvin sur le décor architectural de certains détails de ces monuments.

3. Notre datation (VIIe s.) est également confirmée par l'utilisation d'un même matériau — le tuf — pour la construction du palais et la reconstruction de la cathédrale. Le grès blanc des édifices plus anciens de Dvin cède sa place aux VIe-VIIe siècle au tuf de différentes couleurs.

4. Les fouilles de prospection des années 1973-1974, pratiquées dans la partie est du palais montrent qu'au VIe siècle l'emplacement du palais était occupé par des entrepôts de grands *karasses* à décor de chevrons en relief datant des Ve-VIe siècles. Les murs du palais sont élevés au-dessus de ces locaux.

Le plan et la datation du palais ayant fait l'objet de tant de controverses, on a dû entreprendre des travaux complémentaires et fouiller les principaux secteurs du palais. La Direction pour la protection des monuments a grandement contribué à ces travaux en réalisant l'aménagement et la restauration des édifices monumentaux de Dvin.

---

[289] K.G. GHAFADARIAN, 1952, 110-122 ; V.M. HAROUTUNIAN, 1950, 56-80 ; H.K. KHALPAKHTCHIAN, 1971, 92-94.
[290] V. HAROUTUNIAN, 1950.
[291] K.G. GHAFADARIAN, 1952.
[292] K.G. GHAFADARIAN, 1952, 118 ; H.K. KHALPAKHTCHIAN, 1971, 93 ; M. D'ONOFRIO, 1978, 5.

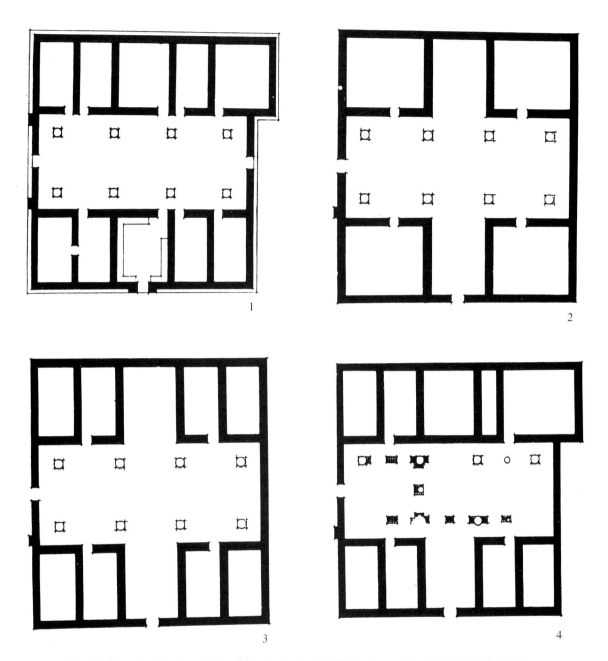

Fig. 21. Plans du palais du *catholicos* (VIIe s.). 1 : d'après G.K. Kotchoyan. 2-4 : d'après K.K. Ghafadarian.

En 1987, après un intervalle de cinquante ans, nous avons effectué un minutieux nettoyage du palais, mis au jour les secteurs incomplètement fouillés auparavant ; la documentation est fort intéressante et permet de porter un jugement différent sur l'ensemble du bâtiment, tout en précisant un certain nombre de questions relatives à la chronologie, à la stratigraphie et à la reconstitution du palais.

Il est désormais confirmé que le palais a été construit au début du VIIe siècle. C'est ce dont témoignent le nouveau matériel et les vestiges architecturaux découverts par les fouilles pratiquées sous le palais : objets en verre, tuiles, céramique d'usage courant, pointes de flèches. Les murs du bas sont en grès blanc.

Le plan du palais a été sensiblement modifié au cours des différentes étapes de construction (fig. 21). Initialement, le palais avait un plan presque carré (31,60 x 28,30 m). C'est la première composition cruciforme (et non pas rectangulaire, comme avant) de la salle à colonnes qu'on rencontre parmi les palais arméniens du haut Moyen Age. Les murs nord et sud de la salle s'interrompent au centre (Pl. 36 : 1) et les trois grands blocs polis des angles laissent nettement voir les lignes des assises suivantes. Deux paires des bases centrales de la salle sont disposées sur l'axe des murs, ce qui ne peut pas être fortuit. Elles doivent avoir une importance constructive en relation avec la couverture du bâtiment. La partie est de la salle présente les traces d'une sorte de scène faite de dalles.

Nous ne connaissons pas d'autre édifice laïc présentant un plan semblable. Peut-être l'influence des principes planimétriques des édifices de culte, restée sans développement ultérieur dans les compositions palatiales (Cf. Zvartnotz, Arudj).

Une grande pièce occupait chaque angle du palais. Les reconstructions précédentes indiquent neuf pièces dans le plan du palais : elles sont le résultat des remaniements ultérieurs. Ceci concerne aussi la saillie nord-est.

Le palais avait un sol en terre battue, plusieurs fois refait. On n'y voit pas trace de dalles de pierre, ce qui exclut la présence d'un pavement. Une entrée est ménagée dans l'aile sud du palais, du côté de la cathédrale. La seconde entrée, qui se trouve côté ouest, a paru être un portail à certains chercheurs [293], ce qui nous semble mal fondé. En fait, à l'extérieur des murs du palais, des vestiges de bâtiment et de murs se sont conservés à l'ouest, organiquement liés au palais. A tout prendre, c'était une salle à quatre piliers, dont la direction du mur nord coïncide avec celle de la saillie près de l'entrée ouest. Cette supposition exige des précisions, mais une chose est claire : l'entrée du palais ne pouvait s'ouvrir directement sur la rue et il fallait un passage ou tout autre bâtiment pour lui conférer de la solennité.

Par la suite, le plan du palais subit certaines modifications. D'après nous, c'est le résultat des grands travaux entrepris par le *catholicos* Nersès III le Constructeur. Cela s'est visiblement passé aux années 640, après la destruction de la ville par les Arabes. Ces modifications touchent en premier lieu les quatre pièces angulaires, chacune desquelles est partagée en deux parties égales par de puissantes cloisons. La technique de leur maçonnerie, leurs fondations et le niveau de leurs sols les distinguent de l'édifice principal. L'on peut supposer que la similitude de certains sigles d'artisans de Zvartnotz et de Dvin remonte à cette période.

Jusqu'à la fin du IXe siècle, on n'observe plus de changements essentiels dans le plan du palais. L'édifice s'est effondré pendant le séisme de 894. Hors des murs, les fosses du IXe siècle ont livré des pierres polies provenant des assises supérieures des murs du palais et portant les sigles des artisans. La destination fonctionnelle des fosses creusées au IXe siècle dans la salle à colonnes est incompréhensible. L'on peut supposer qu'après le tremblement de terre le palais a été temporairement déserté et qu'il a très brièvement servi à d'autres buts.

Les sources arabes du Xe siècle [294] communiquent que la mosquée principale de Dvin se trouvait à côté de l'église. Il est très probable qu'au Xe siècle, lorsque le siège du *catholicos* est transféré de Dvin, les Arabes aient construit à nouveau le bâtiment démoli et l'aient transformé en mosquée. C'est à cette période que le plan et le décor intérieur du palais subissent de grands changements, nettement observés au cours des fouilles précédentes et actuelles.

Les fouilles de 1937-1939 avaient déjà révélé le sol en briques, surélevé de 40 cm par rapport à celui en terre battue. Ce pavement en brique couvrait le sol de toutes les pièces et de la salle à colonnes. Des changements ont été apportés aux pièces nord du palais. Premièrement, le bras nord de

---

[293] V.M. HAROUTUNIAN, 1950, 58.
[294] Al-Istahri (édit. 1901, 19) ; Ibn-Hauqal (édit. 1908, 92).

la croix a été supprimé. On observe ici des vestiges de fondations sans rapport avec l'édifice initial. Dans les reconstructions précédentes du plan palatial, ce mur est restauré, visiblement parce que le pavement de briques est interrompu à cet endroit.

Les modifications ont aussi touché les secteurs des pièces du nord-est. La cloison nord y a été supprimée et un mur supplémentaire a été élevé à 1,70 m de la cloison centrale. Dans la partie nord-est du palais, il y a une saillie de la même largeur qui modifie l'aspect initial du bâtiment. A présent, il est difficile d'expliquer les raisons de cette modification. Peut-être le mur est de l'édifice était-il fortement endommagé ou peut-être la modification était-elle dictée par la destination fonctionnelle du palais. Les relevés et les reconstitutions précédents ne renferment aucun commentaire à ce sujet. Les relevés de V. HAROUTUNIAN (1950, 62, Pl. 8), les plus dignes de foi, donnent un tableau général d'après les fouilles de 1939. Mais l'auteur ne parle pas des pièces du nord-est, car "ce secteur n'est pas fouillé à fond". Le plan du palais établi par G. Kotchoyan a des défauts que l'on voit nettement en comparant les relevés [295].

Au Xe siècle, la salle à colonnes a subi de sérieuses modifications volumétriques. On avait remarqué dès 1937 que les bases conservées avait été revêtues de briques cuites et recouvertes de plâtre [296]. Cela avait été expliqué par la nécessité de renforcer les colonnes portant les constructions supérieures.

Notre minutieuse étude et les fouilles du sol que nous avons pratiquées ont révélé des vestiges d'assises semblables non seulement à côté des bases, mais aussi dans l'espace entre les bases. En fait, ces maçonneries carrées et en forme de "T" de briques cuites sur mortier d'argile sont les traces de piliers dont seules les fondations symétriquement disposées sont conservées. Il est à noter que les bases réemployées, dont l'une est placée entre les colonnes de la deuxième colonnade ouest, ont été également revêtues d'assises de briques. Ainsi, au cours de la transformation de l'église en mosquée, des colonnes supplémentaires ont été placées immédiatement sur le sol en briques. Comme résultat, la salle à colonnes centrale, ayant subi de sérieuses modifications, s'est transformée en pièce à nombreuses arcades, composition caractéristique des monuments de culte musulmans. Les fondations des piliers sont conservées à neuf endroits, cinq dans la partie sud, trois dans la partie nord et une au centre (Pl. 37 : 2). Impossible d'en venir à des conclusions plus soutenues, car aucun autre document ne nous est parvenu.

La supposition relative à la transformation du palais en mosquée est également confirmée par les morceaux de gypse ornementés, dont l'un porte un verset du Coran en arabe. Ils ont été découverts dans le bras sud de la croix et doivent sans doute provenir du *mihrab*.

Le destin ultérieur de cet édifice monumental nous est inconnu. Les fouilles des années 1930 ont mis au jour dans certains secteurs du palais des murs en terre battue qui témoignent de nouveaux remaniements. Malheureusement, ce matériel a été mal fixé et n'a pas été daté. Il faut croire qu'après tous ces remaniements, le palais est resté debout jusqu'aux années 1220-1230 et qu'il a été définitivement détruit durant la conquête de la ville par les Mongols.

Les fouilles des dernières années ont révélé dans le voisinage immédiat du rempart sud de la citadelle la partie angulaire d'un énorme édifice monumental (Pl. 10, 38). Les murs en angle droit, encore incomplètement fouillés, d'une longueur de 27 et de 18 m et d'une largeur de 2,50 m, ont conservé une hauteur de 6 à 7 m. Ils sont faits de blocs de tuf ou de grès arrachés sur mortier d'argile et recouverts de l'intérieur et de l'extérieur d'une épaisse couche lisse de plâtre. Il n'est pas encore temps de juger du plan intérieur de l'édifice, puisque le secteur nettoyé ne présente même pas de traces de murs intermédiaires. Un complexe occupant un espace aussi important aurait dû être composé de plusieurs pièces, dont quelques-unes comportant des colonnes.

---

[295]   K.G. GHAFADARIAN, 1952, fig. 79.

[296]   S.V. TER-AVÉTISSIAN, 1939, 87 ; K.G. GHAFADARIAN, 1952, fig. 88.

Les observations stratigraphiques et l'étude du matériel archéologique montrent que l'édifice a été fondé aux Ve-VIe siècles et détruit aux Xe-XIe. En cinq siècles, il a subi quelques réfections fondamentales, ce dont témoignent les traces de trois différents sols en terre battue, conservés à divers niveaux stratigraphiques.

Les études de l'édifice sont loin d'être terminées, mais eu égard à la place qu'il occupait dans le complexe, son échelle et son monumentalisme, l'on peut affirmer sans crainte de se tromper que ce monument unique en son genre était un établissement administratif ou public.

Les vestiges d'un énorme édifice à nombreuses colonnes ont été découverts dès les années 1950 dans l'un des quartiers de la ville [297]. Son état de conservation, mauvais à l'extrême, ne permet pas de juger de son plan. Les restes des colonnes (Pl. 22 : 1), la disposition des bases (quatre rangs de neuf colonnes chacun), le système de distribution et de drainage à l'intérieur des locaux, ainsi que la solution architecturale et volumétrique générale montrent que cet édifice a dû être un grand caravansérail, construit aux Ve-VIIe siècles. L'existence de bâtiments civils ayant cette destination dans une grande ville comme Dvin, riche en traditions commerciales, ne fait pas l'ombre d'un doute. Il est à noter qu'une tentative a été faite, dès les années 1960, de mettre en relation l'architecture de cet édifice avec les parallèles proche-orientaux [298].

Vers 1958, les vestiges d'un palais occupant une surface énorme ont été fouillés au sommet de la colline [299]. Les murs de l'édifice, conservés par endroits sur une hauteur de 2 m, étaient faits de briques crues de diverses dimensions : 48 x 48 x 12, 43 x 43 x 12 et 34 x 34 x 12 cm. On trouve à Dvin des briques de ces dimensions uniquement dans cet édifice. La largeur des murs est de 1,80-2 m. Se sont conservées la cour centrale, six grandes pièces à l'est et deux pièces au nord. On observe aussi les traces de pièces fortement détruites au nord-est et à l'ouest (fig. 22, Pl. 39 et 40). Visiblement, c'est sans les avoir préalablement fixés qu'on a détruit les murs des pièces sud pour étudier les couches inférieures du site. L'interprétation incorrecte du schéma stratigraphique des secteurs fouillés a produit une confusion chronologique dans les questions relatives aux bâtiments des couches supérieures de la citadelle [300]. D'où toutes les erreurs permises au cours des fouilles du palais et toutes les difficultés de la reconstitution du plan.

L'étude détaillée de l'église à trois nefs située à 7 m à l'est du palais, a révélé les restes d'un puissant mur dont la maçonnerie est identique à celle du palais, avec des briques semblables.

D'autre part, au nord de l'église on observe des fragments de murs faits de grandes briques crues. Notre tentative d'établir la direction de ces murs actuellement inexistants a échoué. Nous avons seulement réussi à établir que le complexe palatial ne se limitait pas à la surface indiquée sur le schéma, mais occupait visiblement tout le sommet de la colline.

L'étude détaillée du palais, entreprise par nous, a révélé bien des choses intéressantes. Premièrement, il a été établi que durant la construction du palais on n'avait pas réutilisé les murs des bâtiments de la période précédente, comme cela se faisait pour les habitations du haut Moyen Age. On a démoli toutes les constructions des Ve-VIIe siècles, dont une partie avait déjà été détruite lors de la conquête arabe. Deuxièmement, les murs du palais n'ont pas de fondations en pierre. Il a été noté, à juste titre, que la technique de construction et le plan du palais sont étrangers à l'architecture nationale en pierre de l'Arménie [301].

L'étude stratigraphique de tout le complexe et du matériel archéologique découvert dans les couches permet de dater avec précision le complexe du VIIIe siècle. Il est incontestable que le palais a été construit par les Arabes après la désignation de Dvin comme centre politique de leur province du nord. Cela s'est passé vers la fin du VIIe et le début du VIIIe siècle. L'édifice examiné était la

---

[297] K.G. GHAFADARIAN, 1982, 106-108, fig. 85.
[298] K.L. HOVHANNISSIAN, 1961, 88.
[299] K.G. GHAFADARIAN, 1982, 96-99.
[300] *Idem*, 1952, 122-138.
[301] *Idem*, 1982, 98.

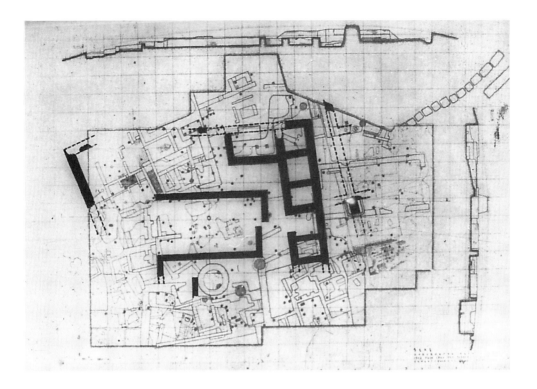

Fig. 22. Plan des vestiges du palais arabe (VIIIe s.) par K.K. Ghafadarian.

résidence du gouverneur arabe (*vostikan*). Les sources arméniennes et arabes communiquent que sous le gouverneur Abd al-Aziz (705-709), de grands travaux de reconstruction ont été effectués à Dvin [302]. De l'aveu même du gouverneur, communiqué par l'historien Ghévond, il aurait participé en 640, à l'âge de douze ans, à la destruction de Dvin et avait cru de son devoir de restaurer la ville [303].

Tous ces faits indiquent que la construction du palais pouvait être commencée dès les premières décennies du VIIIe siècle et il est resté debout plus de deux siècles. Le destin ultérieur du palais nous est inconnu.

La reconstitution effectuée à partir des vestiges architecturaux conservés permet de classer le palais parmi les édifices à cour centrale et galerie intérieure autour de cette cour, type très fréquent au Proche-Orient. Le principe de l'organisation de l'espace intérieur du palais a de proches analogies dans les palais-châteaux forts paléo-islamiques et les œuvres de la fin du VIIe et du VIIIe siècles, construits par les Arabes. Les origines de cette architecture remontent loin, aux cours à péristyle de l'architecture en pierre ou en briques crues d'Asie Antérieure. Ce plan est le plus fréquent dans les forteresses romano-sassanides d'Iran et de Mésopotamie et elle est empruntée par les Arabes comme schéma de leurs palais et châteaux fortifiés. Cette architecture était largement attestée sur tout le vaste territoire du Califat et s'est développée dans les édifices civils et religieux des époques suivantes.

Quant aux habitations du IXe siècle de Dvin, elles sont connues par les fouilles du quartier central. Dès 1960, les vestiges d'un vaste complexe d'habitation à couverture pyramidale et salle

---

[302] Ghévond (édit. 1887, 36) ; Baladzori (édit. 1927, 15) ; al-Hamadani (édit. 1902, 25) ; Mkhitar Ayrivanétsi (édit. 1860, 51).
[303] A.N. TER-GHÉVONDIAN, 1977, 79.

centrale accolée de pièces ancillaires a été découvert à l'ouest de la cathédrale [304]. Par la suite, dans le secteur sud-ouest du quartier, à l'emplacement des fouilles du palais patriarcal du Ve siècle, on a trouvé dans les couches supérieures les vestiges de complexes d'habitation détruits par le séisme de 894 (Pl. 41, 42). Ce secteur a sans doute été couvert de bâtiments à la fin du VIIIe siècle et au début du IXe, deux siècles après la destruction du palais. Les raisons de la construction d'un quartier d'habitation dans le voisinage immédiat de la cathédrale nous sont inconnues. Il faut croire cependant qu'une partie de ces bâtiments servait à conserver les vases sacrés. Cette supposition est confirmée par la découverte de splendides coupes en verre, de céramique glaçurée locale et d'importation, de nombreuses lampes ou lustres de la cathédrale ou du palais patriarcal. Il est hors de doute que l'autre partie des maisons appartenait aux riches représentants de la population locale : fonctionnaires, artisans, commerçants. On a découvert là des bulles en argile à inscriptions arabes relatives aux marchandises, des vestiges d'ateliers et un riche matériel d'industrie artisanale de destination civile.

Les murs de l'édifice, faits de briques crues (20-22 x 20-22 x 5 cm), n'ont pas de fondations en pierre. Ici, on observe nettement la prolongation des traditions architecturales de l'époque précédente. La largeur des murs principaux est de 80 cm, celle des cloisons 60 cm. Le long des murs, on voit par endroits, dans la partie inférieure, des renforcements d'une hauteur atteignant 70 cm et d'une épaisseur de 15 à 20 cm. Certaines pièces présentent des niches. Tous les sols sont en terre battue et recouverts de mortier d'argile. Toutes les pièces sont rectangulaires et ont une surface de 20 m^2.

Presque toutes les maisons avaient des salles à quatre colonnes et couverture pyramidale. L'abondance de petites bases dans le secteur fouillé témoigne en faveur de la fréquence de la maison d'habitation arménienne du type *hazarashen*. Les bâtiments du quartier central ont souvent été refaits en réemployant le matériau initial. Les pièces auxiliaires présentent des fosses profondes de destination domestique et pour le verre ou la céramique brisés. Certaines maisons ont des caves ayant servi d'entrepôts. L'un des entrepôts, où conduit un escalier de huit marches en briques cuites, présente des rayons en argile le long des murs. Le matériel qui aurait permis de se faire une notion de l'aspect intérieur des logements est très rare. Il est probable qu'il y avait des sièges en terre battue, mais leurs traces ne sont pas nettes. Les *tonirs*, si fréquents à la basse période, sont rares. Dans les pièces, on observe les traces de foyers creusés à même le sol ; parfois, un gros pot tient lieu de foyer. Fort intéressant est le foyer trouvé dans l'une des pièces. Il a la forme d'un carré entouré de toutes parts d'un rang de briques debout. Le carré est tapissé de briques cuites avec un pot au centre. Ce genre de foyers n'ont pas été découverts à Dvin auparavant ou du moins ils ne nous sont pas connus. Mais ils sont assez fréquents dans les monuments des XIIe-XIIIe siècles d'Asie Centrale [305] ; on suppose qu'il s'agit d'"une modification des foyers en briques traditionnels du Khorezm, qui ont perduré durant toute l'histoire de l'habitation khorezmienne".

L'aspect extérieur de ces foyers les apparente aux autels des temples zoroastriens sassanides. Il ne serait pas difficile de démontrer que ces foyers ont un rapport avec le culte du feu. L'on peut même supposer que cette maison ait appartenu à un Perse zoroastrien.

Dans la citadelle, les vestiges architecturaux du IXe siècle : maisons en terre battue, ateliers ont été principalement fouillés dans le secteur est de la colline. Les résultats de ces travaux sont publiés dans les rapports de l'expédition [306].

La ville a subi d'énormes dommages durant les séismes de 863 et surtout de 894. Presque tous les historiens arméniens parlent des horribles conséquences de ce dernier séisme qui a fait de nombreuses victimes. L'on sait qu'au cours des quatre décennies qui ont suivi le séisme, la destinée de Dvin a été fort triste ; à la fin du IXe siècle et au début du Xe, une lutte acharnée pour cette ville a opposé le roi arménien Sembat aux émirs Afshine et Yussuf d'Atropatène. Elle s'est terminée par

---

[304] A.A. KALANTARIAN, 1976.
[305] E.E. NÉRAZIK, 1976, 186, fig. 108.
[306] K.G. GHAFADARIAN, 1982.

l'assassinat de Smbat. Vers 910-920, cette lutte continuait. Évidement, à cette époque, la restauration de Dvin devait avancer très lentement.

Parmi les auteurs étrangers, seul Ibn al-Assir (édit. 1982, 172) communique une information directe sur la force de destruction et les conséquences du séisme. Il écrit qu'une centaine de maisons seulement avaient échappé à la catastrophe. Ibn-Hauqal (édit. 1908, 99), géographe arabe, remarque que Dvin et les autres villes arméniennes ont subi le même sort à cause de la faiblesse du gouvernement et des vicissitudes du destin. Visiblement, l'auteur fait allusion au pouvoir arbitraire des émirs arabes en Arménie et au tremblement de terre ayant causé de grands dommages à la ville.

Les géographes arabes du Xe siècle communiquent de précieux renseignements sur la vie sociale et économique de la ville, sur le commerce et l'urbanisme. Al-Istahri (édit. 1901, 19) écrit : "Dabile est plus grande qu'Ardabil ; cette ville est la capitale de l'Arménie et c'est là que se trouve le palais du gouverneur … Dabile est entourée d'un rempart ; il y a là de nombreux chrétiens et la grande mosquée de la ville se trouve à côté de l'église". Al-Muqaddasi (édit. 1908, 9-10) consacre beaucoup de place à la description de la ville : "Dabile est une ville considérable ; elle a une forteresse inaccessible ; … elle est entourée de jardins ; la ville a une banlieue ; sa forteresse est sûre, ses places sont cruciformes … la grande mosquée se trouve sur une énorme colline et l'église est à côté de la mosquée ; … la ville a une citadelle ; les bâtiments de ses habitants sont en argile et en pierre … Toutefois, continue al-Muqaddasi, sa population diminue et sa forteresse est détruite".

Toutes ces informations témoignent de la grandeur de la ville. Au Xe siècle, elle était déjà probablement restaurée, bien que certains faits peuvent remonter au IXe siècle.

Les habitations de la citadelle de la fin du Xe siècle et jusqu'au XIIIe présentent un plan et une technique de construction nettement différents de ceux de la période précédente. Elles ont été construites après la destruction de fond en comble du palais du VIIIe siècle, c'est-à-dire ou bien à la fin du IXe siècle pendant le grand séisme, ou bien vers 1160, durant l'invasion des Turcs Seldjukides.

Les fouilles de la citadelle ont mis au jour beaucoup de matériel archéologique remontant aux Xe-XIe siècles (céramique, y compris glaçurée, verreries, objets et bijoux en métal, monnaies). On les découvre surtout dans les complexes fortement endommagés dont le plan originel est difficile à reconstituer en entier, car ils ont été remaniés de nombreuses fois au cours de deux siècles et leurs sols ont été refaits. Néanmoins, nous avons réussi à établir certains traits caractéristiques des habitations de cette époque. L'une des difficultés consiste en ce que les quartiers de la ville ne sont presque pas fouillés et les notions concernant cette étape de grands travaux reposent sur les documents de la citadelle, qui ne sont pas capables de révéler tout le tableau de l'urbanisme. Les habitations des Xe-XIe siècles utilisent surtout la pierre comme matériau de construction. Elles reviennent à la tradition ancienne d'employer pour les fondations des galets ou des blocs de pierre grossièrement taillés. Les murs des bâtiments font un usage abondant de blocs bien taillés réemployés, provenant des édifices détruits pendant le séisme. Les pièces sont petites, les couvertures sont parfois faites de poutres, sans bases de colonnes. Le décor intérieur des pièces est relativement riche. On trouve des fragments d'albâtre portant des traces de couleurs de diverses nuances. Dans la partie supérieure de la citadelle, là où s'est faite la coupe stratigraphique (Pl. 43), des vestiges de bâtiments ont été découverts sous les murs de ceux des XIIe-XIIIe siècles. Ces murs inférieurs laissent nettement voir des traces de fresques. Les représentations d'oiseaux, ainsi que d'autres éléments, témoignent du goût du propriétaire de la maison. C'est visiblement de cette époque que date la mode de décorer les châssis des fenêtres, des baies de porte, les niches et les corniches d'ornements en gypse. Les pièces étaient éclairées, comme à l'époque précédente, de lampes dont la forme avait toutefois changé : les lampes en forme de barque remplacent les formes précédentes. La lumière du jour pénétrait par les orifices du haut. Nous avons découvert des fragments de vitres discoïdes, mais il nous a été impossible jusqu'à présent d'établir leur localisation dans ces bâtiments.

Dans les maisons des Xe-XIe siècles, le sol était généralement pavé de briques cuites (Pl. 44 et 45). Dans les bâtiments plus anciens, ce genre de pavement est rare et dans les maisons plus récentes, on ne les trouve que dans les pièces auxiliaires, autour des *tonirs*.

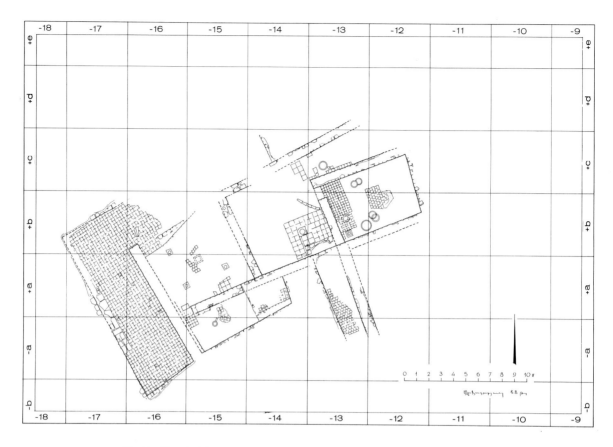

Fig. 23. Plan des bâtiments du secteur nord-ouest de la citadelle par K.K. Ghafadarian.

Un grand intérêt s'attache au complexe des habitations découvert à proximité du rempart ouest de la citadelle [307]. Notons en particulier le décor intérieur d'une pièce. Le mur est était creusé d'une niche revêtue de tuf bien poli et encadrée d'un ornement évoquant le motif d'une chaîne. Tout le mur et la niche étaient en outre ornés de vases en faïence encastrés. Dans l'épaisseur du mur étaient aménagées des marches menant au deuxième niveau. Le long du mur ouest courait une haute banquette en pierre à corniche ornementée. C'est à ce jour l'unique pièce connue à Dvin, qui présente un décor intérieur aussi riche. L'on peut toutefois supposer que ce genre d'habitations étaient nombreuses à Dvin et appartenaient aux riches artisans et commerçants.

Un grand édifice de pierre a été découvert par nous dans le secteur nord-ouest du sommet de la colline. Il est composé de vastes salles communiquant entre elles (dimensions de l'une : 11 x 3 m) par une large baie au nord (fig. 23). La maçonnerie de l'édifice présente souvent des blocs de réemploi ; le sol est revêtu de briques cuites de petites dimensions. A divers endroits, les murs sont conservés à une hauteur de 2,50 à 3 m. Au milieu du mur ouest, un escalier en pierre conduit au second niveau. Les murs ouest et nord de l'édifice, revêtus de dalles, aboutissent à un mur massif en argile. On suppose que les bâtiments du haut de la citadelle étaient entourés d'un puissant rempart élevé à l'époque de la fondation de la ville [308]. En fait, il constitue le deuxième cercle de fortifications [309] destiné à protéger les édifices palatiaux et cultuels. En 1959, on a découvert sur le versant ouest les vestiges de murs

---

[307] K.G. GHAFADARIAN, 1982, 102-106.

[308] *Idem*, 1982, 52.

[309] Le mur inférieur à tours a été probablement construit un peu plus tard.

semblables d'une largeur de 0,50 m. Au Xe siècle, cette muraille a perdu sa fonction ; visiblement, elle a été démolie au cours du tremblement de terre et les parties épargnées ont été utilisées durant les grands travaux suivants.

Aux XIIe-XIIIe siècles, le plan du quartier d'habitation de la citadelle a été modifié et il est difficile d'en deviner les causes. Tout le matériel, notamment numismatique, montrent qu'elle a eu lieu vers le début de la seconde moitié du XIIe siècle. On observe un grand afflux de monnaies frappées en Géorgie. Il est possible que la ville ait beaucoup souffert des campagnes du roi géorgien Guéorgui III en 1162, dont parlent toutes les sources arméniennes et étrangères. La conquête de la ville a fait de nombreuses victimes parmi la population musulmane et bien des monuments du culte ont été détruits. En tout cas, il est indiscutable que durant la seconde moitié du XIIe siècle, la citadelle était en reconstruction. Ceci est confirmé par les fouilles menées durant les années 1930-1940. Au sommet de la colline, les couches supérieures ont livré les vestiges d'un grand édifice (35 x 40 m) à murs puissants (largeur 2,20 m) conservés des côtés est, ouest et, partiellement, nord (fig. 24). La partie inférieure des murs est construite en pierres polies réemployées tandis que la partie supérieure est élevée en terre battue. L'on considère que c'est l'édifice palatial des derniers gouverneurs de Dvin [310]. Il est composé d'un grand nombre de pièces disposées sans aucun système : logements, pièces auxiliaires, entrepôts. Les fréquentes trouvailles d'ornements en gypse et de fragments de murs décorés témoignent du riche décor intérieur, ainsi que de l'ornementation plastique des portes et des châssis de fenêtres. Des maisons richement décorées ont été également fouillées sur le versant nord de la colline.

Au point de vue architecture traditionnelle, les maisons de type arménien découvertes dans les secteurs nord-ouest de la citadelle sont très intéressantes [311]. Elles sont constituées de pièces à quatre colonnes disposées en enfilade et faisant partie d'un même plan. Au centre, on trouve un étroit couloir conduisant visiblement au deuxième niveau. L'assise inférieure des murs soigneusement maçonnés est en pierre. La partie supérieure des murs est en terre battue. On trouve des fragments de plâtre portant les traces de peintures multicolores, dont les murs étaient couverts. Le sol était pavé de briques cuites. Des ornements en gypse figurent aussi parmi les trouvailles. La maison a appartenu à un riche citadin. Le complexe peut être très probablement daté du XIe siècle et du début du XIIe siècle. Au cours de sa construction, on s'est servi des restes de bâtiments du Xe siècle (assise en pierre des murs) et une partie des pièces de l'aile orientale se trouve sous le mur occidental du grand édifice des XIIe-XIIIe siècles.

Durant la seconde moitié du XIIe siècle, le versant ouest de la colline a été également couvert de bâtiments. Les maisons, disposées de part et d'autre d'une rue droite de peu de largeur, sont accolées l'une à l'autre et ont des murs longitudinaux communs, montant parallèlement le versant, perpendiculairement par rapport à la rue. Les pièces de ces bâtiments oblongs, limités par un réseau régulier de murs, présentent une enfilade, à la différence des formes traditionnelles (Pl. 46, I, 3).

Les complexes d'habitation plus modestes se trouvent un peu plus loin de la rue ; ils sont composés de pièces relativement petites et présentent un plan plus libre et plus compliqué. Les pièces disposées en terrasses d'un même complexe communiquaient entre elles immédiatement ou par des couloirs étroits. Les couvertures plates recouvertes de terre étaient elles aussi disposées en terrasses et assuraient une hauteur moyenne optimale aux locaux. Les pièces composant un réseau aussi dense ne pouvaient être éclairées que par des orifices ménagés dans la couverture, au-dessous desquels les fosses de drainage se sont conservées, recouvertes de dalles carrées en pierre à ornement gravé et orifice central. Les murs sont en terre battue ou en briques crues sur fondations de pierre, les sols sont recouverts d'argile.

Chaque maison est composée de plusieurs pièces de différentes destinations. On observe une abondance de *tonirs*, de foyers et de fours. C'est là qu'on a découvert un atelier de potier isolé avec vestiges de fours de cuisson. Dans tous les complexes, il y a des coins pour les artisans sous forme de

---

[310] K.G. GHAFADARIAN, 1952, 122-136.
[311] *Idem*, 1982, 99-102.

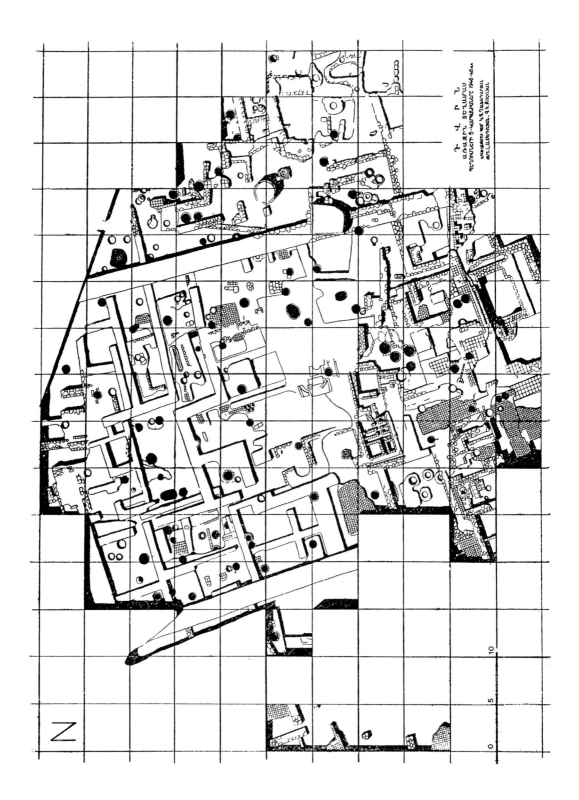

Fig. 24. Plan général de la citadelle (Xe-XIIIe ss.). Relevé de G.K. Kotchoyan.

fosses rectangulaires de peu de profondeur. Les logements sont petits, ce qui s'explique par la condition sociale de leurs habitants.

Le nombre de fours et de *tonirs* destinés à cuire la céramique, les déchets industriels et les monnaies nous invitent à croire que ce secteur est un quartier d'artisans et de commerçants. Dans certains locaux, on trouve de grandes quantités de production diverse en céramique, visiblement commercialisée sur place.

Un tableau analogue peut être observé dans le secteur sud de la citadelle (Pl. 47), mais ici, le terrain peu accidenté a permis d'autres solutions architecturales. La technique de construction de tous les quartiers de la citadelle est identique et seul le décor intérieur présente une certaine variété.

L'apparition aux XIIe-XIIIe siècles de ce dense réseau d'habitations dans la citadelle même s'explique sans doute par la situation militaire et politique des dernières décennies de l'existence de la ville et un désir d'utiliser au maximum le territoire à l'intérieur des remparts.

Après la conquête et la destruction de Dvin par les Mongols vers 1230, la vie y a cessé. Les couches supérieures conservent de pauvres masures adaptées tant bien que mal à l'habitation, mais elles sont à ce point fragmentaires qu'il est impossible d'établir leur plan. En même temps, les remparts ont aussi été fortement détruits par endroits et on trouve au-dessus les restes de quelques bâtiments. Il y a encore une petite quantité de matériel archéologique qui permet de dater cette couche insignifiante.

Ainsi, eu égard à ce qui a été dit, on peut distinguer à Dvin plusieurs étapes de grands travaux.

1. De 330 à la première moitié du Ve siècle. Edifices religieux monumentaux : églises à trois nefs dans la citadelle et dans le quartier central. Habitations au sommet de la citadelle. Fragments isolés d'édifices palatiaux sous forme de pierres réemployées. Rempart supérieur.

2. Deuxième moitié du Ve siècle-fin du VIe. Palais patriarcal dans le quartier central, édifice monumental dans la citadelle (secteur sud), remaniement de la cathédrale, église mononef, habitations dans la citadelle. Rempart inférieur de la citadelle et de la ville.

3. VIIe siècle. Reconstruction de la cathédrale, nouveau palais patriarcal, édifice à nombreuses colonnes : caravansérail dans le quartier urbain, habitations dans la citadelle et le quartier central.

4. VIIIe siècle. Édifice palatial en grandes briques crues, visiblement, résidence du gouverneur arabe (*vostikan*).

5. Fin du VIIIe siècle-IXe siècle. Habitations en terre battue dans le quartier central et la citadelle.

6. Xe-XIe siècles. Habitations dans la partie supérieure de la citadelle et dans les secteurs sud et ouest.

7. XIIe siècle à 1230. Important édifice palatial dans la partie supérieure de la citadelle, habitations sur le versant ouest et dans le secteur sud.

8. Vers 1230-1260 (?) Faibles traces d'habitations dans le secteur sud de la citadelle.

CHAPITRE IV

LE COMMERCE, LA CIRCULATION MONETAIRE ET LES METIERS

Le commerce intérieur et extérieur occupait une grande place dans l'économie de Dvin. Dès les temps les plus reculés, la Vallée de l'Ararat a servi de carrefour aux voies commerciales internationales et la circulation des marchandises y a connu une intensité particulière à l'époque antique. Le Code de Justinien et l'édit impérial de 408/9 mentionnent l'accord conclu entre l'Empire Byzantin et la Perse Sassanide, qui permettait d'effectuer les échanges commerciaux internationaux d'Asie Antérieure seulement en trois lieux : Metzbine (Nisibe, Iran), Kallinicum (Rakka sur l'Euphrate, Byzance) et Artashat (Arménie). Les chercheurs supposent que cet accord a été conclu en 387, lors du partage de l'Arménie entre les deux grandes puissances [312]. Il est hors de doute qu'avant cet accord aussi Artashat ait été un grand centre de commerce international. Ce fait est attesté par le nombre important de monnaies et d'objets d'importation découverts pendant les fouilles, ainsi que par la grande quantité de bulles en argile constituant l'un des principaux témoignages d'un commerce actif.

Lorsque la ville d'Artashat cesse d'être le centre politique du pays et devient une bourgade insignifiante, tandis que Dvin s'agrandit et assume le rôle de capitale de l'Arménie, les fonctions commerciales d'Artashat sont transmises à Dvin qui continue de jouer aussi un rôle considérable dans les échanges internationaux. Procope de Césarée (édit. 1880, 181-182) communique que "Duvios (Dvin) est une contrée très fertile, à l'air salubre et à l'eau excellente ; ... Les terres y sont sans accidents, bien faites pour les chevauchées ; les bourgs densément peuplés se suivent de près et sont pleins de commerçants qui vendent les marchandises apportées d'Inde, de la Géorgie voisine et de presque tous les pays soumis aux Perses et même aux Romains".

Les relations commerciales de Dvin à l'époque antique et la vie économique des bourgs sont attestées par les trouvailles de monnaies romaines du Ier siècle, ainsi que de monnaies des rois Riscuporide II (68-92) et Riscuporide IV (318-332) du Bosphore [313]. A l'ouest de Dvin passait l'une des principales artères du pays, la voie commerciale qui reliait Artashat et Dvin à Vagharshapat et continuait vers les régions du nord de l'Arménie, la Géorgie et le Caucase du Nord. Cette route est mentionnée par Paustos Buzand à l'occasion des grands travaux entrepris à Dvin par le roi Khosrow II Kotak.

D'après la liste des itinéraires dressée par Anania Shirakatsi (édit. 1944, 355) au VIIe siècle, cinq voies commerciales sortaient de Dvin dans différentes directions. La voie nord conduisait par Partav et Derbend en Europe de l'Est, la voie ouest passait par l'Asie Mineure pour arriver jusqu'à Constantinople, la voie sud-est à Nakhtchavan, à Ctésiphon et vers le Golfe Persique et enfin la voie est conduisait au Paytakaran, vers la Mer Caspienne et en Asie Centrale. Les itinéraires médiévaux arméniens donnent un tableau détaillé des voies commerciales, sans se limiter aux centres administratifs. Une autre voie commerciale importante, reliant l'Inde à la Transcaucasie, au Nakhtchavan, à Dvin et au Shirak en passant par la Bactriane et le littoral sud de la Mer Caspienne, est

---

[312] H.A. MANANDIAN, 1954, 109.
[313] G.G. KOTCHARIAN, 1984, 18.

indiquée dans une autre œuvre d'Anania Shirakatsi. Cette route était empruntée lors du transport des perles et des pierres précieuses [314].

Les Nestoriens [315] venus de la province du Khuzistan (Khujastan), l'un des plus grands centres commerciaux et artisanaux de l'Iran sassanide, créent une communauté à Dvin. Le vaste commerce qu'ils réalisaient est attesté par les bulles découvertes à Dvin et à Qasr-i Abu Nasr, situé dans la province du Fars. Le lien immédiat entre ces deux lieux est confirmé par la présence de sceaux identiques sur les bulles découvertes [316]. Les sceaux de ce type ne sont apposés que sur les bulles commerciales qui portent aussi les traces de larges ceintures et de sacs [317].

Les Syriens, également connus pour habiles commerçants dans le Bassin Méditerranéen et au Proche-Orient, avaient aussi très probablement des communautés de commerçants à Dvin [318]. Des témoignages indirects sur ces communautés sont fournis par les trouvailles archéologiques, en particulier les bulles dont certaines empreintes sont incontestablement d'origine étrangère [319]. Il existe une relation directe entre l'installation des Nestoriens à Dvin et le témoignage d'al-Hamadani (édit. 1905, 15) sur les grands travaux entrepris par Khosrow Ier Anushirvan, sur la défense de Dvin et le développement du commerce dans cette ville lorsqu'elle est peuplée et fortifiée.

Les bulles en argile avec empreintes de différents sceaux, découvertes à Dvin, permettent d'éclaircir certains détails de l'organisation du commerce en Arménie au haut Moyen Age. La présence sur l'objet du commerce d'une bulle portant l'empreinte de sceaux était la preuve de son appartenance juridique. Les marchands avaient leurs organisations, leurs confréries de commerçants, particulièrement nécessaires lorsqu'ils entreprenaient de longs voyages vers les pays lointains ou réalisaient des opérations à l'étranger [320].

De nombreux documents ayant trait au commerce extérieur de Dvin ont été mis au jour par les fouilles. L'on peut y inclure la production des ateliers iraniens : les coupes en verre épais semi-transparent à facettes polies, les flacons [321], les récipients proche-orientaux provenant de Suse et de Kish, le flacon en argile avec une représentation de Saint André, provenant d'Asie Mineure, la céramique glaçurée des centres de fabrication sassanides. Certains témoignages indirects font aussi supposer une importation de soie à Dvin [322].

Le matériel numismatique présente un grand intérêt pour l'étude des relations commerciales, en particulier les trésors des Ve-VIIe siècles et la circulation monétaire des deux grandes puissances de l'époque : l'Iran Sassanide et l'Empire Byzantin. Les exemplaires les plus anciens ayant circulé à Dvin sont les drachmes en argent sassanide (Pl. 48 : 1) qui étaient la principale monnaie d'échange de toute l'Asie Antérieure. Les trouvailles de monnaies démontrent que la vie commerciale de Dvin se situait, dès le début de l'histoire de la ville et jusqu'à la chute des Sassanides, dans le cadre du commerce intérieur et extérieur arméno-iranien [323]. Au VIe siècle, les monnaies frappées dans trente villes iraniennes se trouvaient en circulation à Dvin.

Dès la fin du VIe siècle, sous le règne de Hormoz IV (579-591), les drachmes sassanides frappées à Dvin deviennent très fréquentes en Transcaucasie [324]. Les monnaies sassanides de frappe locale entraient dans la circulation internationale et jouaient un rôle précis à l'intérieur des frontières de l'Arménie (Kh.A. MOUCHÉGHIAN, 1989a).

---

[314] J.A. ORBÉLI, 1963, 514.

[315] *Livre des Epîtres*, 1901, 70, 72 ; E. TER-MINASSIAN, 1946, 214-215.

[316] R.N. FRYE (éd.), 1973, D.190, D.343, D.363.

[317] A.A. KALANTARIAN, 1982, 29.

[318] N.V. PIGOULEVSKAYA, 1941, 5.

[319] A.A. KALANTARIAN, 1982, 29-30.

[320] A.A. KALANTARIAN, 1982, 20-21.

[321] H.M. DJANPOLADIAN, A.A. KALANTARIAN, 1988, 10, Pl. I-III.

[322] H.A. MANANDIAN, 1954, 110.

[323] Kh.A. MOUCHÉGHIAN, 1962, 34.

[324] E.A. PAKHOMOV, 1945, 45-46 ; Kh.A. MOUCHÉGHIAN, 1983, 123.

Aux VIe-VIIe siècles, les monnaies byzantines sont également fréquentes à Dvin (Pl. 48 : 2). Les plus anciennes pièces d'or, les solides constantinopolitains sont aux effigies des empereurs Théodose II (408-450) et Léon Ier (457-474). Dans les marchés d'Arménie, y compris à Dvin, les monnaies d'Héraclius I (610-641) et de ses fils n'étaient pas moins fréquentes.

On met en relation directe avec la circulation monétaire, et surtout la propagation des dinars byzantins, les trois petits disques en verre découverts à Dvin qui portent l'empreinte de sceaux représentant des croix aux extrémités marquées de la lettre N dans deux cas et de la lettre E dans un cas (Pl. 49 : 4-6). Ce sont des exemplaires d'hexagies byzantines, étalons de 4,52 et de 4,40 grammes destinés à contrôler et à peser les pièces d'or byzantines (les lettres aux extrémités des croix correspondent aux premières lettres des mots "nomisma" et "exagio"). Les hexagies étaient largement répandues dans l'Empire Byzantin et elles étaient aussi usitées dans les pays qui entretenaient un commerce actif avec l'Empire aux Ve-VIIe siècles [325].

On a en outre découvert à Dvin cinq poids en bronze byzantins à partir de 2 nomismas jusqu'à 2 litres. Ils étaient utilisés aussi bien par les joailliers (l'un des poids a été trouvé dans un atelier de bijoutier) pour peser l'or et les bijoux que pour les autres opérations commerciales (Pl. 49 : 1-3).

Sous la domination arabe, l'Arménie entre dans le système de la circulation monétaire du Califat Arabe, mais dans un premier temps, les monnaies sassanides et byzantines continuent de circuler tandis que l'on voit apparaître des pièces arabo-sassanides. Dès la fin du VIIe siècle, après la réforme monétaire de Khalil Abd-al-Malik, l'Arménie, y compris Dvin, entre dans une nouvelle sphère de circulation monétaire. Dès lors, les monnaies arabes : dinars (or), dirhems (argent) et fels (cuivre) dominent dans les relations commerciales et monétaires internationales du Proche-Orient et des pays limitrophes [326].

Dès le début du VIIIe siècle, on commence à frapper monnaie à Dvin et les trouvailles montrent que ces pièces circulent largement sur le marché international à côté des dirhems arabes, tandis que l'Arménie, en tant que province du Califat Arabe, a sa part dans les relations commerciales de ce dernier. Nombre de trésors découverts en Europe à Stara Ladoga, Novgorod, Kiev, Moscou, Riazan, en Suède, en Finlande, au Danemark et datés des IXe-Xe siècles comptent des monnaies frappées dans les villes d'Arménie [327].

La décadence économique qui frappe l'Arménie à l'époque de la domination arabe n'est pas sans toucher rudement son commerce extérieur. Malgré les conditions favorisant de vastes relations avec les autres provinces du Califat, le rôle de l'Arménie dans le commerce international de cette période se réduit sensiblement. Les incessantes guerres contre Byzance mettent un terme aux relations commerciales des pays d'Orient avec l'Asie Mineure, en particulier Trébizonde [328]. L'arrêt du commerce de transit à travers l'Arménie devient l'une des raisons de la décadence de ses villes qui se transforment en centres militaires et administratifs. Toutefois et malgré les restrictions, l'Arménie continue son commerce avec les pays du Califat, l'Iran et l'Iraq. Il y a des témoignages en faveur de relations commerciales avec les Khazars [329]. Le rôle de Dvin y est dominant, car c'est à peu près le seul grand centre économique et administratif à avoir conservé sa gloire passée.

Des itinéraires arabes ont été rédigés pour aider les militaires et les fonctionnaires. On y trouve une description détaillée des routes, les points de passage diurnes et d'arrêt. Toutes les routes se rejoignent dans les centres administratifs de la province du nord du Califat : Dvin, Partav, Maraga et Ardébil [330]. Les voies indiquées dans les itinéraires arabes correspondent tout à fait aux buts que s'assignaient leurs auteurs. Ayant pour objectif de faciliter l'administration du pays, ils montrent

---

[325] R.H. VARDANIAN, 1989, 138-139.
[326] Kh.A. MOUCHÉGHIAN, 1983, 250.
[327] *Idem*, 1962, 50, 156-166.
[328] H.A. MANANDIAN, 1954, 194 ; A.N. TER-GHÉVONDIAN, 1977, 203.
[329] H.A. MANANDIAN, 1954, 199.
[330] *Idem*, 1936, 175-204 ; 1954, 237-243.

surtout les routes rejoignant les centres arabes. Mais naturellement, ces routes ne servaient pas uniquement aux militaires et aux collecteurs d'impôts, mais aussi aux caravanes de marchandises [331].

Les routes commerciales sont reconstruites d'après les trouvailles de monnaies. L'apparition de dirhems frappés à Dvin témoigne déjà en faveur d'importantes opérations commerciales extérieures. Le commerce intérieur faisait usage de pièces de cuivre.

Aux VIIIe-IXe siècles, on trouvait dans la circulation monétaire de Dvin les monnaies des pays voisins (Iran, Syrie, Tabaristan, Balkh, Fars) et des villes voisines (Nishapur, Merv, Herat, Bukhara, Samarkand), ce qui témoigne de vastes relations commerciales avec ces régions [332]. Les plus usuelles à cette période sont les monnaies de Baghdad et de Rey. D'après les itinéraires arabes, les voies commerciales est et sud-est avaient une grande importance économique.

La découverte de trésors est d'une importance primordiale pour notre étude. Ces trésors sont principalement composés de dirhems incomplets accompagnés de pièces en argent de la basse époque sassanide. D'habitude, ces trésors, découverts en majorité par hasard, ont été trouvés dans les localités indiquées sur les principales voies commerciales. Citons les trésors de Nor-Guétashen et de Karanlukh, les trouvailles du district d'Eghegnadzor, ainsi que le grand trésor composé de monnaies en argent complètes découvert à Sissian [333]. Un intéressant trésor du Xe siècle a été trouvé à Dvin. Ces découvertes donnent la possibilité d'établir les principales relations commerciales de l'Arménie et, en particulier, de Dvin sous les Bagratides.

Au IXe siècle, après le changement de la situation politique en Asie Antérieure, on assiste à la décadence du Califat Arabe et à un regain de puissance de l'Empire Byzantin. Les nouvelles formations étatiques, y compris la Royauté Arménienne, aspirent à consolider leur position économique.

Les sources arméniennes et arabes mentionnent souvent les voies commerciales de l'Arménie sous les Bagratides [334]. Deux principales routes du commerce international de transit passaient par l'Arménie ; c'étaient celles du nord et du sud avec leurs ramifications. Dvin restait le principal nœud où se rejoignaient les routes allant dans toutes les directions. Dès la fin du Xe siècle et surtout après la conclusion du traité entre l'Arménie et Byzance, la route du nord-ouest acquiert une importance primordiale. Le point final de cette route est Trébizonde où les foires attirent les marchands de tous pays.

Grâce à son commerce actif avec Byzance, l'Arménie reçoit en grande quantité des pièces en or byzantines qui, en tant que monnaie plus stable, remplacent progressivement le dirhem arabe. Tous les trésors de monnaies d'or découverts au cours de fouilles de Dvin comprennent des pièces frappées à Constantinople. Les trouvailles monétaires à Dvin donnent la possibilité de reconstruire le tableau des relations commerciales, tout en reflétant nettement la situation politique de l'époque. Au XIe siècle, l'afflux des monnaies d'argent des pays orientaux cesse et le marché intérieur fait un grand usage de monnaies de cuivre.

Selon les sources arabes, la production artisanale de Dvin était appréciée sur le marché intérieur et extérieur. D'après al-Istahri (édit. 1901, 19), "dans cette ville (Dabil), on fabrique des habits en laine, des tapis, des coussins, des sièges, des broderies et d'autres articles arméniens. C'est là aussi qu'on extrait la couleur dite "Kirmiz" qui sert à teindre le drap. J'ai appris que c'était un ver qui file autour de lui à l'exemple du ver à soie ; et j'ai appris aussi qu'on y fabrique beaucoup de soieries". Nous trouvons une communication analogue chez al-Muqaddasi (édit. 1908, 14). reprenant à la lettre la communication d'al-Istahri, Ibn Hauqal (édit. 1908, 92) ajoute : "On fabrique à Dabil beaucoup de vêtements de soie. Ils ne sont pas rares non plus sur la terre de Rum, bien que ceux-ci soient plus précieux. Quant aux articles qu'on nomme "tissus arméniens", ce sont des "butts", des sièges, des tapis, des couvertures, des carpettes et des coussins qui n'ont pas leurs pareils d'un bout à l'autre de la

---

[331]   A.N. TER-GHÉVONDIAN, 1977, 208-209.
[332]   Kh.A. MOUCHÉGHIAN, 1962, 48-49.
[333]   *Idem*, 1989, 71.
[334]   H.A. MANANDIAN, 1954, 200-259 ; B.N. ARAKÉLIAN, 1958, 32-34.

terre dans toutes les directions". Ailleurs, Ibn-Hauqal (édit. 1908, 94-95) donne plus de détails : "Dans ces villes et les terres qui s'étendent entre elles, il y a des marchandises variées, objets d'importation, des animaux utiles, des brebis, et des tissus importés par divers pays, connus dans ces pays et renommés, telles les broderies arméniennes fabriquées à Salamas, qu'on vend de un à dix dinars pièce, dont il n'y a pas la pareille dans les autres pays. Les tissus arméniens susmentionnés sont fabriqués à Dabil. A Marand, à Tébriz, à Dabil et dans leurs environs, on fabrique des sièges et des tapis arméniens connus sous le nom de "mehfour" ; on trouve rarement leurs pareils dans les pays où la fabrication des tissus ressemble à la fabrication arménienne".

Via Trébizonde, on exportait à Byzance le tissu de soie à fleurs dit *bozune* [335]. Le *catholicos* Hovhannès Draskhanakertsi (édit. 1912, 210) parle de riches vêtements brodés d'or et de soie, de tissus somptueux à dessins et figures pour les divans [336].

Les importantes relations commerciales de Dvin avec l'Orient et l'Occident sont attestées par les riches découvertes archéologiques : vaisselle en verre provenant des "ateliers abbassides" de l'Iraq (Baghdad, Samarra), des centres artisanaux de Syrie (splendides coupes peintes de Rakka et d'Alep) et d'Egypte, d'Asie Centrale et de Géorgie.

On a trouvé à Dvin des spécimens de premier ordre de verreries byzantines. Ce sont des coupes fabriquées dans la technique "millefiori" (Pl. 101 : 7, 8), des flacons et des coupes bleus transparents, des récipients peints en blanc du dessin dit "plume d'oiseau", ainsi qu'un flacon richement décoré d'un dessin à l'or et aux émaux multicolores (représentant un musicien avec un instrument à cordes et archet) [337].

Aux IXe-Xe siècles, on observe à Dvin un important flux de céramique décorée : récipients glaçurés, faïence et lustres provenant des centres de fabrication du Proche-Orient, de Samarra, de Suse, de Damas, de Fustat (Egypte). Un groupe à part est composé de coupes glaçurées à dessins bleus (cobalt).

Après la chute de la Royauté Bagratide (1045) et la conquête seldjukide (1048), la vie économique de l'Arménie entre en décadence. Incapables d'imposer à l'Arménie leur organisation nomade, les Turcs Seldjukides sont contraints de s'adapter eux-mêmes à la vie économique des pays conquis. Dès le XIIe siècle, on assiste à un nouvel essor économique et au développement ultérieur des villes qui deviennent d'importants centres d'artisanat et de commerce.

Durant la deuxième moitié du XIe siècle, Dvin se trouvait sous la domination des Shaddadites. A cette époque, le commerce extérieur de Dvin se faisait en monnaie byzantine, alors que le commerce intérieur usait de pièces de cuivre seldjukides et byzantines (Pl. 50). Ceci est attesté par les nombreuses découvertes de pièces d'or byzantines du XIe siècle (un des trésors en comptait plus de trois mille). L'énorme masse de monnaies en cuivre byzantines découvertes, surtout à Ani, ont permis à Kh.A. MOUCHÉGHIAN (1983, 258) de supposer qu'elles étaient frappées dans la capitale Ani. Au XIIe siècle et au début du XIIIe, ce sont les monnaies en cuivre des Ildéguizites qui sont fréquentes à Dvin, car la ville se trouve sous leur domination immédiate. Elles constituent le groupe le plus nombreux dans le matériel numismatique de cette époque, provenant de Dvin [338]. Les monnaies ildéguizites étaient frappées à la place des pièces d'argent et circulaient dans les villes de la Transcaucasie orientale. On a trouvé à Dvin un grand nombre de ces monnaies sans indication du lieu ni de la date de leur frappe, ce qui témoigne, en même temps que les traits caractéristiques des tampons, de leur origine locale et explique leur nombre dominant sur le marché local.

A cette même époque, on trouve aussi à Dvin des monnaies provenant des différents émirats musulmans apparus après la chute de l'Empire Seldjukide. Ce sont les monnaies de cuivre des Ortukides de Mardine, de Qaifa et d'Amide ; celles des Zenguides de Mossul et de Sindjar, des

---

[335]   H.A. MANANDIAN, 1954, 228.
[336]   H.A. MANANDIAN, 1954, 228.
[337]   H.M. DJANPOLADIAN, A.A. KALANTARIAN, 1988, Pl. XXXV.
[338]   Kh.A. MOUCHÉGHIAN, 1962, 53.

Mengoudjahides de Yerzindjan, de Sivas et de Malatia. Ces trouvailles témoignent une fois de plus de vastes relations commerciales.

Dès la fin du XIIe siècle, on observe un important afflux de monnaies géorgiennes, essentiellement aux effigies des reines Thamar et Russudan frappées entre 1200 et 1227. Le développement des relations commerciales arméno-géorgiennes était favorisé par la situation politique qui s'était créée après la libération d'une partie de l'Arménie, y compris Dvin, par les troupes arméno-géorgiennes.

Les fouilles de Dvin ont révélé dans les couches des XIIe-XIIIe siècles un matériel intéressant provenant des grands centres d'Iran, de Syrie et d'autres pays. Citons plus spécialement la vaissele en faïence d'Iran (Rey, Kashan, Sultanabad) [339], les récipients peints des centres géorgiens, les verreries des ateliers renommés d'Alep (XIIe siècle) et de Damas (XIIIe-XIVe siècles), ainsi que de la ville géorgienne de Roustavi et d'autres régions, les bracelets en verre et les mosaïques d'origine byzantine provenant des ateliers de Khersonès et de Corinthe [340]. Si les monnaies byzantines permettent souvent d'établir les voies commerciales, les verreries de fabrication byzantine peuvent montrer l'aire de propagation du commerce impérial.

Dès les années 1220, on trouvait à Dvin les monnaies en argent des villes d'Asie Mineure, ce qui a dû favoriser le développement des relations commerciales et monétaires avec nombre de centres d'Asie Antérieure. L'on sait toutefois qu'après l'invasion de Dvin par Djalal ad-Din en 1225, cette ville perd son importance économique et commerciale. Souffrant beaucoup des incursions mongoles des années 1230, elle quitte peu à peu l'arène historique.

Les principales règles et lois du commerce de l'Arménie médiévale sont exposées dans l'article 240 du chapitre des lois civiles du Code de Mekhitar Goch (édit. 1975, 148, 410-411). Bien que ce Code de lois soit rédigé au XIIe siècle, cet article reflète, comme beaucoup d'autres, les principes traditionnels du commerce, usités en Arménie pendant de longs siècles.

Le commerce des villes était le monopole du chef de l'Etat. Sur place, les exécuteurs de sa volonté étaient les princes qui réglaient le commerce dans les villes et les localités et qui avaient le devoir d'établir les poids et mesures.

Bien moins vastes sont nos connaissances sur le commerce intérieur de l'Arménie au haut Moyen Age. Nous les puisons surtout dans les canons de l'Église [341]. Le commerce était reconnu une occupation purement laïque et il était interdit aux ecclésiastiques inférieurs de conclure des affaires.

Il est difficile d'établir si aux IXe-Xe siècles la fabrication de marchandises sur commande est restée encore nettement dominante. Le matériel du haut Moyen Age laisse observer un début de standardisation, ce qui est incontestablement en relation avec la production de marchandises et la séparation du commerce d'avec la fabrication.

L'un des objets du commerce intérieur de Dvin étaient les tuiles fabriquées en très grandes quantités et satisfaisant la demande de la ville et des environs, ce qui exigeait naturellement de grands ateliers. On trouve parfois sur les tuiles les marques des artisans faites à la couleur rouge. Les grands *karasses* aux formes et même aux ornements nettement standardisés témoignent aussi en faveur d'une production en série.

Après le IXe siècle, le commerce intérieur de Dvin se fait plus intense et il atteint son apogée aux XIIe-XIIIe siècles, ce dont témoignent aussi les sources historiques [342]. C'est dû au développement des forces productives, au dégagement des divers domaines de la production artisanale, l'augmentation de la demande et la séparation définitive du commerce d'avec la fabrication. On a découvert de grands stocks d'articles du même type, surtout des objets en verre, en céramique glaçurée, d'outils et de

---

[339] A.S. JAMKOTCHIAN, 1974.
[340] H.M. DJANPOLADIAN, A.A. KALANTARIAN, 1988, 14.
[341] *Livre des Canons,* 1964, 490 ; 1971, 264-265 *et passim.*
[342] Thovma Artzruni (édit. 1917, 371).

bijoux. Les nombreux ateliers spécialisés de Dvin satisfaisaient la demande croissante du marché intérieur. Sous cet aspect, les fouilles des ateliers de céramique du quartier ouest de la ville sont significatives [343]. Il est également à noter qu'à cette époque le marché intérieur utilisait principalement des monnaies de cuivre de frappe locale ou frappées dans les villes voisines.

La céramique glaçurée de Dvin avec son ornementation, ses formes et sa facture caractéristique a été trouvée dans tous les sites étudiés des zones sud et centrale de la Vallée de l'Ararat et du Vayk. La découverte de plateaux de balance en cuivre et de poids de différentes valeurs témoigne visiblement de l'existence de boutiques à proximité des ateliers d'artisans pour la commercialisation des marchandises fabriquées. Un tableau analogue a été révélé par les fouilles de la ville d'Ani. A Dvin, on le voit nettement sur le versant ouest de la citadelle, dans le quartier des artisans et des commerçants, où l'on a trouvé des ateliers de potier et des forges qui ont livré une grande quantité d'articles achevés et de monnaies en cuivre, partiellement sous forme de trésors. Tout ce matériel remonte au dernier siècle de l'existence de la ville.

Dans l'un des quartiers de la ville les vestiges d'un grand édifice à 36 bases ont été exhumés. Certains auteurs tiennent cette construction monumentale pour le marché de la ville [344]. Toutefois, les caractéristiques du plan, différents pièces et fragments conservés indiquent que ce serait plutôt l'un des rares caravansérails connus, établissement qui a dû assumer un rôle précis dans la vie commerciale de la ville puisqu'on y effectuait aussi des opérations commerciales.

Dvin a été l'un des centres importants de la fabrication artisanale d'Arménie. La fondation de la ville, tout comme son développement futur, sont en relation avec l'épanouissement des métiers. L'on sait que le rôle des métiers est si important dans la société féodale bien développée qu'il est impossible de comprendre les principales lois de son évolution économique sans avoir étudié la production artisanale qui en constitue l'élément essentiel [345]. Les artisans ont grandement contribué à l'originalité de la culture arménienne, surtout dans ses orientations laïques et la formation de la civilisation urbaine.

Le développement des métiers a été assuré à Dvin par trois facteurs essentiels : économique, politique et géographique. Construit à proximité d'Artashat, capitale antique de l'Arménie, Dvin a continué dans l'esprit des meilleures traditions de l'époque précédente. Les artisans les plus renommés s'y sont installés. La situation de Dvin au carrefour des plus importantes voies commerciales et sa richesse en matières premières indispensables ont prédéterminé la destinée de la ville.

Les articles de Dvin étaient bien connus à l'intérieur du pays comme à l'extérieur. Nous avons déjà noté que les sources arabes parlent avec admiration des soieries et des broderies de Dvin. Les splendides objets livrés par les fouilles témoignent du goût, de la maîtrise et de la richesse de l'art des artisans de Dvin. L'existence d'ateliers, de fours et de forges est la preuve que la ville connaissait une vie économique intense que ne pouvaient perturber ni les catastrophes naturelles ni les conquêtes étrangères.

Dvin était connu pour sa céramique. Les ateliers des potiers étaient surtout situés près des remparts de la ville et de la citadelle, ce qui leur permettait de résoudre facilement le problème de l'eau et de la canalisation. Le marché était pourvu de magnifiques récipients polychromes glaçurés et d'objets en faïence. La splendide céramique rouge lustrée et les autres récipients décoratifs ornaient les maisons des citadins. Une vaisselle en céramique de formes variées, à commencer par les petites salières et jusqu'aux grandes jarres d'une capacité de 1000 litres et plus, était couramment utilisée dans la vie quotidienne.

Les articles des verriers de Dvin étaient parmi les meilleurs au Proche-Orient. Continuant les meilleures traditions de l'époque hellénistique, les artisans verriers créaient aussi des formes nouvelles. Les verreries de Dvin se caractérisent par la diversité de leurs formes, leur polychromie et l'usage de techniques variées. Les objets en verre étaient largement utilisés dans la vie courante. Les fouilles ont

[343] A.A. KALANTARIAN, 1974.
[344] K.G. GHAFADARIAN, 1982, 106-108.
[345] V.A. ABRAHAMIAN, 1956, 259.

mis au jour des vitres, des lampes pour les lustres, des récipients d'alchimie. Le IXe siècle est l'époque du plus grand développement de l'art de la verrerie à Dvin, l'époque où les articles des artisans de Dvin sont appréciés à l'égal de ceux des grands centres du monde arabe.

Non moins populaires étaient à Dvin les métiers traitant les métaux : le forgeage, le traitement du cuivre, la joaillerie. Les outils, les récipients en bronze et les bijoux fabriqués sur place étaient renommés et Dvin était aussi un centre important de fabrication d'armes.

Une partie du matériel découvert atteste également de la pratique de métiers traitant la pierre, le bois, l'os [346].

Dans le présent ouvrage, nous examinons trois domaines importants de l'artisanat : la céramique, la verrerie et le traitement des métaux. On y trouvera exposés les principes fondamentaux de la production et les différents procédés techniques. Il nous été possible d'éclaircir les caractéristiques de chaque époque et d'établir une chronologie probable à l'aide de la stratigraphie.

Nous avons trouvé utile de présenter une liste générale des métiers pratiqués à Dvin, dressée d'après les résultats de longues années de fouilles et les témoignages des sources. Nous avons aussi puisé à la publication de B.N. ARAKÉLIAN (1958, 348-353) qui examine en détail presque tous les métiers pratiqués en Arménie médiévale. Cinquante métiers environ sont énumérés dans le "Commentaire des rêves d'Ani" [347]. Cette variété de métiers est conditionnée par une division du travail de plus en plus grande. Naturellement, la liste présentée ci-dessous des productions artisanales de Dvin n'est pas exhaustive et de nouvelles fouilles pourraient la compléter. Notre liste cite principalement les objets, bien que certains procédés techniques ou autres caractéristiques y soient aussi indiqués.

I. POTERIE

1. Récipients glaçurés de tous genres, y compris les lampes.
2. Vaisselle en faïence de tous genres.
3. Céramique lustrée.
4. Récipients de cuisine sans glaçure.
5. Chaudrons, pots, cruches [348].
6. Récipients sphéro-coniques.
7. Carreaux de faïence divers.
8. Tuiles et tuyaux en argile pour la distribution d'eau.
9. Briques.
10. Perles de collier en argile, partiellement couvertes de faïence [349].
11. Jarres de tous genres et *tonirs*.

II. VERRERIES

12. Récipients d'usage courant.
13. Lampes.
14. Bijoux (perles de collier, bracelets).
15. Éléments de mosaïque.

III. TRAITEMENT DES MÉTAUX (OBJETS FORGÉS, ARMES, OBJETS EN CUIVRE, BIJOUX)

16. Outils agricoles (socs, pelles, haches, hachettes.
17. Instruments d'artisans et objets d'usage courant (ciseaux, tenailles, burin, haches).
18. Rivets.
19. Couteaux [350].

---

[346] Concernant la production artisanale de l'Arménie médiévale, voir B.N. ARAKÉLIAN (1958, 1964) et V.A. ABRAHAMIAN (1946, 1956) avec de nombreux exemples provenant du matériel de Dvin. Différentes monographies sont consacrées à l'artisanat de Dvin : K.G. GHAFADARIAN, 1952, 1982 ; A.A. KALANTARIAN, 1970, 1976 ; H.M. DJANPOLADIAN, 1974, 1982 ; N.G. HACOPIAN, 1981 ; A.S. JAMKOTCHIAN, 1981 ; F.S. BABAYAN, 1981.

[347] Ed. B.N. ARAKELIAN, 1958, 348-353.

[348] Ces objets sont absents du matériel des fouilles de 1968 dans les ateliers.

[349] Ces dernières années, on a découvert au pied de la tour sud du rempart de la citadelle une grande quantité de perles de collier de ce type, partiellement sous forme de semi-fabriqués.

[350] Indiqué dans le "Commentaire des rêves d'Ani".

20. Armes de tous genres.
21. Pointes de flèches.
22. Fers à chevaux.
23. Armures.
24. Serrures.
25. Chaudrons en cuivre.
26. Bijoux en cuivre (bracelets, clochettes, bagues, perles de collier, boucles d'oreilles).
27. Lustres, candélabres.
28. Monnaies.
29. Bijoux en or de tous genres.
30. Articles en argent de tous genres.

IV. TRAITEMENT DE LA PIERRE ET MÉTIERS DU BÂTIMENT

31. Taille des pierres (cf. n. 120).
32. Articles en pierre (basalte) de tous genres.
33. Croix en pierre, khatchkars et pierres tombales.
34. Inscriptions sur pierre.
35. Fresques.
36. Objets en gypse.
37. Tuyau de distribution d'eau.
38. Plâtrage.
39. Ouvrages d'architecture.
40. Mortier.
41. Edifices en pierre.
42. Edifices en briques et en argile.

V. TRAITEMENT DE L'OS

43. Peignes.
44. Instruments de musique (cf. n. 120).
45. Bijoux et objets d'usage courant (cuillères).

VI. TRAITEMENT DU BOIS (MENUISERIE)

46. Planches.
47. Pièces de plafonds (poutres).

VII. AUTRES MÉTIERS D'APRÈS LES SOURCES ET LES TROUVAILLES

48. Soieries.
49. Tapis.
50. Teinturerie (cf. n. 120).
51. Toiles.
52. Tissus imprimés et brodés.
53. Coussins, sièges et dentelles.
54. Vêtements de soie.
55. Vêtements.
56. Paniers.
57. Gemmes de différents matériaux.
58. Chandelles.
59. Alchimie.
60. Huiles.
61. Farine.
62. Articles de boulangerie (cf. n. 120).
63. Préposé aux bains (cf. n. 120).

Telles sont les principales productions artisanales et des métiers qu'on peut résumer d'après le matériel de Dvin. La division du travail existait aussi à l'intérieur des ateliers et présentait un caractère général. Il y avait des ateliers spécialisés à orientation unique. Ainsi, dans les ateliers de joailliers, la gravure, l'incrustation de la nielle et des émaux étaient exécutées par différentes personnes.

CHAPITRE V

LES BULLES DU HAUT MOYEN AGE ET CERTAINES QUESTIONS D'ORDRE SOCIAL ET ECONOMIQUE

Les bulles en argile portant l'empreinte de sceaux, découvertes à Dvin, présentent un intérêt exceptionnel, car elles permettent de juger de différentes questions ayant trait à la vie économique, politique et sociale de l'Arménie et du Proche-Orient. Elles sont dans une argile ayant la propriété de durcir rapidement. Maqsidi, historien arabe du Xe siècle, parle de l'extraction au Khorassan de l'argile utilisée pour les bulles [351]. Elles servaient à sceller les portes, les récipients ou divers documents officiels et privés.

La technique de l'apposition d'un sceau sur l'argile est connue depuis très longtemps. Dès la deuxième moitié du Ier millénaire av. J.-C., les bulles en argile étaient déjà, probablement, utilisées pour sceller les documents officiels. Elles deviennent particulièrement fréquentes au Proche-Orient à l'époque hellénistique et sous les Sassanides au début de notre ère.

Des collections fort intéressantes de bulles, datées des IIIe-Ier siècles av. J.-C., ont été trouvées dans les fouilles de Nisa [352] et de Kabala [353]. En Arménie, les plus anciennes bulles ont été découvertes dans les sites urartéens [354]. Les bulles des VIe-Ve siècles av. J.-C. découvertes à Armavir [355] présentent un intérêt considérable. En 1979, à Artashat les couches des premiers siècles ont livré plusieurs milliers de bulles (inédites) en relation avec les activités commerciales. La découverte de bulles en argile dans les différents sites de l'Orient médiéval témoignent de leur vaste aire d'utilisation s'étendant à l'Iran Sassanide et aux pays qui se trouvaient sous son contrôle. Les plus importantes collections ont été découvertes en Iran lors des fouilles de la citadelle de Qasr-i Abu Nasr (près de l'actuel Shiraz) [356] et du temple de Takht-i Suleiman [357]. Un bel ensemble se trouve au Musée de Téhéran (matériel inédit, fouilles de Rad et Hakimi). Une importante collection d'origine iranienne est conservée à la Bibliothèque Nationale et au Musée du Louvre (Ph. GIGNOUX, 1978). En ex-Union Soviétique, d'intéressantes collections de bulles ont été trouvées en Asie Centrale (Musée de Samarkande), dans les forteresses de Téshik-Kala [358], Aq-Dépé [359] et à proximité d'Ashkhabad [360]. En Transcaucasie, malgré les fréquentes trouvailles de sceaux sassanides, les bulles sont rares. Un exemplaire a été livré par les couches des Ve-VIIIe siècles à Minguétshaouri [361] et deux à Urbnissi [362].

---

[351] M.E. MASSON, G.A. POUGATCHENKOVA, 1954, 160).

[352] M.E. MASSON, 1953 ; M.E. MASSON, G.A. POUGATCHENKOVA, 1954 ; M.M. DIAKONOV, 1954.

[353] S.M. KAZIEV, I.A. BABAYEV, 1969 ; D.A. KHALILOV, I.A. BABAYEV, 1974.

[354] B.B. PIOTROVSKI, 1952, 47-48 ; G.H. MIKAÉLIAN, 1964, 125, fig. 4.

[355] B.N. ARAKÉLIAN, 1969, 168, fig. 10.

[356] R.N. FRYE (éd.), 1973.

[357] R. GÖBL, 1971, 95-112 ; 1976.

[358] S.P. TOLSTOV, 1948, 200.

[359] A. GOUBAYEV, 1971, 46-49 ; V.G. LUKONIN, 1971, 50-52.

[360] V.G. LUKONIN, 1971, 51.

[361] G.M. ASLANOV, 1955, 71 ; R.M. VAHIDOV, 1961, 66 ; I.A. BABAYEV, 1966, 5-10.

[362] L.A. TCHILACHVILI, 1964, 155 ; K.A. DJAVAKHICHVILI, 1974, 98, Pl. IX c.

Une collection de dix bulles provenant, d'après leurs inscriptions, de Qasr-i Abu Nasr est conservée à Musée de l'Ermitage [363]. 41 bulles [364] ont été découvertes à Dvin dont 38 portent des empreintes de sceaux iraniens, sassanides, locaux et autres, datant des VI-VIIe siècles [365]. Trois bulles sont d'un intérêt particulier, car elles portent une inscription en arabe (IXe siècle). A notre connaissance, c'est la première trouvaille de ce genre.

Les historiens médiévaux arméniens nous informent sur les sceaux utilisés pour confirmer divers documents. Le sceau était en premier lieu symbole du pouvoir. Il servait à établir la position sociale de son possesseur et le genre de ses occupations. D'après les sources perses et arabes, la nomination de hauts dignitaires civils ou militaires à un poste s'accompagnait à la cour sassanide de la remise de vêtements, coiffure, ceinture et bague à gemme. Cette même tradition existait en Arménie dès le milieu du Ier millénaire av. J.-C. [366]. Les représentants du haut clergé possédaient aussi des attributs précis [367]. Les historiens arméniens notent que le droit de posséder un sceau appartenait principalement aux personnages haut placés : roi, *nakharars* et ecclésiastiques supérieurs [368].

Les manuscrits médiévaux arméniens et étrangers parlent aussi des représentations gravées sur les bagues-sceaux. Les sceaux royaux portaient la représentation d'un sanglier [369]. Ce genre de bagues faisaient probablement partie des sceaux officiels des rois sassanides et arméniens.

A.D.H. BIVAR (1969, 29) met en doute l'appartenance des gemmes à représentations de sanglier uniquement aux sceaux royaux officiels, trouvant qu'il est difficile de juger d'après le sujet représenté de la destination fonctionnelle des sceaux. Il considère que les sceaux à sanglier, qui sont assez fréquents, pouvaient appartenir au nombre des sceaux de la chancellerie royale ou être aussi la propriété de particuliers. Toutefois, comme ces sceaux sont toujours dits royaux, il est probable que l'un des sceaux royaux devait porter la représentation d'un sanglier. Cette considération est confirmée dans une certaine mesure par le témoignage de Masudi sur les sceaux de Khosrow II Parviz [370].

Les sources arméniennes mentionnent aussi des bagues "de cour" et "ordinaires" [371], ces derniers étant probablement des sceaux privés. Les *nakharars* et le haut clergé arménien avaient le droit de posséder plusieurs sceaux. En confirmant les documents d'importance étatique, les maisons des *nakharars* se servaient de sceaux officiels dits *térounakans* [372]. Les bagues privées ou "ordinaires" servaient à confirmer les documents d'importance locale ou ceux qui certifiaient une donation.

Les *nakharars* participant à la gestion du pays : *marzpan, hazarapet, sparapet* (ou avant, *mardpet*, dont la prérogative était de couronner le roi) possédaient aussi des sceaux symboles de leur pouvoir.

Les bagues des représentants du clergé peuvent également être divisées en "ordinaires", "seigneuriales", "patriarcales" et "confirmantes" selon la hiérarchie ecclésiastique [373].

Les sources iraniennes et arabes contiennent d'intéressants renseignements sur les sceaux et les bulles. Mentionnons le Code de lois sassanide et le Recueil de lois syrien du VIe siècle, recueil juridique d'Ishobokht, contemporain des sceaux examinés ici [374]. Ainsi, l'un des articles du Code de

---

[363] V.G. LUKONIN, 1960, 32-35.

[364] Une bulle a été trouvée en 1990, lors des fouilles du temple païen du quartier central.

[365] K.G. GHAFADARIAN, 1952, 235-236, fig. 221 ; 1966, 49-50 ; 1974, 101-112 ; 1982, 59-60 ; A.A. KALANTARIAN, 1977, 1982.

[366] Stépanos Orbélian (édit. 1910, 15).

[367] *Idem* (édit. 1910, 438).

[368] Lazare Parpétsi (édit. 1907, 129, 132) ; Movsès Kalankatvatsi (édit. 1912, 103).

[369] Paustos Buzand (édit. 1953, 127) ; Movsès Kalankatvatsi (édit. 1912, 123) ; Stépanos Orbélian (édit. 1910, 15, 38, 229 *et passim*).

[370] A.D.H. BIVAR, 1969, 31-32.

[371] Movsès Kalankatvatsi (édit. 1912, 89) ; Stépanos Orbélian (édit. 1910, 249, 268 *et passim*).

[372] Thovma Artzruni (édit. 1917, 185).

[373] Stépanos Orbélian (édit. 1910, 255, 168, 273) ; *Livre des Epîtres*, 1901, 72-75.

[374] N.V. PIGOULEVSKAYA, 1951.

lois informe que "le sceau officiel des *magupats* et des fonctionnaires aux finances (a été introduit) pour la première fois sur l'ordre du roi Qavat, fils de Péroz, tandis que le sceau (officiel) des Juges l'a été pour la première fois sur l'ordre du roi Khosrow, fils de Qavat" [375].

Un autre article stipule : "Le *magupat* ou le juge démis de leurs fonctions ont le droit de ne pas rendre leur sceau jusqu'au moment où (le document de) la remise (du retour) de leur sceau sera scellé" [376]. Il est également mentionné que "... le *magupat* (envoyant une lettre, des documents juridiques) dans un autre *shahr* et le juge dans un autre *tassouk* les scellaient avant d'un sceau officiel" [377]. Un grand rôle dans les procès intentés pour la défense des droits de propriété ou l'éclaircissement des questions d'héritage était réservé aux documents établis par deux personnes ou confirmés par un juge ou un *mobed*. Les articles consacrés à ce genre d'affaires tiennent une place considérable dans le Code de lois [378]. La comparaison des articles consacrés à l'utilisation des sceaux dans le Code de lois sassanide, surtout dans le domaine juridique et administratif, aux sceaux iraniens utilisés aux VIe-VIIe siècles et découverts à Qasr-i Abu Nasr, localité faisant partie du canton d'Artashir Qvarrah où le Code de lois a été rédigé, est d'un intérêt particulier [379].

Les sources arabes narrent avec beaucoup de vivacité la procédure de l'examen des affaires d'importance étatique à la cour sassanide et le rôle qu'y tenait le sceau d'Etat. Al-Baladzori note que les rois avaient des sceaux particuliers pour la poste, la donation des terres, la chancellerie secrète [380]. Al-Djahshiar, historien du Xe siècle, énumère quatre sceaux d'Artashir Ier, fondateur de la dynastie sassanide : avec l'inscription "fermeté" pour les ordres militaires, l'inscription "confirmation" pour les documents relatifs aux impôts, aux finances et aux grands travaux, l'inscription "urgent" pour la poste et l'inscription "justice" pour les affaires juridiques [381]. D'après al-Masudi, Bahram V avait un sceau, Khosrow Anushirvan en avait quatre et Khosrow Parviz neuf [382]. Le nombre de sceaux de Khosrow Parviz s'explique par leur différentes destinations. Ainsi, le sceau portant la représentation d'un cavalier et l'inscription "urgent" était apposé sur les documents à expédier d'urgence ; le sceau à représentation d'aigle servait à sceller les lettre envoyées en province ; le sceau à représentation de sanglier scellait les condamnations à mort.

La majorité des bulles de Dvin ont été livrées par la couche des VIe-VIIe siècles de la citadelle, dont 28 exemplaires trouvés dans l'église à trois nefs située au sommet de la citadelle. Cette église, datée des IVe-VIIe siècles, est légitimement considérée comme l'un des plus anciens édifices de Dvin. L'on peut supposer que cet édifice, remanié, a été utilisé aux VIe-VIIe siècles aussi, avant l'invasion arabe. Les bulles ont principalement été découvertes dans une petite pièce à murs en briques, située un peu plus haut que le sol des IVe-Ve siècles. Le plan de la pièce est impossible à reconstituer à cause de sa mauvaise conservation. Néanmoins, des secteurs du sol revêtu de briques crues subsistent. Dans cette partie de la citadelle, des bulles ont été trouvées dans un secteur d'une superficie d'environ 100 m^2. Très probablement, au VIe siècle il y avait là une pièce où l'on conservait d'importants documents étatiques, politiques, économiques, commerciaux et autres. Au VIIe siècle, un grand incendie a détruit cet édifice, ce qui est attesté par l'épaisse couche de cendres où l'on distingue nettement des restes de paniers d'osier, de tissus en coton et des traces de cuir. On a également découvert dans cette partie de la citadelle, un atelier de joaillier avec des sceaux prêts à être utilisés, des pierres précieuses et des sceaux semi-finis [383].

---

[375] A.G. Périkhanian, 1973, art. 134, 2-3, 408.

[376] *Idem*, 1973, art. A12, 13-17, 346.

[377] *Idem*, 1973, art. 100, 5, 7, 277-278.

[378] *Idem*, 1973, art. 99, 1-3, 106, 11-12, A18, 15-19, 284, 306, 365 *et passim*.

[379] V.G. Lukonin, 1976, 165.

[380] N.V. Pigoulevskaya, 1956, 215-216 ; A.Y. Borissov, V.G. Lukonin, 1963, 10.

[381] A.Y. Borissov, V.G. Lukonin, 1963, 10.

[382] A.D.H. Bivar, 1969, 29-32.

[383] K.G. Ghafadarian, 1982, 59-63.

Cette même couche a livré à une profondeur de 3 m une grande quantité de matériel exactement datable qui sert d'important argument pour établir les limites chronologiques des bulles. Parmi ce matériel, on distingue surtout une ampoule à représentation de saint André (Ve-VIe siècles) provenant de l'un des centres d'Asie Mineure [384], des pointes de flèches trilobées en fer et un gemme à représentation de sanglier datant des Ve-VIe siècles, des récipients en céramique dont le motif et le traitement sont caractéristiques des Ve-VIIe siècles, de petits récipients à bec verseur, dont les parallèles se rencontrent dans les sites transcaucasiens contemporains et une monnaie en cuivre de la période pré-arabe, fortement usée.

Le groupe suivant, peu nombreux, porte d'une à quatre empreintes de sceaux et provient également de la citadelle, du lieu dit "cour". Les fouilles y ont mis au jour un complexe de bâtiments construits au début du VIIIe siècle en grandes briques crues. C'est l'époque où les *vostikan*s arabes entreprennent à Dvin certains travaux de construction.

D'après leurs particularités stylistiques, les bulles sont comparables au matériel analogue daté des Ve-VIIe siècles de la basse période sassanide. Elles ont été trouvées à une profondeur de 4 m sous le sol de l'édifice. On y trouve aussi une couche de cendres assez épaisse, résultat d'un incendie, qui a livré des traces de coton, d'assez grands tas d'ail, de chanvre, de blé et d'avoine.

Ainsi, les bulles découvertes dans la citadelle de Dvin sont exactement datées des VIe-VIIe siècles. La couche archéologique qui les a livrées s'inscrit dans un schéma chronologique précis. L'une de ses limites est l'église de la citadelle, construite aux IVe-Ve siècles, sur le sol de laquelle on ne rencontre pas ces objets. L'autre limite chronologique est le palais en briques crues, construit au VIIIe siècle par les Arabes, d'où les bulles sont également absentes. Il est à noter que les bulles ont presque toutes été découvertes dans des conditions identiques : une épaisse couche de cendres, visiblement résultat du grand incendie de 640, arrivé lors de la campagne arabe vers Dvin, qui avait causé de grands dommages à la ville [385].

Le troisième groupe est composé de bulles qui portent les empreintes de dix sceaux et même plus (trois exemplaires), trouvées en 1972 dans la couche supérieure de l'une des fosses lors du nettoyage du palais du *catholicos* du Ve siècle (Pl. 51 : 4 ; 52 : 1). D'après le matériel archéologique découvert, cette couche est datée du IXe siècle. Les bulles de ce groupe sont intéressantes du fait qu'elles portent uniquement des inscriptions arabes, parfois accompagnées de représentations.

Les bulles en argile de Dvin sont généralement rondes ayant un diamètre de 1,50 à 9 cm ; on trouve aussi des bulles carrées, rectangulaires ou dont la forme est tributaire de celle du support ; ces dernières ne portent qu'une empreinte (Pl. 51, 52). Toutes les bulles présentent un trou pour le fil qui les attachait. Les petites bulles étaient attachées à l'objet par un ou deux fils qui sont parfois conservés.

Le revers des bulles est uni et porte l'empreinte de l'objet scellé (Pl. 53). Certains exemplaires laissent nettement voir des traces de tissus, parfois assez fins ; sur d'autres, on distingue les traces de courroies en cuir d'une largeur atteignant 0,70 cm ; d'autres encore portent la trace de cordes passées autour de l'objet scellé. L'une des bulles arabes a été attachée à l'objet par de larges courroies croisées, les deux autres ont été cousues de quatre côtés à l'aide de fils. Les bulles à surface concave constituent un groupe assez important.

Il est à noter que le nombre et les dimensions des empreintes n'obéissent pas à des règles établies. D'autre part, les bulles à grand nombre d'empreintes portent uniquement des traces de cordes, de courroies et de tissus. Elles étaient visiblement attachées à des objets de grandes dimensions, ficelés de cordes ou de courroies, plutôt qu'à des documents. Les traces de tissus sur les bulles montrent qu'elles ont servi à sceller des sacs et des ballots. Cette pratique, très fréquente sous les Sassanides, se rencontre plus tard aussi.

---

[384] A.A. KALANTARIAN, 1968, 274-276.
[385] Sébéos (édit. 1979, 138-139).

Les bulles à surface concave portant un ou deux sceaux ont probablement dû servir à sceller des objets à surface convexe, tels, par exemple, les rouleaux de parchemin. Les bulles à surface unie sans trace aucune étaient manifestement attachées aux documents avec des fils.

Examinant les bulles de Qasr-i Abu Nasr, P. Harper [386] les divise en deux groupes : les bulles ne portant pas les traces de fils ou de cordes et les bulles portant des traces nettement visibles de cordes. Cette division nous parait fortement généralisée, car certaines bulles restent alors en-dehors de ces groupes, alors qu'en disposant d'un si riche matériel, une classification plus minutieuse aurait été plus indiquée.

D'autre part, P. Harper et R. Frye remarquent avec raison que les traces de cordes sur les bulles indiquent qu'elles n'ont pas été attachées aux documents, tandis que les exemplaires à surface unie et à bords droits, sur lesquels le sceau a été apposé, scellaient les documents en cuir [387].

Selon P. Harper, les grosses bulles auraient servi à sceller les sacs et les ballots [388].

R. GÖBL (1971, 104) met en doute l'hypothèse de R. Frye, selon laquelle le grand nombre de sceaux sur les grosses bulles impliquerait des marchandises scellées de grandes dimensions. Il considère que cela résulte plutôt de l'importance du document qui devait être scellé par plusieurs personnes, y compris des témoins. R. GÖBL (1971, 106-107) note aussi que les bulles portant des traces de tissu, de cuir ou de parchemin scellaient les documents, alors que les bulles à surface concave étaient attachées aux objets roulés [389].

L'examen des bulles de Dvin nous permet de les diviser en trois groupes :

1) les bulles portant des traces de courroies, de cordes et de tissus, fixées sur les sacs et les grands ballots et en relation avec le commerce. Ce groupe inclut toutes les bulles à grand nombre d'empreintes et quelques bulles à une ou deux empreintes ;

2) les bulles à surface concave attachées aux documents roulés. Ce groupe n'inclut que des bulles à une ou deux empreintes ;

3) bulles sans forme particulière ou à surface lisse qui étaient scellées puis attachées avec du fil aux documents. Ce groupe, assez nombreux, compte des bulles de Dvin portant d'une à quatre empreintes.

Un examen préalable des bulles de Dvin avait déjà montré qu'elles étaient préparées en argile de différentes qualités. La majorité des exemplaires sont de couleur brune, quelques-uns noirs et un rougeâtre. La différence des couleurs peut s'expliquer par le fait que les marchandises et les documents arrivaient de différents lieux. Il n'est pas exclu qu'une partie des bulles, surtout celles qui sont scellées d'un même sceau, étaient attachées sur place aux marchandises avant de les entreposer. Deux bulles plates de couleur plus foncée attirent l'attention. Elles portent des signes (*neshan*) et un sceau officiel couverts d'une masse brillante détachée par endroits, d'où la mauvaise conservation des représentations des sceaux. Ces bulles scellaient incontestablement des documents envoyés de l'extérieur.

La bulle de nuance rougeâtre ressemble aux bulles de Qasr-i Abu Nasr par sa couleur comme par sa représentation. Toutefois, la pauvreté du matériel ne permet pas de plus vastes généralisations.

Les bulles découvertes à Dvin sont scellées de 178 sceaux, dont 138 remontent à la basse période sassanide et 40 à la haute période arabe. Les empreintes de ces derniers se voient sur les trois bulles arabes.

Un examen formel des sceaux conduit aux observations suivantes :

- parmi les sceaux sassanides, 39 ont une forme ovoïde convexe, 38 sont rectangulaires, 34 sont ronds, 11 ont une forme ovoïde plate, 4 sont carrés et 2 sont trapézoïdaux.

---

[386] *In* R.N. FRYE (éd.), 1973, 42.

[387] R.N. FRYE (éd.), 1973, 43 ; R.N. FRYE, 1970, 18-24.

[388] R.N. FRYE (éd.), 1973, 43.

[389] Les arguments de R. Göbl ne font que confirmer l'opinion selon laquelle les grosses bulles à traces de tissus et de cuir scellaient les sacs et les ballots utilisés dans des buts commerciaux.

- parmi les sceaux arabes, 19 sont ovoïdes convexes, 8 ovoïdes plats, 6 ovales, 5 rectangulaires et 2 carrés.

Ainsi, aussi bien parmi les sceaux sassanides qu'arabes, les formes ovales et rectangulaires dominent. Le grand nombre de sceaux à la forme ovale durant la période arabe témoigne en faveur de la fréquente utilisation de gemmes convexes pour les bagues. Les empreintes sassanides ovales et rectangulaires à surface plate, ainsi que certains exemplaires de forme convexe, sont faites à l'aide de sceaux en pierre de forme semi-circulaire, vastement propagés à cette époque, mais entièrement délaissés aux périodes suivantes et remplacés par des formes plus compliquées. Les empreintes carrées et trapézoïdales de la période sassanide sont rares. C'est ce que signalent aussi P. Harper et R. Göbl. Évidemment, le matériel de Dvin ne donne pas la possibilité de suivre les modifications des formes des sceaux, mais certaines constatations peuvent toutefois être exprimées : à la période arabe, les sceaux plats de forme ovale deviennent plus nombreux, tandis que la quantité de sceaux ronds et carrés diminue.

Diverses bulles découvertes lors des fouilles de Dvin présentent les mêmes empreintes. Ceci n'est pas propre à Dvin et V.G. Lukonin signale que les bulles sassanides découvertes en divers lieux portent souvent les mêmes empreintes et les noms des mêmes personnes ; il y a des cas où la même empreinte se répète deux ou trois fois sur la même bulle [390]. La répétition des empreintes sur les bulles est également attestée sur un matériel plus ancien. C'est ce qu'on observe sur certains exemplaires des bulles de Qasr-i Abu Nasr et de Takht-i Suleiman [391].

Tous les chercheurs notent avec raison que ce phénomène est fort important pour la datation des bulles, mais chacun donne son interprétation du fait. Ainsi, P. Harper explique la présence de plusieurs empreintes identiques sur une même bulle par une empreinte mal réussie au début. V.G. Lukonin considère que les bulles sur lesquelles les mêmes sceaux se répètent sont de nature commerciale et la présence sur ces bulles de plusieurs empreintes identiques montre que les possesseurs de ces sceaux, artisans ou commerçants, possédaient dans le sac ou le ballot scellés plusieurs parts. Cette solution est plus proche de la réalité. Les revers de ces bulles portent les traces de tissus et de courroies qui ne peuvent être en relation avec des documents. Il est à noter que sur la plus grosse bulle de Dvin, qui porte beaucoup d'empreintes et de répétitions, dont une empreinte représentant une croix, le groupe d'empreintes qui inclut cette croix est entouré d'un cercle incisé à l'aide d'une aiguille. Manifestement, cette bulle est aussi de nature commerciale ou analogue et les possesseurs des sceaux inscrits dans le cercle ont été ou bien exclus de l'affaire ou, au contraire, se sont vu accorder un privilège.

Les chercheurs émettent différentes opinions concernant la destination des bulles sassanides. R. GÖBL (1971, 104-106), examinant les bulles de Takht-i Suleiman, penche à croire qu'elles sont en majorité d'origine non locale et ont servi à sceller divers documents. L'origine non locale de certaines bulles est également signalée par Nauman, eu égard aux différences dans la qualité de l'argile. R. Göbl explique le grand nombre d'empreintes appartenant à différentes personnes sur une même bulle par l'importance du document. L'un des principaux arguments confirmant cette supposition est le fait que ces bulles ont été découvertes dans un même petit local.

R. FRYE (1970), convenant que les bulles ont servi à confirmer des documents, considère en même temps que leur majorité scellaient des marchandises faisant l'objet du commerce international de transit. Cette opinion est partagée par P. Harper [392]. R. Frye argumente en détail sa thèse eu égard aussi bien aux témoignages écrits relatifs aux relations commerciales de la période sassanide et post-sassanide qu'à l'aspect extérieur des bulles mêmes.

V.G. Lukonin [393], qui a consacré un grand nombre d'ouvrages à la glyptique sassanide et aux questions sociales et économiques de l'Iran, estime que les bulles étaient attachées aux documents à

---

[390] V.G. LUKONIN, 1967, 107.
[391] R.N. FRYE (éd.), 1973, 44 ; R. GÖBL, 1971, 108 ; 1976, n° 704.
[392] *In* R.N. FRYE (éd.), 1973, 42-44.
[393] V.G. LUKONIN, 1960 ; 1971 ; V.G. LUKONIN, 1967.

caractère juridique. Il s'appuie sur les sources législatives, en particulier le Code de lois sassanide et le Recueil de lois syrien, ainsi que des inscriptions et des représentations des sceaux. L'opinion de V.G. Lukonin n'exclut pas l'usage des bulles dans les affaires commerciales. Au contraire, il trouve que les grosses bulles servaient à sceller les ballots de marchandises après la réalisation desquelles elles étaient conservées dans les archives comme des documents de comptabilité ou permettant de garantir les droits des partenaires.

D'après les ouvrages publiés, la majorité des bulles étaient fabriquées sur place, ce qui est confirmé par les sceaux officiels qui indiquent la région ou la ville où habitait tel ou tel fonctionnaire. Ainsi, par exemple, à Takht-i Suleiman 25 bulles portent un sceau dont l'inscription centrale est : "Feu du Gushnasp mage de la maison (du temple du feu de Gushnasp)" ; parmi la centaine des bulles d'Aq-Dépé, 18 portent un sceau officiel à l'inscription "Serhas, Apavart" qui est le toponyme du lieu où se trouve ce château. En même temps, à Takht-i Suleiman comme à Aq-Dépé et à Qasr-i Abu Nasr, où l'un des sceaux officiels indique la région du Kerman, on a découvert des bulles apportées d'autres lieux.

Il est difficile de supposer que les petites pièces de Qasr-i Abu Nasr, d'Aq-Dépé ou de Takht-i Suleiman, où des centaines de grosses bulles ont été trouvées, pouvaient abriter autant de ballots de marchandises. Il faut plutôt croire que les bulles y étaient conservées séparées déjà des objets qu'elles avaient servis à sceller.

Les empreintes des sceaux privés sur les bulles constituent un sujet encore plus compliqué. Certaines bulles de Dvin portent l'empreinte de sceaux appartenant aux mêmes personnes que ceux des bulles de Qasr-i Abu Nasr ou de Takht-i Suleiman. Dans ces cas, l'on peut supposer que ces grandes distances étaient couvertes seulement par les bulles et non pas par les possesseurs des sceaux dont elles portent l'empreinte. Il est à noter que les sceaux répétés figurent justement sur les bulles qui ont dû servir à sceller les ballots de marchandises.

Toutes les données citées n'excluent toutefois pas la possibilité qu'une partie des bulles a été conservée comme document de comptabilité des affaires commerciales séparément des ballots, c'est-à-dire dans les villes ou les villages où se trouvaient les confréries commerciales.

Les bulles de Dvin ont constamment occupé K.G. Ghafadarian. Il expose sa principale thèse sur cette question dans l'un de ses articles (1974) consacré aux documents des archives d'État (*divane*) de Dvin et aux documents contenus dans le *Livre des Épîtres* et scellés de sceaux de personnalités éminentes laïques ou ecclésiastiques. K.G. Ghafadarian suppose que les nombreuses trouvailles de bulles à Dvin témoignent de l'existence dans cette ville d'un établissement, centre ou archives, où cette documentation était concentrée. Malheureusement, l'approche de K.G. Ghafadarian est quelque peu unilatérale.

L'on connaît le témoignage de Sébéos (édit. 1939, 28-29) concernant le transfert des archives du Siounik de Dvin à Paytakaran [394]. S. Malkhassiantz remarque, eu égard à l'interprétation du mot *shahrmar* [395], qu'il s'agit ici du *divane* (chancellerie des revenus du palais) des impôts du Siounik, puisque la ville de Paytakaran faisait partie de la province de l'Aterpatakan. Le témoignage de Sébéos permet de supposer que les archives centrales de Dvin conservaient des documents divers, y compris des obligations, des lettres de change et des privilèges permettant de collecter les impôts [396].

Les sources conservent d'intéressants renseignements sur la politique des impôts de l'Iran Sassanide. En Iran, le droit de collecter les impôts était accordé au fonctionnaire qui prenait l'obligation de payer la somme exigée, ce qui était confirmé par une lettre signée et scellée. Un témoignage convaincant de cette politique est la position de Shapuh II à l'égard des sujets chrétiens de

---

[394] "Auparavant (avant la révolte de 571-572), Vahan, seigneur de la terre du Siounik, se révolta, se sépara des Arméniens et demanda au roi persan Khosrow de transférer les archives du domaine du Siounik de Dvin à la ville de Paytarakan et d'inclure leur ville dans les limites (du *shahrmar*) d'Aterpatakan".

[395] Sébéos (édit. 1939a, 177-178, n° 25).

[396] Sébéos (édit. 1979, 232-233, n° 135).

l'Iran, dont il exigeait un double impôt en faisant assumer toute la responsabilité à Siméon, évêque de Ctésiphon. Cet ordre du roi fait l'objet d'une protestation de la part de Siméon, mais elle est suivie d'un nouvel ordre du roi : "... saisissez Siméon, chef des Nazaréens, et ne le relâchez pas jusqu'à ce qu'il appose son sceau sur une lettre de change écrite de sa propre main et se charge d'un double impôt pour tout le peuple de Nazaréens qui vit sur notre divine terre et dans notre Etat, et le paie" [397].

La même politique était réalisée par les Perses en Arménie. Aussitôt après la chute des Arsacides, au second quart du Ve siècle, ils effectuent un nouveau recensement de la population afin de préciser le montant des impôts et de régler leur collecte [398]. D'après Eghiché, l'un des résultats de ce recensement est la hausse des impôts et là où il fallait payer cent dahékans, on en exigeait deux fois plus. Cet auteur pense que le but de ces mesures était de ruiner les *shinakans* (paysans). Même les représentants du clergé devaient payer des impôts.

Tout aussi intéressant est le témoignage de Sébéos (édit. 1979, 101) sur les honneurs faits par Khosrow Anushirvan à Sembat Bagratuni : "Alors le roi le jugea digne du titre de *nakharar*, qui s'appelait Khosrow-Shum, le couvrit splendidement d'une coiffure et d'un manteau en brocart tissé d'or, le chargea d'honneurs extraordinaires, d'un bandeau serti de pierreries, d'un collier et d'un siège en argent ; il mit à sa disposition le petit revenu et les impôts du pays". Il s'agit là d'un privilège exceptionnel : le droit de disposer d'une partie des impôts du palais dans les limites du *marzpanat*. Le *divane* était la chancellerie des revenus du palais et le "petit revenu" est manifestement une des formes de ces revenus (provenant peut-être du commerce ou des taxes).

Les réformes intérieures de Khosrow, qui touchaient aussi la politique des impôts, s'étendaient à l'Arménie également, surtout dans la deuxième moitié du VIe siècle, après la révolte de Vardan Mamikonian (le Rouge), lorsque l'Arménie se retrouve pour quelques temps sous la domination des Sassanides. Sébéos (édit. 1979, 96) mentionne les fonctionnaires aux impôts nommés par Khosrow. On les désignait par le terme pehlevi *hamarkar* — "compteur", c'est-à-dire principal fonctionnaire aux revenus et dépenses de l'Etat [399]. Sébéos (édit. 1979, 96) note que l'armée arménienne "... s'empara aussi du trésor royal composé des impôts du pays et gardé dans la maison du *hamarkar*, et se mit en route vers le pays fortifié des Héloums".

Le témoignage de Sébéos concernant les *hamarkars* est confirmé par les articles correspondants du Code de lois sassanide. L'un de ces articles spécifie que "les *hamarkars* sont également compétents en taxation qu'en collecte ("réception") des tailles ("impôts") [400].

Dvin était selon toute probabilité l'un des centres d'Arménie où les impôts collectés étaient concentrés. Peut-être est-ce précisément ce que Sébéos (édit. 1979, 68) veut dire lorsqu'il mentionne les événements ayant également trait à la révolte de 571-572 de Vardan : "... les Perses qui avaient transformé l'église St.-Grégoire, construite à proximité de la ville, en *lieu de collecte* ...". Et ce n'est pas par hasard que Vardan et ses compagnons "... se sont emparés d'un grand butin et sont allés servir les Grecs" [401].

Tous les événements décrits se situent dans la même période historique, chronologiquement liée avec celle dont sont datées les bulles découvertes à Dvin. L'on peut supposer qu'une partie de ces bulles sont en relation immédiate avec les impôts. Les empreintes des sceaux permettent difficilement d'identifier leurs possesseurs, mais l'un des articles (93, 4-9) du Code de lois mentionne les sceaux officiels remis aux *hamarkars*.

Le même phénomène s'observe à Takht-i Suleiman, l'un des grands centres religieux de l'Iran Sassanide, où pouvait très bien être concentrée toute la correspondance relative aux impôts. Visiblement, Takht-i Suleiman, se présentant comme gros propriétaire foncier, complétait ses revenus

[397] N.V. PIGOULEVSKAYA, 1956, 243-246.
[398] N. ADONTZ, 1908, 481.
[399] H. ADJARIAN, 1977, 23.
[400] A.G. PÉRIKHANIAN, 1973, art. A-28, 3-5.
[401] Sébéos (édit. 1979, 67).

avec les impôts. C'est l'unique explication de l'origine des bulles provenant d'un vaste territoire (ce dont les inscriptions permettent de juger).

La comparaison des bulles sassanides de Dvin à celles de Qasr-i Abu Nasr et de Takht-i Suleiman révèle un certain nombre de différences. Sur les bulles de Dvin, les inscriptions sont très rares (20 sur un nombre total de 138). La grande majorité des inscriptions sont des énonciations religieuses ou profanes, certaines se limitent à des noms, d'autres encore à un seul mot, parfois incomplet. Ces inscriptions sont difficilement lisibles à cause de leur mauvais état de conservation et leur déchiffrement exige un long et minutieux travail [402]. Les bulles de Dvin ne portent l'empreinte d'aucun sceau ayant appartenu à un haut dignitaire persan, laïc ou religieux. Autrement dit, les bulles n'ont pas appartenu aux départements administratifs étatiques ou religieux qui contrôlaient les différents domaines de la vie intérieure du pays.

La grande majorité des sceaux, dont les bulles de Dvin portent l'empreinte, faisaient très probablement partie de la catégorie des sceaux privés. C'est ce dont témoignent en premier lieu la présence de représentations de plantes et d'animaux, l'absence d'inscriptions, ainsi que leurs dimensions. Cinq bulles seulement portent l'empreinte de sceaux officiels. Trois, munis uniquement d'inscriptions sont des sceaux de chancellerie. Des sceaux officiels pareils sont connus aussi à Qasr-i Abu Nasr. Bien que les inscriptions soient fragmentaires, elles sont d'un intérêt exceptionnel. Citons la lecture préalable de l'inscription de l'une des bulles, proposée par V.G. Lukonin :

> Centre : 'lmny
> Bord : 'lmny gwndy ZY ktk ZY … ou ZY ktkhw t'yh ?
> C'est-à-dire :
> Centre : Arménie
> Bord : maison du *gund* arménien … (et non pas le titre "kadag xwaday").

La mauvaise conservation de l'empreinte en rend impossible le déchiffrement définitif (fig. 36 : 24, Pl. 52 : 2). Il est absolument clair toutefois que ce sceau appartient au type fréquent des sceaux officiels sassanides au centre desquels on gravait le nom de la province — *shahr* (*stry*) ou d'une unité administrative plus petite : district (*kwst*) ou, enfin, celui d'un grand centre administratif, tel par exemple la ville de Bishapur (*Byshpwhr*). Sur le pourtour, on lit le titre d'un haut fonctionnaire (le nom n'est jamais mentionné).

Dans ce cas concret, le *shahr Arménie* est précisément indiqué comme l'un des *shahrs* (centres) faisant partie de l'Etat sassanide. Quant à l'inscription du pourtour, l'on peut affirmer avec certitude qu'il s'agit d'une unité *administrative militaire* (*gwnd* = régiment, détachement (cf. arm. *gund*). En tant que désignation d'unité administrative militaire, *gund* est mentionné chez Movsès Khorénatsi (édit. 1913, 262) ; après les événements des années 590, Hovhannès Draskhanakertsi (édit. 1912, 67) désigne l'Arménie sous le nom de pays du *tanutérakan tun*. Mais au point de vue juridique, ce terme peut être entièrement appliqué au Vaspourakan nommé, après 591, *Sépakan gund* [403]. Comme le note N. ADONTZ (1908, 233), "*gund* correspond réellement au φεμα byzantin et désigne une unité précise de forces militaires". N. ADONTZ (1908, 234) trouve que "les provinces *tanutérakan* et du Vaspourakan servaient probablement de lieux de station aux détachements militaires, arméniens ou persans, et étaient pour cette raison désignés aussi sous le nom de *gund*s". Probablement, outre ces régions, en Ayrarat ou, plus exactement, dans l'ancien domaine royal — *vostan* —, une unité militaire et administrative avait été organisée avec centre à Dvin, qui était nommée "*Gund* arménien".

Eu égard à la datation exacte de cette bulle (sur laquelle il y a trois autres sceaux dont l'un porte uniquement une inscription, mais illisible), des recherches approfondies dans les sources arméniennes seraient utiles. Pour le moment, l'ont peut seulement affirmer que c'est là le sceau de la chancellerie sassanide centrale d'Arménie, liée à l'administration militaire. Deux autres sceaux portant des *neshans*

---

[402] Les inscriptions des empreintes des bulles de Dvin ont été déchiffrées par V.G. Lukonin.
[403] Sébéos (édit. 1979, 145, n. 511) ; V.M. VARDANIAN, 1980.

à inscriptions appartenaient incontestablement aux mages et servaient à sceller des documents religieux ou juridiques.

Le clergé chrétien tenait en Arménie le même rôle que les mages en Iran. De ce fait, l'on peut affirmer que les empreintes à représentation de croix qu'on voit sur certaines bulles appartenaient aux religieux et étaient très probablement des sceaux officiels. Il est à noter que les bulles des collections d'Asie Centrale ou d'Iran, appartenant à un milieu non chrétien, ne présentent presque pas de sceaux à croix, alors que les sceaux à *neshans* appartenant aux mages figurent obligatoirement sur les grosses bulles. Ceci permet de supposer qu'à Dvin les serviteurs locaux du culte avaient qualité de personnalités officielles pour sceller différents documents, ou alors que les bulles dont l'origine étrangère ne fait pas de doute proviennent des régions chrétiennes de Syrie ou d'Iran. Il est impossible de préciser la part des officiels laïcs à la confirmation des documents, bien que certaines bulles portent, comme nous l'avons noté ci-dessus, des répétitions de sceaux ordinaires.

Il est certain que les bulles de Dvin ont servi à sceller les documents les plus divers, dont il est impossible de reconstituer le contenu. Néanmoins, l'aspect des bulles et les empreintes de leur revers permettent de distinguer quelques groupes. Le premier groupe est composé de bulles à marchandises en relation avec les affaires commerciales. Nous avons vu qu'une partie des bulles avaient servi à sceller des sacs, des ballots et d'autres objets volumineux.

Les sources communiquent d'intéressants, bien que rares, renseignements sur le scellage des ballots de marchandises. Ibn al-Balkhi, historien du XIIe siècle, décrit le procédé de fabrication d'une toile spéciale à Kazéroun et note en particulier : "L'inspecteur de la trésorerie assumait la surveillance, tandis que les commissionnaires établissaient le prix exact du tissu, scellant les ballots avant de les remettre aux commerçants étrangers. Ces derniers faisaient confiance aux courtiers et achetaient ces ballots tels qu'on les leur présentait, et dans chaque ville où arrivaient ces ballots, on ne demandait que le certificat du courtier de Kazéroun et on vendait les ballots sans les déballer. Ainsi, il arrivait souvent que des stocks de ballots de Kazéroun passent de main en main plus d'une dizaine de fois sans être déballés. Mais à présent, ces dernières années, on remarque de la fraude, les gens sont devenus malhonnêtes et toute confiance a disparu, car les marchandises portant *le sceau de la trésorerie* sont souvent de mauvaise qualité, et c'est pour cette raison que les commerçants étrangers évitent de prendre les articles de Kazéroun" [404].

L'usage de bulles pour les affaires commerciales était si fréquent qu'on en trouve même un écho dans le folklore : "On montra à Ala ad-Din (Aladin) la charge de tous les quarante chameaux : les ballots y étaient scellés et le prix en était indiqué sur chacun" (*Récits authentiques* ..., 1976, 32).

Il est à noter que lorsqu'il s'agit d'affaires commerciales, les sources parlent principalement de tissage, industrie concentrée aux mains de la trésorerie royale dans presque tous les centres persans. Étant l'un des plus importants domaines industriels de l'Iran Sassanide, la fabrication des tissus était contrôlée par la cour et constituait l'un des principaux articles d'exportation.

Le Recueil juridique d'Ishobokht et les autres sources syriennes nous informent sur certains détails de l'organisation du commerce et de l'artisanat en Iran [405]. Selon les sources, les artisans de l'Iran sassanide étaient réunis dans des organisations dites ateliers. Chaque branche se trouvait sous le chef de doyens ou artisans principaux. On rencontre souvent dans les sources des expressions du type de "doyen des argentiers", "chef des joailliers" [406] qui témoignent du haut niveau de développement des métiers traitant les métaux. Les représentants d'autres métiers étaient également réunis dans des ateliers, tels les boulangers. Tous les ateliers et corporations d'artisans avaient leur structure intérieure et leurs membres avaient leurs obligations. Ils logeaient dans des quartiers précis de la ville et leur travail se trouvait sous le strict contrôle de l'Etat, réalisé par un organe administratif. La cour avait spécialement institué la dignité de *karugbed* : chef des artisans. L'une des sources mentionne le

[404] A. METZ, 1973, 367.
[405] N.V. PIGOULEVSKAYA, 1956, 222-225, 253-261.
[406] K.V. TREVER, 1967, 157.

karugbed Pussik (Possi). Le *karugbed* Vardayab est nommé parmi les signataires des actes du concile nestorien de 544 [407].

Les commerçants étaient également réunis dans des confréries. Ishobokht expose en détail le statut de ce genre de confréries. Les articles du Code de lois sassanide contiennent de nombreuses mentions d'organisations commerciales et de leur règlement intérieur. Le caractère des confréries — *hambayih* — les distinguaient des communautés, mais leur conception de la propriété les en rapprochait quelque peu. Les membres de la confrérie partageaient entre eux les revenus en fonction du montant de leur dépôt. Ceci est confirmé par les bulles à marchandises dont certaines portent plusieurs empreintes d'un même sceau. Le nombre de sceaux d'un membre de la confrérie fixait probablement le nombre de parts lui appartenant, conformément auxquelles il fallait partager les revenus après la vente de la marchandise. Ainsi, les bulles témoignent avec évidence des droits des membres de la confrérie aussi bien que d'autres questions de leur structure intérieure.

D'après les sources, les commerçants d'origine étrangère avaient fondé dans les centres arméniens [408], notamment à Dvin, des communautés qui se trouvaient sous le contrôle de l'Etat et représentaient leurs propres confréries commerciales. Les nestoriens tenaient un rôle important dans le commerce iranien. Les décisions des réunions de nestoriens sont scellées par les sceaux des religieux et par ceux de personnalités laïques, des doyens des artisans et des commerçants [409]. Voyant le rôle des nestoriens dans le commerce du pays, la cour les protégeait.

L'introduction des nestoriens en Arménie dans des buts commerciaux n'a pas été fortuite [410]. Leurs premiers groupes apparaissent à la fin du Ve siècle. Vers le milieu du VIe, leur communauté s'était tellement agrandie qu'ils se construisent une église dédiée à Grigor Manatshihr Rajik. L'Église arménienne n'a cessé de mener une lutte idéologique contre les nestoriens, mais cette question sort du cadre du présent ouvrage. L'important pour nous est que les nestoriens s'installent en Arménie venant du Khuzistan, l'un des grands centres économiques de l'Iran sassanide. Ils le font avec la protection de la cour perse qui poursuit visiblement des buts politiques et économiques précis.

La comparaison des sceaux permet d'établir la part des bulles commerciales dans la collection de Qasr-i Abu Nasr. Une analyse des bulles de Dvin et du matériel de Takht-i Suleiman révèle une certaine ressemblance entre différentes empreintes. Il est à noter que certaines de ces empreintes se répètent sur les bulles de Dvin et de Qasr-i Abu Nasr [411].

La répétition d'un même sceau sur des bulles provenant de différents sites ne permet toutefois pas d'éclaircir la question de leur origine ni de leur localisation. L'on peut supposer que les grosses bulles de Dvin, scellées d'un grand nombre de sceaux, proviennent de Qasr-i Abu Nasr et, au contraire, les bulles à sceau unique servaient à sceller les lettres privées ou les procurations adressées aux courtiers des deux localités.

La présence à Dvin de commerçants syriens est confirmée par les bulles. L'une des bulles à marchandises présente deux empreintes dont l'origine syrienne ne fait aucun doute : sur l'une, une croix figure accompagnée de lettres isolées, sans rapport avec le pehlevi et rappelant les caractères syriens, sur l'autre, la représentation d'un palmier et d'un signe en flèche n'est pas d'origine sassanide non plus.

Indiscutablement, les commerçants arméniens avaient un rôle important dans le commerce intérieur et extérieur de l'Arménie, bien que nous n'en possédions pas de témoignages directs. Mais nous disposons de faits indiquant la situation privilégiée des commerçants et leur rôle dans la vie économique du pays. En tout cas, ils devaient se réunir en groupes ou confréries afin de faire face à la concurrence.

---

[407] K.V. TRÉVER, 1967, 160.

[408] Voir à ce sujet Procope de Césarée (édit. 1880, 181-182).

[409] N.V. PIGOULEVSKAYA, 1946, 228.

[410] *Livre des Epîtres*, 1901, 70, 71.

[411] R. GÖBL, 1976, nos. 85, 269, 271, 690.

L'organisation de groupes industriels en Arménie au haut Moyen Age a été examinée par plusieurs chercheurs. L'on sait que ce genre de groupes était fréquent dans l'industrie du bâtiment [412]. Les centaines de marques d'artisans conservées sur les monuments en sont un témoignage convaincant. Ces groupes se trouvaient sous le chef de *gortzakals* et de *vostikans*.

Les bulles découvertes à Dvin confirment l'existence en Arménie de différents groupes et ordres de commerçants. Les marchandises scellées de bulles commerciales à grand nombre de sceaux pouvaient être vendues uniquement par des confréries de commerçants et non par des marchands isolés. C'est ce qu'atteste aussi la présence d'empreintes d'un même sceau sur différentes bulles ou de plusieurs empreintes d'un même sceau sur une bulle.

On a trouvé à Dvin trois bulles d'origine arabe qui sont à ce jour l'unique trouvaille du genre. Il est vrai que l'une des bulles de Qasr-i Abu Nasr porte un sceau à inscription arabe qui, d'après l'expression de R. Frye, est exécutée dans "un alphabet étrange, probablement modelé d'après le pehlevi cursif" [413]. Presque tous les sceaux des bulles de Dvin présentent des inscriptions qui sont ou bien des noms, ou bien des énonciations. La mauvaise conservation des inscriptions ne permet pas de conclusions plus poussées.

Bien que les bulles soient découvertes dans la couche du IXe siècle, les représentations et les inscriptions permettent de les dater des VIIe-VIIIe siècles. La bulle à empreintes de sceaux sassanides présente un grand intérêt pour le contexte des relations commerciales irano-arabes. A la période initiale, les Arabes donnaient visiblement certains privilèges aux marchands arméniens et persans. Baladzori mentionne l'accord conclu par Habib ibn Maslama avec les habitants de Dvin [414]. D'après R. FRYE (1972, 329-331), les Arabes avaient conservé, surtout sous les Omeyyades et les Abbassides, certaines institutions de l'appareil administratif sassanide : le système des impôts était le même et les monnaies sassanides circulaient encore.

Les bulles arabes de Dvin ont trait au commerce. Leur forme ne diffère pas de celle des bulles sassanides avec la seule différence qu'ici la majorité des sceaux (25 sur 40) portent des inscriptions, alors qu'on ne trouve des représentations que sur cinq sceaux. Il est difficile d'établir ceux qui sont officiels et seulement l'appartenance d'un sceau à représentation de croix aux sceaux officiels ne fait pas de doute.

F. Akkerman, V.G. Lukonin et d'autres chercheurs ont noté que les représentations figurées sur les sceaux sassanides sont empruntées à l'Avesta et à la littérature épique perse [415]. Quant à nous, il nous semble que toutes les représentations qu'on rencontre dans différentes sphères de la culture sassanide : sculpture, numismatique, peinture, joaillerie, tissage et glyptique, sont très homogènes et puisent à la même source. Une partie a son écho dans les sources écrites.

Eu égard à certaines données statistiques relatives aux sceaux sassanides, R. GÖBL (1971, 97) en vient à la conclusion que les scènes représentées sur ces sceaux étaient d'un nombre fort limité. Il signale le caractère canonique des représentations, spécialement sur les sceaux privés.

Les représentations figurées sur les sceaux des bulles de Dvin, indépendamment du lieu de leur découverte, sont en relation étroite avec les monuments sassanides. Il est indiscutable que la majorité des bulles de Dvin sont d'origine sassanide. Il y a toutefois des sceaux locaux dont les scènes sont fortement apparentées à celles des sassanides, dont le symbolisme est manifestement identique à celui des sceaux sassanides.

A cet égard, J.A. ORBÉLI (1963, 291) écrit : "C'est un choix particulier de sujets, indiscutablement lié dans beaucoup de cas partiellement aux notions religieuses ou magiques, qui se présente comme le reflet de l'aspect le plus intime de la vie des Perses anciens et des peuples

---

[412]   B.N. ARAKÉLIAN, 1949, 99 ; S.Kh. MNATZAKANIAN, 1958, 84-104.
[413]   R.N. FRYE (éd.), 1973, 58, D 195.
[414]   A.N. TER-GHÉVONDIAN, 1977, 42.
[415]   A.Y. BORISSOV, V.G. LUKONIN, 1963.

culturellement en relation avec eux ; il est plein d'un intérêt particulier et le vaste diapason du degré de perfection technique de ces articles ... ne fait que souligner encore plus le rapport de ces objets avec la vie quotidienne".

Tous les oiseaux et les animaux qu'on voit sur les bulles de Dvin sont d'une manière ou d'une autre liés au culte des totems, à la mythologie et aux notions cosmogoniques. Certains sont des symboles de constellations ou d'étoiles du Zodiac [416]. F. Akkerman a donné une classification des sceaux sassanides d'après leurs représentations, qui est reconnue par les spécialistes. V.G. Lukonin est l'auteur d'un certain nombre de remarques intéressantes sur le symbolisme relevant des textes persans anciens. Ainsi, la représentation d'un taureau sur les sceaux pouvait être le symbole du dieu de la victoire Vérétragna, procédant de Sirius (le symbole de Sirius étant le taureau à cornes d'or) [417].

Dans son Catalogue des sceaux sassanides du British Museum, A. BIVAR (1969) classe les sceaux d'après leurs représentations, respectant les limites chronologiques à l'intérieur des groupes. R. GÖBL (1973) propose de classer les sceaux d'après leurs représentations, en tenant compte dans certains cas des légendes [418].

L'importance des bulles est grande pour la classification des sceaux sassanides. Sous cet aspect, fort intéressante est la recherche de P. Harper sur les représentations des empreintes et les formes stylisées des gravures qu'on rencontre sur les sceaux, recherche basée sur la comparaison d'un vaste matériel [419]. P. Harper distingue les représentations suivantes sur les sceaux des bulles de Qasr-i Abu Nasr :

1) êtres humains, 2) animaux, 3) oiseaux, 4) plantes, 5) êtres fantastiques, 6) symboles, *neshans*, monogrammes.

Pour l'analyse des représentations et la classification des sujets des sceaux empreints sur les bulles de Dvin, nous nous basons sur l'ouvrage susmentionné de P. Harper.

Représentations d'êtres humains

Contrairement aux bulles de Qasr-i Abu Nasr et de Takht-i Suleiman où figurent un assez grand nombre d'empreintes à représentations humaines, ces dernières sont très rares sur les bulles de la collection de Dvin (Pl. 52 : 5). Cette observation confirme que ces bulles étaient scellées par les représentants locaux du pouvoir. Les hauts dignitaires de la cour sassanide ou les gouverneurs, dont les sceaux portaient des représentations humaines avec indication de leurs noms, fonctions, ne participaient probablement pas à la rédaction de ces documents.

Sept bulles découvertes à Dvin portent la représentation d'un être humain ; l'un des sceaux est apposé trois fois sur une bulle. L'empreinte de ce sceau s'est fort mal conservée, mais il est possible de distinguer que l'homme tient à droite un animal dont le corps allongé et les membres sont bien marqués. A gauche, quelques traits sont faiblement visibles ; on peut supposer que c'était une épée. La partie supérieure du sceau a disparu. On voit nettement les pieds de l'homme en large pantalon.

Très intéressante est la représentation d'un cavalier sur une bulle à sceau unique. Toute la composition est fort dynamique. Le cavalier tient de la main droite une épée (ou une lance), il porte une coiffure triangulaire. Dans la partie inférieure du sceau, immédiatement au-dessous du cheval, on découvre un chamois stylisé. Ce genre de compositions, plus caractéristiques pour le milieu gréco-romain, ne se rencontrent presque pas sur les sceaux sassanides. Toutefois, les scènes de chasse occupent souvent le décor des coupes en argent sassanides, dont une partie est exécutée en Iran et dans les régions sous son contrôle.

---

[416]   Anania Shirakatsi (édit. 1962, 52-53).
[417]   A.Y. BORISSOV, V.G. LUKONIN, 1963, 34.
[418]   R. GÖBL, 1971, 9è.
[419]   R.N. FRYE (éd.), 1973, 66-87.

Sur les trois autres sceaux, des hommes sont figurés en pied, dans différentes poses. Malheureusement, le mauvais état de conservation des sceaux ne permet pas de distinguer les détails, mais laisse supposer que deux de ces hommes tiennent des armes.

Représentations d'animaux

Les représentations d'animaux : lion, loup, chamois, bélier, sanglier, ours, cerf, souris sont assez fréquentes tant séparément qu'en différentes compositions (fig. 36 : 21, 26, 31, 35).

Notre collection compte trois empreintes représentant un lion, deux dans le matériel des VIe-VIIe siècles, la dernière sur une bulle du IXe. L'une des empreintes des VIe-VIIe siècles, isolée, appartient peut-être fonctionnellement à un autre groupe de bulles. Sous un arbre à trois branches, un lion à épaisse crinière est représenté assis, la tête posée sur ses pattes de devant (Pl. 52 : 4). Les détails du corps sont exécutés avec beaucoup de finesse. Ce motif est fréquent sur les sceaux sassanides. Un grand nombre de sceaux à représentation de lion dans cette même pose, mais sans arbre, sont apposés sur les bulles de Qasr-i Abu Nasr. Deux gemmes à représentations très proches, datés des IVe-Ve siècles, sont conservés dans la collection de l'Ermitage [420]. Une autre empreinte, faite sur une bulle à quatre sceaux, représente un lion fortement stylisé debout sous un arbre. Les deux empreintes portent aussi des inscriptions. Ce genre de représentations sont fréquentes sur les hauts-reliefs, tant sassanides qu'arméniens datant du haut Moyen Age. Notons spécialement le relief à représentation de lion sur la façade sud de l'église de Peteghni, dont l'exécution est fort proche de celle des empreintes décrites [421].

Pour de nombreux peuples, le lion se présente comme symbole de force, d'agilité et de puissance. Le rôle de garde protecteur était aussi le sien au Proche-Orient où ses représentations sont des plus fréquentes [422]. Chez les Arméniens, le culte du lion remonte aux temps les plus anciens ; il était identifié au soleil et considéré comme l'incarnation de la force, de la fécondité et de la puissance. Comme le note Anania Shirakatsi (édit. 1962, 53), "on dit du lion que ceux qui sont nés sous son signe seront audacieux et fiers".

Le loup et le chien occupent une place de choix dans le culte des totems. Le chien, qui a toujours servi l'homme, se présente comme incarnation de la fidélité et du dévouement. Ce culte ancien, transféré à la culture chrétienne, a aussi trouvé son expression dans les arts décoratifs et appliqués. Sur les bulles de Dvin, les représentations de cet animal sont attestées quatre fois. Sur deux sceaux (l'un rond, l'autre rectangulaire), on retrouve une même composition : sous le corps de l'animal, on distingue nettement sa progéniture qui tête. Dans un cas, la longueur du corps et dans l'autre le mauvais état de l'empreinte ne permettent pas d'identifier la représentation. Sur une autre empreinte, un loup est représenté courant. Sur le quatrième sceau, on distingue un chien à la longue queue recourbée et aux pattes allongées vers le devant. Les trois premières représentations ont leurs parallèles dans le matériel de Qasr-i Abu Nasr, dans les collections du *British Museum* et de l'Ermitage [423].

Sur les bulles de Dvin sont également figurés des béliers, des chamois et des cerfs. Leur style général les apparente aux représentations identiques de Qasr-i Abu Nasr. Tous ces sceaux sont privés et anépigraphes. Les béliers, figurés avec un ruban au cou, sont le symbole de Khvarena, dieu de la réussite et de la majesté royale. Selon V.G. LUKONIN (1977, 209), ce genre de reliefs ne figurent, à la haute période sassanide, ni sur les hauts-reliefs, ni sur les sceaux.

Les représentations de cerfs sont fréquentes sur les monuments d'Arménie du haut Moyen Age (Kassakh, Aghtz). B.N. ARAKÉLIAN (1949, 90) interprète les sculptures de cerfs de la période chrétienne comme l'incarnation de la nostalgie du royaume céleste. D'après Anania Shirakatsi (édit. 1962, 53), "celui qui est né sous ce signe sera judicieux, orgueilleux et traître". Le cerf, identifié au

[420] A.Y. BORISSOV, V.G. LUKONIN, 1963, nos. 311, 312.
[421] B.N. ARAKÉLIAN, 1949, 85.
[422] F.S. BABAYAN, 1974, 14-15.
[423] R.N. FRYE (éd.), 1973, 75, 67, 308, 313, 448 ; R. GÖBL, 1973, 40a, c, d ; A.Y. BORISSOV, V.G. LUKONIN, 1963, 749.

capricorne, était considéré comme l'incarnation de l'un des cinq éléments cosmiques, l'eau, et lié dans la mythologie perse au culte d'Anahite.

Les sceaux à représentations de sanglier, d'ours et de souris sont rares sur les bulles de Dvin. L'un des sceaux porte une tête d'ours figurée de face avec un signe astral, composition rare sur les sceaux sassanides. La souris figure sur un seul exemplaire de Dvin. Elle est rare aussi sur les bulles de Qasr-i Abu Nasr [424].

Les empreintes à représentations de scorpion sont au nombre de quatre. Sur deux, le scorpion est figuré avec un oiseau, sur la troisième avec la lune et sur la quatrième seul. D'après la classification d'Akkerman, le scorpion se présente comme le symbole de sa constellation. Toutes les constellations étaient considérées comme des divinités "généreuses", mais il est difficile de croire que le scorpion fût perçu uniquement sous cet aspect. Il nous semble que le scorpion était en premier lieu symbole du mal et des ténèbres. Dans la mythologie arménienne ancienne, "Hayk rivalisait avec Anahite, elle envoya le scorpion pour piquer Hayk et Hayk-Orion mourut de cette piqûre" [425]. D'après Anania Shirakatsi, "celui qui est né sous ce signe sera malfaiteur et assassin". Le scorpion a sa place dans le panthéon urartéen. Ses représentations sont également fréquentes sur les sceaux postbabyloniens et assyriens [426]. Dans la mythologie sassanide, le scorpion se présente parfois comme le présage de malheur. Mais sur les sceaux, il figure comme symbole de sa constellation et gage de succès.

Représentations d'oiseaux

La majorité des représentations sur les bulles de Dvin figurent des oiseaux : pigeon, cigogne, faisan, aigle, paon, cygne, canard (fig. 36 : 18, 19, 32 ; Pl. 51 : 1, 2, 3). Ils sont représentés seuls ou avec d'autres animaux (serpents, scorpions, cerfs). Sur une dizaine d'empreintes, les oiseaux sont figurés avec des astres et surtout le croissant de lune, ce qui est très fréquent dans la glyptique de la basse période sassanide. Au point de vue technique d'exécution, on observe une grande ressemblance entre les bulles de Dvin, de Qasr-i Abu Nasr et de Takht-i Suleiman, ce qui témoigne de la communauté du milieu dont elles sont originaires.

Les sujets des bulles sont en relation étroite avec le culte et, en particulier, les textes religieux du zoroastrisme. Les oiseaux sont spécialement liés au culte du ciel, symbolisant l'idée de l'immortalité de l'âme. L'idée de la fécondité est incarnée par la cigogne et le faisan, oiseau du paradis.

Dans la tradition arménienne, le culte des oiseaux est très ancien. C'est ce dont témoignent les matériels archéologique et ethnographique [427]. Les représentations d'aigles, de cigognes, de pigeons et de coqs qu'on voit sur les récipients en céramique du Moyen Age sont aussi, dans une certaine mesure, liées au culte des périodes précédentes [428].

Les bulles offrent souvent la représentation d'oiseaux tenant un serpent dans le bec, ce qui symbolise probablement la lutte contre les forces du mal et la victoire remportée sur elles (Pl. 52 : 7). Dans certains cas, un serpent contorsionné est figuré à côté de l'oiseau, ce qui symbolise l'idée de l'immortalité. Le culte du serpent, très important chez les Arméniens, se manifeste dans les croyances populaires, se transformant en ancêtre mythique, gardien de l'âme [429].

Au Moyen Age, le culte du coq-faisan était très répandu. Dans la littérature religieuse perse, le coq se présente comme le gardien du foyer, il lutte contre le sommeil, la paresse et les autres forces du mal. Ce culte était connu aussi bien en Iran qu'en Asie Centrale et au Caucase. Chez les Arméniens,

---

[424] A cet égard, signalons pour mémoire, un passage intéressant des canons de Cyrille d'Alexandrie : "Le prêtre qui bénit les aliments liquides ou une cave souillés par une souris, ou d'autres reptiles impurs, sera maudit et vicieux comme une souris, il sera démis de sa dignité" (*Livre des Canons*, 1971, 60-61).

[425] B.N. ARAKÉLIAN, 1949, 79.

[426] B.B. PIOTROVSKI, 1959, 231.

[427] B.N. ARAKÉLIAN, 1949, 78-94.

[428] F.S. BABAYAN, 1974.

[429] M. ABÉGHIAN, 1975, 63-65.

les combats de coqs étaient populaires jusqu'aux temps modernes. Dans nombre d'églises, on gardait des coqs coloriés pour prédire le temps. Des représentations de coqs figurent sur les églises arméniennes (Aghtamar) et les enluminures (Évangile de Moughni).

L'aigle est le symbole de la divinité du soleil. L'idée de force et de protection qu'il symbolise a perduré jusqu'au Moyen Age en Arménie. Les représentations d'aigles sont nombreuses sur les églises et les édifices profanes, ainsi que dans l'héraldique. Sur l'un des sceaux, l'aigle, représenté dans une pose menaçante, les ailes à demi déployées et la tête tournée vers la droite, se veut symbole de force, de puissance et peut-être même de pouvoir. Cette figure s'apparente aux représentations d'aigle des chapiteaux de Zvartnotz.

L'une des empreintes représente deux oiseaux sur un arbre stylisé, becquetant un fruit. L'arbre a la forme d'une croix. Ce motif est fréquent sur les édifices arméniens du haut Moyen Age. Dans une forme très archaïque, il figure dans la niche sud du mausolée des rois Arsacides à Aghtz [430]. Nous trouvons une composition pareille à Érérouyk, sur l'un des chapiteaux anciens détachés de l'édifice (Ve siècle) [431], ainsi que dans le décor conservé sur le mur nord de la cathédrale d'Etchmiadzine [432]. Le motif des deux oiseaux se répète ensuite très fréquemment dans l'enluminure [433], ainsi que dans la gravure sur bois (chapiteaux de Sévan, IXe siècle).

Comme la glyptique sassanide n'offre pas de parallèles à ce motif, l'on peut affirmer que le sceau décrit a été exécuté en milieu arménien et a dû appartenir à une personnalité laïque arménienne.

Mentionnons également les représentations d'oiseaux sculptées en médaillons sur l'encadrement de l'une des fenêtres nord de l'église de Peteghni présentant aussi une ressemblance avec les représentations des bulles de Qasr-i Abu Nasr et des autres sceaux sassanides. Cela parle en faveur de l'interinfluence des arts décoratifs et de la sculpture au VIe siècle.

Représentations de plantes

A la différence des bulles de Qasr-i Abu Nasr, le nombre de sceaux à représentations de plantes est très limité parmi les bulles de Dvin. Citons le sceau syrien représentant un palmier (fig. 36 : 20) et les sceaux à feuilles de vigne et à arbres stylisés (en tout, 7 exemplaires). Les motifs végétaux sont extrêmement rares sur les sceaux sassanides de la haute période. V.G. LUKONIN (1977, 209) l'explique par l'introduction tardive (IVe siècle) en Iran du culte d'Anahite dont les symboles étaient les fleurs, les grenades et d'autres motifs végétaux.

L'art arménien du haut Moyen Age pratique assez rarement l'ornementation à motifs végétaux ; à cette époque, ils sont aussi plus stylisés, ce dont on peut juger d'après le mausolée d'Aghtz, la basilique de Kasakh et un certain nombre d'autres monuments. Aux VIe-VIIe siècles, ces motifs deviennent plus fréquents et plus réalistes. On le voit surtout sur l'exemple de la cathédrale de Zvartnotz qui, comme on le sait, constitue toute une époque dans l'histoire de l'architecture et de l'ornementation arméniennes.

Représentations d'animaux fantastiques

Malgré leur petit nombre, les sceaux de ce groupe se divisent en deux types. Sur les premiers, d'origine incontestablement sassanide, sont représentés Gopatshah et un cheval ailé. Ces motifs sont très fréquents sur les sceaux et les bulles sassanides. Le personnage de Gopatshah, homme-taureau fréquent dans les manuscrits et les hauts-reliefs persans et attesté dès la période achéménide, remonte

---

[430] De l'an 360, cf. B.N. ARAKÉLIAN, 1949, fig. 62.

[431] F. GANDOLFO, 1973, 43.

[432] L. AZARIAN, 1975, 40, fig. 10.

[433] A. Ch. MNATZAKANIAN, 1955, 371-374.

aux notions totémiques des peuples d'Asie Antérieure. Gopatshah est probablement en relation avec la protection de l'eau et l'irrigation [434].

Un sceau représentant Gopatshah figure sur l'une des bulles du IXe siècle de Dvin, mais le sceau lui-même a dû être exécuté à une époque antérieure. Des sceaux de ce type, très proches de l'exemplaire de Dvin, sont conservés à l'Ermitage et ont été publiés par V.G. Lukonin [435].

Les sceaux du deuxième type (2 exemplaires) appartiennent à un milieu chrétien ; sur l'un, un amour est figuré (fig. 36 : 34) un rameau à la main, sur l'autre deux amours. Les sceaux sassanides n'offrent que très rarement ce type de représentations. A Qasr-i Abu Nasr, on ne trouve qu'un unique exemplaire de sceau figurant une paire d'amours. Le sujet des sceaux décrits les apparente aux exemplaires de la basse période romaine.

Symboles, neshans, monogrammes

Les sceaux à symboles chrétiens et zoroastriens occupent une place à part parmi les bulles de Dvin. La croix qu'on trouve parfois sur les sceaux ne peut être considérée comme un simple ornement (fig. 36 : 17 ; Pl. 51 : 5). L'Etat sassanide, en lutte incessante contre Byzance, réalisait aux IVe-VIe siècles une politique d'assimilation à l'égard des peuples chrétiens, leur imposant le zoroastrisme.

La croix, symbole principal d'une religion étrangère, ne pouvait être utilisée sur un sceau à titre d'ornement sans contenu [436]. Nous penchons à croire que ce sceau a dû appartenir à un chrétien.

On voit parfois des sceaux créés dans un milieu zoroastrien, puis passés aux mains de chrétiens qui y ont gravé un signe de croix supplémentaire. Borissov considère légitimement que des propriétés magiques étaient attribuées au signe de la croix qui devait détruire l'action des symboles zoroastriens. Ainsi, on a trouvé à Dvin un sceau à représentation de *neshan*, à côté duquel une petite croix a été gravée.

A Dvin, on trouve sept sceaux à représentation de croix sur les bulles. Des empreintes avec différents signes de croix sur une même bulle se rencontrent une seule fois. L'un des sceaux date du IXe siècle. La bague de Grégoire l'Illuminateur portait un signe de croix [437]. Les sceaux des *catholicos*, patriarches, évêques et autres religieux, si souvent mentionnés par les auteurs médiévaux arméniens, étaient ornés de croix.

Les croix des sceaux n'ont pas la même forme. D'habitude, leur partie inférieure est plus longue ; les bras se terminent souvent en petits cercles. Dans les monuments arméniens, les croix ayant cette forme sont attestées aux VIe-VIIe siècles et on les trouve aussi dans l'ornementation monumentale. L'on peut citer comme exemple la croix en tuf complète et des croix identiques incomplètes découvertes à Dvin à proximité du palais du *catholicos* [438], ainsi que la croix en or de Dvin qui présente au centre un gemme à représentation d'aigle.

Les croix les plus anciennes qu'on trouve sur le territoire de l'Arménie et qu'on date des IVe-Ve siècles (croix de Zovuni, Oshakan, Kassakh, Aghtz et d'autres monuments paléochrétiens) présentent quatre bras égaux. Mais dès le VIe siècle, la forme des croix change. Comme le remarque N.M. TOKARSKI (1973, 65), à partir du VIe siècle, les bras des croix ont le rapport 4 : 5 et la croix devient plus harmonieuse. Les formes des croix présentent une grande importance pour la datation des sceaux, comme des autres documents de la culture matérielle. Ainsi, le sceau à croix aux quatre bras égaux, trouvé dans les inhumations en jarres de l'Azerbaidjan, doit être daté non pas des VIe-VIIIe siècles [439], mais des IVe-Ve siècles.

---

[434]   K.V. TRÉVER, 1940, 71-86.

[435]   A.Y. BORISSOV, V.G. LUKONIN, 1963, nos. 262, 263.

[436]   A.Y. BORISSOV, 1939, 235.

[437]   Lazare Parpétsi (édit. 1907, 131).

[438]   K.G. GHAFADARIAN, 1952, fig. 133-136.

[439]   A.B. NOURIEV, 1973, 231-232.

Les sceaux sassanides à croix sont extrêmement rares. En Transcaucasie, on en trouve très peu [440] ; à notre connaissance, l'Ermitage n'en possède qu'un exemplaire daté des IVe-Ve siècles [441].

Les *neshans* des sceaux font depuis longtemps l'objet de l'intérêt des chercheurs [442]. Le déchiffrement de ces signes, qu'on voit en grande quantité sur les sceaux, les monnaies et les récipients en argent et céramique, peut contribuer à la solution d'un certain nombre de problèmes ; toutefois, malgré un grand nombre de suppositions, le secret des *neshans* reste inconnu.

Les *neshans* ont été examinés en détail par V.G. Lukonin [443]. Après avoir collationné toutes les variétés de *neshans* qu'on trouve sur les bas-reliefs, les monnaies et les sceaux, il en vient à la conclusion que les sceaux à *neshans* ont appartenu aux mages, principalement ; en même temps, certains *neshans* pouvaient être des signes familiaux indiquant un titre.

A Dvin, on trouve des *neshans* sur trois sceaux, dont deux sont isolés et le troisième accompagné de quatre autres sceaux (fig. 36 : 22, 25 ; Pl. 52 : 3, 6). Habituellement, tous les sceaux à *neshans* présentent aussi des inscriptions. Les bulles à nombreuses empreintes ne montrent pas de sceaux à *neshans*.

La collection de Dvin compte aussi trois empreintes de monogrammes, dont l'une est faite sur une bulle portant 45 sceaux. Il est très probable que ce soient les lettres initiales, très stylisées, des noms des possesseurs de sceaux.

Parmi les objets archéologiques découverts en Arménie, le récipient en céramique incomplet, trouvé lors des fouilles de la colline voisine du village d'Ayguévan du district d'Ararat en 1973 (directeur des fouilles : B.B. Piotrovski), est d'un intérêt exceptionnel. Le *neshan* qui y est gravé est d'une forme proche de celle des *neshans* qu'on rencontre sur les sceaux. Ce récipient incomplet, découvert dans la couche supérieure, est daté des Ve-VIe siècles, ce qui permet de supposer là l'existence d'une institution en relation avec le culte sassanide ; des conclusions plus précises pourront être faites au cours de fouilles ultérieures. En 1975, le même lieu a livré une tête de bélier en grès blanc. Eu égard aux particularités du traitement de la pierre, nous sommes enclins à classer cette trouvaille parmi les chapiteaux. Les chapiteaux à deux têtes étaient assez fréquents sous les Achéménides en Iran comme en Transcaucasie. Par la suite, en particulier à la période sassanide, on ne voit plus de chapiteaux de ce type. La trouvaille d'Aguévan confirme l'existence en ce lieu d'un édifice de culte, détruit par la suite, dans les premières années de l'adoption du christianisme en Arménie.

---

[440] M.N. LORDKIPANIDZÉ, 1954, 92, no. 61.
[441] A.Y. BORISSOV, 1939, 240.
[442] A.Y. BORISSOV, V.G. LUKONIN, 1963, 38.
[443] A.Y. BORISSOV, V.G. LUKONIN, 1963, 39-42.

CHAPITRE VI

LA CERAMIQUE

La collection de la céramique de Dvin, l'une des plus riches en Transcaucasie, permet de suivre l'évolution de la poterie durant de tout un millénaire (IVe-XIIIe siècles) et d'éclaircir certaines questions relatives à sa technologie et à sa datation. L'étude de la céramique de cette période a fait l'objet d'une série d'ouvrages [444] et néanmoins la production de la céramique et son développement restent mal étudiés. La classification et la chronologie de la céramique au point de vue style et ornementation plastique exige un examen multilatéral.

Le développement de la céramique à Dvin doit beaucoup aux traditions héritées des époques précédentes, aux relations culturelles, économiques et commerciales avec les centres du Proche-Orient et de la Transcaucasie et aux échanges entre artisans.

Les complexes de production

En 1968, des travaux de terrassement pratiqués à l'emplacement de la ville ancienne, non loin du bureau du kolkhoze de Hnaberd, ont mis au jour une grande quantité de rebuts de céramique et de trépieds en argile destinés à la cuisson des coupes glaçurées.

Les fouilles que nous avons effectuées ont livré beaucoup de ratés de cuisson [445]. Ce matériel permet de mieux comprendre les différents procédés de fabrication, concernant notamment la peinture à l'engobe, les techniques de décor et la glaçure.

On n'a encore découvert à Dvin aucun atelier permettant de suivre complètement les processus de la production et ses particularités technologiques. Les traces des ateliers et des outils permettent de supposer que les ateliers étaient, pour la plupart, situés dans le sud-ouest de la ville, entre les villages actuels de Vérine Artashat, Berdik, Ayguestan et Hnaberd, où des déchets de céramique et des objets destinés à la cuisson : trépieds, pivots, ont été découverts à diverses époques.

A la lisière sud-ouest du village de Hnaberd, on trouve les vestiges d'une carrière qui a dû fournir l'argile nécessaire. Les ateliers qui y ont puisé se trouvaient très probablement dans son voisinage immédiat.

Des traces de four ont été relevées dès les fouilles de 1937-1938 sous les murs des quartiers de la ville, conservés dans les vergers du village de Vérine Artashat. Comme l'indique B.N. ARAKÉLIAN (1958, 216), il y avait de grands fours ronds ; leurs chambres de cuisson en forme de tours d'une hauteur atteignant 5 m présentaient un diamètre de 3 à 5 mètres. Ils étaient à deux niveaux et couverts d'une voûte. Un autre grand four rond a été révélé dans le quartier sud de la ville [446].

En 1968, des ateliers de poterie ont été trouvés dans le voisinage immédiat du secteur nord des remparts de la ville, situation présentant un certain nombre d'avantages, et facilitant surtout l'adduction de l'eau et son écoulement. Les fouilles dans la direction nord/sud ont mis au jour huit conduites d'eau

---

[444] V.A. ABRAHAMIAN, 1946, 1956 ; K.G. GHAFADARIAN, 1952, 1982 ; B.N. ARAKÉLIAN, 1958 ; B.A. CHELKOVNIKOV, 1942, 1952 ; F.S. BABAYAN, 1981.

[445] A.A. KALANTARIAN, 1974.

[446] K.G. GHAFADARIAN, 1952, 236.

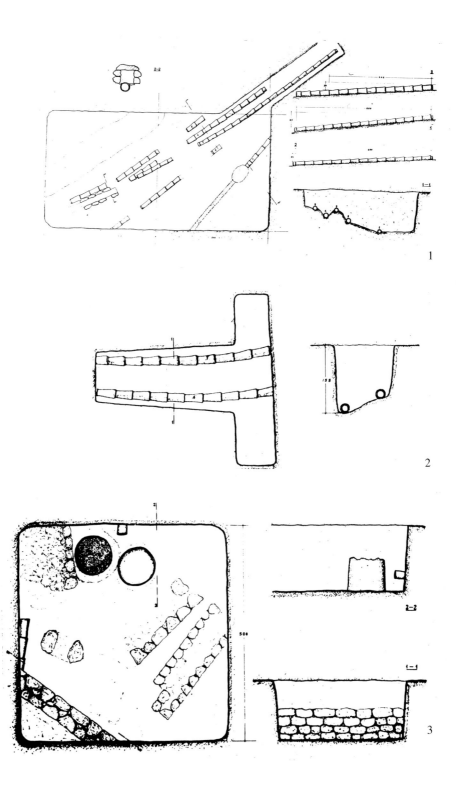

Fig. 25. 1-2 : conduites d'eau dans le secteur des ateliers ; plan et coupes. 3 : plan et coupes de l'un des secteurs (relevé de G.K. Kotchoyan).

faisant partie du système ouest d'adduction d'eau de la ville (fig. 25 : 1, 2 ; Pl. 54). Les tuyaux étaient enfouis dans la terre à différents niveaux et systématiquement remplacés au fur et à mesure qu'ils s'usaient. Les tuyaux de l'une des conduites étaient remplis de cendres surmontant une couche d'argile fine. Ces tuyaux ont dû appartenir à un bâtiment industriel traitant l'argile : lavage, mélange, oxydation. Le choix de l'emplacement des fours était aussi fonction de la présence de bonne argile et d'eau.

Il est à noter que dans les monuments médiévaux de Transcaucasie, de Crimée et d'Asie Centrale, les ateliers de céramique étaient situés à proximité des murailles extérieures des localités, à l'intérieur ou à l'extérieur [447], comme à Oren-Kala [448], où les ateliers sont essentiellement situés hors des remparts de la ville, et à Tbilissi où d'importants complexes d'ateliers, de poterie entre autres, ont été découverts près des murailles sud-est de la ville médiévale.

L'aspect technologique de la céramique a été étudié par E.V. SAYKO (1966 ; 1982) à partir du matériel d'Asie Centrale. Nombre de suppositions de l'auteur intéressent également la céramique médiévale de la Transcaucasie qu'elle classe dans un groupe à part, à côté de la céramique iranienne, mésopotamienne, byzantine et celle d'Asie Centrale (E.V. SAYKO, 1966, 159).

Le matériel que nous avons découvert permet de compléter nos connaissances sur la production céramique, la technique de la fabrication, les procédés de peinture à l'engobe et l'ornementation.

L'étude des déchets de production montre que l'atelier examiné usait d'argile de deux sortes : à grains gros et fins, constituant après la cuisson une surface rouge ou jaune, ce qui caractérisait la production céramique de Dvin.

L'argile à gros grains était principalement utilisée pour la fabrication de terrines et de lampes. Dans ce cas, le processus du lavage et du mélange de l'argile se faisait moins soigneusement, bien que le récipient fût ensuite couvert d'une belle glaçure, ce qui est la conséquence d'une grande demande.

L'argile à grains fins servait le plus souvent à fabriquer différents pots, cruches ou autres récipients à conserver des liquides. Ils sont magistralement exécutés ; la surface sans glaçure est soigneusement travaillée. Les terrines fabriquées au tour et les lampes façonnées étaient d'abord cuites à température relativement basse, puis recouvertes d'engobe, d'ornements de couleur et enfin cuites de nouveau à plus haute température. Ces processus étaient communs à la fabrication de toute la céramique glaçurée [449]. Apparemment, les objets défectueux étaient découverts dès la première cuisson et n'étaient plus soumis à un traitement ultérieur. Leur nombre était relativement grand.

L'engobe dont on couvrait la surface des récipients contribuait à la rendre lisse en vue de la couvrir ensuite de peinture et de motifs décoratifs.

La malfaçon pouvait survenir alors que le récipient était couvert d'engobe, ce dont témoignent les nombreux récipients complets ou incomplets couverts d'engobe et ornementés, mais ni coloriés ni cuits une seconde fois. Ces récipients permettent de juger des procédés d'ornementation. A la première période de la fabrication de récipients glaçurés, l'ornement était gravé sur l'argile crue avant de la couvrir d'un engobe. Plus tard, la technique qui consiste à graver l'ornement sur la surface couverte d'engobe et la recouvrir ensuite de glaçure devient plus fréquente [450]. Ceci est confirmé par le grand nombre de récipients couverts d'engobe trouvés par nous. La couche d'engobe une fois enlevée, la surface lisse des récipients ne présente aucune ligne ornementale. Les récipients incomplets, estimés défectueux après la première cuisson et non couverts de glaçure, ne présentent pas non plus d'ornementation linéaire. Cette technique de graver l'ornement sur la couche d'engobe est parfaitement évidente sur le matériel médiéval de Khersonès [451].

[447] N.V. MINKÉVITCH-MUSTAFAÉVA, 1959, 174 ; A.Y. YACOUBOVSKI, 1940 ; 1940a, 328 ; A.L. JACOBSON, 1941, 53-62. Selon G. LOMTATIDZÉ (1959, 71-72), la situation des ateliers près des murailles de la ville était le trait caractéristique de la production médiévale.
[448] N.V. MINKÉVICTH-MUSTAFAÉVA, 1965, 26.
[449] E.V. SAYKO, 1982, 160.
[450] B.N. ARAKÉLIAN, 1958, 237 ; B.A. CHELKOVNIKOV, 1952, 51.
[451] A.L. JACOBSON, 1950, 116.

Les objets défectueux parmi les récipients déjà couverts de glaçure sont particulièrement nombreux. Cela peut probablement s'expliquer par les défauts de réglage de la température dans les fours. Les récipients glaçurés défectueux présentent des traces de glaçure brûlée, météorisée et déformée par la trop haute température. Il est à noter que les articles de l'atelier en question étaient fabriqués pour être vendus et faisaient l'objet d'une importante demande. Ils étaient tous couverts de glaçure monochrome de deux nuances : jaune pâle et verte, visiblement caractéristiques pour cet atelier. Les grandes terrines étaient couvertes de glaçure verte et les petites surtout de glaçure jaune pâle. Parmi le matériel de Dvin, on trouve de la céramique monochrome, polychrome, ainsi que d'autres nuances. A côté des récipients défectueux incomplets, on a trouvé un grand nombre de briques provenant des parois de fours de cuisson et de gros galets, sur la majorité desquels on voit des traces de glaçure ayant coulé des récipients cuits. On rencontre aussi des éclats de briques percés d'un trou rond destiné à recevoir le pivot sur lequel était disposés les objets cuits. Ces déchets de construction sont le résultat de la réfection ou de la construction des fours. Le matériel existant actuellement ne permet pas d'effectuer une reconstitution des fours, mais il témoigne de la présence d'un grand centre de production.

L'on sait que la cuisson de la céramique dans les fours exigeait la présence sur les parois de pivots ronds. Leurs fragments, dont le nombre atteint plusieurs centaines dans la fouille (Pl. 55 : 1), présentent différentes longueurs allant de 40-50 cm jusqu'à 1 m ; leur diamètre au centre, la partie la plus épaisse, atteint 4 à 7 cm, aux bords 2 à 3 cm. Cela montre apparemment que ces pivots étaient utilisés ou bien dans des fours différents, ou bien dans le même four, mais à différents niveaux (on a aussi découvert 140 tiges courtes de petit diamètre). Les fouilles de 1948 à Tbilissi ont mis au jour un four de cuisson des XIIe-XIIIe siècles, ayant conservé ses tiges à l'intérieur [452]. Certains chercheurs pensent qu'elles servaient à suspendre la céramique à cuire [453]. Des crochets servant à accrocher les récipients ont été trouvés en Asie Centrale aussi [454]. La destination des pivots découverts à Dvin comme appareils de suspension n'est pas exclue, mais nos fouilles n'ont livré que des tiges sans crochets. Selon toute probabilité, les crochets étaient utilisés seulement lors de la cuisson de récipients glaçurés munis d'anses par lesquelles on les suspendait aux crochets de façon à ne pas se toucher entre eux ni à toucher les tiges. Dans nos fours, où l'on faisait cuire des cruches sans glaçure, les récipients étaient simplement posés sur les tiges jusqu'à atteindre la voûte du four.

Environ 300 trépieds munis d'ailes et se terminant en pointes ont été trouvés (Pl. 55 : 2). Ils étaient placés entre les terrines, les pointes tournées vers la surface glaçurée, afin d'éviter que les récipients ne se touchent pendant la cuisson. Le fond des récipients cuits montre souvent à l'intérieur des traces de pointes. Selon les dimensions des récipients à cuire, on utilisait des trépieds grands (envergure des ailes 6-7 cm) ou petits (envergure des ailes 3-4 cm). La présence de petits trépieds (60-70 pièces) à côté des tiges de dimensions réduites montre que le complexe d'ateliers examiné disposait aussi bien de grands fours pour la cuisson de récipients de différentes dimensions que de petits fours où l'on faisait cuire de petits articles de haute qualité. Un grand nombre de lampes et de salières dont la cuisson se faisait dans les mêmes fours a été trouvé ; on les disposait sans trépieds entre les rangs de terrines ou dans les coins des fours. En 1983, les vestiges d'un petit four à parois en briques crues ont été découverts non loin de ce secteur. Une vingtaine de trépieds et de coupes glaçurées, dont les formes et l'ornementation sont différentes de celles des coupes découvertes précédemment, y a été trouvée, ce qui indique que chaque artisan avait sa propre tradition. Un très intéressant atelier de céramique (Pl. 56 : 1, 2) a été ouvert dans la citadelle, dans le secteur du quartier de commerce et d'artisanat [455]. C'est un local rectangulaire (8,50 x 7,25 m) à deux compartiments. Au centre du compartiment oriental, on a trouvé la chauffe du four de cuisson, d'un diamètre de 1,20 m. La chambre de chauffe avait visiblement un sol percé d'orifices de soufflage, actuellement effondré. Le four est daté du XIIIe siècle. Ses petites

---

[452]   V.V. DJAPARIDZÉ, 1953.

[453]   G.A. LOMTATIDZÉ, 1955, 165 ; A.L. JACOBSON, 1959, 238 ; G.M. AHMEDOV, 1972, 49.

[454]   A.Y. YAKOUBOVSKI, 1940, 58 ; E.V. SAYKO, 1966, 183.

[455]   K.G. GHAFADARIAN, A.A. KALANTARIAN, 1978 ; F.S. BABAYAN, 1979.

dimensions indiquent l'importance locale de l'atelier. Les trouvailles de tiges et de trépieds montrent que le four a aussi servi à cuire de la céramique glaçurée. Les récipients défectueux découverts ici correspondent au matériel analogue trouvé dans tout le quartier.

La fosse rectangulaire (1,50 x 0,50 m) à côté de la chauffe a livré de grosses boules d'argile. C'est probablement là qu'était gardée la matière première, traitée sur place. Des déchets de production, des tiges, des trépieds et des instruments ayant servi à graver les décors sont présents dans presque tous les locaux du quartier. Leur étude permet de conclure que la céramique était cuite dans de grands *tonirs* dont les dimensions sont nettement différentes des modèles qu'on trouve dans les autres habitations de Dvin. Ces *tonirs* ont les bords épais et un système compliqué d'arrivées d'air. Le riche matériel découvert au cours des fouilles des plus grandes villes d'Arménie — Dvin et Ani — permet certaines observations quant à l'organisation de la production dans les villes de l'Arménie médiévale. Les recherches fondamentales consacrées à la production artisanale et, surtout, aux confréries d'ateliers (*hamkarutiuns*) dans les villes médiévales tiennent principalement compte des documents et des sources écrites. Les données de la culture matérielle enrichissant bien plus nos connaissances sur la production artisanale et, surtout, les confréries d'ateliers. L'énorme quantité de déchets de production indique avec évidence l'existence à Dvin d'importants complexes d'ateliers d'artisans céramistes. La complication et la variété du processus technologique de la production céramique devaient légitimement conduire à la division du travail. Chaque potier avait son propre four, ce qui est confirmé par le matériel découvert dans différents secteurs. Des groupes d'artisans ou des artisans isolés étaient occupés à la fabrication d'objets, toujours les mêmes, à ornementation précise et formes caractéristiques.

Dans le premier atelier, on fabriquait surtout quatre types d'objet : coupes et terrines glaçurées, simples cruches, lampes et salières sans glaçure à nombreuses variantes. Le groupe le plus important (plus de 300 exemplaires comptés sur les fonds trouvés) est constitué de terrines et de coupes (Pl. 57 : 1). Elles présentent toutes des lèvres plates et des parois basses qui, se rétrécissant fortement, rejoignent le fond. Les grandes terrines présentent une base annulaire, les terrines de dimensions moyennes une base annulaire et les petites coupes une base annulaire.

Le fait qu'un nombre considérable de récipients semblables ait été découvert dans la citadelle permet de supposer une standardisation de la fabrication et de préciser la datation des objets. La spécialisation étroite des ateliers est également attestée par le fait que tous les bols et les coupes couverts de glaçures sont exécutés en nuances vertes et jaunes. La monotypie s'observe aussi dans la manière d'appliquer la glaçure et le caractère de l'ornementation. L'ornement gravé est le fait de trois ou quatre triangles aux sommets tournés vers la lèvre, dont le centre est décoré de dessins végétaux et géométriques. Rarement, on trouve des spirales et des volutes sommairement gravées. L'ornementation est exécutée, comme nous l'avons déjà indiqué, sur une couche d'engobe.

Le deuxième groupe important (environ 200 exemplaires) est constitué de cruches simples d'un même type, sans glaçure, incomplètes (Pl. 57 : 2). Leurs formes ont été reconstituéess d'après les parties où le profil des récipients peut être distingué. Les cruches présentent une base petite, une panse assez haute et élancée à court col se terminant en lèvre double. La lèvre de certains récipients est trilobée et présente un petit bec, celle d'autres est ronde, sans bec. Les récipients à bec verseur sont munis d'une anse plate descendant de la lèvre jusqu'à la panse supérieure.

Les lampes et les salières étaient fabriquées en masse. Le nombre de lampes de rebut découvertes dans l'atelier atteint 400. Les exemplaires découverts sont des lampes ordinaires avec ou sans glaçure, fabriquées en argile rouge ou jaunâtre, munies d'une anse-saillie, aux bords retournés vers l'intérieur et une petite base plate. Elles sont caractéristiques aussi bien pour Dvin que pour toute l'Arménie médiévale et les régions limitrophes.

La céramique des Ve-VIIIe siècles

La production céramique de l'Arménie connaît une décadence sensible au début du haut Moyen Age, ce qui s'explique par la situation intérieure et extérieure du pays. En relation avec le processus de mise en place de nouveaux rapports de production, la crise de la fabrication céramique s'étend à de vastes régions : centres du Proche-Orient et d'Asie Centrale, Géorgie et Albanie du Caucase. Toutefois, à partir de la première moitié du Ve siècle, des changements considérables surviennent dans la vie politique et économique de l'Arménie. Un rôle décisif revient aux villes nouvelles : Dvin, Nakhtchavan et Karin, où la production céramique se développe parallèlement aux autres métiers. Une nouvelle période de décadence survient à la fin du VIIe siècle avec la domination arabe.

La céramique du haut Moyen Age d'Arménie et, plus particulièrement, de Dvin est relativement peu étudiée [456]. La documentation est limitée à la constatation de la présence d'éléments de construction (Dvin, Zvartnotz, Karmravor) et de certains objets d'usage courant. A partir des années 1960, nous avons entrepris un essai de généralisation sur la céramique de cette période d'après le matériel de Dvin [457]. Néanmoins, certains aspects, surtout chronologiques, exigent une révision.

Ces dernières années, la collection de céramique du haut Moyen Age s'est enrichie de nouvelles trouvailles provenant des fouilles de Hatzavan [458], d'Oshakan [459], d'Aghtz, de Katnaghbiur et d'autres sites. Le matériel des couches du haut Moyen Age de Dvin est partiellement publié dans les brefs rapports annuels des expéditions.

La céramique de Dvin se divise en deux grands groupes : éléments de construction et céramique d'usage courant.

Dvin est connu pour avoir été l'un des plus importants centres de fabrication d'éléments de construction : briques cuites de différentes dimensions, tuyaux de divers diamètres, tuiles. Apparemment, la ville fournissait ces objets aux localités des environs. L'Arménie est un pays d'architecture en pierre ; tous les édifices monumentaux et une partie des habitations y sont construites en pierres taillées dans diverses roches. Mais dans certaines régions, surtout au sud de la Vallée de l'Ararat, où les carrières de pierres sont rares, les chantiers faisaient un grand usage de briques cuites ou non ayant les dimensions suivantes : 20-25 x 20 x 25 x 5 cm. Pour les habitations, on se servait principalement de briques crues. Dès la fin du VIIe – début du VIIIe siècles, elles sont également utilisées dans l'architecture monumentale (palais de la citadelle), où les briques sont plus grandes. Les fouilles de 1962 du rempart ont montré que ses assises inférieures étaient revêtues de briques cuites jusqu'à la hauteur de 1,00-1,50 m. Cet ouvrage date des VIe-VIIIe siècles.

Sur certains sites d'Arménie (Aghtz, Koghb, Pasha-Guegh, Ani), les briques ornementées décorent les murs et différents détails de l'intérieur des palais [460]. Elles datent du haut Moyen Age et présentent des signes évidents d'influence sassanide. Malheureusement, des briques de ce type n'ont pas encore été découvertes à Dvin.

Suivant les traditions de l'époque antique, la fabrication de briques connaît un grand essor aux Ve-VIIe siècles. En Arménie, tous les édifices cultuels de cette période sont recouverts de tuiles. Les plus anciennes qui sont fabriquées à Dvin se distinguent par leurs dimensions plus grandes, leurs bords assez bas, leur travail grossier et leur couleur rouge (Pl. 58 : 3 à 5 ; 59 : 5, 6). La partie étroite des caliptères (tuiles romaines) présente parfois de petites saillies. Des tuiles des IVe-Ve siècles ont été trouvées dans le quartier central (palais du Ve siècle) et dans la citadelle (basilique à trois nefs des IVe-VIe siècles). En général, les tuiles du VIIe siècle sont bien cuites, richement décorées, de couleur rouge ; elles ont été trouvées à Dvin, dans le secteur de la cathédrale. Elles se divisent en deux groupes : plates à hauts rebords (solens) et hémisphériques à saillies annulaires (caliptères). Fort intéressantes sont les pièces triangulaires (Pl. 59 : 1) richement décorées (parfois à représentations de visages humains) qui rendaient particulièrement somptueux l'aspect extérieur des édifices. D'autres

[456] K.G. GHAFADARIAN, 1952, 1982 ; B.A. CHELKOVNIKOV, 1952 ; B.N. ARAKÉLIAN, 1958, V.A. ABRAHAMIAN, 1956.

[457] A.A. KALANTARIAN, 1970.

[458] G.A. TIRATZIAN, 1962.

[459] S.A. ESSAYAN, A.A. KALANTARIAN, 1978.

[460] A.A. KALANTARIAN, 1985.

tuiles portent des inscriptions [461]. En 1986, la citadelle a livré une grande quantité de fragments de tuiles du VIIe siècle, accompagnés d'objets en verre. L'un porte un fragment d'inscription dont la paléographie est caractéristique de cette période (Pl. 58 : 6).

Aux Ve-VIIe siècles, les tuyaux en céramique de différentes dimensions étaient fréquemment utilisés aussi bien pour la distribution de l'eau que pour les autres besoins communaux. On a découvert à Dvin un réseau assez développé de conduites d'eau à fontaines de pierre et trappes de filtrage en forme de jarres en argile [462], ce qui témoigne du niveau des installations communales [463]. L'eau potable était visiblement amenée en ville par les conduites principales qui descendaient des versants des monts Guégham. A la lisière du village de Vérine Dvin, situé à 3 km au nord de Dvin, on a trouvé un puits de contrôle en forme de jarre (Pl. 76 : 6). Il est à noter que l'eau arrivait au quartier central par des conduites venant du côté de la citadelle et franchissant le fossé sur un pont. Bien que les vestiges de conduites d'eau manquent sur la citadelle, il est permis de supposer que l'eau arrivait à la citadelle par son cours naturel.

Les tuyaux en céramique sont très soigneusement travaillés et bien cuits. Leur longueur atteint 50 cm et leur diamètre de 10 à 20 cm. Les conduites principales se ramifiaient et les lignes latérales étaient faites de tuyaux de plus petites dimensions, comme l'ont montré les fouilles du caravansérail du VIIe siècle.

La céramique d'usage courant

Elle constitue le matériel le plus abondant de Dvin avec des récipients variés des Ve-VIIe siècles. Les jarres destinées à conserver le vin et les produits agricoles sont nombreuses. Les exemplaires anciens sont rougeâtres avec une panse allongée à base pointue, un col court et un décor de registres de chevrons. Elles s'apparentent aux récipients antiques et sont datées des IVe-Ve siècles. Ces jarres sont très rares à Dvin. Les parallèles les plus proches proviennent du village d'Ayguévan, près de Dvin.

Aux Ve-VIIe siècles, les formes des jarres changent. Elles présentent surtout une panse renflée décorée d'un registre de chevrons (Pl. 58 : 1 ; 60 : 2), une base ronde (à Ayguévan, on trouve des bases pointues), un col court à large lèvre horizontale. Ce genre de jarres a été trouvé sous le sol du palais du VIIe siècle, dans la partie ancillaire du palais du Ve siècle et des fragments proviennent des couches du haut Moyen Age de la citadelle (Pl. 60 : 1, 3). Un fragment de lèvre porte deux lettres arméniennes, indiquant probablement la capacité du récipient (Pl. 58 : 2).

On trouve aussi des jarres à ornementation en boudin appliqué. Fort intéressantes sont les petites jarres incomplètes (Pl. 60 : 4) décorées de représentations de ceps de vigne [464] ou d'autres motifs végétaux [465].

Les pots, de différentes formes, sont fréquents. Une partie est fabriquée au tour. Ces derniers se caractérisent par une panse sphérique, une large lèvre et une base légèrement convexe (Pl. 61 : 1, 4, 5, 7 à 10). Les récipients des VIIe-VIIIe siècles présentent des parois plus droites, de larges bases et des lèvres moulurées. Les pots, surtout en terre grise, s'inscrivent dans la tradition des récipients antiques (anses, bases, proportions). L'ornement est incisé, linéaire, droit ou ondulé ; on trouve parfois des récipients avec de légères traces de couleur rouge.

Les cruches et les coupes sont fabriquées en argile fine, rougeâtre ou grisâtre, bien travaillée. Les cruches ont une panse piriforme et un col étroit, forme caractéristique aussi bien pour les autres régions d'Arménie (Shirak, forteresse de Katnaghbiur) que pour la Géorgie et l'Azerbaïdjan. On trouve des

---

[461] K.G. GHAFADARIAN, 1952, 246-250.

[462] K.G. GHAFADARIAN, 1952, 78-80 ; R.V. EPRÉMIAN, 1975.

[463] V.M. HAROUTUNIAN, 1964.

[464] K.G. GHAFADARIAN, 1952, 47, 197 ; B.A. CHELKOVNIKOV, 1952, 25.

[465] A.A. KALANTARIAN, 1975, 98.

ὀινοχόη, parfois à lèvres zoomorphes. Ces récipients sont caractérisés par des boutons en relief, fréquents aussi dans le matériel des forteresses de Hatzavan, d'Aghtz et de Katnaghbiur.

Signalons la grande cruche jaune clair dont la lèvre est en forme de tête de mouton ; le col et l'anse sont couverts de boutons appliqués (Pl. 62). Un chien (ou loup ?) est représenté sous l'anse ; le côté opposé de la panse présente un arbre de vie dont nous trouvons les parallèles directs dans la glyptique sassanide.

Les coupes sont généralement incomplètes ; elles sont rouge lustré de formes variées à lèvres coupées et aux bases rondes. Les couches du VIIe siècle ont livré des coupes jaune pâle à parois épaisses et lèvres repliées vers l'extérieur (Pl. 60 : 5, 6). Ce genre de coupes, typiques particulièrement pour la production céramique de Dvin, sont très nombreuses dans le matériel du IXe siècle. Les coupes de grandes dimensions ont parfois des becs verseurs dont les parallèles sont connus dans les couches des VIe-VIIIe siècles d'Urbnissi [466] et de Kabala [467].

On a également découvert de grandes cruches à anse unique, de grands pots à deux anses, de grandes terrines, des cruches à lait à bec verseur, des gobelets, des flacons, des couvercles de récipients, dont les parallèles sont attestés dans le matériel d'Ayguévan et de Katnaghbiur. Les lampes sont particulièrement variées : en forme de coupes à bec sur un haut pied rappelant les formes métalliques. Notons les lampes de type byzantin en forme de barque et celles qui sont à deux compartiments. Ce genre de lampes, connues dès la période antique, étaient très fréquentes à Byzance avant les VIe-VIIe siècles [468]. Les exemplaires de Dvin ont été fabriqués sur place.

Un groupe à part est composé d'objets du culte, certains étant importés [469]. En 1961, les fouilles de la citadelle ont mis au jour dans le secteur de l'église à trois nefs des IVe-VIe siècles une ampoule pour eau bénite à représentation de l'apôtre André. C'est un petit récipient plat en argile à col court et lèvre coupée (Pl. 61 : 2, 3). Chaque moitié a été fabriquée dans un moule à part et la ligne d'assemblage est visible. Le col a également été façonné séparément. Les épaules portent des orifices de part en part destinés au cordon. Les deux faces de l'ampoule figurent l'apôtre André en buste, vêtu d'une tunique et tenant à la main un livre ou une boîte décorée d'un motif géométrique. La tête de l'apôtre, aux yeux ronds et au nez plat, est exécutée schématiquement ; les cheveux coupés courts et la barbe touffue sont rendus en hachures rythmiques. De part et d'autre de la figure, on voit une inscription en grec : sur une face simplement "APOSTOLOS", sur l'autre "O AGIOS/AN/DREAS". Les représentations de l'apôtre diffèrent l'une de l'autre par la pose des mains et le rendu des traits du visage. C'est la première fois qu'un récipient semblable est trouvé en ex-Union Soviétique. Cette ampoule est probablement originaire de Syrie ou d'Asie Mineure ; il n'est pas exclu qu'elle soit fabriquée à Lampsoq où un culte spécial de Saint André est attesté [470]. L'origine de certaines ampoules est attribuée à Smyrne [471].

Ce genre d'ampoules était très fréquent sur le territoire de l'Empire Byzantin où elles étaient fabriquées dans les ateliers monastiques. Les ampoules contenant de l'eau bénite ou de l'huile provenant des lampes des églises, allumées en l'honneur de certains saints, dont le contenu était considéré comme un baume pouvant guérir les maladies, étaient transportées par les pèlerins dans diverses régions de l'empire et les pays limitrophes. D'après les données archéologiques et écrites, des ampoules identiques étaient fabriquées en métal et en verre [472]. Elles étaient toutes dédiées à divers saints et portaient leurs représentations en guise d'ornement. La majorité de celles en argile provient d'Egypte et sont dédiées à Sainte Mina. Des anses descendent de la lèvre.

[466] L.A. TCHILACHVILI, 1964, 111.

[467] R.B. GUÉYUCHEV, 1963, 65.

[468] O. WULFF, 1909, Pl. LXVI, 1344 ; F.O. WAAGE, 1934, Pl. XII, 1842, 1843 ; A. LANE, 1938, fig. 6.

[469] Il s'agit de trouvailles fortuites. B.Y. STAVISKI, 1960, 101-102.

[470] E. VAN DER MEER , C. MOHRMANN, 1960, 26, carte 31.

[471] E. MICHON, 1899, Pl. I VIII ; F. CABROL, 1904, 454.

[472] A. GRABAR , 1958 ; Pérégrinations d'Antonin (édit. 1895) ; Movsès Kalankatvatsi (édit. 1912, 88).

Les ampoules de Sainte Mina nous sont parvenues en très grande quantité ; il y a aussi des ampoules de Saint Paul ou d'autres saints. Quant aux ampoules de Saint André, l'unique parallèle que nous connaissions est daté des Ve-VIe siècles et provient de Smyrne [473]. C'est à la même époque que remonte notre ampoule, conformément à la datation de l'édifice où elle a été découverte et l'ensemble d'objets qui l'accompagnaient (pointes de flèches, couteaux en forme de faucille, bulles en argile). Cette trouvaille, parmi d'autres, témoigne des relations étroites ayant existé entre l'Arménie médiévale et l'Empire Byzantin.

Les récipients à glaçure de la haute période étaient récemment encore inconnus et certaines tentatives de datation souffrent d'anachronismes [474]. Certaines remarques à ce sujet nous appartiennent [475]. L'étude du matériel de Dvin montre que la céramique à glaçure était fabriquée au haut Moyen Age en suivant les meilleures traditions des époques précédentes. Les fouilles des monuments antiques d'Arménie ont livré ces dernières années une très grande quantité de céramique à glaçure [476] dont une partie est importée des centres d'Asie Antérieure. D'après l'étude de E.V. SAYKO (1966, 130-140), il ressort que l'Arménie entretenait, aux IVe-VIIe siècles, des relations étroites politiques, économiques et commerciales avec les pays voisins. Ce n'est pas par hasard qu'une partie de la céramique découverte à Dvin présente beaucoup de points communs, quant au coloris et aux formes, avec les objets analogues d'origine sassanide.

La collection de la céramique glaçurée de Dvin est essentiellement constituée de petites cruches à une ou deux anses (Pl. 63). La pâte est très siliceuse. Deux récipients à surface cannelée sont à distinguer. Deux couleurs caractérisent la glaçure [477] : bleu ciel et vert bleu. Tous les objets sont couverts de patine argentée. Une partie des récipients glaçurés proviennent des couches des Ve-VIe siècles et leur couleur les distingue de ceux des couches des VIIe-VIIIe siècles, qui se caractérisent, eux, par des nuances purement vertes, apparemment obtenues par l'usage de glaçures plombifères. La technique d'exécution rappelle celle des récipients monochromes glaçurés du IXe siècle. Ainsi, la céramique à glaçure de la haute époque à Dvin montre que sa fabrication n'a cessé de se développer. Ce domaine de la production céramique a suivi les meilleures traditions de l'époque antique tout en subissant l'influence sassanide. Le petit nombre de cette production s'explique par la situation politique et économique générale du pays et son incidence sur l'industrie potière. Les innovations du IXe siècle dans la technique de la glaçure sont en relation avec le développement des forces productives et le nouvel essor des villes. Au cours de cette nouvelle étape, tous les acquis précédents sont conservés.

La céramique sans glaçure des IXe-XIIIe siècles

Dès le début du IXe siècle, le développement économique général du pays amène un essor sans précédent de la production céramique de Dvin, essor que l'on constate également sur les autres sites contemporains et la céramique sans glaçure est nettement dominante [478]. La céramique sans glaçure des IXe-XIIIe siècles de Dvin définit le niveau de développement de la poterie médiévale d'Arménie et occupe une place de choix dans la production céramique de la Transcaucasie et du Proche-Orient. Son influence sur la céramique médiévale d'Arménie et, dans certains cas, des pays limitrophes est incontestable. La céramique de Dvin, dont la destination fonctionnelle était fort variée, faisait l'objet d'une forte demande sur le marché et correspondait aux besoins de la population sur un vaste territoire. La fabrication en masse avait déterminé la standardisation des articles. Les formes des cruches et des coupes connaissent des modifications sensibles tandis que les grandes jarres et les chaudrons ne changent guère.

---

[473] E. MICHON, 1899, Pl. LVIII. Conservé au Musée du Louvre.

[474] K.G. GHAFADARIAN, 1952, 209.

[475] K.G. GHAFADARIAN, A.A. KALANTARIAN, 1978, 102 ; S.A. ESSAYAN, A.A. KALANTARIAN, 1978, 90.

[476] G.A. TIRATZIAN, 1974, 61-63 ; J.D. KHATCHATRIAN, 1977, 183-194 ; 1981.

[477] Rappelons que la glaçure est alcaline.

[478] B.N. ARAKÉLIAN (1958, 221-229) signale le rôle important qui revient à la production de la céramique sans glaçure en Arménie médiévale

Les cruches à panse piriforme et large base avaient cédé la place aux récipients à panse arrondie et long col. Les formes des anses et les procédés de leur assemblage avaient changé. Parmi les coupes, les récipients à base annulaire, hauts rebords et lèvre légèrement concave étaient prédominants. L'ornementation extérieure des récipients avait également changé.

Les éléments de construction en céramique

Ils sont abondants à Dvin. On rencontre le plus fréquemment des briques cuites dans les assises et le pavage des édifices. Toutefois, l'étude des vestiges architecturaux des différentes couches montre que l'usage de briques cuites dans les assises des murs était réduite au minimum à Dvin. Les briques fabriquées à diverses époques se distinguent les unes des autres par leurs dimensions. Aux IXe-XIIIe siècles, les briques étaient généralement carrées (20-23 x 20-23 x 5 cm), parfois deux fois plus grandes.

Les conduites d'eau sont bien représentées ; leur qualité est inférieure à celle des pièces semblables du VIIe siècle. Des vestiges du réseau de distribution d'eau subsistent dans les quartiers central et occidental, à proximité des remparts et dans le quartier des ateliers [479]. Les tuyaux étaient aussi utilisés dans d'autres installations municipales. La céramique sans glaçure de Dvin est surtout composée de récipients d'usage courant et d'ustensiles de cuisine : jarres, cruches petites et grandes, gros chaudrons et pots, couvercles, coupes, lampes, récipients à paroi épaisse.

Les jarres

Un grand nombre de jarres a été découvert dans diverses couches ; leur forme suit l'évolution de la viniculture et de la viticulture. Dès le IXe siècle, les panses s'allongent et le registre de chevrons devient moins large. Néanmoins, l'influence des jarres anciennes est encore fort sensible, surtout sur la lèvre et les autres parties.

Aux Xe-XIIIe siècles, la forme des jarres change nettement. Elles se caractérisent par une panse légèrement sphérique qui se rétrécit fortement vers le bas, une petite base, une lèvre étroite et un col bien façonné (Pl. 64 : 4). Dans certains cas, elles sont décorées de deux ou trois bandes en relief, de boudins et de lignes ondulées en relief. Certains tessons portent des fragments d'inscriptions arméniennes (Pl. 64 : 1, 2).

Les cruches

De forme variée, les cruches présentent des traits caractéristiques propres à chaque période. Les récipients du IXe siècle du quartier central de Dvin (Pl. 65) sont datés précisément [480]. On trouve souvent des cruches à panse légèrement piriforme, col large et court et lèvre coupée. La surface jaune pâle des récipients est légèrement lustrée. Le décor se limite à des lignes ondulées. Ce genre de récipients, apparemment fréquents aussi dans les autres sites de Transcaucasie, sont très rares à Oren-Kala [481] et à Tbilissi, où ils sont également datés du IXe siècle.

On voit souvent des cruches à col tubulaire et lèvre épaissie, des récipients incomplets à minces parois en argile fine, des cruches à lèvre trilobée. Sont particulièrement à distinguer les grosses cruches, atteignant parfois une hauteur de 50 cm, à panse arrondie, large col et anse massive (Pl. 66 : 1), dont la lèvre se rétrécit d'un côté et forme un bec verseur [482]. Elles ne sont décorées que d'un décor ondulé sur l'épaule. Ces dernières années, le quartier central a livré deux cruches de ce type à inscriptions arabes identiques, peintes en couleur noire, qui font le tour du récipient. Malheureusement, le texte des inscriptions, apparemment un verset du Coran, défie la lecture jusqu'à présent (Pl. 67).

---

[479] A.A. KALANTARIAN, 1974.
[480] A.A. KALANTARIAN, 1976, 49-52, Pl. XX-XXI.
[481] A.L. JACOBSON, 1965, fig. 4.
[482] A.A. KALANTARIAN, 1976, 49.

Les formes des cruches des XIIe-XIIIe siècles sont plus variées [483]. Une partie est de forme sphérique à base annulaire faiblement marquée. Les cols hauts et étroits prêtent une élégance particulière aux récipients. Les cols larges et courts sont également fréquents. Ce genre de cruches présente une panse allongée et une base plate (Pl. 68 : 7, 8 ; 70 : 1-6, 8).

Aux XIIe-XIIIe siècles, les cruches rouges lustrées à parois épaisses, très fréquentes, étaient fabriquées en argile fine et se distinguaient par le travail soigneux des anses, du col et de la panse. L'ornementation en est variée, appliquée par pression, par lustrage ou par d'autres procédés. La forme et le décor de ces récipients les distinguent des cruches fabriquées en masse. Elles étaient probablement réalisées individuellement par les artisans en vue d'un acheteur riche ou sur commande. La fabrication de ces récipients et leur ornementation faisaient appel à des procédés compliqués et exigeaient une maîtrise spéciale (Pl. 68 : 1-6 ; 69).

Les pots

Ils sont également nombreux aux IXe-XIIIe siècles et sont de différentes dimensions et d'ornementation diverse (Pl. 66 : 2-6). Ceux du IXe siècle présentent beaucoup de traits communs avec les exemplaires des époques précédentes, surtout pour le profil des lèvres. Ce sont des récipients à panse sphérique, col court, lèvre éversée et petites anses horizontales en oreillettes [484]. Certains présentent une lèvre épaissie et n'ont pas de col. Tous les pots sont couverts de suie, sauf ceux dont les lèvres présentent des sillons. Leur décor est très simple, en sillons, parfois agrémenté d'un motif à grains : *barakat*. L'aspect extérieur rappelle les formes métalliques.

Le diamètre de l'ouverture et la hauteur de certains pots du IXe siècle laissent observer une correspondance précise, la même qu'on trouve dans les verreries du IXe siècle. Cette circonstance ne peut être fortuite. Il y avait probablement des principes, inconnus de nous, de standardisation qu'on observait lors de la fabrication des récipients et la définition de leur capacité.

Les pots des XIe-XIIIe siècles étaient fabriqués surtout en argile à gros grains. Leurs parois sont minces, leurs bords bas, leurs cols courts, leurs lèvres droites et leurs bases étroites (Pl. 72). Tous les récipients sont munis d'anses caractérisées par un ornement appliqué par pression à leur base ; certains ont un bec verseur. Grâce au grand nombre de trouvailles et à la variété fonctionnelle des pots, ils peuvent être classés en un grand nombre de types et de sous-types. On peut aussi bien y distinguer nettement la production de certains ateliers que révéler les traits caractéristiques propres à chaque époque.

Les coupes

Les couches des IXe-Xe siècles livrent des coupes profondes à parois épaisses et base plate, aux bords presque droits et large lèvre arrondie, parfois lustrées (Pl. 73 : 3, 5). On y sent l'influence des objets des époques précédentes, fréquents aussi dans les autres sites de Transcaucasie [485]. Il est à noter que les coupes hémisphériques à parois minces et bases annulaires, si fréquentes à cette époque parmi la céramique à glaçure, ne se rencontrent presque pas. Par ailleurs, les trouvailles de coupes de petites dimensions à fonds plats et lèvres parfois moulurées sont fréquentes.

Les coupes des XIe-XIIIe siècles reprennent les formes caractéristiques des récipients à glaçure. Les récipients caractéristiques pour le XIe siècle sont hémisphériques, à base basse et lèvre qui semble "coupée", ceux de la période suivante présentent des rebords obliques, une lèvre droite et une base plus importante (Pl. 74 : 1-4). Il y a aussi des coupes à lèvre plate. Un groupe à part est composé de coupes et de plats rouges lustrés. Rarement, on trouve sur les récipients les marques des artisans sous forme de représentations stylisées ou de lettres arméniennes faiblement incisées.

---

[483] K.G. GHAFADARIAN, 1952, 185-186, fig. 160-165.

[484] A.A. KALANTARIAN, 1976, 52-64.

[485] G.M. AHMÉDOV, 1959, Pl. X, 2.

Les lampes

Chaque époque se caractérise par des lampes d'une forme précise. Aux IXe-XIe siècles, on se servait de lampes hémisphériques à anse et bec tubulaire (Pl. 78 : 5 ; 80 : 4 ; 95 : 3) muni d'un orifice destiné à la mèche. Ce genre de lampes est également fréquent en Géorgie et en Azerbaïdjan actuel. Elles ont subi l'influence des formes métalliques. On trouve des exemplaires uniques de lampes richement décorées de triangles incisés qu'on trouve aussi sur les autres récipients de Dvin [486], ainsi qu'à Oren-Kala [487]. Les couches du IXe siècle livrent parfois des lampes en forme de coupes à petit bec verseur.

Dès le XIe siècle, bien plus fréquentes sont les lampes ouvertes en forme de barque à anse-tenon horizontale, petite base plate et bec légèrement enfoncé. Ce genre de lampes est connu dans toutes les régions d'Arménie et publié par B.N. ARAKELIAN en 1958 (Pl. 95 : 5, 6).

Les récipients à paroi épaisse, dits "sphéro-coniques"

Il s'agit là d'un groupe spécifique attesté des bords de la Volga jusqu'en Egypte et de l'Asie Centrale jusqu'en Crimée. La fabrication et la destination de ces récipients sont étudiées en détail et résumées dans l'ouvrage de H.M. DJANPOLADIAN (1982a). Il est toutefois à noter qu'une vaste littérature y est consacrée qui offre les opinions les plus contradictoires. Ces récipients sont en argile très fine bien cuite, avec des parois épaisses. Leurs formes sont variables : sphériques, hémisphériques, coniques, polygonales avec des bases rondes ou pointues. Le col est épais et court à orifice très étroit. Les panses sont décorées d'ornements exécutés par divers procédés et presque toujours accompagnés d'une inscription. La forme des récipients et la technologie de leur fabrication font penser à une destination précise : conservation et transport du mercure, des médicaments (à contenu de mercure), des parfums, des liquides volatiles [488].

Les récipients de ce type découverts à Dvin durant ces dernières années sont de dimensions réduites (hauteur 8 à 12 cm), principalement grisâtres, noirs ou jaune vert. Certains sont décorés d'un ornement incisé ou en relief ; sur presque tous figurent des inscriptions (noms ou marques) légèrement incisées après cuisson, à l'exception d'une ("Fayrouz") exécutée avant cuisson. Les tentatives de tirer au clair la signification de ces inscriptions n'ont pas encore aboutit (L.T. GUZALIAN, 1959).

Une analyse de ce matériel a permis d'y distinguer des objets de fabrication locale et d'autres d'importation (Pl. 75). Destinés au transport de liquides précis, ces récipients faisaient l'objet d'échanges commerciaux. Le groupe principal est composé d'exemplaires gris foncé et jaune vert ; en même temps, on observe certaines différences dans la qualité de la pâte et la gamme chromatique. Le lieu d'origine des récipients d'importation est difficile à établir, car nous manquons d'informations détaillées et il nous faut avoir recours aux preuves indirectes. Ainsi, on ne fabriquait pas à Dvin de gros récipients sphéro-coniques alors qu'ils sont fréquents dans les fouilles d'Ani ; on peut en déduire que le petit nombre d'exemplaires de ce type, découverts à Dvin, sont originaires d'Ani.

La majorité des récipients à paroi épaisse provenant de différents sites ont été livrés par les couches des XIe-XIIIe siècles. A Dvin, les couches du IXe siècle en ont livré certains de forme sphérique, sans ornement ni inscription (Pl. 76 : 2, 4). Ces récipients apparaissent donc au IXe siècle et sont largement attestés aux XIIe-XIIIe siècles, lorsqu'apparaissent diverses variantes à base pointue.

Les couvercles

Parmi les trouvailles, on compte un grand nombre de couvercles (Pl. 77) qu'on peut classer d'après leur destination fonctionnelle. Les plus gros exemplaires étaient destinés à couvrir les fours et

---

[486] A.A. KALANTARIAN, 1974, fig. 12.
[487] A.L. JACOBSON, 1959, Pl. XXXVII, 3, 4.
[488] G.H. KARAKHANIAN, 1954, 15 ; K.G. GHAFADARIAN, 1952, 200-207 ; B.A. CHELKOVNIKOV, 1952, 34 ; H.M. DJANPOLADIAN, 1982a.

les jarres, les moyens et les petits aux récipients de cuisine. De même que les récipients, les couvercles de chaque époque présentent leurs particularités. Les couvercles du IXe siècle sont discoïdes à court tenon vertical, décorés de diverses lignes ondulées, de chaînes (Pl. 78 : 4, 6). Ce sont principalement des couvercles de pots ; leurs bords sont obliquement coupés pour mieux couvrir le récipient. Il y a des exceptions sous forme d'anses verticales, d'ornements assez rares.

Les couvercles des jarres sont plus gros ; la pâte est poreuse et les anses horizontales massives sont décorées de cupules le long des bords, de sillons radiaux. Le centre de la majorité des exemplaires est percé d'un trou destiné à laisser échapper les gaz de la fermentation du vin. Ce genre de couvercles perdurent aux siècles suivants aussi.

Les couches des Xe-XIe siècles livrent surtout des couvercles estampés de grand diamètre. Ils étaient probablement destinés uniquement aux fours et aux jarres. Les couvercles sont décorés à l'aide d'étampes de différents motifs, médaillons, dessins zoomorphes, géométriques et végétaux, rosettes, représentations d'outils (Pl. 79). Ces sujets sont apparemment en relation avec d'anciennes croyances indigènes. En tout cas, la destination cultuelle des fours-*tonirs* est signalée par de nombreux auteurs. Des témoignages en sont fournis par le matériel ethnographique des époques postérieures.

Dès le XIe siècle, à Dvin, comme dans les autres sites d'Arménie et de Transcaucasie, on se sert souvent de couvercles à hauts tenons (Pl. 74 : 6, 7, 9). Ils étaient uniquement destinés aux récipients de cuisine. Ces tenons reflètent aussi de très anciennes croyances. Jusqu'au XIXe siècle, dans certaines régions, les couvercles de ce type étaient nommés "garçon" ou "fille" (K.G. GHAFADARIAN, 1952, 198). Les ornements des couvercles de cette époque sont fort simples, bien qu'on trouve parfois des exemplaires lustrés, couverts d'engobe rouge.

Ces dernières années, les couches supérieures de Dvin ont livré dans les secteurs ouest et sud de la citadelle un grand nombre de grands couvercles de fours (diamètre 50 à 60 cm) à tenon massif, à petits éclats de faïence appliqués dessus.

Outre les principaux groupes que nous venons de décrire, on trouve un grand nombre d'autres objets : récipients ronds à parois droites, petits vases, récipients en entonnoirs, récipients à pied, récipients dits "encriers", grandes cuves. On a également découvert des récipients ayant servi dans différentes sphères industrielles : creusets divers (Pl. 73 : 6-7 ; 76 : 3, 5 ; 78 : 3), récipients de chimie (Pl. 74 : 8 ; 76 : 1), cruches-tamis.

Les décors

Les procédés d'ornementation de la céramique sans glaçure des IXe-XIIIe siècles sont variés. On distingue les principaux groupes de décors suivants : incisé, appliqué en relief, peint et estampé. Le décor incisé est très fréquent et se présente sous différentes formes : incisions fines et lignes ondulées peignées, divers motifs géométriques et végétaux, plus rarement représentations zoomorphes (animaux et oiseaux). Le décor appliqué en relief est extrêmement rare sur le matériel de Dvin, mais bien attesté sur les jarres des XIIe-XIIIe siècles. Ce sont surtout des boutons, des anneaux, des représentations d'arbres stylisés, des scènes domestiques, mythiques ou de chasse. Est spécialement à noter une grande cruche lustrée de couleur jaunâtre à riche décor appliqué. Les récipients zoomorphes présentent un décor appliqué en forme de serpents, de chiens ou de brebis (Pl. 62).

Le décor peint à la couleur rouge est également caractéristique de l'époque examinée (IXe-XIIIe siècles). On connaît des cruches à larges bandes rouges (Pl. 70 : 1) et des coupes à décor lustré. L'engobe rouge est largement utilisé.

Les récipients au décor peint en couleurs noire et violette sont peu nombreux et non caractéristiques pour le matériel de Dvin. Parmi les trouvailles anciennes, il faut signaler une grande cruche entièrement couverte de représentations d'oiseaux en médaillons et de motifs géométriques (Pl. 64 : 5).

On possède en outre quelques pots incomplets à lignes rayonnantes. Ces dernières années, les couches du XIe siècle ont livré une cruche à représentation de lion et des récipients incomplets à ornement linéaire. La pâte de ces récipients les distingue des exemplaires locaux. Il nous semble que tous ces récipients sont d'importation et proviennent des centres géorgiens avec lesquels l'Arménie entretenait d'étroites relations. Ce genre de céramique a été découverte en grand nombre dans le site de Jinvali (elle est actuellement conservée à la base archéologique du lieu).

Enfin, un groupe distinct est composé de céramique à décor estampé qui se divise en deux sous-groupes : céramique estampée dans des matrices ornementées et céramique au décor exécuté à l'aide d'étampes en argile ou de roulettes. Une cruche et deux coupes à décor estampé dans des matrices ont été découvertes dans le quartier central de Dvin, dans les couches du IXe siècle. Apparemment, ces objets sont l'œuvre d'un même artisan ou d'un même atelier (Pl. 78 : 1 et 2 ; Pl. II : 1).

Au Proche-Orient, les récipients à décor estampé dans des matrices sont connus dès le VIIIe siècle [489]. Le meilleur exemplaire est une coupe provenant de Suse décorée d'une représentation de grenadier. La céramique estampée est fréquente à Samarra (F. SARRE, 1925, 8-15, Pl. IV). Malgré le petit nombre d'objets découverts, B.N. ARAKÉLIAN (1958, 229) établit avec précision la limite chronologique de l'apparition de la céramique estampée en Arménie. La céramique à décor exécuté à l'étampe/roulette apparaît au XIe siècle, après la technique d'estampage dans les matrices. Ceci peut être bien suivi sur les récipients à paroi épaisse d'Ani.

La céramique estampée a connu une production massive au XIe siècle. Ce sont surtout des cruches (Pl. 64 : 3) de couleur jaunâtre à panse sphérique et col haut et large ; la pâte est en argile fine. Le décor géométrique et végétal estampé a été exécuté dans une forme-matrice sur la moitié supérieure de la panse. Les représentations d'animaux sont extrêmement rares. Bien qu'aucune de ces matrices n'ait été découverte à Dvin, il est hors de doute que ces récipients ont été fabriqués sur place et en grande quantité, d'après la facture et la forme des récipients. Il n'est pas exclu que certains exemplaires de céramique estampée, dont la structure de l'argile est très différente de celle des articles locaux, soient d'importation, mais il est impossible d'établir le lieu de leur fabrication.

Les récipients à décor estampé dans les matrices étaient fréquents dans différentes régions. On les rencontre en grande quantité en Asie Centrale, dans les sites de la période mongole et en Azerbaïdjan. Une partie des récipients à paroi épaisse découverts à Dvin sont fabriqués et décorés dans une technique analogue.

Les jarres rouges lustrées estampées sont fréquentes XIe-XIIIe siècles. Les fouilles des dernières années montrent qu'elles étaient largement utilisées dans la vie courante, surtout par les commerçants et les artisans. Ces jarres sont décorées de registres estampés exécutées à l'étampe/roulette. Les sujets variés des motifs indiquent clairement la destination (conservation des liquides) de ces jarres. Ce sont aussi bien des personnages mythologiques et des motifs cultuels que des scènes domestiques, des représentations d'êtres humains, d'arbres de vie, d'animaux et d'oiseaux divers. La datation, la destination et le sujet du décor de ces jarres, découvertes en grand nombre dans les sites médiévaux d'Arménie et d'Azerbaïdjan, ont fait l'objet de nombreuses études de la part des chercheurs arméniens et azéris [490]. Il nous semble toutefois que la question n'est pas épuisée.

Une riche collection de jarres estampées a été découverte lors des fouilles des deux importants centres de production céramique de l'Arménie médiévale : Dvin et Ani, qui pourvoyaient aux besoins de toute la population de la Vallée de l'Ararat et du Plateau du Shirak. Les trouvailles de récipients analogues dans les autres sites arméniens montrent l'influence directe de Dvin et d'Ani sur leurs motifs décoratifs. L'étude du matériel archéologique montre que les centres de fabrication des jarres à registres estampés se trouvaient en Arménie ou dans les villes de Transcaucasie où des Arméniens ont toujours vécu : Baylakan (Oren-Kala), Gandzak (Gandja), Dmanissi. A Baylakan, le répertoire des motifs décoratifs inclue la croix, symbole purement chrétien, en relation avec la population chrétienne de la ville (c'est à dire les Arméniens) et il est erroné de croire que "vers le XIIe siècle, ce symbole avait entièrement perdu son contenu initial" (G.M. AHMÉDOV, 1959, 204). Nous avons également trouvé un grand

---

[489]   A. POPE, 1939a, t. II. 1471-1472 ; t.V, 567 ; A. LANE, 1947, fig. 4c.
[490]   K.G. GHAFADARIAN, 1952 ; G.H. KARAKHANIAN, 1954 ; B.N. ARAKÉLIAN, 1958 ; F.S. BABAYAN, 1981 ; H.L. PÉTROSSIAN, 1984 ; G.M. AHMÉDOV, 1959.

nombre de couvercles estampés dont le décor est exécuté à l'aide de poinçons en argile de formes et de dimensions diverses (ronds, ovales, cruciformes, en amande). Les limites chronologiques de l'usage des couvercles estampés sont très nettes et on ne les trouve que dans les couches des Xe-XIe siècles. Par la suite, ils sortent d'usage et il nous est encore impossible d'expliquer ce phénomène.

La céramique à glaçure des IXe-XIIIe siècles

Tous les auteurs sont unanimes à dater du IXe siècle l'apparition de la glaçure en Arménie, y compris à Dvin (il s'agit de son usage en masse). K.G. GHAFADARIAN (1952, 209), qui croyait au début des années 1950 que les récipients à glaçure étaient fabriqués à Dvin dès l'époque des *marzpans*, a renoncé à cette datation dans ses ouvrages suivants. En effet, la majeure partie de la céramique à glaçure ancienne de Dvin est livrée par les couches du quartier central de la ville, formées par suite du tremblement de terre de 894. Ainsi, la limite chronologique supérieure de cette céramique nous est connue. Bien plus difficile est d'établir la chronologie des couches inférieures. L'on peut supposer d'après les trouvailles de monnaies que cette céramique était déjà fabriquée à Dvin dès la première moitié du IXe siècle.

Le développement de cette technique dans les pays d'Orient est étudiée dans les œuvres de certains chercheurs russes [491]. A.L. Jacobson considère que "dans la vaste zone du bassin méditerranéen, de celui de la Mer Noire, en Transcaucasie et en Asie Centrale — dans tout le Proche et le Moyen-Orient —, la céramique à glaçure se présente comme un phénomène historico-artistique unique" (L.A. JACOBSON, 1978, 149). Il note (1978, 150) que "le processus de formation de la céramique à glaçure ... s'est accompli en un laps de temps relativement bref, principalement entre les IXe et Xe siècles. L'apparition et le développement de la céramique à glaçure sont surtout dûs aux métiers urbains et sont l'expression éloquente de l'essor des villes en tant que centres d'artisanat". Cette thèse peut être légitimement attribuée à l'Arménie et, plus spécialement, à Dvin où l'apparition de cette technique remonte à l'époque ayant suivi la conquête arabe et coïncide chronologiquement avec le mouvement de libération nationale. Mais cette époque est aussi celle d'un puissant essor économique, de l'apparition et du développement des villes qui deviennent d'importants centres d'artisanat. Ainsi, l'apparition de la céramique à glaçure en Arménie et dans les autres régions de l'Orient est motivée par deux facteurs : politique et économique. Les autres facteurs, tels les nouveaux procédés technologiques de la production céramique, la nécessité de remplacer la vaisselle faite de métaux précieux par des articles moins coûteux, sont aussi d'ordre purement économique. La collection de céramique glaçurée des IXe-XIIIe siècles de Dvin est l'une des plus riches en Transcaucasie. Elle permet de suivre l'évolution de cette technique, de se faire une notion des pratiques technologiques, du caractère du décor, de la variété des formes, tout en distinguant les particularités de la fabrication locale et les vastes relations avec les centres d'artisanat du Proche-Orient. La classification ci-dessous tient compte de tous ces critères.

La céramique monochrome

Nous considérons la céramique monochrome à glaçure verte comme la variété la plus ancienne de la céramique à glaçure de Dvin. La fabrication sporadique d'objets couverts de glaçure verte date du haut Moyen Age. Il nous semble naturel que les traditions des époques précédentes servent de point de départ lors de la mise en pratique de nouveaux procédés de fabrication. C'est apparemment la voie adoptée par les artisans de Dvin qui entretenaient d'étroits contacts avec les centres du Proche-Orient (la glaçure verte était surtout fréquente à Samarra, F. SARRE, 1925). C'est aussi, probablement, la voie suivie par la céramique à glaçure dans les autres centres transcaucasiens d'artisanat. Néanmoins, aucune des recherches consacrées à la céramique glaçurée de Géorgie et d'Azerbaïdjan ne tient compte du rôle des objets monochromes à glaçure [492]. Une tentative a été faite de classer dans un groupe distinct la

---

[491] E.V. SAYKO, 1966 ; A.L. JACOBSON, 1978 ; G.V. CHICHKINA, 1979.
[492] M.N. MITZICHVILI, 1969 ; A.L. JACOBSON, 1959, sauf la céramique à décor gravée G.M. AHMÉDOV, 1972 ; 1979.

céramique monochrome de la ville de Kabala, mais la datation en est douteuse (I.A. BABAYEV, 1964, 140-141). La céramique monochrome à glaçure est mieux étudiée sur le matériel d'Asie Centrale [493].

A Dvin, cette céramique est surtout livrée par le quartier central de la ville, dans les couches du IXe siècle [494]. Elle se présente sous forme de récipients divers, complets ou incomplets : pots, cruches, bols. Ils sont entièrement couverts de glaçure vert foncé à patine légèrement argentée. Les bols reprennent les formes des récipients polychromes à base annulaire, caractéristique du IXe siècle. Malheureusement, il est impossible de reconstituer la forme des cruches ; seuls des fragments en forme de paires de becs verseurs tubulaires ou de différentes parties de la panse ou de la base ont été trouvés.

Mentionnons une petite et élégante gourde à panse sphérique, deux anses en oreillettes et un col bas, très semblable aux gourdes antiques (Pl. 80 : 1). Elle rappelle les ampoules des Ve-VIe siècles de l'Empire Byzantin [495] et fait visiblement partie des vases sacrés. Les sites de Transcaucasie n'offrent pas de parallèles à ce récipient, du moins à notre connaissance. Cette forme est quelque peu en relation avec celle des gourdes du IXe siècle d'Asie Centrale (la seule gourde de ce type a été découverte à Dvin en 1987), mais les dimensions et le décor de ces dernières sont nettement différents. Les coupes à base annulaire basse et à paroi droite (Pl. 80 : 2) rappellent la forme des verres à parois épaisses, bien connus au IXe siècle aussi bien à Dvin [496] qu'au Proche-Orient [497]. Un récipient de ce type se trouve parmi le matériel de Samarra [498]. Les récipients cylindriques sont très intéressants. Ils sont décorés d'un ornement incisé et couverts de glaçure vert foncé. Des récipients de ce genre ont été découverts à Baylakan (Oren-Kala) [499], dans les sites d'Asie Centrale et ont apparemment une même origine [500]. A.L. Jacobson y voit une forte influence de la gravure sur bois (Pl. 80 : 3).

La céramique peinte polychrome (Pl. 81-83, II, 2)

Elle apparaît au IXe siècle en même temps que la monochrome ou un peu plus tard. Il est néanmoins difficile de tracer nettement cette frontière chronologique, car les fouilles les livrent ensemble. Ce groupe inclut des coupes hémisphériques à base annulaire et lèvre légèrement biseautée vers l'intérieur ; parfois la lèvre est droite comme celle des coupes analogues d'origine proche-orientale. On trouve assez souvent de petites coupes à base plate. Quelques exemplaires de cruches à large col et épaule bien marquée ont également été découverts.

La peinture des récipients de ce groupe est tricolore ; elle est exécutée en couleurs brune, verte et jaune et couverte de glaçure incolore ; la ligne du dessin est nette. Il y a des récipients bicolores à décor peint à la couleur brune sur fond jaune vif. Ces récipients étaient soumis à une double cuisson [501]. L'ornementation de la céramique peinte du IXe siècle de Dvin présente surtout des motifs d'arbre stylisé, différentes variantes de rosettes, de palmettes, de fleurs et de dessins en amande ; l'espace entre les dessins est rempli de motifs géométriques en forme de treillis à cellules carrées, rhomboïdes et rondes, peints en quinconce, ou de points bruns disposés densément. L'ornement en forme de petites flèches peintes à la couleur brune (manganeuse) est fréquent. Parfois, les coupes étaient décorées à l'extérieur de grandes taches brunes. Ces taches, fréquentes sur les cruches, se voient aussi sur l'unique couvercle conservé. La céramique polychrome de Dvin est caractérisée par l'absence de représentations d'oiseaux, d'animaux et d'êtres humains, d'ailleurs rares sur la céramique des autres sites aussi [502]. Un ornement épigraphique est attesté dans deux cas : sur le fond d'un grand bol bicolore, peint en couleur

[493] E.V. SAYKO, 1966 ; G.V. CHICHKINA, 1979.
[494] A.A. KALANTARIAN, 1976, 78-80.
[495] *Idem*, 1968.
[496] H.M. DJANPOLADIAN, 1974, nos. 36-41.
[497] C.J. LAMM, 1941, 9..
[498] F. SARRE, 1925, 21.
[499] A.L. JACOBSON, 1959, 282-286, Pl. XXXVII.
[500] G.V. CHICHKINA, 1979, 32.
[501] *Idem*, 1979, 33.
[502] A.L. JACOBSON, 1959, 242, Pl. V.

brune sur jaune vif et sur un récipient incomplet à peinture tricolore, dans un petit médaillon. Les inscriptions ne sont pas lues ; elles semblent de simples imitations.

Les observations stratigraphiques et l'étude des récipients à glaçure nous permettent de distinguer deux groupes. L'on sait que sur les exemplaires plus anciens de céramique, polychrome comme monochrome, le dessin était exécuté sur le tesson (rosâtre ou crème) sans le couvrir d'engobe et ce n'est que par la suite, et grâce aux nouveaux procédés, qu'on traite la surface des récipients à l'engobe pour obtenir un dessin plus vif.

La céramique décrite était des plus fréquentes en Arménie médiévale. On la trouve sur le site de Zvartnotz (près d'Etchmiadzine, où elle est exposée dans le musée local), bien qu'elle y présente quelque différence dans les tons chromatiques, à Djrahovit (très probablement, originaire de Dvin) et dans d'autres sites. Une riche collection de céramique polychrome a été réunie à Oren-Kala [503]. D'après A.L. Jacobson, "ses qualités artistiques en font un phénomène remarquable des arts décoratifs du IXe siècle de Transcaucasie". De proches parallèles de cette céramique se trouvent dans les sites d'Asie Centrale [504], d'Iran [505], du Proche-Orient [506]. Leur ornementation se ressent de la forte influence des récipients lustrés du Proche-Orient [507].

La céramique polychrome du IXe siècle révèle des principes d'ornementation communs à la Transcaucasie, à l'Asie Centrale, à l'Iran et au Proche-Orient. Et néanmoins, la céramique de chaque région présente des particularités locales qui lui sont propres, ce qui a été illustré par le matériel de Dvin.

Le groupe suivant de la céramique de Dvin du IXe siècle est composé d'objets d'importation à pâte poreuse de couleur crème, couverts de glaçure transparente ou blanche tirant sur le gris cendré, décorés sous la glaçure de motifs bleus et verts (Pl. 84 : 1, 3, 4).

Les premières trouvailles de ce genre sont publiées par B.A. CHELKOVNIKOV (1940 ; 1942). A.S. JAMKOTCHIAN (1981) a consacré un ouvrage à l'étude de cette céramique ; certaines remarques ont été faites par nous à l'occasion des découvertes de ces dernières années dans le quartier central [508].

Cette céramique est surtout représentée par des coupes de différentes dimensions à bords évasés sur petite base annulaire et de grands plats du type "samarréen" [509]. Le décor de la majorité des récipients est végétal : arbres stylisés, pétales, rosettes ; sur une coupe : grenadier avec ses fruits. On trouve aussi des bandes rayonnantes allant du centre aux bords du récipient, des taches et des points sur les bords. Certains récipients ne sont pas peints, ce qui s'explique probablement par la nécessité d'une production moins coûteuse. En Transcaucasie, la céramique à glaçure blanche plombifère et peinture bleue (cobalt) est attestée, outre à Dvin, dans le matériel d'Oren-Kala [510] ; elle est aussi très fréquente en Asie Centrale [511]. On la considère comme originaire de Mésopotamie, surtout de Samarra [512], mais aussi des centres iraniens [513], ce qui est difficilement admissible. La qualité de la pâte et de la glaçure des exemplaires de Dvin est très semblable à ceux de Samarra [514]. Des parallèles directs des récipients de Dvin se trouvent aussi dans les autres collections de céramique mésopotamienne [515]. Toutefois,

---

[503]   N. NADJAFOVA, B. CHELKOVNIKOV, 1958 ; A.L. JACOBSON, 1959, 238-242 ; G.M. AHMÉDOV, 1979, 33, Pl. 19.

[504]   V.N. VAKTOURSKAYA, 1959, 285-286 ; B.Y. STAVISKI, 1960, 114 ; S.B. LOUNINA, 1962, 227, 235 *et passim* ; G.V. CHICHKINA, 1979, 33-36.

[505]   CH.K. WILKINSON, 1947, 101 ; A. STEIN, 1937, 154, Pl. XXI, 421.

[506]   E. KÜHNEL, 1925, 76-78, fig. 36-37.

[507]   F. SARRE, 1925 ; R. KOECHLIN, 1928 ; A. LANE, 1977 ; R. SCHNYDER, 1963.

[508]   A.A. KALANTARIAN, 1976, 82-84.

[509]   F. SARRE, 1925, Pl. XXVI-XXVII.

[510]   A.L. JACOBSON, 1959, 245-246, Pl. XIX.

[511]   G.V. CHICHKINA, 1979, 40-42.

[512]   F. SARRE, 1925, 44-45.

[513]   A.U. POPE, 1939a, 1485.

[514]   R. KOECHLIN, 1926, Pl. XI 1, 2 ; R. GHIRSHMAN, 1952, 4, fig. 3.

[515]   F. SARRE, 1925, 46, Pl. XVIII-XIX ; A.U. POPE, 1939, Pl. 573e ; A. LANE, 1977, fig. 88.

comme Dvin entretenait d'étroites relations économiques et politiques avec Samarra, c'est probablement de ce site que proviennent nos exemplaires.

Les récipients couverts de glaçure blanche plombifère, ainsi que la céramique lustrée du IXe siècle sont considérés par certains chercheurs comme des exemplaires anciens de faïence [516]. A. LUCAS (1958) propose de donner le nom de faïence à toutes les pâtes à fort contenu de silicate. Nous partageons l'opinion des chercheurs qui tiennent pour de la faïence les objets fabriqués en argile blanche spéciale : le kaolin. C'est pourquoi la céramique décrite ci-après est classée dans un groupe distinct de récipients à glaçure [517].

De Dvin proviennent des récipients qui sont une imitation évidente des objets de Samarra [518]. Ils sont couverts de glaçure blanche opaque et présente sous la glaçure un décor vert (Pl. 84 : 6). Le dessin est épigraphique, mais illisible. Il est à noter que les ornements épigraphiques sont absents sur les récipients d'importation, bien qu'ils soient fréquents sur les objets découverts à Samarra et dans les autres centres [519]. Les récipients de Dvin présentent une pâte rougeâtre de caractère local. C'est au nombre des objets d'importation qu'il faut classer les récipients à pâte dense de couleur crème, couverts de bandes rayonnantes tricolores (turquoise, violette et verte) représentés par un seul exemplaire complet [520] et des fragments. Ce genre n'est pas rare non plus dans les sites proche-orientaux [521]. On trouve des objets semblables à pâte rougeâtre, ce qui indique leur origine locale. Le trait caractéristique de cette céramique est que sa glaçure se détache facilement de la surface, alors que sur les spécimens décrits ci-dessus, la glaçure est assez solide. La céramique du IXe siècle est représentée par une riche collection d'objets lustrés découverts dans les couches inférieures de la citadelle et dans le quartier central de la ville. Certains chercheurs croient la céramique lustrée originaire d'Egypte [522] d'autres d'Iraq (Mésopotamie [523]) ou d'Iran [524]. La popularité de cette céramique est attestée par sa vaste diffusion allant d'Espagne jusqu'en Asie Centrale. Visiblement, son origine est unique, malgré la diversité du décor, du style de peinture et des tons chromatiques.

On trouve à Dvin de la céramique lustrée aussi bien monochrome que polychrome. Ce sont principalement des coupes à paroi épaisse prolongée par une lèvre incurvée vers l'intérieur et pâte dure de couleur crème. La céramique monochrome est composée d'objets à riche décor végétal et zoomorphe (Pl. 85 : 1-5, II, 4). La peinture sur glaçure sur les deux côtés est de couleurs brune ou olive sur fond blanc. Sont particulièrement à distinguer les grands médaillons, les festons sur les bords et les nombreux points, si caractéristiques pour la céramique mésopotamienne [525] et, partiellement, samarréenne [526]. On voit souvent des inscriptions coufiques donnant le nom des artisans. L'analyse stylistique des récipients de Dvin montre qu'ils seraient plutôt importés de Samarra, bien qu'on ne puisse exclure la provenance de certains récipients de Rey où les fouilles ont livré des exemplaires de rebut [527], de Suse [528] et des centres syriens [529].

---

[516] Pour le matériel de Dvin et de Transcaucasie, voir : B.A. CHELKOVNIKOV, 1940 ; B.N. ARAKÉLIAN, 1958 ; A.S. JAMKOTCHIAN, 1981 : N.F. MAMAYACHVILI, 1969.

[517] F. SARRE, 1925 ; A.L. JACOBSON, 1959.

[518] A.A. KALANTARIAN, 1976, 81.

[519] F. SARRE, 1925 ; E.J. GRUBE, 1965, fig. 1, 2 ; G. FEHÉRVARI, 1973, 44, fig. 12.

[520] K.G. GHAFADARIAN, 1952, fig. 198.

[521] A. LANE, 1977, fig. 7 B.

[522] A.J. BUTLER, 1907 ; 1926 ; A. BAGHAT BEY et F. MASSOUL, 1930 ; R. SCHNYDER, 1963.

[523] H. SALADIN, 1899 ; R. KOECHLIN, G. MIGEON, 1907 ; 1956 ; F. SARRE, 1925 ; E. KÜHNEL, 1932 ; 1934 ; R.L. HOBSON, 1932 ; M.S. DIMAND, 1944, A. LANE, 1938 ; 1947 ; E.J. GRUBE, 1965 ; G. FEHÉRVARI, 1973.

[524] CH. VIGNIER, 1914 ; M. PÉZARD, 1920 ; R. KOECHLIN, 1928 ; A.U. POPE, 1939.

[525] E.J. GRUBE, 1965, 211-211, fig. 3, 4 ; G. FEHÉRVAVI, 1973, 46, Pl. IIb.

[526] F. SARRE, 1925, Pl. XIV, XV.

[527] A.U. POPE, 1939, 175.

[528] J.M. UNVALA, 1939.

[529] A. LANE, 1938, Pl. XVI, 1.

Il est fort possible que Dvin ait aussi fabriqué de la céramique lustrée. Eu égard au caractère de la peinture, à la qualité de la pâte, à la forme des récipients et des sigles d'artisans, on a essayé de distinguer un groupe d'objets fabriqués par les artisans locaux [530]. Il nous semble toutefois que cette question est loin d'être épuisée.

En Transcaucasie, on rencontre aussi de rares exemplaires de céramique lustrée, monochrome en Géorgie [531]. La céramique bicolore est représentée à Dvin par une seule coupe à représentation de palmier, exécutée en brun foncé (Pl. 84 : 2 ; II, 5). Tout le reste de la surface du récipient est couvert d'un motif de branche fleurie, exécutée en brun pâle. Cette ornementation, connue sur la céramique d'Iran [532] et de Samarra [533] peut servir d'indice de localisation de l'objet. Récemment, des récipients semblables d'origine indiscutablement samarréenne ont été découverts à Afrassiab [534].

On a découvert à Dvin quelques coupes incomplètes peu profondes à parois fines et peinture exécutée en tons vifs (Pl. 85 : 6). Sur certaines d'entre elles, le décor est exécuté sur fond rougeâtre sous forme de cercles, de points et de flèches dorés et bruns ou de lignes multicolores. Il y a des inscriptions sur fond bleu pâle. La facture des récipients est le même que précédemment, les bords sont plus larges.

Ce groupe est incontestablement d'origine égyptienne. Ses parallèles directs se trouvent dans le matériel de Fustat (R. SCHNYDER, 1963) que cet auteur date des années 880-900.

La céramique du Xe siècle

Dès la fin du IXe et le début du Xe siècles, on observe certains changements dans le processus de la fabrication de la céramique à glaçure, surtout dans la technique de la peinture. A côté des formes anciennes, de nouvelles font leur apparition, toujours sur base annulaire, mais à paroi fortement évasée.

La technique de la peinture tricolore évolue. L'ornement strictement linéaire, qui domine au IXe siècle, perd sa netteté et le dessin se fait plus flou. La rosette à nombreux pétales, remplie de points, devient très fréquente. La peinture est exécutée sur engobe. Ce genre de céramique est absente du quartier central de la ville, mais elle prédomine dans les couches inférieures de la citadelle parmi le matériel du Xe siècle (Pl. 86 : 3-6 ; Pl. 87 : 1, 2 ; Pl. II : 3).

C'est à la même époque qu'on pratique largement la technique de la peinture à l'engobe, apparemment à cause du grand usage qu'on fait de l'engobe dans la fabrication des récipients. Dès la fin du IXe siècle, on voit apparaître des récipients entièrement décorés de taches d'engobe et couverts de glaçure jaune clair ou verdâtre [535]. Au Xe siècle, les dessins se compliquent. Le dessin purement géométrique est peint à l'engobe blanche ou légèrement brune sur le tesson. Les bords des récipients sont ornés de festons et au centre, on place un médaillon où l'on inscrit le "signe de David" ou un motif géométrique. Le reste de la surface des récipients est couvert de chaînes, de cercles ou de lignes rayonnantes partant du centre (Pl. 86 : 1, 2 ; Pl. 88 : 2). Ces récipients se caractérisent aussi par des taches vertes qui alternent parfois avec des taches brunes. La peinture y est principalement couverte de glaçure verte transparente ; on voit parfois des coupes à glaçure brune semi-transparente.

La céramique glaçurée peinte à l'engobe est connue sur un vaste territoire qui inclut l'Asie Centrale [536], le Proche-Orient [537] et la Transcaucasie [538]. Elle a été étudiée par A.L. JACOBSON (1959,

[530] A.S. JAMKOTCHIAN, 1981, 93-95, Pl. I, 2, 4, 5, 7, 9 ; III, 1, 3, 9.
[531] N.F. MAMAYACHVILI, 1969, 106-107, Pl. I, 1, 2.
[532] A.U. POPE, 1939a, 1489, fig. 580b.
[533] F. SARRE, 1925, Pl. XIII, XVI, 2.
[534] G.V. CHICHKINA, 1979, 36-40, Pl. XLIII, XLIV.
[535] A.A. KALANTARIAN, 1976, 80.
[536] G.V. CHICHKINA, 1979, 45-46.
[537] A. STEIN, 1937.
[538] V.N. LÉVIATOV, 1946 ; A.L. JACOBSON, 1959 ; I.A. BABAYEV, 1964 ; G.M. AHMÉDOV, 1979 ; M.A. MITZICHVILI, 1969.

231-236, Pl. XIII-XV) sur le matériel d'Oren-Kala. L'admirable classification de cet auteur est adoptée par la majorité des spécialistes en céramique glaçurée de Transcaucasie. Toutefois, l'étude du matériel analogue de Dvin et les observations stratigraphiques indiquent que la peinture à l'engobe est l'étape ultérieure du développement de la technique de la glaçure, celle qui suit les étapes de la céramique monochrome et polychrome tricolore. Ceci est confirmé par une quantité énorme de trouvailles dans des couches précises.

Les XIe-XIIIe siècles sont l'époque de l'épanouissement et d'un essor sans précédent de la céramique à glaçure, motivés principalement par le développement des forces productives, l'agrandissement des villes et la croissance de la demande. On voit apparaître de nouveaux procédés techniques pour l'ornementation des récipients dont les formes changent.

C'est probablement à la fin du Xe et au début du XI siècles qu'apparaît la technique de la gravure. Au début, l'ornement incisé (dessin graphique en forme de treillis, de rosettes, de lignes ondulantes) était exécuté en lignes à peine visibles sur la surface du récipient après l'avoir couvert d'engobe. La céramique gravée glaçurée du XIe siècle est principalement polychrome et son ornement incisé ne coïncide pas avec la peinture (Pl. 89 : 3 ; 90 : 1, 2).

Aux XIe-XIIe siècles, l'ornement incisé devient plus riche : les dessins géométriques et végétaux se compliquent, on voit s'y ajouter des représentations d'êtres humains, d'animaux et d'oiseaux. La gamme chromatique de la glaçure n'est pas nette, le dessin est flou et abstrait (Pl. 91-92).

De nouvelles formes de récipients sont mises en usage. Les bases annulaires deviennent progressivement plus hautes jusqu'aux XIIe-XIIIe siècles. Les lèvres s'élargissent, prenant souvent une forme très éversée.

Au XIe siècle, on pratique une nouvelle forme de décor des récipients à glaçure : l'ornement entaillé, exécuté en grattant l'engobe de la surface (Pl. 90 : 3-6). Dans les centres transcaucasiens, les récipients à ornement entaillé sont surtout fréquents à Oren-Kala. Ils ont été étudiés en détail par A.L. JACOBSON (1959, 250-252). Ils sont également connus dans les sites géorgiens [539]. La collection de Dvin est à présent plus riche. On y trouve des motifs décoratifs variés : fleurs, volutes, registres de treillis, entrelacs et même représentations d'êtres humains et d'animaux. Les récipients sont en majorité couverts de glaçure jaune transparente, parfois à reflets verts. Nous trouvons les proches parallèles de cette céramique dans le matériel de l'Iran du Nord [540].

Sur certains récipients habilement décorés de Dvin, le décor incisé accompagne des dessins entaillés. Sur ces récipients, le dessin présente une grande clarté. On a trouvé dans la citadelle un récipient incomplet à représentation d'homme à poignard [541]. Les détails de ses vêtements et de sa coiffure sont très nets. Le récipient porte une inscription : "Amal Ayub" (lue par G. Djiddi).

Les récipients à représentations d'êtres humains, d'animaux et d'oiseaux ne sont pas typiques pour l'époque examinée et ils sont très rares à Dvin (Pl. 91 : 4 ; Pl. 92). Dans les sites plus récents, surtout de la période postmongole, comme à Ani [542], à Spitak [543] et en Géorgie [544], on les trouve en quantité énorme.

Dès les XIe-XIIe siècles, la production de la céramique à glaçure laisse déjà observer des tendances à la standardisation des formes et du décor, due à la demande du marché et à la fabrication en masse des objets. La standardisation des récipients devient encore plus grande entre la deuxième moitié du XIIe siècle et le XIIIe. Une grande quantité de céramique a été découverte dans le quartier artisanal de la citadelle, datée de la deuxième moitié du XIIe siècle jusque vers 1230-1240, ainsi que dans le secteur sud. La forme de ces récipients les distingue nettement des exemplaires des époques précédentes

[539] M.N. MITZICHVILI, 1979, Pl. VIII, 2.
[540] R.L. HOBSON, 1932, 24-25 ; A.U. POPE, 1939a, Pl. 601, 602, 614-618 ; M. PÉZARD, 1920.
[541] F.S. BABAYAN, 1981, 70.
[542] B.A. CHELKOVNIKOV, 1957.
[543] A.A. KALANTARIAN, G.G. SARKISSIAN, 1980.
[544] M.N. MITZICHVILI, 1979.

(pieds, lèvres, bords, décors). L'ornement linéaire profondément incisé est surtout fait de fleurs, de rosettes et d'autres motifs végétaux. L'ornement géométrique inclut diverses étoiles, des triangles, des rhombes, des cercles (Pl. 89 : 1, 2, 5, 7).

Aux XIIe-XIIIe siècles, on fabrique une grande quantité de céramique monochrome de couleurs verte, jaune ou bleue. Les récipients à décor abstrait sortent d'usage. L'ornement strict, coïncidant avec le dessin graphique réapparaît (Pl. 93, 94).

La demande croissante et le grand usage qu'on fait de la céramique contraignent les artisans de Dvin à chercher de nouvelles voies pour la bonne organisation de l'industrie. On voit apparaître des ateliers organisés dont le rôle est très important dans la fabrication de la céramique à glaçure. La production de chacun de ces ateliers a ses particularités. On le voit aux coupes provenant du quartier des ateliers, des quartiers de la ville et de la citadelle (A.A. KALANTARIAN, 1974).

Comme nous l'avons déjà indiqué, la standardisation touche la forme comme l'ornement des récipients. Parmi les motifs décoratifs, le plus fréquent à cette époque est le triangle stylisé, se transformant parfois en ornement végétal.

Aux XIIe-XIIIe siècles, on fabrique en masse des salières et des lampes, principalement monochromes, vertes (Pl. 95 : 1, 4-6). La diversité des formes distingue aussi les cruches et les pots à glaçure monochrome verte, parfois à décor incisé (Pl. 96).

Les fouilles de ces dernières années ont mis au jour des exemplaires incomplets, relativement peu nombreux, de céramique à glaçure, non caractéristiques de la fabrication en masse. On les trouve le plus souvent dans le secteur sud de la citadelle. Le dessin gravé de ces récipients coïncide entièrement avec la peinture polychrome. Cette céramique est livrée par la couche supérieure, datée de la période postmongole. Les publications de ce genre de céramique sont assez nombreuses en Géorgie et en Azerbaïdjan. La datation par A.J. JACOBSON (1959, 264-270) de la céramique analogue d'Oren-Kala de la fin du XIIe siècle nous semble incorrecte. L'erreur est apparemment due à la pauvreté du matériel. M.N. Mitzichvili met en relation leur décor avec l'ornementation plastique des monuments du XIIe siècle de Géorgie et pense que cette céramique était en usage entre la fin du XIIe siècle et la deuxième moitié du XIIIe siècle. L.A. TCHILACHVILI (1975, 105-106), eu égard à l'analyse détaillée du matériel des fouilles de Gavazi, la date de la fin du XIIIe et du XIVe siècles.

Dans le site rupestre de Spitak, cette céramique est livrée avec des monnaies de Mangu-khan, frappées dans la deuxième moitié du XIIIe siècle à Tbilissi. Des exemplaires de céramique analogue ont été trouvés uniquement en Crimée (fabrication d'artisans arméniens émigrés) et en Bulgarie. Tout le matériel connu à ce jour indique clairement que cette céramique a fait son apparition en Transcaucasie (dans toutes ses régions) après la conquête mongole pour des raisons qui restent inconnues.

La faïence des XI-XIIIe siècles. La collection d'objets en faïence de Dvin est l'une des meilleures en Transcaucasie et au Proche-Orient. La faïence de Dvin a fait l'objet d'études dès les premières fouilles [545]. A.S. JAMKOTCHIAN (1973 ; 1974 ; 1981 ; 1981a), ayant consacré de nombreuses années à l'étude de la faïence, a réussi à reconstituer le tableau de la fabrication de faïence en Arménie, plus spécialement à Dvin, à indiquer les particularités de son développement à diverses périodes historiques et à révéler les traits caractéristiques de cette fabrication.

La faïence de fabrication locale de Dvin est représentée par des récipients de diverses destinations fonctionnelles. Ce sont des objets magistralement façonnés que distinguent l'élégance de la forme et la richesse des compositions décoratives (rosettes diverses, registres de rubans, animaux, scènes mythiques) [546]. Pour la qualité, les faïences de Dvin ne le cédaient en rien aux exemplaires proche-orientaux et faisaient apparemment l'objet d'une grande demande en Transcaucasie et au Proche-Orient (Pl. 97, 98, III, 2).

---

[545] B.A. CHELKOVNIKOV, 1942 ; 1942a. Par la suite, les faïences de Dvin ont été publiées par K.G. GHAFADARIAN, 1952 ; 1982 ; B.N. ARAKÉLIAN, 1958 ; B.A. CHELKOVNIKOV, 1952 ; 1958.

[546] A.S. JAMKOTCHIAN, 1981, 100-116.

Une grande partie de la faïence fabriquée en Arménie aux XIe-XIIIe siècles provenait de l'autre centre important de l'époque : Ani. Il est hors de doute que le développement de ce domaine à Ani est en partie dû aux artisans ayant émigré de Dvin à Ani dans la seconde moitié du Xe siècle, lorsque cette dernière ville devient la capitale de l'Arménie [547]. Cela peut être nettement suivi à la forme et au décor de la production de ces deux centres.

La fabrication des objets en faïence et, surtout, celle de la céramique lustrée se sont inspirées des meilleures traditions des centres iraniens et proche-orientaux. Certains récipients sont littéralement des copies d'objets fabriqués en Orient musulman.

La collection d'objets en faïence de Dvin inclut un grand nombre de récipients d'importation (Pl. III, 1), provenant surtout d'Iran (Rey, Kashan) et témoignant de l'intensité des relations commerciales existant entre l'Arménie et l'Iran. Ce sont des récipients à peinture sous et sur glaçure, exécutée par lustrage, au cobalt, et décorés de riches ornements végétaux, d'inscriptions, de représentations d'êtres humains, d'animaux, d'êtres fantastiques (Pl. 99).

Ces dernières années, les trouvailles d'objets en faïence sont rares à Dvin. Néanmoins, grâce à une stratigraphie stricte, elles complètent nos notions sur la technique de fabrication de ce genre de récipients à diverses périodes et permettent de préciser leur datation. Des objets en faïence ont été mis au jour dans la citadelle, dans les couches des XIIe-XIIIe siècles. Ce sont principalement des coupes de couleurs bleue ou turquoise, bien connues déjà d'après les résultats des fouilles précédentes (Pl. 98 : 3-6). Les coupes ajourées, très fréquentes aux XIe-XIIe siècles, sont absentes de ces couches. Les formes et le décor des coupes monochromes reprennent ceux des récipients à glaçure.

Fort intéressants sont les récipients à décor appliqué, en particulier à macarons. Le secteur ouest de la citadelle a livré un haut vase polyédrique de couleur turquoise (Pl. 97 : 1), entièrement couverts de macarons et de rosettes appliquées (A.S. JAMKOTCHIAN, 1981a). Le même lieu a livré un récipient analogue bleu foncé, sans ornement. Ce genre de vases est caractéristique non seulement de l'Arménie, mais aussi des centres iraniens et proche-orientaux [548].

La faïence lustrée de fabrication locale ou d'importation n'est représentée que très fragmentairement dans le matériel des dernières années. Dans le quartier artisanal de la citadelle et dans le secteur sud, les splendides récipients en faïence ne sont pas attestés, ce qui s'explique en premier lieu par la position sociale des habitants de ces quartiers. D'après les vestiges d'habitations et le matériel découvert, ils ont été surtout peuplés d'artisans et de commerçants de moyenne aisance, occupés dans une fabrication modeste dont le produit était commercialisé sur place.

---

[547] A.S. JAMKOTCHIAN, 1981, 139.

[548] G. FEHÉRVARI, 1973, 110, Pl. 59, n. 141, 142.

CHAPITRE VII

LA VERRERIE AUX Ve - XIIIe SIECLES

Les fouilles de Dvin ont livré une importante collection d'objets en verre de fabrication locale ou d'importation, dont la valeur historique est grande à cause de leur nombre et de la variété de leurs formes. Ces objets en verre enrichissent nos connaissances sur l'art de la verrerie en Transcaucasie et en Asie Mineure [549]. C'est l'une des plus importantes collections médiévales du genre connues par des fouilles de centres industriels au Proche-Orient. Les verres de Dvin sont en relation étroite avec la production verrière des centres proche-orientaux (Iran, Iraq) ; en même temps, ils ont subi l'influence de la verrerie arménienne de la période antique et leur technique d'exécution s'apparente dans une certaine mesure à cette dernière.

L'art de la verrerie a une histoire fort ancienne en Arménie. Des perles en pâte de verre ont été trouvées dans les inhumations des IIe-Ier millénaires av. J.-C. et dans les sites urartéens (H.M. DJANPOLADIAN, 1964). Cet art connaît un grand essor à la période antique [550].

Les sources arméniennes et étrangères fournissent des témoignages sur le développement de la verrerie en Arménie. Nous rencontrons les premiers dans la Vie de Sainte Hripsimé relatée par l'historien Agathange (édit. 1909, 85-86). D'intéressantes mentions de récipients divers et de vases sacrés en verre existent chez les historiens arméniens. Thovma Artzruni (édit. 1917, 219-220) parle de projectiles en forme de récipients remplis de pétrole et de soufre, utilisés en temps de guerre. Les manuscrits arméniens des XIVe-XVIe siècles (K.G. GHAFADARIAN, 1940), dont une partie est copiée sur des exemplaires plus anciens, conservent de nombreuses recettes pour la fabrication du verre, ainsi que la description des procédés technologiques appliqués en industrie verrière. D'après les sources, l'Arménie était riche en matières premières nécessaires à la fabrication du verre [551].

Les auteurs arabes et byzantins communiquent de précieux renseignements sur l'industrie verrière de l'Arménie. Lazaropoulos, métropolite de Trébizonde, parle de la verrerie de Bassen (H.M. BARTIKIAN, 1960, 133). Le géographe arabe Ibn Hauqal (édit. 1908, 99) mentionne la fabrication en Arménie d'objets en verre et en cristal coloré. La liste des présents offerts par le roi arménien Sembat Ier à un gouverneur arabe compte, outre de somptueux vêtements, des coupes et des récipients en verre multicolore, décorés avec de l'or, œuvres d'artisans byzantins [552]. L'historien arménien Matthéos Urhaétsi (édit. 1898, 149) relate que le roi Sembat fait venir d'Inde un lustre en cristal de grand prix (10.000 dirhems) pour la cathédrale d'Ani.

A ce jour, les sites médiévaux d'Arménie n'ont révélé aucun atelier de verrier et, par conséquent, des questions aussi importantes que les particularités caractéristiques du verre local, les traits principaux de la fabrication, la structure des fours et bien d'autres ne peuvent être éclaircies comme il le faudrait.

Les fouilles pratiquées à diverses reprises à Dvin ont livré des vestiges de pièces de rebut, des matières premières utilisées, mais ces trouvailles n'étaient qu'épisodiques et elles n'attestent que l'existence d'une industrie.

---

[549] H.M. DJANPOLADIAN, 1974, 28.

[550] B.N. ARAKÉLIAN, G.A. TIRATZIAN, J.D. KHATCHATRIAN, 1969.

[551] Mekhitar Goch (édit. 1975, 47) ; K.G. GHAFADARIAN, 1940, 125.

[552] Hovhannès Draskhanakertsi (édit. 1912, 198).

En 1973-1974, lors des fouilles de la salle à colonnes du palais des Ve-VIe siècles du *catholicos* dans le quartier central de Dvin, nous avons découvert près de la base centrale sud, immédiatement sur le sol de la salle, des vestiges de murs en briques cuites [553], autour desquels on observait les traces d'un puissant incendie : énorme masse de cendres, restes de poutres brûlées. On a trouvé au même endroit une grande quantité d'objets en verre de rebut, des éclats de petites plaques de verre, des éclats sans forme particulière, grands ou petits, d'obsidienne, quelques pièces achevées, ainsi que d'autres objets attestant la présence d'un atelier à cet endroit (Pl. 100). De toute évidence, c'étaient des fours pour la fusion du verre dont les murs inférieurs sont conservés. Il est fort important de découvrir la structure des fours. Malheureusement, les vestiges conservés ne permettent pas d'établir leurs particularités. A juger d'après les murs rectilignes en briques cuites, il y avait ici deux foyers rectangulaires disposés l'un près de l'autre. La quantité de briques qui subsistent et leurs dimensions (23,50 x 23,50 x 4,50 cm) permettent de reconstituer partiellement les limites des foyers : ils avaient une longueur de 2,40-2,50 m et une largeur de 0,70 m. Impossible d'établir s'ils avaient un deuxième niveau. Il est fort possible que ce soit des foyers à un seul niveau, munis d'installations spéciales destinées à recevoir les récipients pour la transformation du verre. Les fouilles ont mis au jour des creusets incomplets avec une épaisse couche de masse de verre au fond. C'étaient des récipients en céramique en forme de bol à parois épaisses. Un exemplaire est fabriqué en argile blanche réfractaire. En outre, on a trouvé des morceaux de verre dont la forme indique qu'ils ont été détachés du fond des creusets après refroidissement.

Ce four de cuisson, d'une structure fort simple, représente probablement une partie d'un atelier installé temporairement.

Les observations stratigraphiques (A.A. KALANTARIAN, 1975) confirment les témoignages indirects des sources d'après lesquels le palais du *catholicos* aurait été détruit vers 570, à l'époque de la révolte de Vardan Mamikonian, par un puissant incendie et n'aurait jamais été restauré. Durant les deux premières décennies du VIIe siècle, la cathédrale de Dvin est restaurée avec l'active participation de Sembat Bagratuni [554]. En même temps, un nouveau palais patriarcal est construit au nord de la cathédrale. Il nous semble que pour la période de la reconstruction de la cathédrale et de la construction du nouveau palais, un atelier de verrier a été installé à proximité pour la fabrication sur commande des vases sacrés, des lampes et des lustres, ainsi que d'objets divers pour le décor intérieur et extérieur des édifices.

On a découvert une quantité suffisante de vitres discoïdes incomplètes à rebords infléchis, de couleurs violette et brun clair (épaisseur 1-2 mm, diamètre 20-25 cm).

Parmi les trouvailles faites à proximité des fours, on distingue surtout des plaques de verre incomplètes de couleurs brun foncé et bleue, plates sur une face et couvertes de petites boules de terre sur l'autre. La majorité de ces plaques sont en verre épais semi-opaque, certaines sont couvertes de patine. Dans certains cas, la cassure laisse nettement observer une couche de masse mousseuse. Il nous semble que ce sont les déchets du verre cuit versé des creusets sur le sol.

Onze échantillons de verre provenant de cet atelier ont été soumis à l'analyse chimique (voir appendice n° 1). En même temps, on a pratiqué leur analyse spectrale semi-qualitative. Presque tous comportent des traces de différents métaux : Cu, Ni, Zn et d'autres. Dans les échantillons n° 10 et 11, l'analyse spectrale a montré la présence du cuivre (1 %) qu'il a toutefois été impossible d'établir par analyse chimique vu la trop petite quantité du matériau analysé. C'est ce qui explique en partie les faibles pourcentages d'oxydes contenus dans ces échantillons : respectivement 98,26 et 97,75. Les analyses effectuées permettent difficilement de conclure définitivement, mais certains résultats peuvent être présentés.

L'analyse des verres de Dvin montre qu'ils appartiennent au groupe Na_2O-CaO-MgO-Al_2O_3-SiO_2. Les compositions des n° 2-6, 8-9 sont semblables (Append. 1) ; ils sont également proches du matériel

---

[553]   K.A. KOSTANIAN, A.A. KALANTARIAN, 1978.

[554]   Sébéos (édit. 1979, 100) ; Hovhannès Draskhanakertsi (édit. 1912, 71).

de Géorgie et d'Azerbaïdjan, ce qui indique des méthodes presqu'identiques de la cuisson du verre. Les exemplaires de vitres, du revêtement en verre des briques crues, des fonds de creusets et des plaques plates de rebut présentent une composition chimique presqu'identique et sont visiblement fabriqués dans un même atelier. Ce fait nous est important, car il confirme l'existence d'un atelier à Dvin et donne une notion de l'ensemble des objets fabriqués.

Les éléments de mosaïque ont une composition différente aussi bien des autres spécimens de verre que des pièces de rebut. Là, les rapports de pourcentage de SiO_2, Fe_2O_3, MgO, K_2O présentent d'importantes variations. L'échantillon n° 10 a révélé 9 % de PbO, d'où la petite quantité d'oxyde alcalin dans ce verre. Apparemment, cette quantité d'oxyde de plomb a été ajoutée pour faciliter la fusion du verre. Il est évident que le produit semi-fabriqué des éléments de mosaïque était importé d'autres centres, puis définitivement travaillé sur place.

La question des matières premières a déjà été étudiée, mais les résultats sont loin d'être définitifs. Les nombreuses trouvailles d'obsidienne dans l'atelier témoignent de son usage lors de la fusion du verre. La présence de Al_2O_3 dans les verres témoigne de l'ajout d'obsidienne ou de pierre ponce dans les matières premières. Très probablement, l'atelier de Dvin n'utilisait que l'obsidienne. Parmi les trouvailles on distingue des masses mousseuses, produits du traitement thermique de l'obsidienne. L'on peut supposer que le traitement thermique de l'obsidienne et sa transformation en masse mousseuse était un procédé technologique destiné à faciliter le concassage ultérieur de la matière première.

Dans des nombreux spécimens le rapport CaO/MgO se rapproche du rapport de ces oxydes dans les dolomites ; il est évident que ces derniers étaient utilisés comme composants des matières premières. L'on sait qu'il y a des réserves énormes de dolomite dans le district d'Ararat, non loin de Dvin. L'une des caractéristiques des verres de Dvin est la présence dans leur composition d'une quantité relativement grande de fer, ce qui est également en relation avec l'usage des matières premières locales.

Il est hors de doute que des gisements de matières premières existaient à proximité de Dvin, sinon l'organisation d'une fabrication locale de verre, surtout au IXe siècle, aurait été impossible.

La présence de pièces de rebut et de déchets résultant de la formation et de l'ornementation des différentes parties des récipients montre que cet atelier usait de tous les procédés techniques de la fabrication des récipients en verre, sauf le traitement à froid. Fort intéressantes sont surtout les pièces de rebut incomplètes sur lesquelles on observe les traces des tubes à souffler de petit diamètre, témoignant ainsi de l'usage de deux procédés techniques de la fabrication des récipients en verre : soufflage libre et soufflage dans une forme. De nombreux fragments portent les traces d'étirement aux tenailles et l'on trouve des anses à demi travaillées.

Les vestiges de l'atelier de verrier et du four découverts dans le quartier central de Dvin sont d'une grande importance pour l'étude de la verrerie d'Arménie du haut Moyen Age. L'existence ici d'une industrie verrière utilisant les matières premières locales, jusqu'à présent mise en doute, se confirme entièrement. Elle l'est aussi par les données des analyses chimiques et d'un matériel archéologique bien daté. Ceci nous permet d'apporter une interprétation et une solution nouvelles à un certain nombre de problèmes en relation avec l'art de la verrerie du haut Moyen Age. D'après leur technique d'exécution, les verres arméniens du haut Moyen Age se divisent en trois groupes.

Le procédé du traitement à froid

Ce groupe inclut surtout le verre poli dont les premiers exemplaires, datant du IIIe siècle av. J.-C., proviennent de la nécropole de la forteresse de Garni [555]. Récemment, une grande quantité de verre poli a été trouvée dans les fouilles de l'ancienne Artashat. Du verre poli remontant au haut Moyen

---

[555]   B.N. ARAKÉLIAN, 1957, 64.

Age a été trouvé à Dvin, dans la forteresse de Hatzavan et dans les couches supérieures d'Ayguévan. Ce sont principalement des coupes hémisphériques à facettes rondes.

A Dvin, les verres polis sont surtout livrés par le quartier central [556], la citadelle et les complexes des Ve-VIIIe siècles (H.M. DJANPOLADIAN, 1968). Les spécimens anciens se caractérisent par une pâle nuance jaunâtre et des facettes profondes. Leur technique d'exécution les rapproche des objets analogues d'Iran et de Mésopotamie. Les objets des VIIIe-IXe siècles sont d'une nuance verdâtre et couverts de patine argentée, leurs facettes sont peu profondes (fig. 26 : 1-7, 10, 21 ; Pl. 101 : 1-2).

La datation des coupes polies de Dvin et d'Hatzavan est confirmée par le matériel analogue des autres sites transcaucasiens.

C'est par le procédé de traitement à froid qu'on été fabriqués les flacons cylindriques oblongs à facettes oviformes connus à Dvin [557] et à Minguétshaouri [558], qui sont incontestablement une imitation des récipients semblables d'origine proche-orientale [559].

Le procédé du soufflage dans une forme

Ce groupe inclut les flacons tétraédriques à pied et col étroit (fig. 26 : 9 ; Pl. 101 : 9) décorés d'un ornement gravé et visiblement destinés à transporter des parfums [560]. Ces flacons étaient très fréquents en Asie Antérieure, au Proche-Orient et en Egypte [561] aux VIIe-IXe siècles. Très probablement, leur fabrication était également assurée en Transcaucasie et en Asie Centrale.

Un groupe à part est composé de récipients à décor en relief, extrêmement rares dans les collections proche-orientales [562].

Les couches inférieures de la citadelle de Dvin ont livré un flacon décoré de triangles (fig. 26 : 16, Pl. 101 : 3), un récipient à quatre ovales, ainsi qu'un fragment de verre violet à grappe de raisin [563].

Le procédé du soufflage libre

De nombreux récipients sont fabriqués selon le procédé de soufflage libre. Ils ont été découverts dans les couches inférieures de la citadelle et du quartier central et ce sont surtout des verres à parois minces et des coupes de différentes nuances. Les coupes en verre semi-transparent sont larges, sans décor. Les coupes verdâtres à parois épaisses, cannelures obliques et lèvre concave servaient de lampes pour le lustre de la cathédrale et du palais patriarcal du VIIe siècle. Les pièces de rebut de ces coupes ont été trouvées dans l'atelier. Dans les couches plus anciennes, les lampes à cannelures ne sont pas attestées. Il est à noter que des récipients de ce genre ont été fabriqués en Iran dès le VIe siècle (C.J. LAMM, 1935, fig. 18).

Dans la citadelle, les couches du VIIe siècle ont récemment livré une importante collection de profondes coupes cylindriques (Pl. 102 : 1) et de grandes cruches à col étroit et panse renflée. Ces récipients apparaissent à ce moment et permettent de préciser la datation des trouvailles antérieures de même type. Le verre de ces récipients est transparent, incolore à faible nuance jaunâtre ou bleu ciel. Il est couvert d'une épaisse patine. Fort intéressant est le dessin d'un fragment de coupe, exécuté à la couleur brune. C'est un oiseau aux ailes largement déployées, à longue queue, à bec et pattes nettement exprimés. Il est attaqué par derrière par un grand serpent à gueule largement ouverte. Le style de la

[556] A.A. KALANTARIAN, 1976, 89-91.
[557] H.M. DJANPOLADIAN, 1974, Pl. II, 1.
[558] R.M. VAHIDOV, 1961, Pl. XI, 20.
[559] R. PINDER-WILSON, 1963, fig. 15 a, b.
[560] A.A. KALANTARIAN, 1970, 50, Pl. XXXIII, 8, 9 ; 1980, 90, 92, Pl. I, 8).
[561] W.B. HONEY, 1945, 41, Pl. 13c ; C.J. LAMM, 1928, nos. 217-218 ; O. WULFF, 1909, Pl. XXII ; J. LEGLAND, 1964, 342, Pl. XXVI, fig. 6 ; *Glas*, 1984, 171-178.
[562] C.J. LAMM, 1929-1930, 73, Pl. 208, 22, 23.
[563] B.A. CHELKOVNIKOV, 1952, 18-19.

preprésentation et l'interprétation de certains détails (ruban, ailes) témoignent avec évidence en faveur de son origine sassanide (Pl. 102 : 3).

Le groupe de verres réalisés par le procédé de soufflage libre inclut aussi des flacons piriformes, ovales, à parois lisses ou polyédriques, de différentes nuances et dimensions (fig. 26 : 12, 13, 15, 17 ; Pl. 101 : 5, 9 ; Pl. 102 : 2). Intéressants sont les flacons à col étroit dont la forme rappelle celle des récipients à paroi épaisse en argile. Leurs fragments ont été découverts à Dvin uniquement dans les édifices détruits pendant l'incendie. Visiblement, ils étaient remplis d'un liquide facilement inflammable et lancés vers l'adversaire. D'après les mentions des historiens arméniens, ce genre de récipients était utilisé par les Arabes durant les opérations militaires (Thovma Artzruni, édit. 1917, 219).

La collection des objets en verre provenant des couches des Ve-VIIIe siècles de Dvin, qui compte un petit nombre d'exemplaires de qualité supérieure importés des pays du Proche-Orient, est le reflet des relations commerciales de l'époque. Les exemplaires les plus anciens et les plus beaux de la verrerie d'importation appartiennent à la production des ateliers iraniens. Ils sont peu nombreux et en majorité incomplets ; leurs formes sont diverses, mais leur technique d'exécution et d'ornementation est unique. Ce sont des récipients et des coupes en verre épais semi-transparent à facettes polies de différentes configurations (Pl. 101 : 2). Les coupes hémisphériques proviennent de Kish, des couches supérieures des ruines du palais de Bahram Gour (première moitié du Ve siècle), du Guilan et d'autres lieux [564]. Signalons dans ce groupe la coupe décorée de cercles concentriques (Pl. 101 : 1). Les coupes semblables sont très rares dans les sites transcaucasiens et n'ont été trouvées qu'à Dvin [565] (trois fragments) et dans la forteresse de Hatzavan [566] (un fragment). dans les centres verriers proche-orientaux, surtout à Suse et à Kish, ces objets étaient très fréquents aux Ve-VIIIe siècles [567]. Selon toute probabilité, les exemplaires de Dvin proviennent de ces centres industriels.

Le flacon piriforme à ornements triangulaires en relief [568] s'apparente à la coupe décrite par la facture du verre (Pl. 100 : 3). Nous ne connaissons pas de parallèles proches à ces objets ni dans les centres transcaucasiens, ni dans ceux du Proche-Orient Les récipients à ornements en relief et les flacons piriformes datant des IVe-VIe siècles se rencontrent assez rarement en Syrie et en Palestine.

Les traditions antiques de la technique du verre "millefiori" [569] sont restées vivaces jusqu'au haut Moyen Age et ont perduré jusqu'aux IXe-Xe siècles. Les centres de sa production se trouvaient au Proche-Orient, ce dont témoignent les fouilles des sites de cette région [570]. Les exemplaires de Dvin sont très probablement importés et ont la même provenance[571]. Ils ont été livrés par les couches du IXe siècle, mais il est impossible d'établir exactement leurs limites chronologiques (fig. 26 : 18 ; Pl. 101 : 6, 7). En Arménie et en Transcaucasie, cette technique était réservée à la fabrication de bijoux : perles de collier, bracelets, bagues [572].

Les collections de Dvin et de Garni comptent des objets coniques [573] que certains chercheurs tiennent pour des pièces destinées à décorer les meubles [574] et d'autres pour des figures de jeu [575].

[564] D.B. HARDEN, 1934, 131-132, Pl. 4-6, 9 ; R. GHIRSHMAN, 1962, 239, fig. 292.
[565] A.A. KALANTARIAN, 1980, 89-90.
[566] G.A. TIRATZIAN, 1968, 290.
[567] M. DIEULAFOY, 1893, 420-421, 432, fig. 290 ; C.J. LAMM, 1931, 360-361, Pl. I XXX, 4 ; S. FUKAI, 1973, 306-312, fig. 12, 13 ; D.B. HARDEN, 1934, fig. 410, 11, 512, 13.
[568] A.A. KALANTARIAN, 1980, 92.
[569] N. KATCHALINE, 1959 ; R.W. SMITH, 1957.
[570] C.J. LAMM, 1928, 108 *et passim* ; W. SMITH, 1957, 243-244, fig. 384.
[571] H.M. DJANPOLADIAN, 1974, no. 10 ; A.A. KALANTARIAN, 1980, 96-97, Pl. II, 5, 6.
[572] H.M. DJANPOLADIAN, 1974, 129-130 ; N.N. OUGRÉLIDZÉ, 1967, fig. 28, Pl. I ; V.M. VAHIDOV, 1961, Pl. XV.
[573] H.M. DJANPOLADIAN, 1974, no. 131 ; A.A. KALANTARIAN, 1970, Pl. XXXIV, 2-5.
[574] R.W. SMITH, 1957, 47.
[575] G.Ph. KORZOUKHINA, 1963, 85-102.

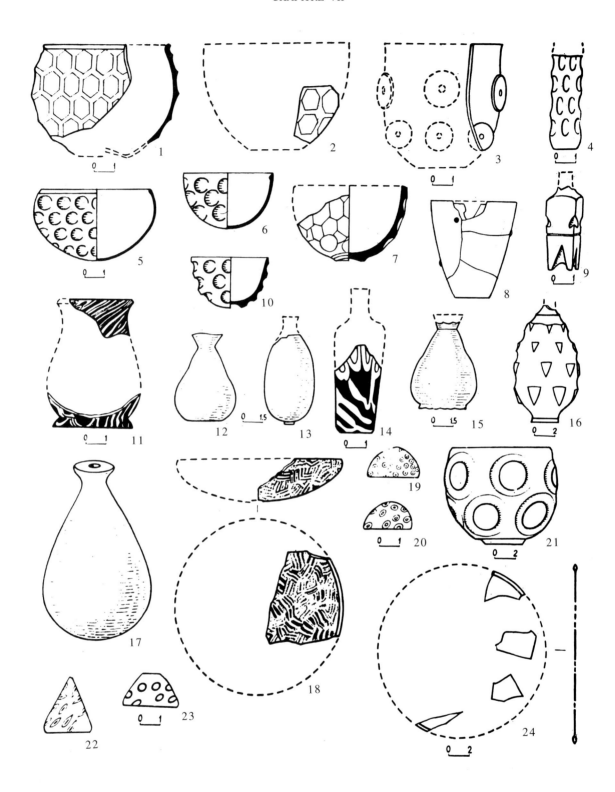

Fig. 26.   Principales formes de verreries du haut Moyen Age.

Toutefois, leur comparaison au système byzantin des poids fait penser que ces objets auraient peut-être servi de poids (fig. 26 : 19, 20, 22, 23).

Les couches anciennes de Dvin ont livré des objets en verre de diverses destinations : tubes d'alambics, hauts pieds de verres à base ronde. Sont spécialement à noter les éléments de mosaïque en pâte de verre et les hexagies.

Des éléments de mosaïque carrés de différentes nuances — gris vert, incolore à plaque dorée, bleue — ont été trouvés dans la cathédrale et les locaux disposés à proximité. A diverses reprises, des fragments de sols à mosaïque ont été découverts dans la cathédrale (A. PATRICK, 1964). Ils présentent un décor géométrique formés d'éléments multicolores en pierre. En 1907, on a trouvé sur le sol de la pièce auxiliaire nord la représentation en mosaïque de la Vierge, également composée d'éléments en pierre [576]. Apparemment, les éléments de mosaïque en verre ont été utilisés au VIIe siècle au cours de la reconstruction de la cathédrale par Sembat Bagratuni qui l'a fait décorer sur le modèle des cathédrales byzantines. Ceci est également confirmé par les trouvailles d'éléments en smalt non loin de l'atelier de verrier dont la production a servi au décor intérieur de la cathédrale et du palais patriarcal, comme nous l'avons indiqué. Le sol de la cathédrale de Zvartnotz (VIIe siècle) était également décoré de mosaïque.

Très intéressantes sont les hexagies en verre (trois exemplaires), petits disques à croix estampée sur les extrémités de laquelle on voit les premières lettres des mots "nomisma" et "hexagion" (Pl. 49 : 4-6) qui indiquent les unités monétaires et de poids byzantines. Les poids des hexagies sont de 4,52 ; 4,52 et 4,40 g (R.H. VARDANIAN, 1989). Les hexagies, largement utilisées sur le territoire de l'Empire Byzantin, servaient à peser les objets en or et les pièces de monnaies. Les exemplaires de Dvin ont été trouvés dans la citadelle, dans l'atelier de joaillier.

Dès le IXe siècle, l'industrie verrière se développe rapidement à Dvin. Tout en suivant les traditions et en conservant les procédés techniques de leurs prédécesseurs, se développent les techniques de l'exécution et de l'ornementation des récipients. Ils font un vaste usage du soufflage libre, principale technique de la fabrication de la vaisselle, du "procédé de soufflage lent", du soufflage en forme, motivés par la production massive et la demande. Le polissage cède peu à peu la place à l'incision, la gravure, la taille, l'estampage.

Aux XIe-XIIIe siècles, le décor le plus fréquent des récipients en verre de Dvin était l'application à chaud de fils, de points, de gouttes ou autres motifs en verre.

La verrerie des IXe-XIIIe siècles de Dvin est étudiée par H.M. Djanpoladian dont l'ouvrage est le résultat de vingt ans de travail. Ces dernières années, on a trouvé à Dvin des documents qui complètent et enrichissent nos notions sur la verrerie en Arménie. Très probablement, il y avait aux IXe-XIIIe siècles plusieurs ateliers à Dvin, dont la production représentait dans chaque cas ses propres traits caractéristiques, ses particularités stylistiques et technologiques. Chaque atelier avait sa propre recette pour la fabrication du verre, ce qui est confirmé par les analyses chimiques.

Le verre des IXe-XIIIe siècles de Dvin se caractérise par la présence dans sa composition d'une grande quantité d'aluminium, ce qui s'explique apparemment par la qualité des matières premières locales (voir appendice n° 2).

La comparaison des recettes médiévales arméniennes et géorgiennes montre que la composition du verre géorgien contient moins d'aluminium [577]. Les analyses chimiques des objets d'importation trouvés à Dvin, effectuées au choix (voir appendice n° 3), montrent de la différence entre les recettes des artisans arméniens et proche-orientaux [578]. Certains chercheurs trouvent que la verrerie de Dvin, qui s'inspire au début des sources proche-orientales (Iran, Iraq), se développe ensuite sur place et dans différentes directions [579].

---

[576] A.A. KALANTARIAN, 1970, Pl. XLII.

[577] M.N. TCHEKHATARACHVILI, 1978, 76-81.

[578] C.J. LAMM, 1928, 129-130.

[579] H.M. DJANPOLADIAN, 1974, 30.

La localisation de la fabrication des objets en verre, surtout à l'aide de l'analyse chimique du verre, est compliquée du fait qu'au Moyen Age les artisans se déplaçaient d'un pays à l'autre. Ainsi, les sources parlent du déplacement des verriers de Syrie en Egypte, en Iraq et dans les centres verriers d'Iran et de Mésopotamie. Évidemment, ces artisans organisaient la production en ces nouveaux lieux dans les traditions de leur pays d'origine, en apportant souvent avec eux aussi bien leurs procédés et leurs instruments que les principaux composants des matières premières [580]. C'est ce qui fait que les objets découverts dans différents pays présentent souvent une composition chimique presqu'identique qui ne facilite pas la localisation de leur fabrication.

Les objets en verre remontant au IXe siècle ont été principalement découverts dans le quartier central de la ville, dans des locaux détruits lors du séisme de 894, accompagnés de monnaies arabes de la fin du VIIIe et du IXe siècles. En outre, une petite quantité d'objets (incomplets) provient des couches correspondantes de la citadelle. L'abondance du matériel permet de le diviser en différentes catégories de récipients.

Les verres cylindriques

Ce sont des récipients à parois épaisses et droites, à fond plat, le plus souvent couverts de patine de couleur olive ou brune ; le verre est incolore, parfois semi-transparent (fig. 27 ; Pl. 103 : 1, 3-5). Il y a quelques variétés dans ces verres. Une partie est décorée de facettes rondes, mais la majorité des objets présente un décor incisé composé de figures géométriques (rhombes, cercles), de volutes et de creux en amande. Sont spécialement à noter deux verres décorés d'oiseaux stylisés et d'un dessin géométrique compliqué, avec des flèches (fig. 27 : 2, 3).

Des exemplaires de belle qualité ont été découverts ces dernières années. L'un d'eux est couvert d'un ornement incisé qui partage verticalement la surface du récipient en quatre champs. Les deux plus petits champs contiennent des palmettes à deux feuilles et des volutes qui s'étendent sur les côtés et dont la partie en relief est colorée en vert. Les deux champs plus larges contiennent des spirales agrémentées au centre d'une palmette trilobée dont les pétales ont été gravés. On peut croire unique en son genre un exemplaire à décor gravé en forme de branche, placé sur une application en verre vert, qui se répète deux fois (Pl. IV : 1).

Ce genre de récipients se rencontrent pour la première fois à Dvin ; leur technique d'exécution et leur décor les distinguent de la production des artisans de Dvin. Bien que nous ne connaissions pas de verres semblables provenant des centres proche-orientaux (l'unique exemplaire de Samarra est exposé au Musée musulman de Berlin-Est), ils peuvent être classés parmi les objets d'importation [581].

Ce groupe de récipients compte aussi des verres cylindriques sans décor. Un exemplaire incomplet en verre de haute qualité conserve partiellement une inscription coufique qui se lit conventionnellement *al-sharaf* — "conserve l'honneur" (fig. 27 : 4).

La hauteur, le diamètre de la lèvre et du fond des verres cylindriques sont de 8-11 cm. Cette proportion était observée par les artisans de Dvin et du Proche-Orient. Elle était apparemment dictée par la commodité de l'usage et les lois de l'esthétique.

Les verres cylindriques à parois épaisses étaient très fréquents en Asie Antérieure aux IXe-Xe siècles. Dans les ouvrages spécialisés, ils sont connus comme production des "artisans abbassides" d'Iran, objet d'un commerce animé [582]. On rencontre ces objets sur un territoire assez vaste : Asie Centrale (Afrasiab, Kuldor-tépé, Karabulagh), Caucase du Nord, Europe du Nord (Suède, Birka) [583]. Les verres cylindriques étaient fabriqués à Samarra (C.J. LAMM, 1928), à Suse, en Egypte [584].

---

[580] Y.L. CHAPOVA, 1961, 65-70.
[581] H.M. DJANPOLADIAN, A.A. KALANTARIAN, 1976, 508-509.
[582] C.J. LAMM, 1941, 9.
[583] H. ARBMAN, 1940-1943 ; C.J. LAMM, 1941, Pl. III.
[584] R. PINDER-WILSON, 1963, 36, fig. XVII.

Fig. 27. Principales formes de verres cylindriques à parois épaisses (IXe s.).

Le groupe suivant est composé de verres transparents à paroi relativement mince, s'évasant vers le haut. Ils se distinguent des verres cylindriques par l'élégance de leurs formes et un décor plus riche, fait d'ornements géométriques et végétaux : rhombes, feuilles, treillis (Pl. 104 : 3). De toute évidence, c'étaient des objets rares et coûteux. Ces verres étaient fabriqués dans tous les centres artisanaux du Proche-Orient [585] et surtout, en grande quantité, à Samarra, capitale des Abbassides.

Les cruches

Celles d'exécution diverses sont nombreuses dans la collection du verre et surtout parmi les objets découverts dans le quartier central de la ville. Un groupe à part est composé de cruches à parois minces en verre transparent verdâtre à large lèvre et anses, dont la panse, à en juger d'après les fragments, devait être renflée. Parfois, les lèvres sont trilobées.

On voit très rarement des cruches à parois épaisses dont la qualité du verre et le décor rappellent les verres cylindriques. Signalons un exemplaire piriforme en verre transparent à parois épaisses [586], semblable aux récipients métalliques si demandés à l'époque précédente (Pl. 103 : 6). Sa forme rappelle celle des cruches représentées sur les corniches de l'église de Peteghni (VIe-VIIe siècles). La cruche de Dvin présente une haute base annulaire et un petit col étroit à bec verseur. Les parois sont décorées d'un ornement profondément incisé [587]. Le dessin géométrique est compliqué. On connaît à Dvin une autre cruche du même genre, incomplète, découverte en 1937 dans le quartier central.

Un récipient analogue, aux détails presqu'identiques, a été trouvé à Nishapur et il est actuellement conservé au Musée de Berlin [588]. C. Lamm le croit originaire de Syrie ou d'Iraq. Il est incontestable que ces deux récipients proviennent du même centre. D'autres récipients du même genre, d'origine proche-orientale, sont conservés au Musée de Corning [589].

Les flacons

Ils sont nombreux dans les édifices en ruines du quartier central de la ville. Ils sont très variés au point de vue formes, dimensions, décor et composition du verre. La majorité des flacons sont fabriqués en verre de nuance verdâtre par le procédé du soufflage libre. Les petits flacons cylindriques ont des parois épaisses et une base ronde. Les flacons tétraédriques ou polyédriques en gros verre jaunâtre sont couverts de patine. La base de l'un de ces récipients est décorée de la représentation d'un paon. Les grands flacons à parois épaisses, fabriqués d'un verre de nuance verdâtre, présentent un col court, une panse sphérique ou piriforme et un fond enfoncé [590]. Les flacons à parois minces en verre incolore ont un haut col sans lèvre et une base annulaire. Un traitement plus soigneux distingue les récipients en verre bleu foncé, brun pâle et violet, qu'on rencontre assez rarement et qui sont, de toute évidence, des objets d'importation.

Fort intéressants sont les flacons en verre fin bleu pâle à col court et étroit, panse allongée et base ronde, probablement utilisés en alchimie. Ils étaient accompagnés d'un récipient incomplet muni d'un système de tubes. La fabrication de récipients chimiques à Dvin est également attestée par les trouvailles d'alambics, en partie datés du IXe siècle [591].

On peut inclure dans ce groupe deux gourdes dont la destination fonctionnelle n'est pas établie (Pl. 103 : 7). Ce genre de gourdes sont connues à Nishapur (*Glass*, 1984, 31-32).

---

[585]   C.J. LAMM, 1929-1930, Pl. 55-56 ; 1928, nos. 176, 177 ; 1935. fig. 38 ; F. OLIVER, 1961, 18-20, fig. 19, 21 *et passim*.

[586]   H.M. DJANPOLADIAN, 1974, 33, n° 98.

[587]   H.M. DJANPOLADIAN, 1968, 271.

[588]   C.J. LAMM, 1929-1930, Pl. 564.

[589]   *Glass*, 1966, 146, nos. 18, 24.

[590]   A.A. KALANTARIAN, 1976, 95, fig. 32_5, 33_{2-4}.

[591]   H.M. DJANPOLADIAN, 1964a, 192 ; 1965.

La collection de Dvin compte un flacon complet à parois épaisses et plusieurs cols exécutés en verre de qualité supérieure et traitée par un procédé compliqué de taille en facettes (Pl. 107 : 1). Ce genre de flacons a été découvert en grande quantité, en Asie Antérieure et dans les villes de Samarra, Rey, Nishapur, Afrasiab, Khulbuk [592].

Les coupes

Les coupes à panse cylindrique et base plate sont nombreuses (Pl. 104 : 1, 2, 4) ; elles sont exécutées en verre transparent et incolore et couvertes de patine [593]. L'un des exemplaires à base ornementée est soufflé dans une forme (Pl. 109 : 1) ; une coupe semblable à décor analogue mais incomplète, a été découverte en 1937.

L'abondance des coupes en verre, de même que la technique très simple de leur exécution indiquent une fabrication massive de ces objets pour le marché. Les coupes cylindriques analogues étaient très fréquentes au Proche-Orient et en Asie Centrale [594].

Le deuxième groupe de coupes est représenté par des récipients en verre transparent verdâtre à base annulaire et décor en forme de treillis en relief et d'arêtes. Un exemplaire est bicolore. Une petite coupe hémisphérique à bec verseur éversé, base ronde et inscription coufique arabe sur le bord a été soufflée dans une forme, d'où l'extrême manque de netteté de l'inscription. Les particularités stylistiques des lettres ont permis d'établir l'époque et le lieu de fabrication de la coupe : elle appartient au nombre des objets nord-mésopotamiens du IXe siècle (*Glass*, 1968, 21).

L'élégance et l'originalité de la forme distinguent une grande coupe ouverte, incomplète, en verre épais incolore, à parois en facettes et anses en forme de disque [595]. Le décor a été d'abord exécuté à l'aide d'une forme, puis complété par incision et polissage. Les parallèles des coupes de ce groupe sont très rares [596].

En 1964 et 1965, de même que par la suite aussi, nous avons découvert dans le quartier central de la ville, à proximité de la cathédrale, des verres et des coupes à parois épaisses, dont une partie a probablement dû appartenir aux vases sacrés [597]. Les sources arméniennes font une nette distinction entre la vaisselle d'usage courant et les vases sacrés ; par ailleurs, les verres étaient dans ce cas nommés *skih* [598]. Les récipients de Dvin, que distinguent leur splendide décor et leur gamme chromatique, étaient probablement fort appréciés sur le marché ; ce n'est donc pas par hasard qu'une partie de ces récipients avait été placée dans des cachettes [599].

L'essentiel des récipients décrits est composé de coupes-verres dont la paroi droite est prolongée par une lèvre faiblement évasée ; la base est légèrement concave (Pl. 105). Les parois de la majorité des récipients sont lisses ; ils sont fabriqués en verre transparent incolore, parfois vert pâle. On rencontre des exemplaires à décor en fils appliqués et ornements pincés exécutés aux tenailles ; dans certains cas, les parois des récipients, ainsi que leurs bases, sont décorés de cellules. Certaines coupes présentent une base annulaire, ce qui est toutefois assez rare. La partie inférieure d'un exemplaire est décorée de rubans appliqués.

Une grande originalité distingue les coupes transparentes en verre jaune foncé et brun, décorées de moulures obliques et de petites facettes carrées. Ce genre de coupes, uniques en leur genre, sont très rares à Dvin. Les récipients en verre incolore sont également décorés de moulures obliques.

---

[592] C.J. LAMM, 1928, nos. 202, 204-207 ; 1929-1930, Pl. 592-3 ; 1935, Pl. 34b, c, d ; *Glass*, 1963, 145, VI, 16 ; R.W. SMITH, 1957, 555, 557 ; M.G. LUKENS, 1965, 198-208 ; E. GOULIAMOVA, 1961.

[593] H.M. DJANPOLADIAN, 1974, nos. 3-6.

[594] C.J. LAMM, 1928, nos. 13, 14, 17, 18 ; E. GOULIAMOVA, 1961, 15.

[595] H.M. DJANPOLADIAN, 1968, 233 ; 1974, 34 no. 8.

[596] R.W. SMITH, 1957, 532 ; *Glass*, 1964, 19 ; P. OLIVER, 1961, fig. 30.

[597] H.M. DJANPOLADIAN, 1969, 28.

[598] V. HATZOUNI, 1912, 70-71.

[599] A.A. KALANTARIAN, 1976, 15.

On classe parmi les objets uniques le verre transparent incolore décoré de lignes bleues appliquées et de chevrons, provenant apparemment de l'un des centres syriens [600].

Les coupes-verres sont essentiellement fabriquées par le procédé de soufflage libre, à en juger d'après la forme des bases et le décor. Le caractère massif du matériel, l'homogénéité de la composition du verre, du décor et des formes des récipients permettent de conclure qu'ils ont été fabriqués sur place, dans un même atelier, ce dont témoignent aussi certaines règles observées dans les dimensions des récipients.

Une collection intéressante de coupes analogues a été trouvée dans le Caucase du Nord [601]. E.I. KROUPNOV (1960, 116-117) attribue la provenance de ces récipients aux centres verriers syriens. Bien des traits communs apparentent les exemplaires de Dvin aux verres découverts à la *stanitza* (village de Cosaques) Zemskaya et datés des VIIIe-IXe siècles. Il n'est pas exclu qu'ils proviennent de Dvin qui à cette époque avait des relations commerciales avec le Caucase du Nord. Des verres à base décorés de cellules, fort semblables aux exemplaires de Dvin et datés des VIIIe-IXe siècles, sont attestés à Fustat [602]. Des verres analogues remontant au VIIIe siècle ont été trouvés en Palestine.

Les petits verres à parois minces de couleur vert pâle reprennent presque les formes des coupes, mais aucun exemplaire n'est décoré. Il est à noter qu'on trouve dans ce groupe des récipients en verre épais couverts de patine. Un exemplaire incomplet est décoré d'une croix à bras égaux.

Les lampes

Les grandes fosses des locaux avoisinant la cathédrale ont livré une masse de petites coupes de diverses couleurs et formes, complètes ou incomplètes, fabriquées d'un verre identique à celui des coupes. Elles se caractérisent par la diversité des formes des lèvres, des bases plates ou légèrement convexes, des lèvres épaissies ou un peu éversées. Les parois de ces récipients sont en majorité lisses, bien qu'on trouve des exemplaires décorés de moulures. Certaines coupes sont munies de deux ou trois petites anses en oreillettes. Ces récipients ont été découverts en grande quantité à proximité des édifices monumentaux religieux ou civils et sont incontestablement des lampes qu'on plaçait dans les nids métalliques des lustres [603]. On voit toute une collection de lampes, coupes de petites dimensions ou grands récipients (diamètre : 20 à 25 cm) peu profonds (fig. 28, Pl. 104 : 5, 6, 7, Pl. 106).

Les lampes en verre étaient déjà utilisées à Rome. Des lampes et des lustres en verre d'une forme quelque peu différente étaient fréquentes au haut Moyen Age, surtout au Proche-Orient. Apparemment, les verriers de Dvin ont aussi fabriqué des lampes, puisque les pièces de rebut de l'atelier (à proximité de la cathédrale) comptent des récipients incomplets dont la forme rappelle celle des lampes du IXe siècle.

L'on sait que les églises arméniennes étaient éclairées par des lustres splendides. Les sources parlent de l'impression produite par l'éclairage intérieur des églises pendant la messe [604]. Un magnifique lustre éclairait la cathédrale d'Ani [605]. Des vestiges de lustres à lampes en verre incomplètes ont été trouvés au cours des fouilles de la cathédrale Gaguikashen [606]. Les restes d'un lustre à plus de vingt nids ont été découverts à Dvin, au palais patriarcal du VIIe siècle [607]. Au sujet des installations d'éclairage, il faut citer les lampes à parois épaisses à rebords droits et tubes centraux destinés à recevoir les bougies (fig. 28 : 12). Ce genre de lampes, très fréquentes au Proche-Orient, sont

---

[600]   H.M. DJANPOLADIAN, A.A. KALANTARIAN, 1976, 508.

[601]   P.C. OUVAROVA, 1900, Pl. CXIV, 4, 5.

[602]   C.J. LAMM, 1929-1930, 50-51, Pl. IX.

[603]   H.M. DJANPOLADIAN, 1974, 35-36.

[604]   Stépanos Taronatsi (édit. 1885, 185).

[605]   T. TORAMANIAN, 1942, 273-274.

[606]   N.Y. MARR, 1934, 64-65.

[607]   K.G. GHAFADARIAN, 1952, 46.

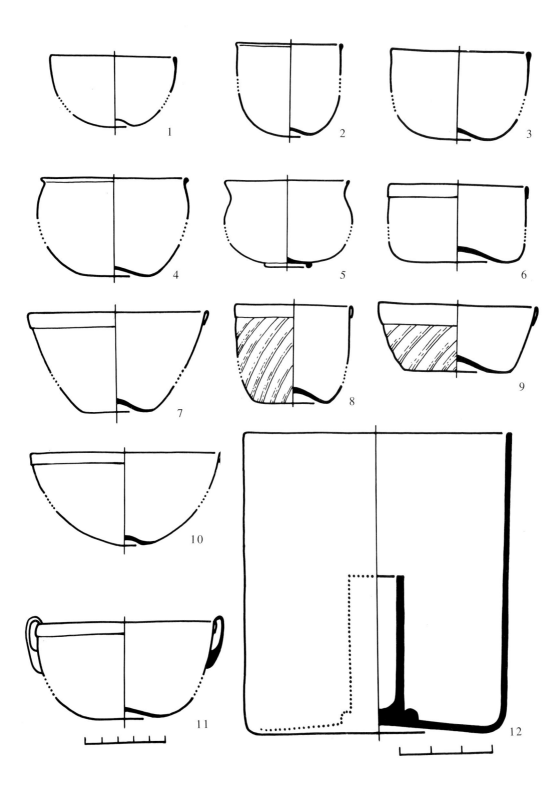

Fig. 28. Principales formes de lampes (IXe s.).

connues à Samarra et dans les sites d'Iran [608]. Nous croyons que les grosses anses massives découvertes dans le quartier central sont des pièces de lustres. Dans les collections de verre des sites du Proche-Orient, on trouve des lustres complets munis d'anses pareilles [609].

La Verrerie peinte

Les verres peints sont très rares dans les collections de Dvin. Le matériel des années passées inclut des trouvailles isolées de récipients transparent et bleu à peinture exécutée en émail blanc et bleu, en or et couleur rouge [610]. Une partie de ces objets est d'origine syrienne et datée des XIe-XIIe siècles.

Ces dernières années, le matériel livré par le quartier central de la ville inclut souvent des verres peints. Ils se caractérisent par un dessin net et des inscriptions arabes. Ce sont principalement des verres-coupes à parois fines en verre transparent, parfois d'une nuance verdâtre, peints à l'émail jaune, vert ou brun, appliqué sur le verre encore chaud en processus de traitement. Parmi ces récipients, on distingue surtout trois verres en forme de tulipe (Pl. IV : 2-3).

La panse d'un de ces exemplaires présente sur un fond d'ornement végétal la représentation multicolore d'un animal fantastique ; le bord était couvert d'une inscription exécutée en couleur jaune brunâtre et conventionnellement lue : "bism illah al-rah/man/.../va/h-dahu" ... "au nom d'Allah miséricordieux ... unique". Le deuxième petit verre incomplet conserve les restes d'un ornement végétal et cinq lettres d'une inscription couvrant le bord supérieur : "yan'amu ... ;" — "il jouit ...". Le décor de la panse du troisième verre était exécuté en couleur verte au contour brun. L'on peut lire des mots isolés de l'inscription du bord, exécutée en couleur brune : "/a/had" — "un", "kayfa" — "comme", "irhamaha" — "bénis", "kullu" — "tout", "arifa" "il a appris".

C'est à ce groupe de récipients que s'apparente la profonde coupe à bord éversé en verre fin et transparent, peinte en couleurs jaune, verte et brune. Le décor de la lèvre se divise en quatre bandes horizontales. La bande du haut présente une inscription exécutée en couleur brune sur fond jaune ("abkahu allah huva (?) amila" — "conserve Allah il a fait ..."), la deuxième bande — la plus large — contient un ornement végétal composé d'arbres à trois troncs alternant avec des buissons. La troisième bande est remplie d'une inscription exécutée en couleur brune ("huva allah lisahibihi amamahu" — "il est l'Allah de son maître en avant"). La bande inférieure, qui touche presque le fond, est décorée de rhombes et de points. Le fond de la coupe porte une inscription ("talaban" — "ayant demandé", "baraka" — "une bénédiction") et la représentation stylisée de la lune et du soleil.

La collection de verres de Dvin compte aussi quelques coupes incomplètes en verre transparent verdâtre couvertes de peinture et d'inscriptions exécutées en couleur brune [611]. Sur l'un des exemplaires, on peut lire des mots isolés : "saufa" — "peut-être", "hayrun faalahu" — "il a fait le bien", "amara" — "il a ordonné" [612].

Les parallèles de ces verres sont peu nombreux. Un exemplaire semblable est exposé au Musée National d'Histoire à Moscou (inv. no. 2460.04.104221 no. 1) dans la vitrine intitulée "Les relations commerciales de la Horde d'Or aux XIIIe-XIVe siècles". Le lieu de la trouvaille du verre est inconnu et sa datation, à en juger d'après nos exemplaires, est incorrecte. Les analogies les plus proches sont les verres découverts à Pendjikend dans un tumulus de 1,60 m de profondeur, dans la couche du VIIIe siècle, avec une monnaie de Turgar. Ce genre de récipients se rencontrent parmi les trouvailles de Syrie et d'Egypte, remontant aux VIIIe-IXe siècles [613]. Un verre à peinture analogue, daté du IXe siècle et

---

[608] C.J. LAMM, 1928, nos. 148, 149.
[609] C.J. LAMM, 1929-1930, Pl. 439.
[610] B.A. CHELKOVNIKOV, 1952, 21.
[611] H.M. DJAPOLADIAN, 1974, no. 70.
[612] Toutes les inscriptions ont été déchiffrées par A. Ter-Ghévondian.
[613] C.J. LAMM, 1929-1930, Pl. 44, 45, 48 ; O. GRABAR, R. HALOD, J. KNUSDAT, 1978, Pl. 9.

provenant hypothétiquement d'Egypte, est conservé dans les fonds du Metropolitan Museum of Art [614]. Il n'est pas exclu que les récipients peints en verre aient également été importés de Samarra où les fouilles ont livré une grande quantité de verre peint.

Parmi les objets découverts dans les couches du IXe siècle, on distingue surtout un flacon à col étroit, en verre bleu opaque peu épais, recouvert de patine d'argent. La panse porte un dessin exécuté en couleur brune que le caractère fragmentaire du récipient ne permet pas de reconstituer complètement. On découvre la figure pittoresque d'un oiseau, peut-être un aigle, qui tient dans ses serres sa victime, un lièvre, à en juger d'après la moitié inférieure conservée. Les ailes et les autres détails de la figure de l'oiseau sont ornés de volutes et de palmettes. Les inscriptions coufiques arabes placées entre les figures ne permettent de déchiffrer que quelques mots ("fa alayhi" — "et sur lui", "ma massahu ... al mi'a (?)" — "qui se collera ... cent (?)" "yamassuhu fi djaouharihi" — "se collera au diamant". Il est évident que le texte complet de l'inscription de ce récipient, de même que celui des autres, contenait des souhaits (H.M. DJANPOLADIAN, A.A. KALANTARIAN, 1988). Nous ne connaissons pas de parallèle à ce récipient. Toutefois, la représentation de l'aigle déchirant sa victime est très fréquente dans l'art arménien. On la trouve déjà dans la glyptique sassanide, d'où elle est ensuite passée aux Arabes.

La technique de la peinture du verre à l'émail, traditionnelle pour les artisans égyptiens, entre en vogue en Asie Antérieure au IXe siècle et devient très fréquente aux XIe-XIIIe siècles à Byzance et en Syrie. Là, dès l'Antiquité, on accompagnait la tradition égyptienne de la peinture à l'émail de la peinture à l'or. Au fur et à mesure du développement et du perfectionnement de cette technique, on voit apparaître au cours de deux siècles des écoles-ateliers ayant leurs propres particularités stylistiques ; dans certains cas, la peinture sur la vaisselle en verre est exécutée avec une maîtrise supérieure. La production de chaque école se distingue aussi bien par les formes et la matière des récipients que, surtout, par le style et la technique de la peinture et du décor. Certains artisans se spécialisaient uniquement en peinture, tandis que les récipients étaient fabriqués dans d'autres ateliers. Dans la ville de Raqqa (ancien Callinicum) sur l'Euphrate, l'un des carrefours du commerce d'Asie Antérieure, célèbre aussi bien pour ses marchés que pour la production de ses ateliers d'artisanat, surtout de verrerie, le procédé de peinture des verres transparents à l'émail est appliqué plus tôt que dans les autres villes syriennes. A l'encontre des récipients d'Alep du XIIe siècle et, plus tard, des récipients du XIIIe siècle de Damas, dont la peinture est dominée par la splendeur du dessin et l'usage d'une grande quantité d'or, la peinture des récipients de Raqqa est modeste et exécutée uniquement à l'émail, auquel la cuisson a donné un éclat particulier.

Entre les Xe-XIIIe siècles, on observe à Dvin un accroissement de la production des récipients en verre, qui prend un caractère massif, conformément à la demande. D'où, la nécessité d'obtenir un verre d'une qualité nouvelle, plus facile à fondre, transparent et peu coûteux[615]. Les dimensions des récipients augmentent, leurs formes se compliquent par profilage et adjonction de bases, de pieds, d'anses.

Fort intéressantes sont les coupes à base annulaire, paroi largement évasée et lèvre éversée, décorée d'une large application en feston, parfois de deux fines lignes bleues sur le bord (Pl. 107 : 7, 8). Leur forme rappelle celle des récipients à bec verseur, fréquents aux XIIe-XIIIe siècles. On rencontre des coupes à bords moins hauts, décorées de fils et d'applications ovales, ainsi que des coupes hémisphériques ; parmi ces dernières, mentionnons les récipients de couleur rouge manganèse.

Les verres changent également de forme, on voit dominer les exemplaires en entonnoir à base légèrement concave ; certains sont placés sur un petit pied annulaire. Leur décor devient plus réservé, il est constitué de quelques lignes fines et, très rarement, d'une large application. On trouve aussi des verres simples à parois minces, en verre transparent, sans aucun décor (fig. 29 ; Pl. 108 : 1-3).

Les flacons à col élancé, lèvre et anses variées, deviennent plus élégants (Pl. 103 : 8 ; 107 : 2, 4-6 ; fig. 30). On distingue surtout les récipients à réservoirs sphériques, long col étroit à évasement, bec

---

[614]   M.G. LUKENS, 1965 ; *Glass*, 1984, 92, 6.
[615]   H.M. DJANPOLADIAN, 1974, 38.

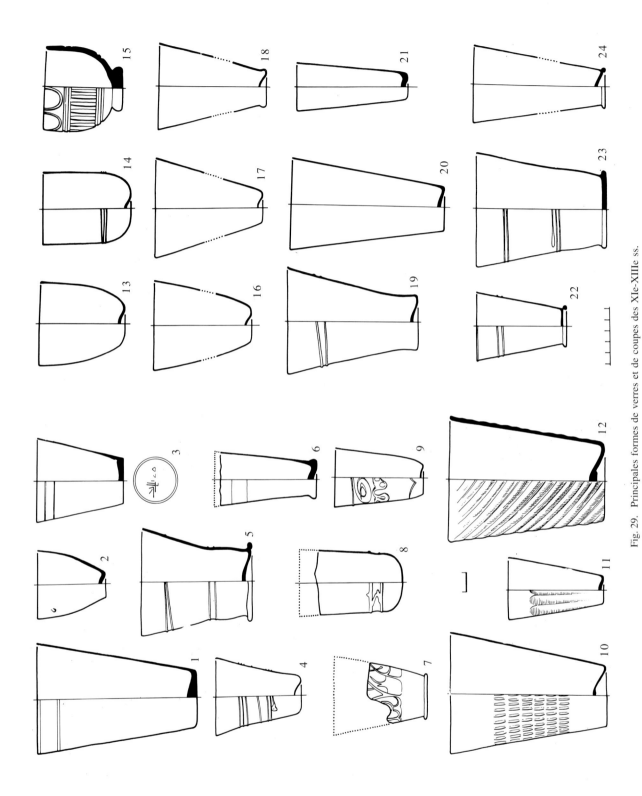

Fig. 29. Principales formes de verres et de coupes des XIe-XIIIe ss.

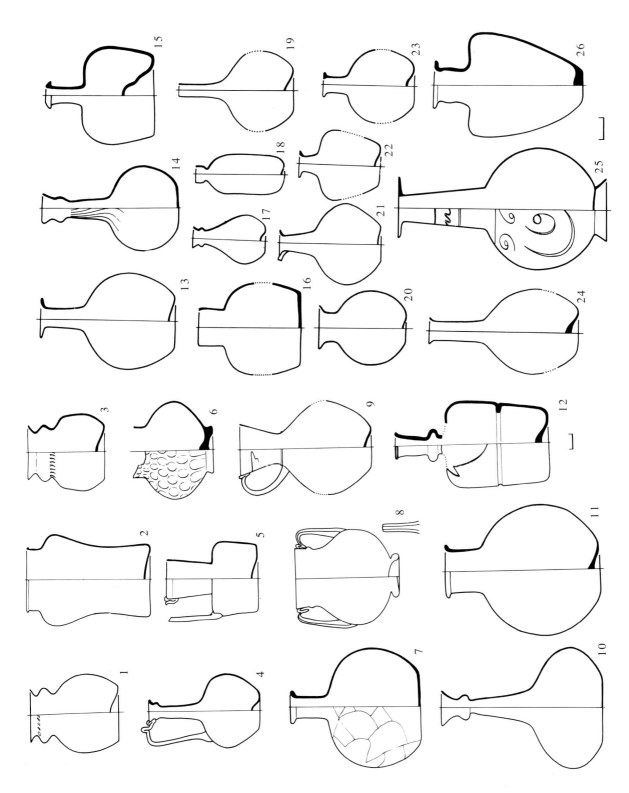

Fig. 30. Principales formes de flacons des IXe-XIIIe ss.

verseur en entonnoir, parfois couverts de moulures obliques. Fort intéressants sont les flacons piriformes, à lèvre en vaisseau et bec verseur en forme de bec. Tous les flacons ont des parois minces, certains sont décorés de fils appliqués en verre bleu, principalement sur le col. On peut tenir pour exemplaire unique en son genre le flacon incomplet en fin verre bleu [616] dont la surface était couverte de peinture exécutée à l'or et à l'émail jaune, vert et rouge. Le récipient avait une panse sphérique, un col étroit et une base annulaire. La panse est couverte de médaillons représentant des animaux, des oiseaux et des plantes. L'un des médaillons contient la représentation d'un homme tenant un instrument à archet. Ce dessin est la plus ancienne représentation du violon-fidèle (XIe siècle). Ce récipient est l'un des rares spécimens comptant parmi la production hautement artistique des verriers byzantins, arrivés à nos jours. Nous en trouvons des analogies directes dans la coupe conservée à la cathédrale Saint-Marc de Venise [617], ainsi que dans les collections de verres d'Egypte, d'Iran, de Corinthe [618]. Une beauté particulière distingue les récipients dont le décor est rehaussé de fils et de gouttes en couleurs (Pl. 108 : 5, 6). Ces objets sont très rares à Dvin, quelques exemplaires en tout. Sont à noter les cruches piriformes à large col, sur base annulaire décorée, ornées de fils et de gouttes de verre vert et rouge manganèse et munies d'anses compliquées. Un procédé analogue de décor a servi à orner le flacon à deux tubes et la splendide coupe à réservoir en entonnoir. Des flacons et des coupes à décors semblables ont été trouvés en Géorgie [619]. Ils étaient également fabriqués en Egypte [620] et au Proche-Orient [621].

La production des artisans de Dvin se distingue par la variété des formes ; on y fabriquait des récipients de diverses destinations. Outre les objets décrits ci-dessus, on trouve différents verres à pied, des gourdes, des carafes, des récipients spéciaux pour la conservation des parfums, des lampes, des alambics (Pl. 109 : 2-4), des vitres et des bijoux.

[616]   H.M. DJANPOLADIAN, 1955, 120-124.

[617]   J. PHILIPPE, 1970, 104.

[618]   C.J. LAMM, 1929-1930, 105-109, Pl. 341.

[619]   M.N. TCHEKHATARACHVILI, 1978, Pl. VII-VIII.

[620]   R.H. PINDER-WILSON, G.T. SCANLON, 1973, 23, fig. 22-23.

[621]   C.J. LAMM, 1928, 91, nos. 261-263 ; 1929-1930, Pl. 27.

Analyses chimiques des verres du déb. du VIIe siècle provenant du quartier central de Dvin   APPENDICE 1

N°	Désign. de l'éch.	SiO$_2$	Al$_2$O$_3$	Fe$_2$O$_3$	TiO$_2$	CaO	MgO	MnO	SO$_3$	Na$_2$O	K$_2$O	Li$_2$O	PbO	CuO
1	Obsidienne	75,22	13,76	1,01	0,14	1,11	-	0,14	0,82	4,01	4,11	-	-	-
2	Masse informe de verre noir	62,85	4,46	1,09	0,17	7,30	4,45	0,17	1,18	16,31	2,56	-	-	-
3	*Idem*, en vert	63,00	3,89	1,11	0,15	7,14	4,61	0,14	1,28	16,14	2,72	-	-	-
4	Scories	63,95	3,71	1,03	0,11	7,30	4,45	0,16	0,45	16,22	2,48	0,20	-	-
5	Verre plat sombre	62,62	3,98	1,03	0,09	7,80	4,65	0,13	0,46	16,80	2,28	0,28	-	-
6	*Idem*, en vert	63,20	3,40	1,25	0,09	6,90	6,03	0,12	0,51	14,63	4,25	0,20	-	-
7	Verre à 2 couches d'un creuset ; couche supérieure bleuâtre	71,60	1,89	0,53	0,15	5,83	0,88	0,60	0,48	16,0	1,16	0,27	-	-
8	*Idem*, couche inférieure verdâtre	65,25	4,16	1,32	0,16	7,05	4,0	0,49	0,44	15,18	2,12	0,22	-	-
9	Vitre brunâtre	62,48	3,67	1,03	0,15	7,60	4,65	0,15	0,54	17,51	2,12	0,26	-	-
10	Eléments de mosaïque verdâtre	60,72	4,06	0,71	0,08	7,20	0,64	0,30	0,55	14,0	1,0	0,22	9,00	ind.
11	*Idem*, bleuâtre	66,77	3,93	0,63	0,11	8,23	0,65	0,35	0,62	15,33	1,13	0,20	-	ind.
12	*Idem*, verdâtre	67,62	2,65	1,08	0,12	7,41	0,88	1,35	0,71	17,2à	0,75	0,20	-	-

Analyses chimiques des verres des IX-XIIIe siècles (production locale)   APPENDICE 2

N°	Désign. dc l'éch.	SiO$_2$	Al$_2$O$_3$	Fe$_2$O$_3$	TiO$_2$	CaO	MgO	MnO	SO$_3$	Na$_2$O$_3$	K$_2$O	Li$_2$O	PbO	CuO
1	Verre mince, transparent, incolore (2446/24)	53,76	10,44	1,04	0,12	6,40	9,10	0,10	0,30	16,77	7,72	0,40	-	0,06
2	*Idem*	56,60	10,93	1,32	0,07	5,90	2,32	0,11	0,31	17,22	4,93	0,39	-	0,09
3	Verre en forme de tulipe, à cellules, vert (2446/4), IXe s.	54,60	8,53	1,52	0,52	6,60	2,70	0,16	0,80	18,08	4,30	0,42	-	-
4	Grande cruche à anse, verdâtre (2445/19), IXe s.	56,09	7,78	1,23	0,32	6,92	2,12	-	0,56	17,28	5,56	0,39	-	-
5	Coupe cannelée, bleuâtre (2446/18), IXe s.	57,11	10,20	1,53	0,26	7,04	2,25	0,10	0,70	13,60	4,04	0,13	-	-
6	Lampe verdâtre (2446/5) IXe s.	56,98	10,71	1,74	0,23	5,04	3,31	-	0,52	13,27	6,69	0,45	-	-
7	Grande coupe/ lampe à bords concaves, incolore (2446/21), IXe s.	56,42	10,72	0;89	0,23	5,77	0,92	-	0,40	14,72	8,11	0,38	-	-
8	Vitre, XIIIe s. (1968)	55,39	9,44	1,32	-	4,29	2,36	1,0	0,35	20,73	4,89	0,23	-	0,06
9	Coupe violette à paroi mince (1968), XII-XIIIe s.	51,33	8,91	1,19	-	4,23	5,40	1,91	0,40	17,47	4,34	0,23	-	0,055
10	Coupe à paroi épaisse, noire, XII-XIIIe s.	52,87	9,01	1,08	-	6,28	5,15	0,14	0,28	20,57	4,33	0,23	-	0,067

155

Analyses chimiques des verres de Dvin (importation)   APPENDICE 3

N°	Désign. de l'éch.	SiO$_2$	Al$_2$O$_3$	Fe$_2$O$_3$	TiO$_2$	CaO	MgO	MnO	SO$_3$	Na$_2$O	K$_2$O	Li$_2$O	PbO	CuO
1	Coupe hémisphérique à paroi épaisse et facettes rondes (2446/14), jaune pâle, V-VIIIe s.	65,25	2,11	0,74	0,13	8,94	3,77	0,43	0,67	13,87	2,87	0,32	-	-
2	*Idem*, (2446/30) verdâtre	65,01	1,63	1,01	0,14	7,87	3,57	0,87	-	15,29	3,12	0,41	-	-
3	*Idem*, (2446/28)	68,40	1,54	0,73	0,21	7,85	5,38	0,21	0,51	12,00	2,18	0,34	-	-
4	*Idem*	67,88	2,07	0,86	0,27	7,57	4,19	0,31	0,49	12,26	2,55	0,36	-	-
5	Verre cylindrique à paroi épaisse et décor incisé, incolore, IXe s.	69,80	1,73	0,28	-	5,80	5,16	0,26	0,40	12,50	3,73	0,46	-	-
6	*Idem*	68,90	2,21	0,35	-	6,02	5,17	0,24	0,47	12,83	3,64	0,46	-	-
7	Flacon peint avec inscription, bleu (2670/17), IXe s.	65,58	2,52	2,12	-	5,51	4,40	1,60	0,37	14,34	2,88	0,44	-	0,10
8	Coupe/verre à paroi épaisse, cannelée, bleue (1446/15), IXe s.	60,27	2,75	0,60	0,10	6,00	3,74	0,15	0,46	18,12	2,80	0,38	-	-
9	Coupe à paroi mince, jaune pâle (2446/22), IXe s.	64,84	1,21	0,69	0,43	5,51	7,49	0,99	0,83	14,72	2,60	0,35	-	-
10	Flacon à paroi mince, verdâtre (2446/23), IVe s.	65,21	2,29	1,37	0,25	6,57	2,78	traces	0,79	15,49	4,62	0,39	-	-

CHAPITRE VIII

LE TRAITEMENT DES METAUX

Comme l'atteste le matériel livré par les fouilles, la ville de Dvin était l'un des centres importants d'Arménie médiévale pour le traitement des métaux. On y a découvert un grand nombre d'objets en différents métaux, fabriqués dans les ateliers de joailliers, de bijoutiers, de forgerons et d'armuriers. Les ouvrages de V.A. ABRAHAMIAN (1946, 1956), K.G. GHAFADARIAN (1952, 1982), B.N. ARAKÉLIAN (1958, 1964), A.A. KALANTARIAN (1970, 1976) et de N.G. HACOPIAN (1981) résument les travaux précédents, distinguent les principales directions du traitement des métaux en Arménie, y compris à Dvin, et brossent le tableau du développement de ce métier en examinant sa structure intrinsèque aux différentes étapes. Puisant abondamment aux sources arméniennes et étrangères, ces auteurs décrivent les procédés techniques, donnent la classification du matériel archéologique, tout en établissant la part du traitement des métaux dans la vie sociale et économique.

On n'a découvert à Dvin que quelques ateliers de traitement de métaux, tous fortement endommagés. La présence des ateliers est attestée par la production découverte sur place, ainsi que par les pièces de rebut, les scories, les creusets et les instruments. Ainsi, on a trouvé en 1938, près de la porte du quartier central, une forge dans l'une des pièces d'une grande maison. Il y avait là une construction en briques de 3,50 x 3,50 m avec un creux carré au centre qui était probablement l'enclume [622]. On y a découvert aussi un grand amas de différents objets métalliques (hache, pelle, clous à large têtes, poêle à frire, fers à cheval). Ces dernières années, les fouilles ont mis au jour au même endroit, au sud du palais du Ve siècle, dans les couches des IXe-Xe siècles, un secteur dallé avec deux foyers ronds et une grande quantité de cendres.

En 1946, un édifice du VIIe siècle a livré un fourneau à demi démoli avec des restes de cuivre et de cendres, ainsi que deux petites cuillers en cuivre, utilisées par les chaudronniers [623]. Des restes de fourneaux sont également conservés dans les autres secteurs de la ville [624]. Un grand atelier a été découvert en 1952, près de la muraille ouest de la citadelle. Il n'en reste que des briques brûlées portant des traces de suie ; l'endroit a aussi livré une grande quantité d'objets en bronze et en fer : armes, outils, bijoux. Dans l'un des fourneaux, on a trouvé un tuyau en fer, visiblement pièce d'une tuyère [625].

Les ateliers de joailliers fabriquaient des objets de qualité supérieure [626] ; un atelier de ce genre a été trouvé dans l'aile ouest de l'église à trois nefs de la citadelle. Récemment, le versant ouest de la citadelle a livré des scories de forgeron, de grand tas de cendres dans différentes pièces, les vestiges d'un fourneau et des objets fabriqués qui indiquent avec évidence l'existence d'un atelier à cet endroit. Dans certaines pièces, les fouilles ont mis au jour des fosses rectangulaires peu profondes, dont deux ont livré des collections de monnaies et des récipients polyédriques en faïence. Apparemment, ce sont là les coins des artisans dont la description nous est parvenue dans les sources byzantines [627].

---

[622] K.G. GHAFADARIAN, 1952, 48.
[623] *Idem*, 1952, 57.
[624] *Idem*, 1952, 70 ; 1982, 13, 19.
[625] *Idem*, 1982, 27.
[626] *Idem*, 1952, 167 ; 1982, 19, 21, 59.
[627] Théophile (édit. 1963, 117).

Les objets forgés

Ils occupaient une grande place dans la production artisanale de Dvin au Moyen Age. Les sources anciennes définissent le forgeron comme "artisan travaillant le fer et le cuivre". On l'appelait "forgeron de fer et de cuivre". Mais dès le Ve siècle, on observe une différenciation de ces deux métiers [628] et par la suite, avec la division du travail et la demande croissante, on voit apparaître quelques dizaines de métiers étroitement spécialisés. Les principaux outils du forgeron sont : les différents marteaux, l'enclume, les limes [629], dont les noms sont déjà mentionnés au Ve siècle et se sont conservés dans la tradition médiévale pour parvenir à nos jours.

Toutefois, l'étude archéologique des vestiges des ateliers de Dvin montre qu'aux XIIe-XIIIe siècles il y avait dans cette ville des artisans qui travaillaient à la fois le fer et le cuivre. Cette dérogation aux règles bien connues nous conduit à croire qu'il faut avoir plus largement recours aux données archéologiques lorsqu'on étudie les métiers de l'Arménie médiévale. Les forges de Dvin fabriquaient surtout des outils : haches, pelles, hachoirs, faucilles, charrues, dont on faisait un grand usage en ville et à la campagne. Les objets agricoles qui remontent au haut Moyen Age sont peu nombreux. Parmi ce matériel, les exemplaires les plus intéressants sont un grand soc de charrue, des faucilles et un hachoir [630]. On a aussi trouvé des couteaux, des outils de tailleurs de pierres, des ciseaux (fig. 31 : 1-3, 16 ; 32 : 4-5 ; Pl. 110 : 7, 9). Aux IXe-XIIIe siècles, la variété des outils est plus grande. Parmi les trouvailles, on rencontre des pelles, des haches petites ou grandes, des scies. Les forges fabriquaient aussi des clous de différentes dimensions, des boucles de ceinture, des fers à cheval et des cadenas (fig. 32 : 3, 6-10 ; 33 : 3-12 ; Pl. 110 : 6, 8). Sont également à noter les coupes en fer fabriquées par forgeage. Mentionnons aussi la lampe en fer du IXe siècle semblable aux lampes analogues en céramique des époques suivantes (Pl. 110 : 9). Apparemment, une partie des objets en céramique était fabriquée par imitation des formes métalliques, ce qu'on observe aussi dans les autres domaines. Le groupe principal des couteaux du haut Moyen Age est composé de couteaux à lame en faucille (fig. 31 : 5-11, 13-15 ; 34 : 3-4 ; Pl. 110 : 2-4). Cette forme, quelque peu modifiée, perdure jusqu'aux XIIe-XIIIe siècles. A partir du IXe s., la lame se redresse un peu, s'élargit légèrement au centre et se termine par une courte pointe (fig. 34 : 1, 2, 5, 6, 16 ; Pl. 110 : 1, 5).

Les armes

Les trouvailles archéologiques relatives à l'armurerie du haut Moyen Age de Dvin sont rares et, en règle générale, en mauvais état de conservation. L'insuffisance du matériel archéologique est compensée par les communications des historiens arméniens. D'après les sources, Dvin, devenu aux Ve-VIIIe siècles l'un des centres de fabrication d'armes, conserve son importance sous la domination arabe et à la période suivante. Les armes étaient fabriquées aussi bien dans les grandes villes et les forteresses que dans les détachements militaires, par les armuriers qui accompagnaient l'armée dans ses campagnes. Le même phénomène s'observe chez les Arabes [631] et, plus tard, chez les Mongols.

Les types d'épées et de dagues des IIIe-Ve siècles ont été étudiés par G.A. TIRATZIAN (1960) d'après les communications des sources qui mentionnent, outre les flèches et les lances dites *ashté* et *mekound*, des armes à lancer utilisées dans le combat rapproché [632], ainsi que la baïonnette, l'une des armes les plus fréquentes (Movsès Khorénatsi, édit. 1913, 107). Il y a de nombreuses mentions de divers types d'épées, de dagues, de rapières, de haches de combat, de hachettes, de marteaux [633].

---

[628] Movsès Khorénatsi (édit. 1913, 192).

[629] Lazare Parpétsi (édit. 1907, 198).

[630] K.G. GHAFADARIAN, 1952, 156 ; A.A. KALANTARIAN, 1970, 44.

[631] Ghévond (édit. 1887, 148).

[632] Movsès Khorénatsi (édit. 1913, 107) ; Movsès Kalankatvatsi (édit. 1912, 22, 30) ; B.N. ARAKÉLIAN, 1958, 145, 148 ; V.A. ABRAHAMIAN, 1949, 63-65.

[633] Agathange (édit. 1909, 22) ; Paustos Buzand (édit. 1912, 183, 201, 306) ; Movsès Kalankatvatsi (édit. 1912, 29) ; Hovhannès Draskhanakertsi (édit. 1912, 193) ; Hovhan Mamikonian (édit. 1941, 86, 159) ; Sébéos (édit. 1979, 78, 79) ; Stépanos Orbélian (édit. 1910, 375).

Les armes du haut Moyen Age de Dvin se divisent en deux groupes principaux : les armes offensives et les armures. Les armes offensives sont principalement des flèches en fer. Elles ont été livrées par les couches anciennes du quartier central de la ville et le sommet de la citadelle dans le secteur de l'église à trois nefs des IVe-Ve siècles, ainsi que du palais du VIIIe siècle. Les plus fréquentes sont les pointes de flèche trilobées avec une soie et leurs différentes variations (fig. 31 : 17, 18, 25-31).

C'est au haut Moyen Age que remontent aussi certaines variétés de flèches à douille rhomboïdes, de coupe ovale ou tétraédriques. Elles ont été trouvées accompagnées d'un matériel complexe exactement datable (céramique, verres, monnaies).

L'analyse stylistique des flèches et la stratigraphie du site permettent de conclure que les pointes de flèches en trièdre, apparues en Arménie dès les VIe-Ve siècles av. J.-C. et extrêmement fréquentes à la période antique, perdurent jusqu'au VIIIe siècle. Elles sont rares dans les couches du IXe siècle et sortent d'usage vers le Xe. Les pointes de flèche plates à barbe apparaissent à Dvin au Ve siècle et perdurent jusqu'aux VIIe-VIIIe siècles, alors que les pointes tétraédriques étaient en usage dès la période antique et jusqu'au XIIIe siècle [634]. Il est à noter qu'un tableau chronologique semblable s'observe dans les pays voisins d'Arménie et en Asie Centrale [635].

Parmi les trouvailles archéologiques, la part des flèches remontant aux IXe-XIIIe siècles est grande. Ceci est dû au développement de la fabrication d'armes, ainsi qu'au changement de la situation politique en Arménie et surtout à Dvin qui, comme nous l'avons déjà indiqué, a subi des dizaines d'offensives de la part de divers aventuriers, groupements ou Etats.

Entre les IXe-XIIIe siècles, les types de pointes de flèches deviennent plus variés : carrées, ovales, rondes, de coupe en forme de feuille (fig. 34 : 10, 11 ; Pl. 111 : 4, 5). Les pointes de flèches en forme de feuille, très fréquentes au XIIIe siècle, sont considérées comme mongoles. L'aire de leur propagation est très vaste et inclut les régions centrales de la Russie, la Mongolie, l'Asie Centrale et le Caucase.

L'analyse typologique des pointes de flèches médiévales montre une grande variété. Les dimensions sont également très variables, qu'il s'agisse des pointes de flèches ou de leur manche. Cela s'explique en premier lieu par le grand nombre d'artisans-armuriers, dont certains se spécialisaient uniquement dans la fabrication de flèches et que les sources nomment *netrar* de l'arménien *net* - flèche [636]. Deuxièmement, c'est à Dvin que se réunissaient périodiquement les détachements militaires des *nakharars* ou les autres troupes. L'armée arménienne disposait de troupes spéciales armées seulement d'arcs et de flèches dits "archers" ou "nus". Et enfin, il nous semble que la majeure partie des flèches découvertes au cours des fouilles sous les remparts et dans les édifices démolis ont dû appartenir aux ennemis. Cette hypothèse a été avancée par J.A. ORBÉLI (1963, 76) en relation avec les trouvailles de flèches dans la citadelle de la ville d'Ani.

Malgré l'énorme quantité de pointes de flèches découvertes dans les villes et les forteresses de l'Arménie médiévale, il n'y a pas encore de critères précis pour la définition de la production locale. Ceci concerne également les autres types d'armes.

Les lances médiévales sont représentées par un petit nombre d'exemplaires, en majorité incomplets et presque tous découverts à Dvin. Les fers sont généralement de section ovale ou rhomboïde et la douille est ronde (fig. 31 : 19, 22). La plupart des lances sont publiées [637], classées d'après leur forme. Les sources sur ce genre d'armes (avec différentes dénominations), ainsi que sur les troupes spéciales composées de lanciers, ont été citées. Nous avons tenté d'isoler chronologiquement les exemplaires du haut Moyen Age, mais une étude spécifique est indispensable dans ce domaine, les

---

[634] A.A. KALANTARIAN, 1970, 45.
[635] B.A. LITVINSKI, 1965, 79-91.
[636] B.N. ARAKÉLIAN, 1958, 143.
[637] V.A. ABRAHAMIAN, 1950, 58-65 ; K.G. GHAFADARIAN, 1952, 163-164 ; B.N. ARAKÉLIAN, 1958, 145, 148 ; A.A. KALANTARIAN, 1970.

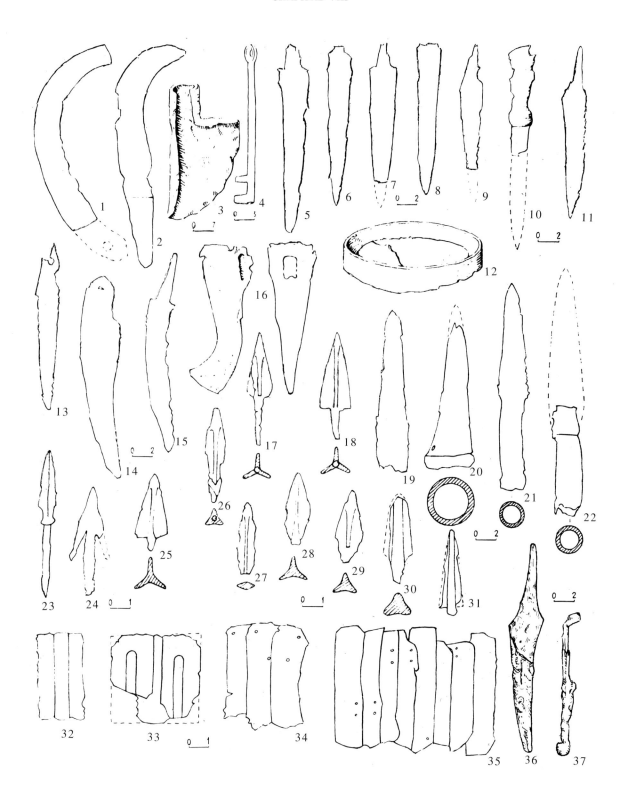

Fig. 31. Principales formes de la production métallurgique (fer) du haut Moyen Age. 1-4, 16 : outils. 5-11, 13-15 : couteaux et dagues. 17-18, 23-31 : pointes de flèches. 19-22 : pointes de lances. 32-35 : éléments d'armure (Ve-VIIIe ss.).

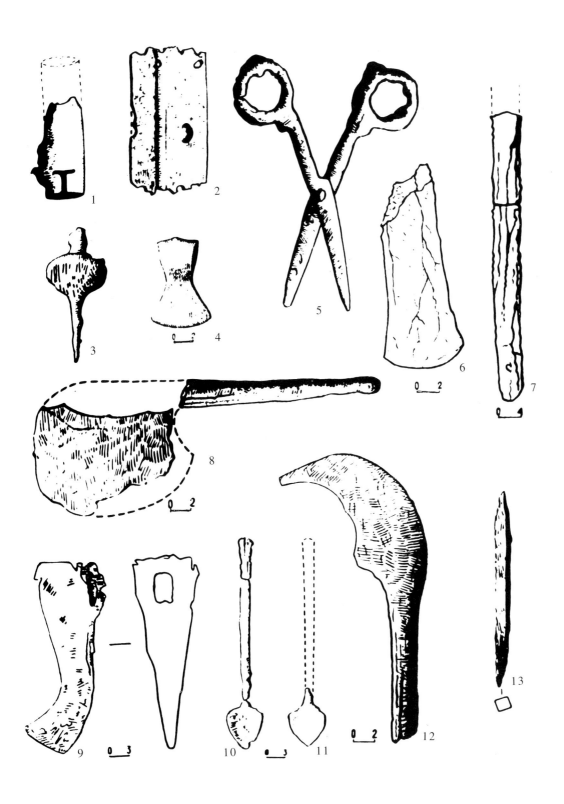

Fig. 32. Outils et armes des VIIIe-XIIIe ss.

sources contenant beaucoup de désignations discutables à mettre en relation avec les trouvailles. De Dvin et d'Ani proviennent d'intéressantes lances semblables dont la flamme présente diverses saillies qui dérogent aux formes principales [638]. Nous avons établi que les lances présentant une douille ronde à bords retournés et une flamme pointue sont des piques ordinaires, arme à lancer qu'on trouve chez Movsès Khorénatsi sous la désignation "lance à pique ronde" [639].

Les fouilles ont mis au jour une importante quantité de grandes pointes de flèches à soie, très rarement, à douille. Dans les ouvrages spécialisés, celles-ci sont désignées par le terme "javelot" (en arménien : "teg" [640]). De minutieuses recherches dans les sources arméniennes montrent l'absence, dans les listes consacrées aux armes, de la notion de "porteur de javelot" (en arménien : *tegavorner*). Dès le Ve siècle, on appelle *teg* le fer de lance qui devient plus tard *teg nizaki* (à la lettre : fer de lance [641]). Apparemment, ce type d'arme est la courte lance nommée *ashté* au haut Moyen Age [642]. C'est avec raison que B. ARAKÉLIAN, V. ABRAHAMIAN et S. MALKHASSIAN [643] classent l'"ashté" parmi les armes de jet.

Les sources arméniennes contiennent un nombre important de communications relatives aux épées, aux sabres, aux baïonnettes, aux dagues. Malheureusement, les fouilles ne les livrent que très incomplets, ce qui compliquent la classification et la datation de ces objets (fig. 33 : 1, 2). En outre, c'est visiblement à cause de la structure du sol de Dvin que le fer s'est mal conservé. D'autre part, les épées et les sabres étaient emportés comme butin de guerre.

D'après les exemplaires incomplets découverts, les épées étaient en majorité à deux tranchants ; on trouve des fragments de fourreaux en cuivre contenant des restes d'épées. Il est difficile de juger des poignées. En 1967, on a trouvé une poignée en fer forgé incomplète, à pommeau pyramidal avec un fragment de bois.

Il est difficile de différencier les dagues des couteaux. Les couteaux sont principalement à courte poignée en bois, à l'intérieur de laquelle la lame était fixée avec des rivets. Les dagues avaient de longues poignées métalliques, parfois à douille et des lames étroites, légèrement allongées. Les dagues, de même que les couteaux du haut Moyen Age ont une forme de faucille. Ce type se rencontre toutefois dans les couches plus récentes. Les lames de dagues du IXe siècle sont plus larges, surtout au centre ; elles sont à un tranchant, leurs poignées sont massives, rondes, faites de fer (fig. 34 : 7-9).

La liste des armes offensives découvertes à Dvin ne se limite pas aux objets cités. On peut y inclure certaines variétés de haches et d'autres instruments dont la destination fonctionnelle n'est pas définitivement établie. Ils auraient pu aussi bien servir d'outils de travail.

Les sources mentionnent différentes pièces d'armure : casques, cuirasses, cottes de mailles, boucliers, mais les fouilles ne les livrent que très rarement. Les complexes archéologiques des objets des IVe-VIIIe siècles comptent une petite quantité de plaques de fer et une cotte de mailles unique, composée de petits anneaux de fer (Pl. 111 : 1). Les plaques de cuirasses sont rectangulaires à angles légèrement arrondis, percées de trous permettant leur assemblage (fig. 31 : 32-35 ; Pl. 111 : 2). Aucune différence caractéristique ne distingue les plaques du haut Moyen Age des exemplaires des siècles suivants. Les modifications négligeables (sillons, variations de dimensions) ne sont pas à retenir. Leur datation dépend de la couche et du matériel qui les accompagne.

Des armures ont été découvertes en grande quantité en Géorgie, en Asie Centrale et dans d'autres régions. Leurs représentations existent aussi dans la sculpture monumentale. Il faut alors évoquer la représentation de Goliath (Pl. 111 : 3), armé de pied en cape, avec son bouclier, sa cuirasse et sa cotte

---

[638] K.G. GHAFADARIAN, 1952, fig. 144, 145 ; B.N. ARAKÉLIAN, 1958, fig. 19-21.

[639] Movsès Khorénatsi (édit. 1913, 119).

[640] K.G. GHAFADARIAN, 1952, 163 ; V.A. ABRAHAMIAN, 1950, 63-65 ; B.N. ARAKÉLIAN, 1958, 148.

[641] Movsès Khorénatsi (édit. 1913, 77) ; Paustos Buzand (édit. 1912, 245) ; Movsès Kalankatvatsi (édit. 1912, 31) ; Hovhannès Draskhanakertsi (édit. 1912, 95, 296, 332).

[642] Movsès Khorénatsi (édit. 1913, 107) ; Thovma Artzruni (édit. 1917, 202).

[643] Movsès Khorénatsi (édit. 1940, ann. 112).

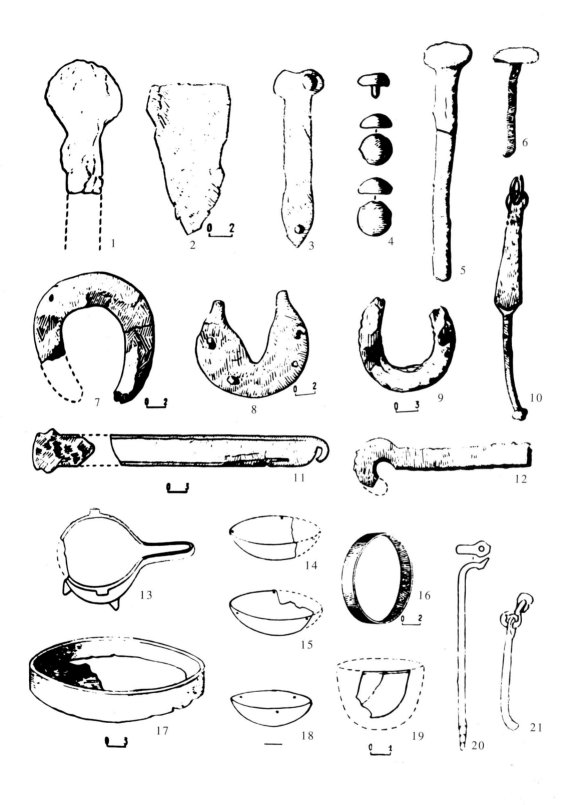

Fig. 33. Objets en fer provenant d'une forge (IXe-XIIIe ss.).

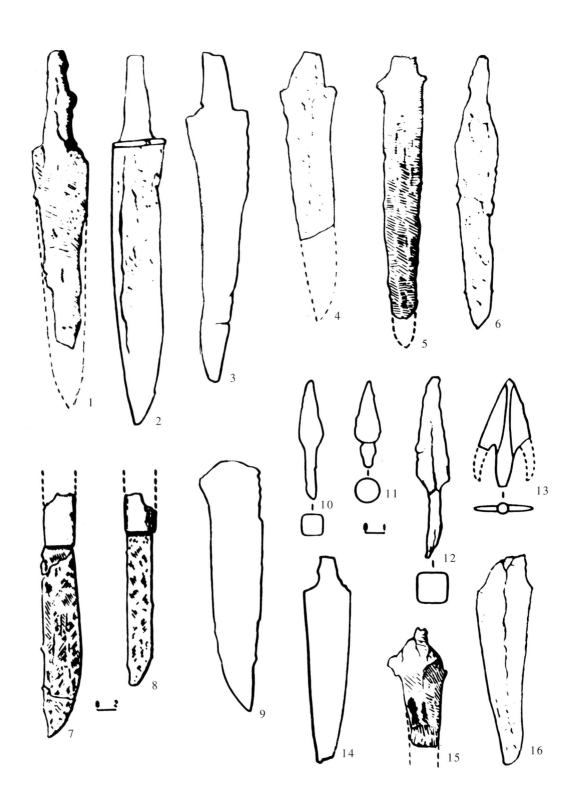

Fig. 34. Couteaux, dagues, pointes de flèches des VIIe-XIIIe ss.

de mailles, sur le mur de l'église d'Aghtamar [644]. Bien qu'il s'agisse ici d'un héros biblique, puisque ce sujet ne pouvait manquer de figurer "dans le cadre de la prédication arménienne nationale, et non pas seulement religieuse, au cours de la lutte livrée par le peuple entier contre les envahisseurs étrangers et infidèles" [645], l'artiste arménien donne à Goliath l'aspect d'un soldat du Xe siècle, ce qui est d'une grande importance pour l'étude de l'armure de l'Arménie médiévale.

Les spécialistes qui ont étudié les armes de l'Arménie médiévale, eu égard aux communications des historiens médiévaux, traduisent le terme *vert* par "cotte de mailles" [646]. Toutefois, les sources témoignent que *vert* signifie "tordu", "tressé", "chaîne" et désigne une technique d'exécution ; ce qui explique qu'on le rencontre à côté du terme "cotte de mailles" (*pahpanakok, zrah*).

Les objets en cuivre.

Les chaudronniers fabriquaient en cuivre et en bronze des objets d'usage courant, des bijoux, des lampes, des lustres et des candélabres, des objets du culte. Les procédés techniques étaient divers : forgeage, taille, fonte. Malheureusement, nous ne possédons que trop peu d'objets de ce genre. La première cause en est la mauvaise conservation des métaux dans la terre et la deuxième la valeur des objets en bronze qui, arrivant en troisième après les objets en or et en argent, étaient emportés comme butin. Une partie des objets en cuivre ont été visiblement refondus par les Arabes et ont servi à frapper monnaie.

Le matériel du haut Moyen Age compte peu d'objets en cuivre. Citons une grande clé trouvée au palais patriarcal du VIIe siècle et qui est unique en son genre ; des bijoux : boucles d'oreilles, pendentifs, diadèmes, bracelets, boucles de ceinture. On trouve très rarement des bagues incomplètes, des fragments de fils et de chaînes d'après lesquels il est très difficile de juger des formes initiales (fig. 31 : 4 ; 36 : 5, 12-13, 15-16).

L'art de la métallurgie à Dvin a été étudié par N.G. HACOPIAN (1981). On y distingue les chaudrons en bronze aux anses zoomorphes (Pl. 112 : 1), richement ornés de décors géométrique et végétal. Fréquents sont les fragments ornementés. En revanche, le grand chaudron trouvé en 1974 est sans décor et sa forme rappelle celle des exemplaires caucasiens qu'on date des XIIe-XIIIe siècles. Apparemment, la fabrication de ces objets était fréquente à Dvin (Pl. 112 : 2).

Les diverses lampes sont fort intéressantes. Deux lampes en bronze d'une forme splendide et richement décorées parlent en faveur de la maîtrise supérieure des artistes. On a trouvé un type rare de candélabre en forme de cône tronqué à surface supérieure hémisphérique concave et nid pour la chandelle au centre (Pl. 112 : 6). Il est placé sur trois pieds en forme de figures de lions stylisées [647]. Des candélabres semblables, en faïence, sont exposés au Musée d'Art Musulman du Caire ; on connaît aussi des spécimens persans datés des XIIe-XIIIe siècles.

Parmi les objets examinés, on compte aussi un lustre à vingt chandeliers, découvert dans la cathédrale, des coupes ornementées, différents récipients incomplets [648]. Une cassolette en bronze ornementée, unique en son genre, fabriquée par le procédé de la fonte, a été mise au jour dans les quartiers sud de la ville lors des travaux agricoles (Pl. III, 4). La panse est ronde et se termine par une lèvre à dix lobes. Un seul des trois pieds en forme d'éléphant subsiste (Pl. 113). La face intérieure du fond porte au centre un médaillon tressé, entouré de volutes, à l'intérieur duquel une inscription arabe se compose de deux mots. D'autres inscriptions sont placées sur la lèvre ornementée et sur la ceinture extérieure. Ces inscriptions, dont le contenu exprime des souhaits, constituent un élément important du décor (N.G. HACOPIAN, 1981a).

---

[644] S.Kh MNATZAKANIAN, 1983, 86, 44.
[645] J.A. ORBÉLI, 1968, 129.
[646] B.N. ARAKÉLIAN, 1958, 152 ; V.A. ABRAHAMIAN, 1950, 96.
[647] N.G. HACOPIAN, 1981, 15.
[648] K.G. GHAFADARIAN, 1982, Pl. XIII.

Cette cassolette a ses parallèles parmi les récipients proche-orientaux des XIIe-XIIIe siècles, principalement trouvés au Khorassan et conservés actuellement dans différents musées ou dans des collections privées [649]. Eu égard à certains traits caractéristiques de l'ornementation, l'exemplaire de Dvin peut être considéré, selon toute probabilité, d'origine locale.

On rencontre souvent dans les sites médiévaux de petits récipients en bronze à long bec verseur et anse ornementée (fig. 33 : 13). D'après certains chercheurs, ils auraient servi de creusets (A.M. BÉLÉNITZKY, 1961, 87). V. RASPOPOVA (1980, 125) considère qu'on s'en serait servi pour la cosmétique et la pharmaceutique. Selon St. KROLL (1988, Pl. 36), ils auraient été utilisés comme lampes.

Les bijoux en bronze sont nombreux (fig. 35 ; Pl. 114 : 3, 4, 6, 9 ; III, 5) et il faut distinguer spécialement les bagues et les bracelets. Ce matériel est entièrement publié [650]. Typologiquement, les trouvailles des dernières années correspondent parfaitement à la classification usitée. Les exemplaires anciens de bagues présentent en majorité des châtons ; après le IXe siècle, les bagues à plaques métalliques deviennent caractéristiques ; on trouve des exemplaires à décor géométrique et représentations d'oiseaux gravés. La bague découverte sur le versant ouest, dans la couche du XIIIe siècle, est identique à celle de la sépulture du soldat mongol du village de Sarigugh du district d'Idjévan [651]. La bague à décor de grue est d'un travail parfait (Pl. 114 : 6). Les bracelets, les boucles de ceinture, les boucles d'oreilles et les autres bijoux sont assez rares [652].

La joaillerie

L'Arménie était connue pour ses mines d'or et d'argent [653], matières premières ayant favorisé l'essor de la joaillerie. Les sources mentionnent sans cesse différents bijoux, des lampes et des récipients en argent, des coiffures et des vêtements, ainsi que des cuirasses et des casques décorés d'or et d'argent, des armes et d'autres objets incrustés de pierres précieuses [654]. L'influence de la toreutique sassanide est attestée par la découverte en 1907 du trésor de Nor-Bayazet (fig. 36 : 7-10, 28-30) composé de trois cuillers d'argent et de quatre cuillers d'or [655].

Malheureusement, les objets de joaillerie sont rares parmi le matériel de Dvin. Les couches des Ve-VIe siècles ont livré quatre cuillers en argent, utilisées en joaillerie, semblables aux spécimens sassanides. L'une porte les ornements concentriques qu'on trouve sur les amulettes en os coptes. C'est du VIIe siècle qu'on date la collection de bijoux en argent qui comprend quatre bagues, deux anneaux et une petite croix (fig. 36 : 1-4, 6, 11 ; Pl. 115) d'une forme semblable aux croix représentées sur les coupes en argent de la haute période byzantine et rappelant les croix à bras égaux découvertes autour de la cathédrale de Dvin [656].

On a également trouvé quatre bagues en argent datant des IXe-XIIIe siècles. Quatre exemplaires présentent des châtons. La pierre est une sardoine rouge. L'une porte une inscription arabe : "Isaac fils d'Azdar" [657]. Un exemplaire présente une plaque avec sept sphères appliquées.

[649] K. HARARI, 1939, Pl. 1283 c, 1287 b, 1354 b ; U. ERGINSOY, 1978, Pl. 62, 65, 66, 72, 73.
[650] N.G. HACOPIAN, 1975, 1981.
[651] H.S. ESSAYAN, 1985, 496.
[652] N.G. HACOPIAN, 1981, 54-68.
[653] Lazare Parpétsi (édit. 1907, 117), Paustos Buzand (édit. 1912, 38) ; Movsès Kalankatvatsi (édit. 1912, 15, 190).
[654] Agathange (édit. 1909, 18) ; Paustos Buzand (édit. 1912, 107) ; Eghiché (édit. 1957, 123) ; Sébéos (édit. 1979, 69, 83-84) ; Movsès Kalankatvatsi (édit. 1912, 77-81, 174-182, 200) ; Hovhannès Draskhanakertsi (édit. 1912, 198).
[655] Y.I. SMIRNOV, 1909, Pl. CXXIII, 307, 309 ; K.V. TRÉVER, 1952, 284 ; S.A. ESSAYAN, 1964, 81-86.
[656] N.G. HACOPIAN, 1981, 32.
[657] *Idem*, 1981, 57.

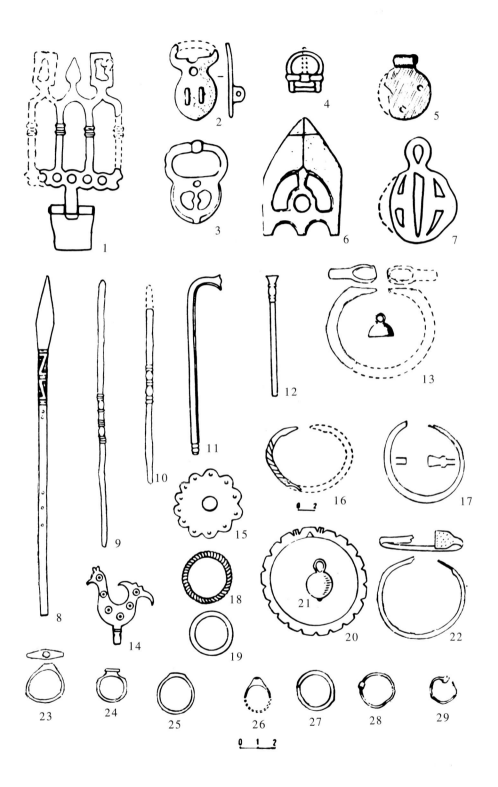

Fig. 35. Ornements en bronze (Xe-XIIIe ss.).

On peut classer parmi les objets uniques en leur genre la croix en or trouvée par hasard aux environs de la ville (Pl. 114 : 5 ; fig. 36 : 14), munie d'un anneau pour la chaîne. Les bords sont décorés de grains, les extrémités se terminent en boules. Un ornement tressé en fils très fins est appliqué sur les bras. Au centre de la croix, un gemme porte la représentation d'un aigle. Très probablement, la croix a dû être coulée dans une forme en cire, puis traitée supplémentairement [658].

Sont spécialement intéressants les objets de l'atelier de joaillerie de la citadelle de Dvin. On y a découvert des barres d'or fondues, des pierres semi-précieuses à demi traitées, des intailles en agathe et en cornaline à représentations de hauts personnages, de sanglier, de grue, ainsi que d'autres bijoux en os et en métal.

Les bijoux en or découverts à Dvin permettent de juger du haut niveau de la joaillerie en Arménie médiévale. Il est hors de doute que l'école de joaillerie de Dvin a occupé une place de choix dans l'art de la joaillerie à l'échelle du pays. L'on croit uniques en leur genre les bijoux en or du trésor trouvé aux environs de Dvin en 1930 (au village d'Ayguestan). Ce sont des bracelets en or : creux, tordus, convexes, à tête de serpent, couverts de nielle, tressés en fils fins et grains de verre, exécutés dans les techniques les plus variées. Ils sont munis d'originales fermetures à coulisse. Les extrémités tressées d'un bracelet se terminent en médaillon à représentation de lion au centre. Ce sont aussi des boucles d'oreilles en or, en forme de croissant, décorées de perles fines et de turquoises, des boucles d'oreilles à cinq grains en tonneaux enfilés, des pendentifs à décor ajouré (croissants, oiseaux, sirènes, Pl. III, 3). Ce trésor a été publié plusieurs fois et il est daté des Xe-XIe siècles.

Est spécialement à noter le collier, d'une exécution magistrale, découvert en 1939 au sommet de la colline. C'est une chaîne habilement tressée qui porte, suspendues, cent petites chaînettes se terminant en boules (Pl. III, 3).

Le matériel de Dvin comporte aussi quelques bagues en or enchâssées de pierres semi-précieuses. Un exemplaire est exécuté dans la technique de la nielle, très rare non seulement parmi les objets découverts à Dvin, mais généralement dans tout l'art de joaillerie médiéval arménien.

Le matériel de Dvin montre qu'au Moyen Age les artistes joailliers de la capitale utilisaient différents procédés techniques pour le décor de leurs ouvrages : ciselure, gravure, grains appliqués, tressage et filigrane.

CONCLUSION

L'analyse du matériel archéologique et les témoignages des sources permettent de documenter les principales étapes de la vie politique, économique et culturelle de la ville de Dvin, l'un des plus importants centres de la Transcaucasie et de l'Asie Antérieure. Apparue au IVe siècle, suite à un concours de circonstances sociales, économiques et politiques précises, la nouvelle capitale a joué depuis un rôle dominant dans tous les domaines de la vie arménienne. L'importance de Dvin a augmenté après les mouvements de libération nationale des Ve-VIe siècles. Durant quatre siècles, cette ville a été le centre spirituel de l'Arménie, consolidant toutes les forces visant à conserver la souveraineté du pays. Tout au long de son existence, la ville n'a cessé de mener une lutte acharnée contre les Persans, les Arabes, les Seldjukides et les Mongols. Au XIIIe siècle, définitivement ruinée, elle quitte l'arène historique.

Les données des observations stratigraphiques montrent la dynamique du développement de la ville à différentes époques, son ascension et sa décadence. La netteté du tableau chronologique est d'une importance capitale pour l'analyse des vestiges de la culture matérielle : objets d'artisanat, ouvrages architecturaux.

---

[658] K.G. GHAFADARIAN, 1952, 172 ; V.A. ABRAHAMIAN, 1946, 71, fig. 18 ; A.A. KALANTARIAN, 1970, 19 ; N.G. HACOPIAN, 1981, 32.

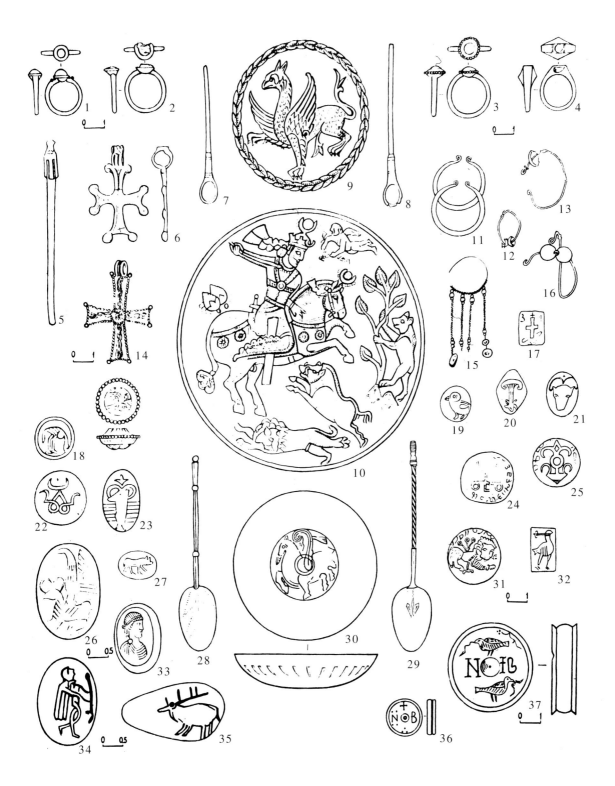

Fig. 36. 1-6, 11 : ornements en argent (VIIe s.). 7-10, 28-30 : récipients provenant du trésor de Nor-Bayazet (Ve-VIe ss.). 12, 13, 15-16 : ornements en cuivre (Ve-VIIe ss.). 14 : croix en or (VIIe s.). 17-22, 24-26, 31, 32, 34-35 : empreintes de sceaux sur bulles d'argile (VIe-VIIe ss.). 23, 27, 33 : gemmes (IVe-VIe ss.). 36, 37 : poids byzantins (VIe-VIIe ss.).

Dvin a été l'un des plus importants foyers de développement de l'architecture médiévale arménienne. Au haut Moyen Age surtout, l'école d'architecture de Dvin a fortement influencé l'architecture monumentale religieuse et profane des périodes suivantes. D'importantes fouilles pratiquées pendant de longues années dans les quartiers d'habitation de la ville confirment la variété de l'habitation traditionnelle au Moyen Age et permettent d'établir les traits caractérisant chacune des époques. L'habitation traditionnelle arménienne *hazarashen* reste le type principal des constructions à toutes les périodes et ses éléments s'observent dans l'architecture monumentale.

Dvin a aussi été un important centre artisanal et commercial. D'après les données des cartes routières médiévales arméniennes, Dvin était le nœud principal où se croisaient les plus importantes routes commerciales de toute la région. La capitale recevait des marchandises venues d'un territoire immense s'étendant entre l'Extrême-Orient, l'Empire Byzantin, l'Egypte et la Russie. Les fouilles ont mis au jour de splendides récipients provenant des centres égyptiens, syriens, mésopotamiens, iraniens et byzantins. L'activité du commerce est attestée par la présence de milliers de pièces de monnaies en or, en argent ou en cuivre d'origine sassanide, byzantine, arabe, seldjukide et géorgienne. La production de Dvin était bien connue sur le marché intérieur aussi bien qu'extérieur. Les objets artistement travaillés découverts sur place témoignent du goût, de la maîtrise et de l'art riche et varié des artisans de Dvin.

Les sources arméniennes mentionnent environ cent noms de métiers. Cette ramification de la fabrication artisanale montre avec évidence une division du travail, caractéristique pour les villes féodales bien développées et surtout pour un centre économique tel que Dvin. Cette circonstance est brillamment attestée par la production matérielle, dont l'influence a été grande sur l'économie du pays entier.

Le développement économique de Dvin est inséparable de la situation politique et sociale de tout le pays. Au IXe siècle, après la libération de l'Arménie du joug arabe, on observe un nouvel essor économique, un accroissement sans précédent des forces productives, ce qui conduit à une nouvelle division du travail. C'est dans ces conditions que fait son apparition la céramique à glaçure, résultat de la fondation de nouvelles villes et de l'essor incessant des anciennes, et qu'on assiste à un plus grand développement de la verrerie, du traitement des métaux et des autres métiers. Le matériel de Dvin atteste avec évidence tous ces processus qui ne cessent de prendre de l'importance jusqu'aux XIIe-XIIIe siècles.

GLOSSAIRE

Amirspasalar	De l'arabe *amir*, prince, et du pehlevi *spah*, armée. Poste de commandant en chef des armées en Géorgie à partir du XIe siècle.
Aspet	Du pers. *acpati*, propriétaire de cheval. Littéralement : prince à cheval, noble cavalier.
Atabek	Litt. "Père de roi", "régent". Dignité suprême en Arménie et en Géorgie après le XIIe siècle.
Azat	Litt. "Libre", du pehlevi *azat*. Aristocrate.
Batrik	v. Patrik
Bêma	Chaire au centre de l'église.
Bdeshkh	v. Pitiashkh
Bun vostan Hayots	Domaine royal.
Catholicos	Chef suprême de l'Eglise arménienne.
Catholicossat	Pouvoir spirituel suprême en Arménie ; siège du Catholicos.
Curopalat	Gouverneur de province nommé en Arménie par les Byzantins.
Divane	Archives.
Erdik	Orifice pour la lumière au centre de la couverture de l'habitation traditionnelle arménienne.
Gortzakal	Fonctionnaire à la cour des Arsacides arméniens et sous les *marzpans*.
Gund	A la lettre, régiment. Ici, unité administrative militaire.
Hamarkar	Collecteur d'impôts persan en Arménie.
Hambayih / Hamkarutiun	Confrérie d'artisans.
Hazarashen	De *hazar*, mille, et de *shen*, *shinel*, construire. Couverture pyramidale en poutres de l'habitation traditionnelle arménienne.
Hazarapet	De *hazar*, mille, et *pet*, chef. Haute dignité de cour sous les Arsacides arméniens (Ier-IVe siècles) et à la période des *marzpans*. Ses fonctions avaient principalement trait à l'économie.
Hexagie	Mesure de poids byzantine servant à peser les pièces d'or.
Ishkhan	Prince, dignité laïque suprême en Arménie médiévale.
Karasse	Jarre, grand récipient en argile, principalement destiné à la conservation des liquides (vin).
Karugbed	Chef des artisans à la cour sassanide.
Kertogh	Poète.
Magupat	v. Mobed
Mardpet	Dignité de cour sous les Arsacides arméniens. Il était chargé de la surveillance des princesses et des dames de cour, ainsi que de la cour royale en général. Il existait aussi en Arménie une maison princière portant ce nom.
Marzpan	Mot pers. Satrape, chef politique suprême nommé par les Sassanides pour gouverner l'Arménie après la perte de son indépendance en 428.
Mobed/Magupat	Haute dignité religieuse en Iran sassanide.
Nakharar	Suprême dignité princière en Arménie ancienne et médiévale, seigneur de canton ou de province.
Ostan	Mot pehlevi. Province, ville ou province royale.
Patrik	Titre et dignité des gouverneurs d'Arménie après 591.
Pitiashkh	(ou Bdeshkh) Satrape persan en Arménie.

Ramik	Mot pehlevi. Représentant du peuple.
Shahr	Pays, province ou ville (selon les sources) en Iran sassanide.
Shahrmar	Archives (divane) où étaient conservés les documents et les registres des impôts.
Shahastan	Capitale.
Shinakan	Paysan, habitant rural.
Snahbed	Dignité militaire en Iran.
Sparapet	Commandant, commandant en chef des armées.
Tanuter	Chef politique suprême du pays en Arménie aux Ve-VIe siècles.
Tanutérakan tun	Désignation d'une partie de l'Arménie, unité administrative soumise au *tanuter* et disposant d'une certaine autonomie.
Téghapah	Ici, chef spirituel temporairement élu ou nommé de l'Eglise arménienne, assurant l'intérim avant les élections du nouveau *catholicos*.
Tonir	Four, foyer en argile cuite, aménagé dans la terre en profondeur, où l'on fait cuire le pain arménien traditionnel dit *lavashe*.
Tonratun	De *tonir*, four, et *tun*, maison. Littéralement, local où se trouvait le *tonir*, peut-être cuisine médiévale.
Vardapet	Archimandrite, ecclésiastique, membre du clergé arménien.
Vostan	Voir Ostan.
Vostikan	Chef de canton nommé par les Arabes en Arménie.

BIBLIOGRAPHIE

ABÉGHIAN, M., 1975 : Աբեղյան Մ., Հայ ժողովրդական հավատքը, երկեր, Է. Երեւան (Les croyances populaires arméniennes. Oeuvres VII, Erévan).

ABRAHAMIAN, V.A., 1946 : Աբրահամյան Վ.Ա., Արհեստներն եւ համքարական կազմակերպությունները Հայաստանում 9-13-րդ դդ., Երեւան (Les métiers et les corporations artisanales en Arménie aux IXe-XIIIe siècles, Erévan).

ABRAHAMIAN, V.A., 1950 : Աբրահամյան Վ.Ա., Միջնադարյան Հայաստանի զենների տեսակները, Հայաստանի պատմության պետական թանգարանի "Աշխատություններ", հ. 2, էջ 37-98 (Les variétés d'armes de l'Arménie médiévale, in Travaux du Musée National d'Histoire d'Arménie II, 37-98, Erévan).

ABRAHAMIAN, V.A., 1956 : Աբրահամյան վ.Ա., Արհեստները Հայաստանում 9-18-րդ դդ., Երեւան (Les métiers en Arménie aux IXe-XVIIIe siècles, Erévan).

Abu-l-Fida, 1965 : Աբու-լ-ֆիդայի ժամանակագրությունը. Արաբական աղբյուրները Հայաստանի եւ հարեւան երկրների մասին, էջ 211-291, Երեւան (Chronique d'Abu-l-Fida, in Les sources arabes sur l'Arménie et les pays voisins, Érévan, 21-291).

ADJARIAN, H., 1977 : Աճառյան Հ., Հայերեն արմատական բառարան, Գ. հատոր, Երեւան (Dictionnaire étymologique de la langue arménienne III, Erévan).

ADONTZ, N., 1908 : Адонц Н., Армения в эпоху Юстиниана:: политическое состояние на основе нахарарского строя, С.ПБ (L'Arménie à l'époque de Justinien : la situation politique sous le régime des nakharars, St.-Pétersbourg).

Agathange, édit. 1909 : Ագաթանգեղեայ պատմութիւն Հայոց, Տփղիս (Histoire d'Arménie, Tiflis).

AHMÉDOV, G.M., 1959 : Ахмедов Г. М., Неполивная керамика Орен-Кала 9-13 вв., Материалы и исследования по археологии СССР, 67, с. 186-227 (La céramique sans glaçure d'Oren-Kala aux IXe-XIIIe siècles, in Documents et Recherches sur l'Archéologie de l'URSS 67, Moscou, 186-227).

AHMÉDOV, G.M., 1972 : Ахмедов Г.М., Средневековый город Байлакан. Автореферат докторской диссертации, Баку (La ville médiévale de Baylakan [Compte rendu de thèse de doctorat], Bakou).

AHMÉDOV, G.M., 1979 : *La ville médiévale de Baylakan. Recherche historico-archéologique*, Bakou (en azéri).

Al-Hamadani, édit. 1902 : Ал-Хамадани. Из книг о странах. Сборник материалов по описанию местностей и племен Кавказа, вып. 31, с. 4-57 (Les livres des pays, in Recueil de Documents décrivant les Lieux et les Tribus du Caucase 31, Moscou, 4-57).

Al-Istahri, édit. 1901 : Ал-Истахрий. Из книг путей и царств. Сборник материалов по описанию местностей и племен Кавказа, вып. 29, с. 1-73 (Les livres des routes et des royaumes, in Recueil de Documents décrivant les Lieux et les Tribus du Caucase 29, Moscou, 1-73).

Al-Muqaddasi, édit. 1908 : Ал-Мукаддасий. Из книги : Лучшие из деления для познания климатов. Сборник материалов по описанию местностей и племен Кавказа, вып. 38, с. 3-28 (Meilleures divisions pour la connaissance des climats, in Recueil de Documents décrivant les Lieux et les Tribus du Caucase 38, Moscou, 3-28).

ALICHAN, L.,1890 : Ալիշան Ղ., Այրարատ, Վենետիկ (Ayrarat, Venise).

Anania Shirakatsi, édit. 1944 : Աբրահամյան Ա.Գ., Անանիա Շիրակացու մատենագրությունը, Երեւան (L'œuvre d'Anania Shirakatsi, Erévan [éd. par A.G. Abrahamian]).

Anania Shirakatsi, édit. 1962 : Анания Ширакаци. Космография. Ереван (Cosmographie, Erévan).

ARAKÉLIAN, B.N., 1941 : Առաքելյան Բ.Ն., Հայերի 703թ. ապստամբությունը արաբական լծի դեմ. "Տեղեկագիր" ԱրմՖԱՆ-ի, 5-6, էջ 55-62 (La révolte de 703 des Arméniens contre le joug arabe, in Bulletin de la Section Arménienne de l'Académie des Sciences 5-6, Erévan, 55-62).

ARAKÉLIAN, B.N., 1949 : Առաքելյան Բ.Ն. Հայկական պատկերաքանդակները 4-7 դդ., Երեւան (Les sculptures arméniennes des IVe-VIIe siècles, Erévan).

ARAKÉLIAN, B.N., 1951: Аракелян Б.Н., Гарни I: Результаты раскопок 1949-1950 гг. Археологические раскопки в Армении. 3. Ереван (Garni I: Résultats des fouilles de 1949-1950 [= Fouilles Archéologiques en Arménie 3], Erévan).

ARAKÉLIAN, B.N., 1957: Аракелян Б.Н., Гарни II. Результаты раскопок 1951-1955 гг. Археологические раскопки в Армении. 7. Ереван (Garni II: Résultats des fouilles de 1951-1955 [= Fouilles Archéologiques en Arménie 7], Erévan).

ARAKÉLIAN, B.N., 1958: Առաքելյան Բ.Ն., Քաղաքները եւ արհեստները Հայաստանում 9-13-րդ դդ., հ. 1, Երեւան (Les villes et les métiers en Arménie aux IXe-XIIIe siècles I, Erévan).

ARAKÉLIAN, B.N., 1964: Առաքելյան Բ.Ն., Քաղաքները եւ արհեստները Հայաստանում 9-13-րդ դդ., հ. 2, Երեւան (Les villes et les métiers en Arménie aux IXe-XIIIe siècles II, Erévan).

ARAKÉLIAN, B.N., 1969: Аракелян Б.Н., О некоторых результатах археологического изучения древнего Армавира. "Историко-филологический журнал", 4, с. 157-174 (Quelques résultats de l'étude archéologique de l'ancienne Armavir, in Revue d'Histoire et de Philologie 4, Erévan, 157-164).

ARAKÉLIAN, B.N., TIRATZIAN, G.A., KHATCHATRIAN, J.D., 1969: Առաքելյան Բ.Ն, Տիրացյան Գ.Ա., Խաչատրյան Ժ.Դ., Հին Հայաստանի ապակին. Հայաստանի հնագիտական հուշարձանները. 3, Երեւան (La verrerie de l'Arménie ancienne [= Sites Archéologiques de l'Arménie 3], Erévan.

Ararat, 1907: "Արարատ", պաշտոնական ամսագիր ս. էջմիածնի (Revue officielle de Ste-Etchmiadzine).

Ararat, 1909: "Արարատ", պաշտոնական ամսագիր ս. էջմիածնի (Revue officielle de Ste-Etchmiadzine).

ARBMAN, H., 1940: *Birka* I, Almqvist.

Aristakès Lastivertsi, édit. 1968: Повествование вардапета Аристакеса Ластиверци. Москва (Narration de l'archimandrite Aristakès Lastivertsi, Moscou).

ASLANOV, G.M. 1955: Асланов Г.М., К изучению раннесредневековых памятников Мингечаура. Краткие сообщения Института истории материальной культуры, вып. 60, с. 63-72 (Etude des monuments du haut Moyen Age de Minguétchaouri, in Brèves Communications de l'Institut de l'Histoire de la Culture Matérielle 60, Moscou, 63-72).

AVDALBÉKIAN, T. 1969: Ավդալբեկյան Թ., Արաքսի հնագարյան հունն Արարատյան դաշտում, Հայագիտական հետազոտություններ, էջ 80-101, Երեւան (L'ancien lit de l'Araxe dans la plaine de l'Ararat, in Etudes Arménologiques, Erévan, 80-101).

AZARIAN, L., 1975: Ազարյան Լ., Վաղ միջնադարյան հայկական քանդակը, Երեւան (La sculpture arménienne du haut Moyen Age, Erévan).

BABAYAN, F.S., 1974: Бабаян Ф.С., Средневековая художественная керамика и семантика ее орнаментации., Автореферат кандидатской диссертации, Ереван. (La céramique décorative médiévale et la sémantique de son ornementation [Compte rendu de thèse de doctorat], Erévan).

BABAYAN, F.S., 1979: Բաբայան .Ֆ.Ս., Խեցեղենի բրձման հնոց Դվինից, "Պատմա-բանասիրական հանդես", 1, էջ 275-280 (Four de potier découvert à Dvin, in Revue d'Histoire et de Philologie 1, Erévan, 275-280).

BABAYAN, F.S., 1981: Բաբայան Ֆ.Ս., Միջնադարյան Հայաստանի զեղարվեստական խեցեղենի զարդաձեւերը, Երեւան (La céramique décorative médiévale arménienne, Erévan).

BABAYEV, I.A., 1964: Les récipients glaçurés de la haute époque de Kabala, in Culture Matérielle de l'Azerbaïdjan V, Bakou, 131-148 (en azéri).

BABAYEV, J.A., 1966: Бабаев И.А., Глиняная булла, найденная в Мингечауре, Сборник статей, Баку, с. 5-10 (La bulle en argile trouvée à Minguétchaouri, in Recueil d'articles, Bakou, 5-10).

BAHGAT BEY, A., MASSOUL, F., 1930: *La céramique musulmane de l'Egypte*, Le Caire.

Baladzori, édit. 1927: Из сочинения Баладзори "Книга завоевания стран", Баку (Extraits du *Livre de la conquête des pays* de Baladzori, Bakou).

BARTIKIAN, H.M., 1960: Բարտիկյան Հ.Մ., Հայ-բյուզանդական նոթեր. "Տեղեկագիր" Հայաստանի ԳԱ. / հաս. գիտություններ/, 7-8, էջ 129-138 (Notes arméno-byzantines, in Bulletin des Sciences Sociales 7-8, Erévan, 129-138).

BARTIKIAN, H.M., 1962: Բարթիկյան Հ.Մ., *Narratio de rebus Armeniae* հունարեն թարգմանությամբ մեզ հասած մի հայ-քաղկեդոնական սկզբնաղբյուր. Բանբեր Մատենադարանի, 6, էջ 457-470 (*Narratio de rebus Armeniae*, sources arméno-chalcédonienne connue dans sa traduction grecque, in Bulletin du Maténadaran 6, Erévan, 457-470).

BIVAR, A.D.H., 1969: *Stamp Seals. II. The Sassanian Dynasty. – Catalogue of the Western Asiatic Seals in the British Museum*, London.

BORISSOV, A.Y., 1939: Борисов А.Я., Эпиграфические заметки: 3. Об одной группе сасанидских резных камней. Труды отдела Востока Гос. Эрмитажа, т. 1, с. 235-242 (Notes épigraphiques 3. Sur un groupe de pierres gravées sassanides, *in* Travaux du Département Oriental de l'Ermitage 1, Léningrad, 235-242).

BORISSOV, A.Y., LUKONIN, V.G., 1963 : Борисов А.Я., Луконин В.Г., Сасанидские геммы. Ленинград (Les gemmes sassanides, Léningrad).

BORNAZIAN, S.V., 1980 : Բոռնազյան Ս.Վ., Հայաստանը եւ սելջուկները 11-12-րդ դդ., Երեւան (L'Arménie et les Seldjukides aux XIe-XIIe siècles, Erévan).

BROSSET, M., 1870 : *Deux historiens arméniens ...*, St.-Pétersbourg.

BUTLER, A.J., 1907 : « Egypt and the Ceramic Art of the Nearer East », *The Burlington Magazine for Connoisseurs* XI, 221-226.

BUTLER, A.J., 1907-08 : « Egypt and the Ceramic Art of the Nearer East », *The Burlington Magazine for Connoisseurs* XII, 48 et 51.

BUTLER, A.J., 1926 : *Islamic Pottery*, London.

BUZANDATSI, N., 1889 : Բյուզանդացի Ն., Տեղեկութիւն ի գիրս Ստեփանոսի Տարոնեցւոյ Ասողիկ կոչեցելոց, Մոսկվա (Communication sur l'écrit de Stépanos Taronatsi, dit Assoghik, Moscou).

BYKOV, A., 1955 : Быков А., Дайсам Ибн-Ибрахим ал Курди и его монеты. Эпиграфика Востока, вып. 11, с. 14-19 (Dayssam Ibn Ibrahim al Kurdi et ses monnaies, *in* Epigraphie de l'Orient 11, Moscou, 14-19).

CABROL, F., 1904 : *Dictionnaire d'archéologie chrétienne et de liturgie* I, 2e partie, Paris.

CHAHNAZARIAN, A., 1940 : Шахназарян Ас., Двин, историко-географический очерк, Ереван. (Dvin, essai historico-géographique, Erévan).

CHAPOVA, Y.L., 1961 : Шапова Ю.Л., Древнерусские стеклодельные изделия, Византийский временник, 19, с. 60-75 (Les verres russes anciens, *in* Almanach Byzantin XIX, Moscou, 60-75).

CHARDIN, 1902 : Путешествие Кавалера Шардена по Закавказью в 1672-1673 гг., Тифлис (Voyages du Chevalier Chardin en Perse et autres lieux de l'Orient en 1672-1673, Tiflis).

CHELKOVNIKOV, V.A., 1940 : Шелковников Б.А., Художественная керамика Двинских раскопок, Известия Армфана, 4-5, с. 181-199 (La céramique décorative provenant des fouilles de Dvin, *in* Bulletin de la Section Arménienne de l'Académie des Sciences 4-5, Erévan, 181-199).

CHELKOVNIKOV, V.A., 1942 : Шелковников Б.А., Художественная керамическая промышленность средневековой Армении, Известия Армфана, 3-4, с. 9-36 (L'industrie de la céramique décorative en Arménie médiévale, *in* Bulletin de la Section Arménienne de l'Académie des Sciences 3-4, Erévan, 9-36).

CHELKOVNIKOV, V.A., 1942a : Шелковников Б.А., Средневековая художественная керамика Ближнего и Дальнего Востока, Известия Армфана, 2, с. 3-32 (La céramique décorative médiévale du Proche et Extrême Orient, *in* Bulletin de la Section Arménienne de l'Académie des Sciences 2, Erévan, 3-32).

CHELKOVNIKOV, V.A., 1952 : Шелковников Б.А., Керамика и стекло из раскопок города Двина, "Труды Государственного Исторического музея Армении", т. 4, с. 5-111 (La céramique et la verrerie provenant des fouilles de la ville de Dvin, *in* Travaux du Musée National d'Histoire d'Arménie IV, Erévan, 5-111).

CHELKOVNIKOV, V.A., 1957 : Шелковников Б.А., Поливная керамика из раскопок города Ани, Ереван (La céramique à glacure provenant des fouilles de la ville d'Ani, Erévan).

CHELKOVNIKOV, V.A., 1958 : Шелковников Б.А., Средневековая белоглиняная поливная керамика Армении и свидетельство Идриси. Советская Археология, 1, с. 214-227 (La céramique médiévale en argile blanche à glaçure d'Arménie et le témoignage d'Idrissi, *in* Archéologie Soviétique 1, Moscou, 214-227).

CHICHKINA, G.V., 1979 : Шишкина Г.В., Глазурованная керамика Согда (вторая половина 8- начало 13 вв.), Ташкент (La céramique à glaçure de Sogd (deuxième moitié du VIIIe-début du XIIIe siècles, Tachkent).

Chronographie géorgienne, 1971 : Վրաց ժամանակագրություն (1207–1318), Երեւան (Chronographie géorgienne [1207-1318], Erévan).

Constantin Porphyrogénète, édit. 1970 : Կոնստանտին Ծիրանածին, Oտար աղբյուրները Հայաստանի եւ հայերի մասին, h. 7, Երեւան (Les sources étrangères sur l'Arménie et les Arméniens VII, Erévan).

D'ONOFRIO, M., 1973 : *Le chiese di Dvin*, Roma.

D'ONOFRIO, M., 1978 : *Certains palais résidentiels de l'Arménie du Ve au VIIe siècles après J.-C.* [= brochure du *IInd International Symposium on Armenian Art*], Yerevan.

DANIÉLIAN, E.D., 1971 : Դանիելյան Է.Դ., Իսիդոր Քարակացու "Պարթեւական կայաններր", "Պատմա-բանասիրական հանդես", 4, էջ 171-182 (Les stations parthes d'Isidore de Charax, *in* Revue d'Histoire et de Philologie 4, Erévan, 171-182).

David Baghichétsi, édit. 1956 : Դավիթ Բաղիշեցու ժամանակագրություն. Մանր ժամանակագրություններ. 17-18-րդ դդ., Երեւան, էջ 287–378 (Chroniques, *in* Petites Chroniques, XVIIe-XVIIIe siècles, Erévan, 287-378).

DIAKONOV, M.M., 1954 : Дьяконов М. М., Надписи на парфянских печатях из древней Нисы. Вестник древней истории, 4, с. 169-173 (Les inscriptions des sceaux parthes de la Nisa ancienne, *in* Bulletin d'Histoire Ancienne 4, Moscou, 169-173).

DIEULAFOY, M., 1892 : *L'acropole de Suse d'après les fouilles exécutées en 1884, 1885, 1886*. IIIe partie, Paris.

DIMAND, M.S., 1944 : *A Handbook of Muhammadan Art*, New York.

DJAHOUKIAN, G.B., 1963 : Ջահուկյան Գ.Բ., Ստուգաբանություններ. "Պատմա-բանասիրական հանդես", 4, էջ 85-98 (Etymologies, *in* Revue d'Histoire et de Philologie 4, Erévan, 85-98).

DJANPOLADIAN, H.M., 1955 : Джанполадян Р.М., Стеклянный сосуд из Двина. Краткие сообщения Института истории материальной культуры, вып. 60, с. 120-124 (Un récipient en verre de Dvin, *in* Brèves Communications de l'Institut de l'Histoire de la Culture Matérielle 60, Moscou, 120-124).

DJANPOLADIAN, H.M., 1964 : Джанполадян Р.М., О трех образцах стекла из Кармир-Блура. Советская Археология, 1, с. 307-312 (Trois specimens de verres provenant de Karmir Blur, *in* Archéologie Soviétique 1, Moscou, 307-312).

DJANPOLADIAN, H.M., 1964a : Ջանփոլադյան Հ.Մ., Ապակե փողձանոթներ Դվինի պեղումներից, "Պատմա-բանասիրական հանդես", 4, էջ 186-194 (Alambics en verre provenant des fouilles de Dvin, Revue d'Histoire et de Philologie 4, Érévan, 186-194).

DJANPOLADIAN, H.M., 1968 : Джанполадян Р.М., Резное стекло из Двина. Советская Археология, 1, с. 268-274 (Les verres gravés de Dvin, *in* Archéologie Soviétique 1, Moscou, 268-274).

DJANPOLADIAN, H.M., 1969 : Джанполадян Р.М., Новые данные о стеклоделии Двина. Краткие сообщения Института археологии, вып. 120, с. 28-31 (Nouvelles données sur les verres de Dvin, *in* Brèves Communications de l'Institut d'Archéologie 120, Moscou, 28-31).

DJANPOLADIAN, H.M., 1974 : Ջանփոլադյան Հ.Մ., Դվինի միջնադարյան ապակին 9-13-րդ դդ. Հայաստանի հնագիտական հուշարձանները, հ. 7, Երեւան / հայերեն, ռուսերեն, անգլերեն/ (La verrerie médiévale de Dvin aux IXe-XIIIe siècles, *in* Les Sites Archéologiques d'Arménie VII, Érévan [en arménien, russe et anglais]).

DJANPOLADIAN, H.M., 1982 : Ջանփոլադյան Հ.Մ., Դվինի արհեստագործության սուրջը / 9-14-րդ դդ./, "Լրաբեր հասարակական գիտությունների", 3, էջ 64-71 (Les métiers de Dvin, IXe-XIVe siècles, *in* Bulletin des Sciences Sociales 3, Erévan, 64-71).

DJANPOLADIAN, H.M., 1982a : Джанполадян Р.М., Сфероконические сосуды из Двина и Ани. Археологические памятники Армении, т. 12, Ереван (Les récipients sphéro-coniques de Dvin et d'Ani [= Les Sites Archéologiques d'Arménie 12], Erévan).

DJANPOLADIAN, H.M., KALANTARIAN, A.A., 1976 : Джанполадян Р.М., Калантарян А.А., Стеклянные сосуды из раскопок Двина. Археологические открытия 1975 г., Москва (Les récipients en verre provenant des fouilles de Dvin, *in* Découvertes Archéologiques de l'Année 1975, Moscou).

DJANPOLADIAN, H.M., KALANTARIAN, A.A., 1988 : Джанполадян Р.М., Калантарян А.А., Торговые связи средневековой Армении в 6-13 вв. /по данным стеклоделия/, Археологические памятники Армении, т. 14, Ереван (Les relations commerciales de l'Arménie aux VIe-XIIIe siècles d'après les données de l'industrie verrière [= Les Sites Archéologiques d'Arménie 14], Erévan).

DJAPARIDZÉ, V.V., 1953 : Джапаридзе В.В., Художественная глазурованная керамика Грузии 11-13 вв., Советская Археология, 17, с. 197-210 (La céramique décorative à glaçure de Géorgie des XIe-XIIIe siècles, *in* Archéologie Soviétique XVII, Moscou, 197-210).

DJAVAKHICHVILI, K.A., 1974 : La glyptique du site d'Urbnissi, Tbilissi (en géorgien).

DOROCHENKO, E.A., 1982 : Дорошенко Е.А., Зороастрийцы в Иране, Москва (Les Zoroastriens en Iran, Moscou).

DUBOIS DE MONTPÉREUX, F., 1839 : *Voyage autour du Caucase par Frédéric Dubois de Montpéreux* III, Paris.

Eghiché, édit. 1957 : Եղիշեի վասն Վարդանայ եւ Հայոց պատերազմին, Երեւան (Histoire de la guerre de Vardan et des Arméniens, Erévan (l'édition de 1971 est en russe).

EPRÉMIAN, R.V., 1975 : Епремян Р.В., Техника водоснабжения в древней и средневековой Армении, Автореферат кандидатской диссертации, Ереван (La technique de la distribution d'eau en Arménie ancienne et médiévale [Compte rendu de thèse doctorat], Erévan).

ERÉMIAN, S.T., 1953 : Еремян С.Т., Развитие городов и городской жизни в древней Армении. Вестник древней истории, 3, с. 11-31 (Le développement des villes et de la vie urbaine en Arménie ancienne, *in* Bulletin d'Histoire Ancienne 3, Moscou, 11-31).

ERÉMIAN, S.T., 1971 : Հայ ժողովրդի պատմություն, հ. 1, Երևան (*Histoire du peuple arménien* 1, Erévan).

ERÉMIAN, S.T., 1976 : Հայ ժողովրդի պատմություն, հ. 3, Երևան (*Histoire du peuple arménien* 3, Erévan).

ERÉMIAN, S.T., 1984 : Հայ ժողովրդի պատմություն, հ. 2, Երևան (*Histoire du peuple arménien* 2, Erévan).

ERGINSOY, U., 1978 : *Islam maden sanatinin Gelismesi. Baslangicindan Anadolu Selçuklularinin sonuus Kadar*, Istanbul.

Essais, 1964 : Ակնարկ հայ ճարտարապետության պատմության, Երևան (Essais sur l'histoire de l'architecture arménienne, Erévan).

ESSAYAN, A.S., 1985 : Есаян Г.С., Раскопки в Саригюхе. Археологические открытия, 1983, г. 496 Москва (Fouilles de Sarigugh, *in* Découvertes Archéologiques de l'Année 1983, Moscou, 496).

ESSAYAN, S.A., 1964 : Есаян С.А., О чаше из Нор-Баязетского клада. Известия Академии Наук Армении (общественные науки), 9, г. 81-86 (La coupe du trésor de Nor-Bayazet, *in* Communications de l'Académie des Sciences d'Arménie 9, Erévan, 81-86).

ESSAYAN, S.A., KALANTARIAN, A.A., 1978 : Եսայան Ս.Ա., Քալանթարյան Ա. Ա., Օշականի վաղ միջնադարյան բնակավայրը, "Լրաբեր հասարակական գիտությունների", 3, էջ 79-91 (Le site médiéval d'Oshakan, *in* Bulletin des Sciences Sociales 3, Erévan, 79-91).

Faust de Byzance, édit. 1867 : *Histoire d'Arménie*, Paris (traduction V. Langlois).

FEHÉRVARI, G., 1973 : *Islamic Pottery. A Comprehensive Study based on the Barlow Collection*, London.

FRYE, R.N. (éd.), 1973 : *Sasanians Remains from Qasr-i Abu Nasr. Seals, Sealings, and Coins*, Cambridge.

FRYE, R.W., 1970 : « Inscribed Sassanian Seals from the Nayeri Collection », *Forschungen zur Kunst Asiens. In Memorium Kurt Erdmann*, Istanbul, 18-24.

FRYE, R.W., 1972 : Фрай Р., Наследие Ирана, Москва (Le patrimoine de l'Iran, Moscou).

FUKAI, S., 1973 : *Persian Glass*, New York, Tokyo, Kyoto.

GANDOLFO, F., 1973 : *Chiese e cappele armene a navata simplice dal IV al VII secolo*, Roma.

GANDOLFO, F., 1982 : *Le basiliche armene dal IV al VII secolo*, Roma.

GHAFADARIAN, K.G., 1940 : Ղաֆադարյան Կ.Գ., Ալքիմիան պատմական Հայաստանում, Երևան (L'alchimie en Arménie historique, Erévan).

GHAFADARIAN, K.G., 1952 : Ղաֆադարյան Կ.Գ. Դվին քաղաքը եւ նրա պեղումները, հ 1, Երևան (La ville de Dvin et ses fouilles I, Erévan).

GHAFADARIAN, K.G., 1959 : Ղաֆադարյան Կ.Գ., Զվարթնոց, "Պատմա-բանասիրական հանդես", 2, էջ (Zvartnotz, *in* Revue d'Histoire et de Philologie 4, Erévan, 174-194).

GHAFADARIAN, K.G., 1973 : Ղաֆանդարյան Կ.Գ., Դվինում պեղված ճարտարապետական երկու հուշարձան, "Պատմա-բանասիրական հանդես", 4, էջ 113-126 (Deux monuments fouillés à Dvin, *in* Revue d'Histoire et de Philologie 4, Erévan, 113-126).

GHAFADARIAN, K.G., 1974 : Ղաֆադարյան Կ.Գ., Պետական դիվանի մնացորդները Դվինում, "Պատմա-բանասիրական հանդես", 2, էջ 101-112 (Les vestiges d'archives d'Etat à Dvin, *in* Revue d'Histoire et de Philologie 2, Erévan, 101-112).

GHAFADARIAN, K.G., 1982 : Ղաֆադարյան Կ.Գ., Դվին քաղաքը եւ նրա պեղումները, հ. 2., Երևան (La ville de Dvin et ses fouilles II, Erévan).

GHAFADARIAN, K.G., KALANTARIAN, A.A., 1978 : Ղաֆադարյան Կ.Գ., Քալանթարյան Ա.Ա., Դվինի 1975-1976 pp. պեղումները, "Լրաբեր հասարակական գիտությունների", 2, էջ 99-106. Երևան (Les fouilles des années 1975-1976 à Dvin, *in* Bulletin des Sciences Sociales 2, Erévan, 99-106).

GHAFADARIAN, K.K., 1984 : Ղաֆադարյան Կ.Կ. Արգիշտիխինիլի քաղաքի ճարտարապետությունը, Երևան (L'architecture de la ville d'Arguichtikhinili, Erévan).

Ghévond, édit. 1887 : Պատմութիւն Ղեւոնդեայ մեծի վարդապետի Հայոց, Ս. Պետերբուրգ (Histoire d'Arménie, St.-Pétersbourg).

GHIRSHMAN, R., 1952 : *Cinq campagnes de fouilles à Suse (1946-1951)* (= *Mémoires de la Mission Archéologique en Iran. Mission de Susiane. Rapports préliminaires* 1), Paris.

GHIRSHMAN, R., 1962 : *Iran. Parthians and Sassanians*. London.

GIGNOUX, Ph., 1978 : *Catalogue des sceaux, camées et bulles sasanides de la Bibliothèque Nationale et du Musée du Louvre* II. *Les sceaux et bulles inscrits*, Paris.

Glas, 1984 = KRÖGER, J., *Glas. Berlin. Staatliche Museen Preussicher Kulturbesitz. Museum für islamische Kunst* (= *Islamische Kunst. Loseblattkatalog publizierter Werke aus Deutschen Museen* 1), Mainz am Rhein.

Glass, 1963 = *Journal of Glass Studies* V, New York.

Glass, 1964 = *Journal of Glass Studies* VI, New York.

Glass, 1968 = *Journal of Glass Studies* X, New York.

Glass, 1984 = *Journal of Glass Studies* XXXIII, New York.

GÖBL, R., 1971 : « Die Sasanidische Tonbullen von Takht-i Suleiman und die Probleme der sasanidischen Sphragistik », *Acta Antique Academiae Scientiarum Hungaricae* 19, 95-112.

GÖBL, R., 1973 : *Der sassanidische Siegelkanon*, Braunschweig.

GÖBL, R., 1976 : *Die Tonbullen von Takht-i Suleiman*, Berlin.

GOUBAYEV, A., 1971 : Губаев А., Сасанидские буллы из замка Ак-Депе. Эпиграфика Востока, вып. 20, с. 46-49 (Les bulles sassanides du château d'Ak-Dépé, *in* Epigraphie de l'Orient 20, Moscou, 46-49).

GOULIAMOVA, E., 1961 : Гулямова Э., Стекло из городища Хульбук. Известия Академии наук Таджикской ССР, вып. 1, с. 11-24 (Les verres du site de Khulbuk, *in* Communications de l'Académie des Sciences de la RSS du Tadjikistan 1, Dushanbé, 11-24).

GRABAR, A., 1958 : *Ampoules de Terre Sainte (Monsa Bobbio)*, Paris.

GRABAR, A., HALOD, R., KNUSTAD, J., 1978 : *City in the Desert. Qasr-al-Hayr East,* Cambridge MA.

GRUBE, E.J., 1965 : « The Art of Islamic Pottery », *The Metropolitan Museum of Art Bulletin* XXIII/6, 209-228.

GUÉYUCHEV, R.B., 1963 : Геюшев Р.Б., Отдельные этапы развития гончарных изделий в Кабале I-X вв., Доклады Академии наук Азерб. ССР, 12, с. 63-67 (Différentes étapes du développement des objets de poterie à Kabala, Ier-Xe siècles, *in* Rapports de l'Académie des Sciences de la RSS d'Azerbaïdjan 12, Bakou, 63-67).

GUZALIAN, L.T., 1959 : Гюзальян Л.Т., Надписи на местной керамике из Орен-Кала, Материалы и исследования по археологии СССР, 67, с. 324-350 (Inscription sur la céramique locale d'Oren-Kala, *in* Documents et Recherches sur l'Archéologie de l'URSS 67, Moscou, 324-350).

HACOPIAN, H., 1934 : Հակոբյան Հ., Ուղեգրություններ, հ. Զ (1800—1820), Երեւան (Relations de voyage VI (1800-1820), Erévan).

HACOPIAN, N.G., 1975 : Հակոբյան Ն.Գ., Միջնադարյան Հայաստանի մատանիները, "Պատմա-բանասիրական հանդես", 1, էջ 221-230 (Les bagues de l'Arménie médiévale, *in* Revue d'Histoire et de Philologie 1, Erévan, 221-230)

HACOPIAN, N.G., 1981 : Հակոբյան Ն.Գ. Միջնադարյան Հայաստանի զեղարդվեստական մետաղը, Հայաստանի հնագիտական հուշարձանները, հ. 10., էջ. 7-80, Երեւան (Le métal décoratif de l'Arménie médiévale, *in* Sites Archéologiques d'Arménie X, Erévan, 7-80).

HACOPIAN, N.G., 1981a : Խնկաման Դվինից, Հայաստանում 1979—1980 թթ. հնագիտական դաշտային աշխատանքներին նվիրված նստաշրջանի զեկուցումների թեզեր, էջ 37-38, Երեւան, (L'encensoir de Dvin, *in* Résumés des communications relatives aux travaux archéologiques en Arménie au cours des années 1979-1980, Erévan, 37-38).

HARARI, R., 1939 : *Metalwork after the Early Islamic Period, Survey of Persian Art* III (Text), IV (Plates), London, New York.

HARDEN, D.B., 1934 : Glass from Kish, *Iraq* I/2, 131-136.

HAROUTUNIAN, V.M., 1950 : Հարությունյան Վ.Մ., Դվինի 5-7-րդ դդ. ճարտարապետական հուշարձանները, Երեւան (Les monuments des Ve-VIIe siècles de Dvin, Erévan).

HAROUTUNIAN, V.M., 1953 : Հարությունյան Վ.Մ., 7-րդ դարի աշխարհիկ ճարտարապետության մի նոր հուշարձան, "Տեղեկագիր" Հայաստանի գիտությունների ակադեմիայի / հասարակական գիտություններ/, 8, էջ 53-65 (Un nouveau monument de l'architecture profane, *in* Bulletin de l'Académie des Sciences Sociales d'Arménie 8, Erévan, 53-65).

HAROUTUNIAN, V.M., 1964 : Арутюнян В.М., Градостроительство древней и средневековой Армении. Автореферат докторской диссертации, Ереван (L'urbanisme en Arménie ancienne et médiévale [Compte rendu de thèse de doctorat], Erévan).

HATZOUNI, V., 1912 : Հացունի Վ., Ճաշեր եւ խնջույք հին Հայաստանի մէջ, Վենետիկ - Ս. Ղազար. (Les repas et les festins en Arménie ancienne, Venise, St.-Lazare).

HOBSON, R.L., 1932 : *A Guide to the Islamic Pottery of the Near East*, Oxford.

Hovhan Mamikonian, édit. 1941 : Յովհան Մամիկոնեան, Պատմութիւն Տարոնոյ, Երեւան (Histoire du Tarone, Erévan).

Hovhannès Draskhanakertsi, édit. 1912 : Յովհաննու կաթողիկոսի Դրասխանակերտեցւոյ պատմութիւն Հայոց, Թիֆլիս (Histoire d'Arménie, Tiflis).

HOVHANNISSIAN, K.L., 1961 : Оганесян К.Л., Арин-Берд. 1. Архитектура Эребуни по материалам раскопок 1950-1955 гг. Археологические раскопки в Армении. 9. Ереван (Arinberd I, L'architecture d'Erébuni d'après le matériel des fouilles de 1950-1955 [= Fouilles Archéologiques en Arménie 9], Erévan).

HUBSHMAN, H., 1907 : Հյուբշման Հ., Հին հայոց տեղւոյ անունները, Վիեննա (Toponymie arménienne ancienne, Vienne).

Ibn al-Assir, édit. 1981 : Իբն-ալ-Ասիր, Օտար աղբյուրները Հայաստանի եւ հայերի մասին, հ. 11, Երեւան (Les sources étrangères sur l'Arménie et les Arméniens XI, Erévan).

Ibn Hauqal, édit. 1908 : Ибн-Хаукаль. Из книг путей и царств. Сборник материалов по описанию местностей и племен Кавказа. вып. 38. с. 81-129 (Les livres des routes et des royaumes, *in* Recueil de Documents décrivant les Lieux et les Tribus du Caucase 38, Moscou, 81-129).

JACOBSON, A.L., 1941 : Якобсон А.Л., Гончарные печи средневекового Херсонеса. Краткие сообщения Института истории материальной культуры, 10, с. 53-62 (Les fours de potier du Khersonès médiéval, *in* Brèves Communications de l'Institut de l'Histoire de la Culture Matérielle X, Moscou, 53-62).

JACOBSON, A.L., 1950 : Якобсон А.Л., Средневековый Херсонес (12-14 вв.), Материалы и исследования по археологии СССР, 17 (Khersonès médiéval, XIIe-XIVe siècles [= Documents et Recherches sur l'Archéologie de l'URSS 17], Moscou).

JACOBSON, A.L., 1950a : Якобсон А.Л., Очерк истории зодчества Армении 5-17 вв., Москва-Ленинград (Essai sur l'histoire de l'architecture arménienne des Ve-XVIIe siècles, Moscou, Léningrad).

JACOBSON, A.L., 1959 : Якобсон А.Л., Художественная керамика Байлакана (Орен-Кала). Материалы и исследования по археологии СССР, 67, с. 228-302 (La céramique décorative de Baylakan (Oren-Kala), *in* Documents et Recherches sur l'Archéologie de l'URSS 67, Moscou, 228-302).

JACOBSON, A.L., 1965 : Якобсон А.Л., Археологические исследования на городище Орен-Кала в 1957 г., Материалы и исследования по археологии СССР, 133, с. 9-25 (Recherches archéologiques sur le site d'Oren-Kala en 1957, *in* Documents et Recherches sur l'Archéologie de l'URSS 13, Moscou, 9-25).

JACOBSON, A.L., 1976 : Якобсон А.Л., Армения и Сирия. Архитектурные сопоставления. Византийский Временник, т. 37, с. 192-206 (L'Arménie et la Syrie, comparaisons architecturales, *in* Almanach Byzantin 37, Moscou, 192-206).

JACOBSON, A.L., 1978 : Якобсон А.Л., Средневековая поливная керамика как историческое явление. Византийский временник, т. 39, с. 148-159 (La céramique à glaçure médiévale en tant que phénomène historique, *in* Almanach Byzantin 39, Moscou, 148-159).

JACOBSON, A.L., 1983 : Якобсон А.Л., Закономерности в развитии раннесредневековой архитектуры. Ленинград (Les lois de l'évolution de l'architecture du haut Moyen Age, Léningrad).

JACOBSON, A.L., 1985 : Якобсон А.Л., Закономерности в развитии средневековой архитектуры. Ленинград (Les lois de l'évolution de l'architecture médiévale, Léningrad).

JAMKOTCHIAN, A.S., 1973 : Ժամկոչյան Ա.Ս., Միջնադարյան Հայաստանի ֆայ խախնապակյա խեցեղենի մասին, "Պատմա-բանասիրական հանդես", 1, էջ 279-285 (Les objets en faïence du haut Moyen Age d'Arménie, *in* Revue d'Histoire et de Philologie 1, Erévan, 279-285).

JAMKOTCHIAN, A.S., 1974 : Ժամկոչյան Ա.Ս., Դվինի 12-13-րդ դարերի ներմուծված շողուն հախճապակին, Հայագիտական ուսումնասիրություններ, հ. 1, էջ 123-129 (La faïence lustrée d'importation des XIIe-XIIIe siècles de Dvin, *in* Etudes Arménologiques I, Erévan, 123-129).

JAMKOTCHIAN, A.S., 1978 : Ժամկոչյան Ա.Ս., Բնակելի ճենքի պեղումներ Դվինի ստորին բերդում, "Պատմա-բանասիրական հանդես", 1, էջ 275-282 (Fouilles d'une habitation dans la forteresse inférieure de Dvin, *in* Revue d'Histoire et de Philologie 1, Erévan, 275-282).

JAMKOTCHIAN, A.S., 1981 : Ժամկոչյան Ա.Ս., Միջնադարյան Հայաստանի հախճապակին 9-14-րդ դդ., Հայաստանի հնագիտական հուշարձաններ, հ. 10, էջ 83-145, Երեւան (La faïence de l'Arménie médiévale aux IXe-XIVe siècles, *in* Sites Archéologiques d'Arménie X, Erévan, 83-145).

JAMKOTCHIAN, A.S., 1981a : Ժամկոչյան Ա.Ս., Դիմակազարդ անոթներ Դվինից եւ Անիից. "Պատմա-բանասիրական հանդես", 4, էջ 201-209 (Les récipients décorés de masques de Dvin et d'Ani, *in* Revue d'Histoire et de Philologie 4, Erévan, 201-209).

Jean de Scylla, édit. 1979 : Հովհաննես Սկիլիցես, Օտար աղբյուրները Հայաստանի եւ հայերի մասին, հ. 10, Երեւան (Les sources étrangères sur l'Arménie et les Arméniens X, Erévan).

KALANTARIAN, A.A., 1965 : Քալանթարյան Ա.Ա., Զենքերը 5-8-րդ դդ., "Պատմա-բանասիրական հանդես," 4, էջ 241-248 (Les armes des Ve-VIIIe siècles, *in* Revue d'Histoire et de Philologie 4, Erévan, 241-248).

KALANTARIAN, A.A., 1968 : Калантарян А.А., Ампула св. Андрея из Двина, Советская Археология, 1, с. 274-276 (L'ampoule à représentation de St.-André de Dvin, *in* Archéologie Soviétique 1, Moscou, 274-276).

KALANTARIAN, A.A., 1969 : Քալանտարյան Ա.Ա., Դվին քաղաքի վաղ միջնադարյան շերտագրության հարցի շուրջը. "Լրաբեր հասարակական գիտությունների", 5, էջ 57-67 (La stratigraphie du haut Moyen Age de la ville de Dvin, *in* Bulletin des Sciences Sociales 5, Erévan, 57-67).

KALANTARIAN, A.A., 1970 : Калантарян А.А., Материальная культура Двина IV-VIII вв., Археологические памятники Армении, 5, Ереван (La culture matérielle de Dvin aux IVe-VIIIe siècles, *in* Sites Archéologiques d'Arménie V, Erévan).

KALANTARIAN, A.A., 1974 : Калантарян А.А., К вопросу о способах изготовления керамики в средневековой Армении, Археологические памятники феодальной Грузии, т. 2, с. 280-290 (Les procédés de fabrication de la céramique en Arménie médiévale, *in* Sites Archéologiques de la Géorgie Féodale II, Tbilissi, 280-290).

KALANTARIAN, A.A., 1975 : Քալանթարյան Ա.Ա., Դվինի կենտրոնական բաղամասի 1971-1973 թթ. պեղումները, "Լրաբեր հասարակական գիտությունների", 7, էջ 88-99 (Les fouilles des années 1971-1973 au quartier central de Dvin, *in* Bulletin des Sciences Sociales 7, Erévan, 88-99).

KALANTARIAN, A.A., 1976 : Քալանթարյան Ա.Ա., Դվին, 1, Կենտրոնական բաղամասի պեղումները 1964-1970 թթ., Հնագիտական պեղումները Հայաստանում, հ. 13, Երեւան (Dvin I. Les fouilles du quartier central entre 1964-1970 [= Fouilles Archéologiques en Arménie 13], Erévan).

KALANTARIAN, A.A., 1977 : Քալանթարյան Ա.Ա., Սասանյան կնքադրոշմների եւ դրանց կիրառական որոշ կողմերի մասին, "Պատմա-բանասիրական հանդես", 3, էջ 195-205 (Les bulles sassanides et certains aspects de leur usage, *in* Revue d'Histoire et de Philologie 3, Erévan, 195-205).

KALANTARIAN, A.A., 1978 : *Nouveaux matériaux sur les palais arméniens du haut Moyen Age* [= brochure du IInd International Symposium on Armenian Art], Yerevan.

KALANTARIAN, A.A., 1979 : Քալանթարյան Ա.Ա., Դվինի հնագիտական արշավախմբի աշխատանքները 1977 թ. "Պատմա-բանասիրական հանդես", 2, էջ 263-269 (Les travaux de 1977 de l'expédition archéologique de Dvin, *in* Revue d'Histoire et de Philologie 2, Erévan, 263-269).

KALANTARIAN, A.A., 1980 : Քալանթարյան Ա.Ա., Ապակեգործությունը Հայաստանում 5-8-րդ դդ. "Լրաբեր հասարակական գիտությունների", 7, էջ 85-98 (La verrerie en Arménie aux Ve-VIIIe siècles, *in* Bulletin des Sciences Sociales 7, Erévan, 85-98).

KALANTARIAN, A.A., 1982 : Քալանթարյան Ա.Ա., Դվինի 1980 թ. պեղումների հիմնական արդյունքները, "Լրաբեր հասարակական գիտությունների", 12, էջ 87-94 (Principaux résultats des fouilles de l'année 1980 à Dvin, *in* Bulletin des Sciences Sociales 12, Erévan, 87-94).

KALANTARIAN, A.A., 1982 : Калантарян А.А., Раннесредневековые буллы Двина, Археологические памятники Армении, т. 13, Ереван (Les bulles du haut Moyen Age de Dvin [= Sites Archéologiques d'Arménie 13], Erévan).

KALANTARIAN, A.A., 1982a : Քալանթարյան Ա.Ա., Դվինի 1978-1979 թթ. պեղումները, "Լրաբեր հասարակական գիտությունների" , 2, էջ 54-65 (Les fouilles des années 1978-1979 de Dvin, *in* Bulletin des Sciences Sociales 2, Erévan, 54-65).

KALANTARIAN, A.A., 1985 : Калантарян А.А., Глиняные плитки с изображениями из Ахца, Историко-филологический журнал, 4, с. 227-231 (Les tablettes en argiles à représentations d'Aghtz, *in* Revue d'Histoire et de Philologie 4, Erévan, 227-231).

KALANTARIAN, A.A., 1986 : Քալանթարյան Ա.Ա., Դվինի 1981-1982 թթ. պեղումների հիմնական արդյունքները, "Լրաբեր հասարակական գիտությունների", 3, էջ 87-95 (Principaux résultats des fouilles des années 1981-1982 de Dvin, *in* Bulletin des Sciences Sociales 3, Erévan, 87-95).

KALANTARIAN, A.A., 1987 : Քալանթարյան Ա.Ա., Դվինի արշավախմբի 1983-1984 թթ. աշխատանքների հիմնական արդյունքները, "Պատմա-բանասիրական հանդես", 1, էջ 136-146 (Principaux résultats du travail de l'expédition de 1983-1984 de Dvin, *in* Revue d'Histoire et de Philologie 1, Erévan, 136-146).

KALANTARIAN, A.A., 1988 : Քալանթարյան Ա.Ա., Դարձյալ Դվինի հիմնադրման մասին, "Լրաբեր հասարակական գիտությունների", 1, էջ 63-70 (Au sujet de la fondation de Dvin, *in* Bulletin des Sciences Sociales 1, Erévan, 63-70).

KALANTARIAN, A.A., 1988a : Քալանթարյան Ա.Ա., Դվին, Երեւան (Dvin, Erévan).

KALANTARIAN, A.A., SARKISSIAN, G.G., 1980 : Քալանթարյան Ա.Ա., Սարգսյան Գ.Գ., Սպիտակի վիմափոր բնակավայրը, "Գիտություն եւ տեխնիկա", 4, էջ 21-26 (Le site rupestre de Spitak, *in* Sciences et Technique 4, Erévan, 21-26).

KARAKHANIAN, G.H., 1954 : Караханян Г.О., Неполивная орнаментированная керамика из раскопок Двина и Ани. Автореферат кандидатской диссертации, Ереван (La céramique ornementée sans glaçure livrée par les fouilles de Dvin et d'Ani [Compte rendu de thèse doctorat], Erévan).

KATCHALOV, N.N., 1959 : Качалов Н.Н., Стекло, Москва (Le verre, Moscou).

KAZIEV, S.S., BABAYEV, I.A., 1969 : Казиев С.С., Бабаев И.А., Раскопки Кабалы. Археологические открытия 1968 г., с. 398-399 (Les fouilles de Kabala, *in* Découvertes Archéologiques de l'Année 1968, Moscou, 398-399).

KHALATIANTZ, B., 1908 : Отчет о раскопках Б. Халатянца в Карской области и Эриванской губернии. Архив Института истории материальной культуры в С. Петербурге, фонд 1, архивный N 117, лист 3-11 (Rapport sur les fouilles pratiquées dans la région de Kars et le gouvernorat d'Erivan, *in* Archives de l'Institut de l'Histoire de la Culture Matérielle de Saint-Pétersbourg, fonds 1, no. arch. 117, folio 3-11).

KHALATIANTZ, G., 1903 : Халатянц Г., Армянские Аршакиды в "Истории Армении" Моисея Хоренского. Опыт критики источников, ч. I, исследование. Москва (Les Arsacides arméniens dans l'Histoire d'Arménie de Movsès Khorénatsi I. Etude, Moscou).

KHALILOV D.A., BABAYEV, I.A., 1974 : Халилов Дж. А., Бабаев И.А., О городах древней Кавказской Албании. Советская археология, 4, с. 98-109 (Les villes de l'antique Albanie du Caucase, *in* Archéologie Soviétique 4, Moscou, 98-109).

KHALPAKHTCHIAN, H.K., 1971 : Халпахчьян О.Х., Гражданское зодчество Армении. Москва (L'architecture civile d'Arménie, Moscou).

KHATCHATRIAN, J.D., 1977 : Խաչատրյան Ժ.Դ., Հայաստանի անտիկ շրջանի ջնարակած խեցեղեններ, "Պատմա-'րանասիրական հանդես", 3, էջ 183-194 (La céramique à glaçure de la période antique d'Arménie, *in* Revue d'Histoire et de Philologie 3, Erévan, 183-194).

KHATCHATRIAN, J.D., 1981 : Խաչատրյան Ժ.Դ., Արտաշատ 2, Հնագիտական պեղումները Հայաստանում, 17, Երեւան (Artashat 2 [= Fouilles Archéologiques en Arménie 17], Erévan).

KHATCHATRIAN, J.D., 1987 : Խաչատրյան Ժ.Դ. Հելլենիստական քաղաքաշինության որոշ ավանդույթներ, Երազամույն վայրի եւ Դվին քաղաքի հիմնադրման մասին, "Լրաբեր հասարակական գիտությունների", 2, էջ 46-57 (Certaines traditions de l'urbanisme hellénistique, le site d'Erazamouyn et la fondation de la ville de Dvin, *in* Bulletin des Sciences Sociales 2, Erévan, 46-57).

KHATCHATRIAN, J.D., KANETSIAN, A.G., 1974 : Խաչատրյան Ժ.Դ., Կանեցյան Ա.Գ., Արտաշատի 8-րդ բլրի ստրատագրությունը, "Լրաբեր հասարակական գիտությունների", 9, էջ. 76-91 (La stratigraphie de la colline 8 d'Artashat, *in* Bulletin des Sciences Sociales 9, Erévan, 76-91).

Kirakos Gandzakétsi, édit. 1961 : Կիրակոս Գանձակեցի, Պատմություն Հայոց, Երեւան (Histoire d'Arménie, Erévan).

KOECHLIN, R., 1926 : « A propos de la céramique de Samarra », *Syria* 7/3, 234-246.

KOECHLIN, R., 1928 : « Les céramiques musulmanes de Suse au Musée du Louvre » *Syria* 9/1, 40-58.

KOECHLIN, R., MIGEON, G., 1907 : *Manuel d'Art Musulman* II, Paris.

KOECHLIN, R., MIGEON, G., 1956 : *Art Musulman*, Paris.

KORZOUKHINA, G.Ph., 1963 : Корзухина Г.Ф., Из истории игр на Руси. Советская Археология, 4, с. 85-102 (De l'histoire des jeux en Russie, *in* Archéologie Soviétique 4, Moscou, 85-102).

KOSTANIAN, K.A., KALANTARIAN, A.A., 1978 : Костанян К.А., Калантарян А.А., Следы стекольного производства в раннесредневековом Двине. Историко-филологический журнал, 4, с. 166-174 (Vestiges de l'industrie verrière à Dvin au haut Moyen Age, *in* Revue d'Histoire et de Philologie 4, Erévan, 166-174).

KOSTANIANTZ, K., 1913 : Կոստանյան Կ., Վիմական տարեգիր. "Յուցակ ժողովածոյ արձանագրութեանց Հայոց", Ս. Պետերբուրգ (Almanach épigraphique : Recueil des inscriptions arméniennes, St.-Pétersbourg).

KOTCHARIAN, G.G., 1980 : Кочарян Г.Г., Колумбарий эллинистического периода в Двине. Историко-филологический журнал, 2, с. 277-285 (Un columbarium de la période hellénistique à Dvin, *in* Revue d'Histoire et de Philologie 2, Erévan, 277-285).

KOTCHARIAN, G.G., 1984 : Кочарян Г.Г., Двин в античную эпоху. Автореферат кандидатской диссертации. Ереван (Dvin à l'époque antique [Compte rendu de thèse de doctorat], Erévan).

KOTCHARIAN, G.G., 1991 : Քոչարյան Գ.Գ., Դվին 3, Դվինը անտիկ դարաշրջանում, Հնագիտական պեղումները Հայաստանում, հ. 22, Երեւան (Dvin 3. Dvin à l'époque antique [= Fouilles Archéologiques en Arménie 12], Erévan).

KOUCHNARÉVA, K.K., 1977 : Кушнарева К.Х., Древнейшие памятники Двина, Ереван (Les monuments anciens de Dvin, Erévan).

KROLL, ST., 1988 : « Die Kleinfunde » in KLEISS, W. (éd.), *Bastam* II. *Ausgrabungen in den urartäischen Anlagen 1977-1978* (= *Teheraner Forschungen* 5), Berlin, 155-163.

KROUPNOV, E.I., 1960 : Крупнов Е.И. Новые источники по древней и средневековой истории Северного Кавказа, Краткие сообщения Института истории материальной культуры, вып. 78, с. 107-118 (Nouvelles sources relatives à l'histoire ancienne et médiévale du Caucase du Nord, in Brèves Communications de l'Institut de l'Histoire de la Culture Matérielle 78, Moscou, 107-118).

KÜHNEL, E., 1925 : *Islamische Kleinkunst*, Berlin.

KÜHNEL, E., 1932 : « Dated Persian Lustred Pottery », *Eastern Art* III, 221-236.

KÜHNEL, E., 1934 : « Die Abbasidischen Lüsterfayencen », *Ars Islamica* I/2, 149-159.

LAMM, C.J., 1928 : Das Glas von Samarra (= *Die Ausgrabungen von Samarra* IV), Berlin.

LAMM, C.J., 1929-1930 : *Mittelalterliche Gläser und Steinschnittarbeiten aus dem Nahen Osten* I, II, Berlin.

LAMM, C.J., 1931 : « Les verres trouvés à Suse », *Syria* 12, 358-367.

LAMM, C.J., 1935 : *Glass from Iran in the National Museum Stokholm*, Stokholm, London.

LAMM, C.J., 1941 : *Oriental Glass of Medieval Date Found in Sweden and the Early History of Lustre Painting*, Stokholm.

LANE, A., 1938 : « Medieval Finds at Al-Mina in North Syria », *Archaeologia* 88, 19-78.

LANE, A., 1977 : *Early Islamic Pottery*, London.

Lazare Parpétsi, édit. 1907 : Ղազարոյ Փարպեցյոյ պատմութիւն Հայոց, Թիֆլիս (Histoire d'Arménie, Tiflis).

LEGLAND, J., 1964 : « Fouilles et travaux en Egypte et au Soudan, 1962-1963 », *Orientalia* 33, 2-3.

LEO, 1967 : Լեո, Հայոց պատմություն, երկերի ժողովածու, հ. 2, Երեւան (Histoire d'Arménie [= Oeuvres complètes II], Erévan).

Léonti Mrovéli, édit. 1934 : Լեոնտի Մրովելի, Վրաց թագավորների եւ նախահայրերի ու տոհմերի պատմություն. Մելիքսեթ-Բեկ Լ., Վրաց աղբյուրները Հայաստանի եւ հայերի մասին, էջ 140-184, Երեւան (Histoire des rois, des ancêtres et des maisons princières de Géorgie, in Mélikset-Bek, L., Les sources géorgiennes sur l'Arménie et les Arméniens, Erévan, 140-184).

LEVIATOV, V.N., 1946 : Левиатов В.Н. О типах глазурованной керамики Азербайджана в 8-15 вв. - Известия Академии наук Азербайджанской ССР, 7 (Types de la céramique à glaçure d'Azerbaïdjan aux VIII-XVe siècles, in Communications de l'Académie des Sciences de la RSS d'Azerbaïdjan 7, Bakou).

LITVINSKI, B.A., 1965 : Литвинский Б.А., Среднеазиатские железные наконечники, Советская Археология, 2, с. 79-91 (Les pointes de flèches en fer d'Asie Centrale, in Archéologie Soviétique 2, 79-91, Moscou).

Livre des Canons, édit. 1964 : Կանոնագիրք Հայոց, հ. Ա, Երեւան (t. I, Erévan).

Livre des Canons, édit. 1971 : Կանոնագիրք Հայոց, հ. Բ., Երեւան (t. II, Erévan).

Livre des Epîtres, édit. 1901 : Գիրք թղթոց, Թիֆլիս (Tiflis).

LOMTATIDZÉ, G.A., 1955 : Ломтатидзе Г.А., Археологические раскопки в Тбилиси зимой 1948 г. Материалы по археологии Грузии и Кавказа, т. 1, с. 119-170 (Fouilles archéologiques à Tbilissi en hiver 1948, in Documents sur l'Archéologie de la Géorgie et du Caucase I, Tbilissi, 119-170).

LOMTATIDZÉ, G.A., 1959 : Ломтатидзе Г.А. Результаты и перспективы археологического изучения города Тбилиси, Советская Археология, 4, с. 61-73 (Résultats et perspectives de l'étude archéologique de la ville de Tbilissi, in Archéologie Soviétique 4, Moscou, 61-73).

LORDKIPANIDZÉ, M.N., 1954 : *Catalogue des gemmes trouvés à Samtavro en 1940-1941 et 1946-1948* (= *Les gemmes du Musée National* I), Tbilissi (en géorgien).

LOUKAS, A., 1958 : Лукас А., Материалы и ремесленные производства древнего Египта, Москва (Les matériaux et les industries artisanales de l'Egypte ancienne, Moscou).

LOUNINA, S.B., 1962 : Лунина С.Б., Гончарное производство в Мерве 10-начала 13 вв. Труды Южно-Туркменской археологической комплексной экспедиции, т. 11, с. 217-418 (L'industrie de la poterie à Merv du Xe au début du XIIIe siècle, in Travaux de l'Expédition Archéologique Multidisciplinaire de la Turkménie du Sud II, Moscou, 217-418).

LUKENS, M.G., 1965 : « Medieval Islamic Glass », *The Metropolitan Art Museum Bulletin* XXIII/6, 198-208.

LUKONIN, V.G., 1960 : Луконин В.Г., Сасанидские буллы. Сообщения Государственного Эрмитажа. 19, с. 33-35 (Les bulles sassanides, *in* Communications du Musée National de l'Ermitage 19, Léningrad, 33-35).

LUKONIN, V.G., 1967 : *Iran* II. *Des Séleucides aux Sassanides*, Genève.

LUKONIN, V.G., 1971 : Луконин В.Г., По поводу булл из Ак-Депе. Эпиграфика Востока, вып. 20, с. 50-52 (A propos des bulles d'Ak-Dépé, *in* Epigraphie de l'Orient 20, Moscou, 50-52).

LUKONIN, V.G., 1976 : Луконин В.Г., Новые работы по сасанидской глиптике. Вестник древней истории, 1, с. 158-166 (Nouveaux travaux sur la Glyptique sassanide, *in* Bulletin d'Histoire Ancienne 1, Moscou, 158-166).

LUKONIN, V.G., 1977 : Луконин В.Г., Искусство древнего Ирана. Москва (L'art de l'Iran ancien, Moscou).

MAMAYACHVILI, N.F., 1969 : « Histoire de la fabrication et de l'usage de la faïence en Géorgie médiévale », *Sites archéologiques de la Géorgie féodale* I, Tbilissi, 106-125 (en géorgien).

MANANDIAN, H.A., 1934 : Մանանդյան Հ.Ա., Ֆեոդալիզմը հին Հայաստանում, Երևան (Le féodalisme en Arménie ancienne, Erévan).

MANANDIAN, H.A., 1936 : Մանանդյան Հ.Ա., Հայաստանի գլխավոր ճանապարհները ըստ պեուտինգերյան քարտեզի, Երևան (Les principales routes de l'Arménie d'après la carte de Peutinger, Erévan).

MANANDIAN, H.A., 1954 : Манандян Я.А., О торговле и городах Армении в связи с мировой торговлей древнейших времен. Ереван (Le commerce et les villes d'Arménie en relation avec le commerce mondial des temps anciens, Erévan).

MANANDIAN, H.A., 1960 : Մանանդյան Հ.Ա., Քննական տեսություն հայ ժողովրդի պատմության, հ. 2, Երևան (Théorie critique de l'histoire du peuple aménien II, Erévan).

MANANDIAN, H.A., 1977 : Մանանդյան Հ.Ա., Երկեր, հ. Գ., Երևան (Oeuvres III, Erévan).

MANANDIAN, H.A., 1978 : Մանանդյան Հ.Ա., Երկեր, հ. Բ., Երևան (Oeuvres II, Erévan).

MANANDIAN, H.A., 1981 : Մանանդյան Հ.Ա., Երկեր, հ. Դ., Երևան (Oeuvres IV, Erévan).

MARR, N.Y., 1902 : Марр Н.Я., Отчет Императорской археологической комиссии за 1899 г., СПБ, с. 90-94 (Rapport de la Commission Archéologique Impériale pour l'Année 1899, St.-Pétersbourg, 90-94).

MARR, N.Y., 1911 : Մառ.Ն., Մկրտութիւն Հայոց, Վրաց, Աբխազաց եւ Աղանանց սրբոյն Գրիգորէ, Վաղարշապատ (Le Baptème des Arméniens, des Géorgiens, des Abkhazes et des Alans par Saint Grégoire, Vagharshapat).

MARR, N.Y., 1934 : Марр Н.Я., Ани : Книжная история города и раскопки на месте городища. Москва-Ленинград (Ani : l'histoire écrite de la ville et les fouilles sur le site, Moscou, Léningrad).

MARR, N.Y., 1968 : Марр Н.Я., Ереруик. Армянский храм 5-6 вв. в окрестностях Ани. Ереван (Eréruyk, église arménienne des Ve-VIe siècles dans les environs d'Ani, Erévan).

MARTIROSSIAN, A.A., 1974 : Мартиросян А.А., Аргиштихинили. Археологические памятники Армении, т. 8, Ереван (Arguichtikhinili [= Sites Archéologiques d'Arménie 8], Erévan).

MASSON, M.E., 1953 : Массон М.Е., Новые археологические данные по истории рабовладельческого общества на территории Южного Туркменистана. Вестник древней истории, 1, с. 143-160 (Nouvelles données archéologiques sur l'histoire de la société esclavagiste du Turkménistan du Sud, *in* Bulletin d'Histoire Ancienne 1, Moscou, 143-160).

MASSON, M.E., POUGATCHENKOVA G.A., 1954 : Массон М.Е., Пугаченкова Г.А., Оттиски парфянских печатей из Нисы. Вестник древней истории, 4, с. 159-169 (Empreintes des sceaux parthes de Nysse, *in* Bulletin d'Histoire Ancienne 4, Moscou, 159-169).

Matiané Kartlissa, édit. 1976 : Матиане Картлиса, Тбилиси (Tbilissi).

Matthéos Urhaétsi, édit. 1898 : Մատթէոս Ուռհայեցի, ժամանակագրութիւն, Վաղարշապատ (Matthieu d'Edesse. Chronique, Vagharshapat).

MELIKSET-BEK, L., 1934 : Մելիքսեթ-Բեկ Լ., Վրաց աղբյուրները Հայաստանի եւ հայերի մասին, հ. Ա., Երևան (Les sources géorgiennes sur l'Arménie et les Arméniens I, Erévan).

MELIKSET-BEK, L., 1936 : Մելիքսեթ-Բեկ Լ., Վրաց աղբյուրները Հայաստանի եւ հայերի մասին, հ. Բ., Երևան (Les sources géorgiennes sur l'Arménie et les Arméniens II, Erévan).

MELIKSET-BEK, L., 1947 : Меликсет-Бек Л., Из истории археологических изысканий в Армении. Известия Академии наук Армянской ССР (общественные науки), 6, с. 45-60 (Histoire des recherches archéologiques en Arménie, *in* Communications de l'Académie des Sciences de la RSS d'Arménie [Sciences Sociales] 6, Erévan, 45-60).

Mesrop Taghiadian, édit. 1975 : Թաղիադյան Մ., Ուղղեգրություններ, հոդվածներ, նամակներ, վավերագներ, Երևան (Relations de voyage, articles, lettres, documents, Erévan).

METZ, A., 1973 : Мец А., Мусульманский ренесанс. Москва (Renaissance musulmane, Moscou).

Michel le Syrien, édit. 1871 : Միքաէլ Ասորի, ժամանակագրութիւն, Երուսաղէմ (Chronique, Jérusalem).

MICHON, E., 1899 : « Nouvelles ampoules à eulogies », *Mémoires de la Société Nationale des Antiquaires de France*, Paris, 3-50.

MIKAÉLIAN, G.H., 1964 : Միքաելյան Գ.Հ., Ուելիքուխի երկրի կենտրոնական կիկլոպյան ամրոցը "Պատմա-բանասիրական հանդես", 1, էջ 119-132 (La forteresse cyclopéenne centrale du pays d'Uélikukhi, *in* Revue d'Histoire et de Philologie 1, Erévan, 119-132).

MINKÉVITCH-MOUSTAFAEVA, N.V., 1959 : Минкевич-Мустафаева Н.В., Раскопки гончарных печей на городище Орен-Кала. Материалы и исследования по археологии СССР, 67, с. 174-185 (Fouilles des fours de potier du site d'Oren-Kala, *in* Documents et Recherches sur l'Archéologie de l'URSS 67, Moscou, 174-185).

MINKÉVITCH-MOUSTAFAÉVA, N.V., 1965 : Минкевич-Мустафаева Н.В., Раскопки ремесленного квартала на юго-западной окраине Байлакана в 1956-1958 гг. (раскоп 4). Материалы и исследования по археологии СССР, 133, с. 26-46 (Fouilles du quartier artisanal de la banlieue sud-ouest de Baylakan en 1956-1958 (secteur IV), *in* Documents et Recherches sur l'Archéologie de l'URSS 133, Moscou, 26-46).

MINORSKI, M.V., 1930 : « Le nom de Dvin », *Revue des études arméniennes* X/1, 117-120.

MITSICHVILI, M.N., 1969 : *La céramique glaçurée de la Géorgie ancienne, IXe-XIIIe siècles*, Tbilissi (en géorgien).

MITSICHVILI, M.N., 1979 : *La fabrication de la céramique glaçurée à Tbilissi au Moyen Age (Xe-XIIIe siècles)*, Tbilissi (en géorgien).

Mkhitar Anétsi, édit. 1983 : Մխիթար Անեցի, Մատեան աշխարհավէպ հանդիսարանաց, Երեւան (Histoire descriptive du monde, Erévan).

Mkhitar Ayrivanétsi, édit. 1860 : Մխիթարայ Այրիվանեցւոյ պատմութիւն Հայոց , Մոսկվա, (Histoire d'Arménie, Moscou).

Mkhitar Goch, édit. 1975 : Մխիթար Գոշ, Գիրք դատաստանի, Երեւան (Livre des Lois, Erévan).

MNATZAKANIAN, A.Ch., 1955 : Մնացականյան Ա.Շ., Հայկական զարդարվեստը, Երեւան (L'art de l'ornementation en Arménie, Erévan).

MNATZAKANIAN, S.Kh., 1958 : Մնացականյան Ս.Խ., Միջնադարյան Հայաստանի շինարարական գործի կազմակերպման մի քանի հարցեր եւ քարագործ վարպետների նշանագրերը, "Պատմա-բանասիրական հանդես", 3, էջ 85-105, Երեւան (Quelques questions sur l'organisation de l'industrie du bâtiment en Arménie médiévale et les sigles des tailleurs de pierres, *in* Revue d'Histoire et de Philologie 3, Erévan, 85-105).

MNATZAKANIAN, S.Kh., 1971 : Մնացականյան Ս.Խ., Զվարթնոցը եւ նույնատիպ հուշարձանները, Երեւան (Zvartnotz et les monuments du même type, Erévan).

MNATZAKANIAN, S.Kh., 1971a : Мнацаканян С.Х., Звартноц: Памятники армянского зодчества VI-VII вв., Москва (Zvartnotz, *in* Monument de l'architecture arménienne des VIe-VIIe siècles, Moscou).

MNATZAKANIAN, S.Kh., 1974 : Մնացականյան Ս.Խ, Դվինի պալատի կառուցման ժամանակի մասին, "Պատմա-բանասիրական հանդես", 2, էջ 213-232, Երեւան (L'époque de la construction du palais de Dvin, *in* Revue d'Histoire et de Philologie 2, Erévan, 213-232).

MNATZAKANIAN, S.Kh., 1983 : Մնացականյան Ս.Խ., Աղթամար, Երեւան (Aghtamar, Erévan).

MNATZAKANIAN, S.Kh., HOVHANISSIAN, K.L., SAHINIAN, A.A., 1978 : Мнацаканян С.Х., Оганесян К.Л., Саинян А.А., Очерки по истории архитектуры древней и средневековой Армении, Ереван (Essais sur l'histoire de l'architecture de l'Arménie ancienne et médiévale, Erévan).

Moïse de Khorène, édit. 1869 : *Histoire d'Arménie* (traduction de V. Langlois), Paris.

MOUCHÉGHIAN, Kh.A., 1962 : Мушегян Х.А., Денежное обращение Двина по нумизматическим данным, Ереван (La circulation monétaire à Dvin d'après les données numismatiques, Erévan).

MOUCHÉGHIAN, Kh.A., 1983 : Մուշեղյան Խ. Ա., Դրամական շրջանառությունը Հայաստանում, Երեւան (La circulation monétaire en Arménie, Erévan).

MOUCHÉGHIAN, Kh.A., 1989 : Մուշեղյան Խ. Ա., Սյունիքի դրամական գանձերը, "Պատմա-բանասիրական հանդես", 2, էջ 123-132 (Les trésors monétaires du Siunik, *in* Revue d'Histoire et de Philologie 2, Erévan, 123-132).

MOUCHÉGHIAN, Kh.A., 1989a : Մուշեղյան Խ.Ա., Լրացուցիչ տեղեկություններ Հայաստանում սասանյան դրամների շրջանառության մասին, Հայաստանում 1987—1988 թթ. հնագիտական դաշտային աշխատանքներին նվիրված նստաշրջանի զեկուցումների թեզեր, Երեւան, էջ 69-72 (Données supplémentaires sur la circulation des monnaies sassanides en Arménie, *in* Résumés des communications relatives aux travaux archéologiques en Arménie au cours des années 1987-1988, Erévan, 69-72).

Movsès Kalankatvatsi, édit. 1912 : Մովսէսի Կաղանկատուացւոյ Պատմութիւն Աղուանից աշխարհի, Թիֆլիս (Histoire du pays des Albans du Caucase, Tiflis).

Movsès Kalankatvatsi, édit. 1984 : Мовсес Каланкатуаци, История страны Алуанк, Ереван (Histoire du pays des Albans, Erévan).

Movsès Khorénatsi, édit. 1858 : Моисей Хоренский, История армян, Москва (Histoire d'Arménie, Moscou).

Movsès Khorénatsi, édit. 1913 : Մովսիսի Խորենացւոյ պատմութիւն Հայոց, Տփղիս (Histoire d'Arménie, Tiflis).

Movsès Khorénatsi, édit. 1940 : Մովսես Խորենացի, Հայոց պատմություն, Երեւան (Histoire d'Arménie, Erévan).

NADJAFOVA, N., CHELKOVNIKOV, B., 1958 : Наджафова Н., Шелковников Б., Художественная глазурованная керамика Азербайджана IX века, Известия Академии наук Азербайджанской ССР, серия общественных наук, 4, с. 93-105 (La céramique décorative à glaçure de l'Azerbaïdjan au IXe siècle, *in* Communications de l'Académie des Sciences de la RSS d'Azerbaïdjan (Sciences Sociales) 4, Bakou, 93-105).

NERAZIK, E.E., 1976 : Неразик Е.Е. Сельское жилище в Хорезме (I-XIV вв.). Из истории жилища и семьи. Труды хорезмской археолого-этнографической экспедиции, т. 9, Москва (L'habitation rurale du Khorezm (Ier-XIVe siècles), *in* Travaux de l'Expédition Archéologique et Ethnographique du Khorezm IX, Moscou).

NOURIEV, A.B., 1973 : « Les inhumations en jarre de Chergah », *Culture matérielle de l'Azerbaïdjan* VII, 220-282, Bakou (en azéri).

OLIVER, P., 1961 : « Islamic Relief Cut Glass. A Suggested Chronology », *Journal of Glass Studies* III, 8-29.

ORBÉLI, J.A., 1963 : Орбели И.А., Сасанидское искусство, Избранные труды, Ереван, с. 269-291 (L'art sassanide, *in* Oeuvres Choisies, Erévan, 269-291).

ORBÉLI, J.A., 1968 : Орбели И.А., Памятники армянского зодчества на острове Ахтамар, Избранные труды, т. I, Москва, с. 17-204 (Monuments d'architecture arménienne sur l'île d'Aghtamar, *in* Oeuvres Choisies I, Moscou, 17-204).

ORMANIAN, M., 1912 : Մաղաքիա արք. Օրմանեան, Ազգապատում, (Azgapatoum, Constantinople).

OUGRELIDZE, N.N., 1967 : *Histoire de la fabrication du verre à Kartli (Géorgie) au haut Moyen Age*, Tbilissi (en géorgien).

OUVAROVA, P.S., 1900 : Уварова П.С., Могильники Северного Кавказа, Материалы по археологии Кавказа, вып. 8 (Les nécropoles du Caucase du Nord [= Documents de l'Archéologie du Caucase 8], Moscou).

PAKHOMOV, E.A., 1945 : Пахомов Е.А., О сасанидских монетных знаках, Доклады Академии наук Азербайджанской ССР, т. I, с. 45-46 (Les signes monétaires sassanides, *in* Exposés de l'Académie des Sciences de la RSS d'Azerbaïdjan I, Bakou, 45-46).

PATRIK, A., 1964 : Պատրիկ Ա., Խճանկարային արվեստը հայերի մոտ եւ Դվինում հայտնաբերված խճանկար հատակը, "Պատմա-բանասիրական հանդես", 2, էջ 313-317, Երեւան (L'art de la mosaïque chez les Arméniens et la mosaïque découverte à Dvin, *in* Revue d'Histoire et de Philologie 2, Erévan, 313-317).

Paustos Buzand, édit. 1912 : Փաւստոսի Բիւզանդացւոյ պատմութիւն Հայոց, Թիֆլիս (Histoire d'Arménie, Tiflis).

Pérégrinations d'Antonin, édit. 1895 : Путник Антонина из Плаценции конца VI в. Православный палестинский сборник, 3, с. 3-187 (Pérégrinations d'Antonin de Placence à la fin du VIe s., *in* Recueil Orthodoxe Palestinien 3, St.-Pétersbourg, 3-187).

PERIKHANIAN, A.G., 1973 : Периханян А.Г., Сасанидский судебник. "Книга тысячи судебных решений", Ереван (Code des lois sassanides. Le Livre des mille verdicts, Erévan).

PETROSSIAN, H.L., 1988 : Պետրոսյան Հ.Լ., Գառնին 9-14-րդ դդ., Երեւան (Garni aux IXe-XIVe siècles, Erévan).

PÉZARD, M., 1920 : *La céramique de l'Islam et ses origines* I, Paris.

PHILIPPE, J., 1970 : *Le monde byzantin dans l'histoire de la verrerie (Ve-XVIe siècles),* Bologne.

PIGOULEVSKAYA, N.V., 1941 : Пигулевская Н.В., Сирийские источники по истории народов СССР, Москва-Ленинград (Les sources syriennes sur l'histoire des peuples de l'URSS, Moscou, Léningrad).

PIGOULEVSKAYA, N.V., 1952 : Пигулевская Н.В., Сирийский законник, Ученые записки Ленинградского государственного университета. История и философия стран Востока, с. 52-63 (Code des lois syriennes, *in* Travaux Scientifiques de l'Université d'Etat de Léningrad. Histoire et Philosophie des Pays d'Orient, Léningrad, 52-63).

PIGOULEVSKAYA, N.V., 1956 : Пигулевская Н.В., Города Ирана в раннем средневековье, Москва-Ленинград (Les villes d'Iran au haut Moyen Age, Moscou, Léningrad).

PINDER-WILSON, R., 1963 : « Cut-Glass Vessels from Persia and Mesopotamia », *The British Museum Quarterly* XXVII/1-2, 33-39.

PINDER-WILSON, R.H., SCANLON, G.T., 1973 : « Glass Finds from Fustat », *Journal of Glass Studies* XV, 12-30.

PIOTROVSKI, B.B., 1952 : Пиотровский Б.Б., Кармир-Блур, 2, Археологические раскопки в Армении, 2, Ереван (Karmir-Blur II [= Fouilles Archéologiques en Arménie 2], Erévan).

PIOTROVSKI, B.B., 1959 : Пиотровский Б. Б., Ванское царство, Москва (Le royaume de Van, Moscou).

POPE, A.U., 1939 : « Suggestions Towards the Identification of Medieval Iranian Faience », *IIIe Congrès International d'Art et d'Archéologie Iraniens*, Moscou, Léningrad, 161-176.

POPE, A.U., 1939a : « The Ceramic Art in Islamic Times. A History », *Survey of Persian Art* II, London, New-York, 1446-1466.

Procope de Césarée, édit. 1880 : Прокопий Кесарийский, История войн римлян с персами, кн. вторая, С. Пб (Histoire des guerres entre Romains et Perses 2, St.-Pétersbourg).

Procope de Césarée, édit. 1967 : Պրոկոպիոս Կեսարացի, Օտար աղբյուրները Հայաստանի եւ հայերի մասին, հ. 5, Երեւան (Les sources étrangères sur l'Arménie et les Arméniens V, Erévan).

RASPOPOVA, V.I., 1980 : Распопова В. И., Металлические изделия раннесредневекового Согда, Ленинград (Les objets métalliques du haut Moyen Age de Soghd, Léningrad).

Récits authentiques ..., 1976 : Подлинные рассказы о могущественном халифе Харун ар-Рашиде, острослове Абу Нувасе и хитроумном Джухе, Москва (Récits authentiques sur le puissant calife Harun al-Rashid, le spirituel Nuvas et le rusé Djuh, Moscou).

ROSEN-AYALON, M., 1974 : *La poterie islamique* (= *Mémoires de la Délégation Archéologique en Iran* 50), Paris.

SAINT-MARTIN, M.J., 1818 : *Mémoires historiques et géographiques sur l'Arménie* I, Paris.

SALADIN, H., 1899 : *La mosquée de Sidi Oqba à Kairouan*, Paris.

Samuel Anétsi, édit. 1893 : Սամուէլի քահանայի Անեցւոյ Հաւաքմունք ի գրոց պատմագրաց, Վաղարշապատ (Extraits des œuvres des historiens, Vagharshapat).

SARRE, F., 1925 : *Die Keramik von Samarra* (= *Die Ausgrabungen von Samarra* 2 = *Forschungen zur islamischen Kunst* II), Berlin.

SAYKO, E.V., 1966 : Сайко Э.В., История технологии керамического ремесла Средней Азии VIII-XII вв., Душанбе (Histoire de la technologie de la céramique en Asie Centrale aux VIII-XIIe siècles, Dushanbé).

SAYKO, E.V., 1982 : Сайко Э.В., Техника и технология керамического производства Средней Азии в историческом развитии, Москва (Technique et technologie de la céramique en Asie Centrale dans le cadre de leur évolution historique, Moscou).

SCHIPPMANN, R., 1971 : *Die Iranischen Feuerheiligtümer*, Berlin, New York.

SCHNYDER, R., 1963 : « Tulundische Lüsterfayence », *Ars Orientalis* V, 49-78.

Sébéos, édit. 1939 : История епископа Себеоса, Ереван (Histoire, Erévan).

Sébéos, édit. 1939a : Սեբէոսի Եպիսկոպոսի պատմութիւն, Երեւան (Histoire, Erévan).

Sébéos, édit. 1979 : Պատմութիւն Սեբէոսի, Երեւան (Histoire, Erévan).

Shapuh Bagratuni, édit. 1971 : История анонимного повествователя Псевдо-Шапух Багратуни, Ереван (Histoire de l'historien anonyme Pseudo-Shapuh Bagratuni, Erévan).

SMIRNOV, Y.I., 1909 : Смирнов Я. И., Восточное серебро, СПБ (L'argenterie orientale, St.-Pétersbourg).

SMITH, R.W., 1957 : *Glass from the Ancient World*, New York.

Soperk Haykakank, 1854 : Սոփերք Հայկականք, Վենետիկ (Venise).

Sources arabes, 1965 : Արաբական աղբյուրները Հայաստանի եւ հարեւան երկրների մասին, Երեւան (Les sources arabes sur l'Arménie et les pays voisins, Erévan).

Sources syriaques, 1976 : Ասորական աղբյուրներ, Ա., Օտար աղբյուրները Հայաստանի եւ հայերի մասին, հ. 8, Երեւան (Sources syriaques I [= Les sources étrangères sur l'Arménie et les Arméniens 8], Erévan).

STAVISKI, B.Y., 1960 : Ставиский Б.Я., Раскопки городища Кульдор-Тепе в 1956-1957 гг., Советская Археология, 4, с. 113-121 (Fouilles du site de Kuldor-Tépé en 1956-1957, in Archéologie Soviétique 4, Moscou, 113-121).

STAVISKI, B.Y., 1960a : Ставиский Б.Я., "Ампула святого Мины" из Самарканда, Краткие сообщения Института истории материальной культуры, вып. 80, с. 101-102 ("L'ampoule de Sainte-Mina" à

Samarcand, *in* Brèves Communications de l'Institut de l'Histoire de la Culture Matérielle 80, 101-102, Moscou).

STEIN, A., 1937 : *Archaeological Reconnaissance in North-Western India and South-Eastern Iran*, London.

Stépan Tbethtsi, édit. 1934 : Ստեփան Տբեթցի, Գոբրոնի վկայաբանություն, Մելիքսեթ-Բեկ Լ., Վրաց աղբյուրները Հայաստանի եւ հայերի մասին, հ.1, էջ 89-94, Երեւան (Le martyrologue de Gobron, *in* Mélikset-Bek, L., Les sources géorgiennes sur l'Arménie et les Arméniens, Erévan, 89-94).

Stépanos Orbélian, édit. 1910 : Ստեփանոս Օրբելեան, Պատմութիւն նահանգին Սիսական, Թիֆլիս (Histoire du canton de Sissakan, Tiflis).

Stépanos Taronatsi, édit. 1885 : Степанос Таронаци, Вселенская история, СПБ (Histoire Universelle, St.-Pétersbourg).

STRZYGOWSKI, J., 1918 : *Die Baukunst der Armenier und Europa* I, Wien.

TAVERNIER, J., 1677 : *Les six voyages de Jean-Baptiste Tavernier en Turquie, en Perse et aux Indes*. Première partie, Paris, Amsterdam.

TCHALENKO, G., 1953 : *Villages antiques de la Syrie du Nord. Le massif de Bélus à l'époque romaine* I-II, Paris.

TCHAMTCHIAN, M., 1784 : Չամչեանց Միքայէլ, Պատմութիւն Հայոց, հ. 1, Վենետիկ (Histoire d'Arménie I, Venise).

TCHAMTCHIAN, M., 1785 : Չամչեանց Միքաէլ, Պատմութիւն Հայոց, հ. 2, Վենետիկ (Histoire d'Arménie II, Venise).

TCHEKHATARACHVILI, M.N., 1978 : *La vaisselle en verre de la Géorgie médiévale*, Tbilissi (en géorgien).

TCHILACHVILI, L.A., 1964 : *Le site d'Urbnissi*, Tbilissi (en géorgien).

TCHILACHVILI, L.A., 1975 : *Dezvéli Gavazi. Etude historico-archéologique*, Tbilissi (en géorgien).

TCHOUBINOV, G., 1916 : Чубинов Г., Декоративное убранство Анийских карасов (опыт классификации), Христианский Восток, т. 5, вып. 1, с. 22-39 (Ornementation plastique des jarres d'Ani. Essai de classification, *in* Orient Chrétien V/I, Moscou, 22-39).

TER-AVÉTISSIAN, S.V., 1939 : Тер-Аветисян С.В., Двин, его история и раскопки в 1937-1939 гг. (рукопись), Архив Государственного исторического музея Армении, 29 (Dvin, son histoire et ses fouilles en 1937-1939 [= Manuscrit no. 29 des Archives du Musée National d'Histoire d'Arménie]).

TER-GHÉVONDIAN, A.N., 1956 : Տեր-Ղեւոնդյան Ա.Ն., Դվինը Սալարյանների ժամանակ, "Տեղեկագիր" Հայկական ՍՍՀ ԳԱ, / հասարակական գիտ. ություններ/, 12, էջ 81-90 (Dvin sous les Salarides, *in* Bulletin de l'Académie des Sciences de la RSS d'Arménie [Sciences Sociales] 12, Erévan, 81-90).

TER-GHÉVONDIAN, A.N., 1960 : Тер-Гевондян А.Н., К вопросу о возникновении Двинского эмирата в Армении, Исследования по истории и культуре народов Востока. Сборник в честь акад. И. А. Орбели, Москва-Ленинград (La question de l'apparition de l'émirat de Dvin en Arménie, *in* Etude sur l'histoire et la culture des peuples de l'URSS. Recueil en l'honneur de l'académicien J.A. Orbéli, Moscou, Léningrad, 133-139).

TER-GHÉVONDIAN, A.N., 1962 : Տեր-Ղեւոնդյան Ա.Ն., Մունաջջիմ-Բաշիի 11-12-րդ դդ. անանուն աղբյուրը Դվինի եւ Գանձակի Շադդադյանների մասին "Բանբեր Մատենադարանի", 6, էջ 471-486 (Les témoignages d'une source anonyme des XIe-XIIe siècles sur les Shaddadides de Dvin et de Gandzak dans l'ouvrage historique de Mounadjim-Bachi, *in* Bulletin du Maténadaran 6, Erévan, 471-486.

TER-GHÉVONDIAN, A.N., 1977 : Тер-Гевондян А.Н., Армения и арабский халифат, Ереван (L'Arménie et le califat arabe, Erévan).

TER-GHÉVONDIAN, A.N.,1965 : Տեր-Ղեւոնդյան Ա.Ն., Արաբական ամիրայությունները Բագրատունյաց Հայաստանում, Երեւան (Les émirats arabes en Arménie sous les Bagratides, Erévan).

TER-MINASSIAN, E., 1946 : Տեր-Մինասյան Ե., Նեստորականություն Հայաստանում 5-6-րդ դդ., Գրականբանասիրական հետախուզումներ, գիրք 1, Երեւան, էջ. 175-242 (Le nestorianisme en Arménie aux Ve-VIe siècles, *in* Etudes Littéraires et Philologiques I, Erévan, 175-242).

Théophile, édit. 1963 : Манускрипт Теофила "Записка о разных исскуствах", Сообщения Всесоюзной центральной научно-исследовательской лаборатории по консервации и реставрации музейных художественных ценностей, 7, Москва, с. 66-203 (Manuscrit de Théophile : Notes sur différents arts, *in* Communications du Laboratoire Scientifique Central pour la Conservation et la Restauration des Objets d'Art 7, Moscou, 66-203).

Thovma Artzruni, édit. 1967 : Թովմայի վարդապետի Արծրունւոյ պատմութիւն տանն Արծրունեաց, Թիֆլիս (Histoire de la maison des Artzrunides, Tiflis).

TIRATZIAN, G.A., 1960 : Тирацян Г.А., Уточнение некоторых деталей сасанидского вооружения по данным армянского историка 4 в. н. э. Фавста Бузанда. Исследования по истории и культуре народов Востока. Сборник в честь акад. И. А. Орбели, Москва-Ленинград, с. 474-486 (Précisions de certains détails de l'armure sassanide d'après les données de Faust de Byzance, historien arménien du IVe siècle, *in* Etudes sur l'histoire et la culture des peuples de l'URSS. Recueil en l'honneur de J.A. Orbéli, Moscou, Léningrad, 474-486).

TIRATZIAN, G.A., 1962 : Տիրացյան Գ.Ա., Հացավան ամրոցի 1961 թ. պեղումները, "Տեղեկագիր" Հայկական ՍՍՀ ԳԱ / հասարակական գիտություններ/, 11, էջ 79-84 (Les fouilles de la forteresse de Hatzavan en 1961, *in* Bulletin de l'Académie des Sciences de la R.S.S. d'Arménie [Sciences Sociales], 11, Erévan, 79-84).

TIRATZIAN, G.A., 1963 : Տիրացյան Գ.Ա., Հացավան ամրոցի 1962 թ. պեղումները, "Տեղեկագիր" Հայկական ՍՍՀ ԳԱ / հասարակական գիտություններ/, 12, էջ 103-110 (Les fouilles de la forteresse de Hatzavan en 1962, *in* Bulletin de l'Académie des Sciences de la R.S.S. d'Arménie [Sciences Sociales] 12, Erévan, 103-110).

TIRATZIAN, G.A., 1968 : Տիրացյան Գ.Ա., Հացավան ամրոցի 1963 եւ 1965 թթ. պեղումների նյութերից, "Պատմա-բանասիրական հանդես", 1, էջ 282-291 (Les fouilles de la forteresse de Hatzavan en 1963 et 1965, *in* Revue d'Histoire et de Philologie 1, Erévan, 282-291).

TIRATZIAN, G.A., 1974 : Տիրացյան Գ.Ա., Արմավիրի պեղումները, "Լրաբեր հասարակական գիտությունների", 12, էջ 54-67 (Les fouilles d'Armavir, *in* Bulletin des Sciences Sociales 12, Erévan, 54-67).

TOKAREV, O., 1850 : Отчет Токарева. Центральный государственный архив Грузинской ССР, фонд 4/30, дело 243 (Rapport, Archives d'Etat centrales de la RSS de Géorgie, fonds 4/30, dos. 243).

TOKARSKI, N.M., 1946 : Токарский Н.М., Архитектура древней Армении, Ереван (L'architecture de l'Arménie ancienne, Erévan).

TOKARSKI, N.M., 1961 : Токарский Н.М., Архитектура Армении 4-14 вв., Ереван (Architecture arménienne des IVe-XIVe siècles, Erévan).

TOKARSKI, N.M., 1973 : Токарский Н.М., По страницам истории армянской архитектуры, Ереван. (Pages de l'histoire de l'architecture arménienne, Erévan).

TOLSTOV, S.P., 1948 : Толстов С.П., По следам древнехорезмской цивилизации, Москва-Ленинград (Sur les traces de la civilisation ancienne du Khorezm, Moscou, Léningrad).

TORAMANIAN, T., 1942 : Թորամանյան Թ., Նյութեր հայկական ճարտարապետության պատմության, հ. 1, Երեւան (Documents de l'histoire de l'architecture arménienne I, Erévan).

TORAMANIAN, T., 1948 : Թորամանյան Թ., Նյութեր հայկական ճարտարապետության պատմության, հ. 2, Երեւան (Documents de l'histoire de l'architecture arménienne II, Erévan).

TOROSSIAN, Kh. 1984 : Торосян Х., Двин в "Истории всехвалении венценосцев", Вестник общественных наук, 12, с. 68-77 (Dvin dans l'histoire des louanges des rois, *in* Bulletin des Sciences Sociales 12, Erévan, 68-77).

TREVER, K.V., 1938 : Тревер К.В., Художественное значение сасанидских монет. Труды отдела Востока Эрмитажа, 1, Ленинград, с. 255-285 (L'importance artistique des monnaies sassanides, *in* Travaux du Département Oriental de l'Ermitage I, Léningrad, 255-285).

TREVER, K.V., 1940 : Тревер К.В., Гопатшах-пастух-царь. Труды отдела Востока Эрмитажа, т. 2, Ленинград, с. 71-86 (Gopatchah, roi berger, *in* Travaux du Département Oriental de l'Ermitage II, Léningrad, 71-86).

TREVER, K.V., 1952 : Тревер К.В., К вопросу о так называемых сасанидских памятниках. Советская археология, 16, с. 282-286 (La question des monuments dits sassanides, *in* Archéologie Soviétique XVI, Moscou, 282-286).

TREVER, K.V., 1967 : Тревер К.В., К вопросу о ремесленных корпорациях в Сасанидском Иране. Эллинистический Ближний Восток, Византия, Иран, с. 157-160 (La question des corporations artisanales dans l'Iran sassanide, *in* Proche-Orient hellénistique, Byzance et Iran, Moscou, Léningrad, 157-160).

Ukhtanès, édit. 1871 : Ուխտանէս, Պատմութիւն Հայոց, հատուած առաջին : Պատ մութիւն բաժանման Վրաց ի Հայոց, հատուած երկրորդ, էջմիածին (Histoire d'Arménie I. Histoire de la séparation des Arméniens et des Géorgiens II, Etchmiadzin).

UNVALA, J.M., 1935 : « Note on the Lustred Ceramics of Susa », *Bulletin of the American Institute for Persian Art and Archaeology* 4/2, 79.

VAHIDOV, R.M., 1961 : *Minguétchaouri aux IIIe-VIIIe siècles*, Bakou (en azéri).

VAKTOURSKAYA, N.N., 1959 : Вактурская Н.Н., Хронологическая классификация средневековой керамики Хорезма (9-17 вв). Труды Хорезмской археолого-этнографической экспедиции, т. 4, с. 261-342 (Classification chronologique de la céramique médiévale du Khorezm (IXe-XVIIe siècles), *in* Travaux de l'Expédition Archéologique et Ethnographique du Khorezm IV, Moscou, 261-342).

VAN DER MEER F., MOHRMANN, C., 1960 : *Atlas de l'Antiquité chrétienne*, Paris, Bruxelles.

Vardan, édit. 1861 : Մեծին Վարդանայ Բարձրբերդեցւոյ պատմութիւն տիեզերական, Մոսկվա (Histoire universelle du grand Vardan Bardzrbertétsi, Moscou).

VARDANIAN, R.H., 1989 : Վարդանյան Ռ.Հ., Հայաստանի չափերն ու կշիռները / 5-15-րդ դարեր/ , Երևան (Poids et mesures d'Arménie (Ve-XVe siècles), Erévan).

VARDANIAN, V.M., 1980 : Варданян В.М., "Васпуракан" - область и юридический статут, Кавказ и Византия, вып. 2, с. 36-47 ("Vaspurakan", la région et le statut juridique, *in* Caucase et Byzance 2, Erévan, 36-47).

VIGNIER, C., 1914 : « The New Excavations at Rhages. The So-Called Samarra Faïence », *The Burlington Magazine for Connoisseurs* XXV, London, 211-218.

WAAGE, F.O., 1934 : « Lamp, Pottery, Metal and Glass Ware », *Antioche on the Orontes* I. *The Excavations of 1932*, 58-75.

WULFF, O., 1909 : *Altchristliche Bildwerke* (= *Beschreibung der Bildwerke der christlichen Epochen* 3, *Altchristliche und mittelalterliche byzantinische und italienische Bildwerke* Teil I), Berlin.

YAKOUBOVSKI, A.Y., 1940 : Якубовский А.Ю., Краткий полевой отчет о работах Зерафшанской археологической экспедиции Эрмитажа в 1939 г. Труды отдела Востока Эрмитажа, т. 2, с. 51-70 (Bref rapport rédigé *in situ* sur les travaux effectués par l'expédition archéologique de Zérafchan, envoyée par l'Ermitage en 1939, *in* Travaux du Département Oriental de l'Ermitage II, Léningrad, 51-70).

YAKOUBOVSKI, A.Y., 1940a : Якубовский А.Ю., Из истории археологического изучения Самарканда, Труды отдела Востока Эрмитажа, т. 2, с. 285-336 (Histoire de l'étude archéologique de Samarkand, *in* Travaux du Département Oriental de l'Ermitage II, Léningrad, 285-336).

Yakut, édit. 1965 : Յակութ ալ-Համավի, Արաբական աղբյուրները Հայաստանի եւ հայերի մասին, էջ 5-210, Երեւան (Yakut al-Hamavi, *in* Les sources arabes sur l'Arménie et les Arméniens, Erévan).

Zakaria Agulétsi, édit. 1938 : Զաքարիա Ագուլեցու օրագրություն, Երեւան (Chronographie, Erévan).

Միջնադարեան Դուին քաղաքը
(ամփոփում)

Ա.Ա. Քալանթարեան

Հնագիտական բազմաբնոյթ նիւթերի եւ հայ ու օտար գրաւոր սկզբնաղբիւրների մանրազնին քննութիւնը թոյլ է տալիս փաստագրել Հայաստանի, Անդրկովկասի, Առաջաւոր Ասիայի խոշորագոյն կենտրոններից մէկի՝ Դուինի քաղաքային, տնտեսական եւ մշակութային կեանքի զարգացման հիմնական փուլերը:

Դուինի աւերակները գտնւում են Երեւանից 35 կմ հարաւ, Արարատեան դաշտում, Արտաշատ քաղաքից ոչ հեռու: Հիմնադրուելով 330-ական թթ. Հայոց Արշակունի խոսրով Բ Կոտակ թագաւորի կողմից, նոր մայրաքաղաքը սկսեց կարեւոր դեր խաղալ երկրի կեանքի բոլոր բնագավառներում: Դուինի դերը յատկապէս բարձրացաւ 5-6-րդ դդ. ազատագրական շարժումներից յետոյ: Մաս չորս ու կէս հարիւրամեակ (470-920-ական թթ.) քաղաքը Հայաստանի կարողիկոսական կենտրոնն էր եւ միաժւոում էր երկրի անկախութեան համար պայքարող բոլոր ուժերը: Իր գոյութեան ամբողջ ժամանակացրշանում Դուինը կեանքի ու մահուան դաժան կռիւներ է մղել պարսիկների, արաբների, սելջուկների, մոնղոլների դէմ: Դուինն ծանր հարուած են հասցրել 863 եւ 894 թթ. երկրաշարժերը: 13-րդ դ. կեսերին քաղաքը վերջնականապէս աւերւում է եւ դուրս գալիս պատմական ասպարէզից: Բնակչութիւնը ընդմիշտ հեռանում է քաղաքի տարածքից:

Դուինի հնագիտական շերագրական դիտարկումները հնարաւորութիւն են ընծեռնում հետեւել քաղաքի տարբեր դարաշրջաններում կրած զարգացման ողջ գործընթացին, նրա վերելքի եւ անկման ժամանակահատուածներին:

Դուինը բազմաշերտ յուշարձան է եւ գրաւում է մօտ 400 հա տարածք: Հաստատուած է որ հնագոյն բնակավայրը Դուինի բլրի վրայ եւ շրջակայում գոյութիւն է ունեցել դեռեւս մ.թ.ա. 3-րդ հազարամեակում՝ վաղ պրոնզի դարաշրջանում: Տակաւին մ.թ.ա. 1 հազարամեակի սկզբներին Դուինի բնակավայրը Արարատեան դաշտի խոշորագոյն պաշտամունքային կենտրոններից է եղել (բացուել են շուրջ մէկ տասնեակ հեթանոսական սրբավայրերի հետքերը) իր ուրոյն մշակոյթով: Արտաւեխեաննների ժամանակ (մ.թ.ա. 2-1-ին դդ.) Դուինի տարածքում հիմնւում է Արտաշատ մայրաքաղաքի հիւսիսային մատոյցները պատպանող բնակավայրային մի ամբողջական համալիր:

Քաղաքի միջնադարեան շերագրութիւնը բազմաբնոյթ է եւ բաժանւում է 4 մեծ շրջաննների. վաղ-քրիստոնէական (4-7-րդ դդ.), արաբական (7-9-րդ դդ.), Բագրա-տունեաց (9-11-րդ դդ.) եւ Զաքարեաննների (11-13-րդ դդ.) ժամանակաշրջանների:

Շերտագրական այս բաժանումները լայն հնարաւորութիւն են ընծեռնում նիւթական մշակոյթի մնացորդների, ճարտարապետական շինութիւնների, արհեստա-գործական արտադրանքի բազմակողմանի քննութեան եւ ժամանակագրութեան հարցերի խնդիրները լուսաբաննելու համար:

Դուինի պեղումները երեւան են բերել միջնադարեան Հայաստանի քաղաքաշինութեան եւ ճարտարապետութեան վերաբերեալ հսկայական նիւթ: Ցայտնաբերուել են պատառմունքային եւ աշխարհիկ ճարտարապետութեան դասական օրինակներ, որոնք իննին կարեւոր ներդրումներ են հայ ճարտարապետութեան պատմութեան մէջ: Դուինի վաղ միջնադարեան ճարտարապետական դպրոցն իր ազդեցութիւնն է թողել յետագայ դարաշրջաննների ճարտարապետական ճաշի զարգացման վրայ: Այս առումով բացառիկ նշանակութիւն ունեն Դուինի Կաթողիկէ եկեղեցին, 5-րդ եւ 7-րդ դդ. կաթողիկոսական պալատները: Դուինն այն յուշարձաննններից է, որտեղ մէկ հազարամեակի ընթացքում շատ յստակ դիտւում են ժողովրդական տների բազմաեւութիւնը ու աւանդական յատկանիչները: Հայկական ժողովրդական տունը՝ "հազարաշէն", պատմական բոլոր դարաշրջաննների համար մնում է ցինութեան հիմնական ձեւ եւ նրա մանրամասները նկատում են մոնումենտալ ճարտարապետութեան մէջ :

Դուինը հեծ սկզբից կառուցուել է յատակագծային եռամաս սկզբունքով, որը բաղաֆաշինութեան մէջ լայն տարածում ունէր միջնադարեան Հայաստանում եւ այլ տարածաշրջաններում : Այդ կառուցուածֆի մէջ էին մանում միջնաբերդը, բաղաֆային մաս (շահաստան) եւ արուարձանները : Ցորինուածֆի կենտրոնում միջնաբերդն է, որը շրջապատուած էր երկշարֆ հզոր պարիսպներով, աշտարակներով եւ լրացուցիչ շրային խրամատներով : Քաղաֆի բաղամասերը շրջապատուել են հզոր պարսպա-պատերով :

Դուինը առեւտրապահեստաուրական խոշոր կենտրոն էր : Հայ միջնադարեան "Մղոնաչափի" տուեալներով բաղաֆն այն հիմնական հանգուցակէտն էր, որտեղ խաչաձեւում էին ողջ տարածաշրջանի զլխաւոր առեւտրական ուղիները : Ապրանֆները մայրաֆաղաֆ էին բերում Հեռաւոր Արեւելֆից, Բիւզանդական կայսրութեան սահմաններից, Եգիպտոսից, Միջագետֆից, Մերձաւոր Արեւելֆից եւ այլ երկրների ու մարզերի արտադրական կենտրոններից : Առեւտրի եւ դրամական շրջանառութեան տարածման մասին են վկայում պեղումներից յայտնաբերուած սասանեան, բիւզանդական, արաբական, սելջուկեան, վրացական, պղնձէ, արծաթէ եւ ոսկէ բազմահազար դրամները : Դուինի արտադրանֆը լայն ճանաչում ունէր ներքին եւ արտաֆին շուկաններում : Պեղումներից յայտնաբերուած գեղարուեստական բարձրորակ առարկաները վկայում են Դուինի վարպետների գեղագիտական հմտութեան, ճաշակի եւ ստեղծագործական բազմակողմանի ունակութիւնների մասին :

Հայ միջնադարեան գրաւոր սկզբնաղբիւրներում յիշատակւում է արհեստանների մօտ հարիւր անուն : Արհեստագործութեան նման լայն ճիւղաւորումը կապւում է աշխատանֆի բաժանման յետագայ խորացման գործընթացի հետ, որը ցատ բնորոշ էր զարգացած միջնադարեան բաղաֆներին եւ, մանաւանդ, այնպիսի տնտեսական կարեւոր կենտրոնի համար, որպիսին Դուինն էր :

Դուինի տնտեսական զարգացումը պայմանաւորուած էր երկրի բաղաֆական եւ սոցիալական իրավիճակով : 9-րդ դ. Հայաստանը արաբների լծից ազատագրելուց յետոց, Դուինում նկատւում է նոր տնտեսական վերելֆ, արտադրողական ուժերի աննախընաց աճ, որը յանգեցնում է աշխատանֆի նոր վերաբաժանման : Այս պայմաններում երեւան է զալիս ջնարակած խեցեղէնը, իբրեւ հետեւանֆ բաղաֆների զարգացման : Բունն զարգացում են ապրում ապակեզործութիւնը, մետաղազործութիւնը եւ յարակից այլ արհեստներ :

PLANCHES

Pl. I

1 : la citadelle et les murailles de Dvin vues de l'est. 2 : le secteur nord de la citadelle avec ses murailles. 3 : vue des bâtiments du versant ouest de la citadelle (XIIIe s.). 4 : vue générale du palais du catholicos (VIIe s.).

Pl. II

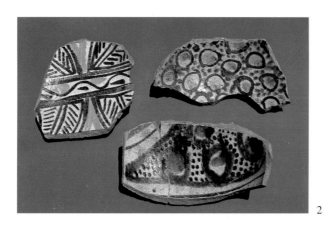

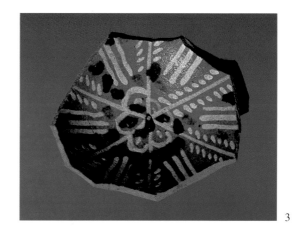

1 : coupe estampée (IXe s.). 2 : fragments de récipients à glaçure (IXe s.). 3 : base de coupe peinte à engobe sous glaçure (Xe s.).
4 : coupe glaçurée, Iraq - Iran (IXe s.). 5 : coupe glaçurée, Samarra (IXe s.).

Pl. III

1

2

3

5

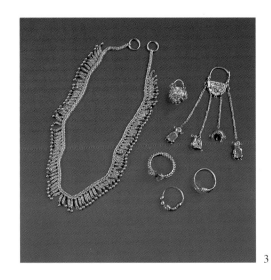

4

1 : récipients en faïence de production proche-orientale (Xe-XIIe ss .). 2 : récipient en faïence décoré de macarons (XIIe-XIIIe ss.). 3 : bijoux en or (XIe s.). 4 : cassolette en bronze (XIIe s.). 5 : plaque en bronze avec décor d'oiseaux (XIIe s.).

Pl. IV

1

2

3

4

1 : verre avec application (IXe s.). 2-3 : coupes/verres à décor polychrome (IXe s.). 4 : coupe (IXe s.).

Pl. 1

Vestiges architecturaux des édifices des IXe-VIIIe ss. av. J.-C.

Pl. 2

1

2

3

Edifices de la couche antique au sommet de la colline.

Pl. 3

1-3, 5 : céramique antique (IIe-Ier ss. av. J.-C.). 4 : stèle en terre cuite provenant d'un temple païen (IXe-VIIIe ss. av. J.-C.).

Pl. 4

Trouvailles provenant de la couche antique (IIe-Ier ss. av. J.-C.).

Pl. 5

Restes d'habitations des Ve-VIe ss. au sommet de la colline.

Pl. 6

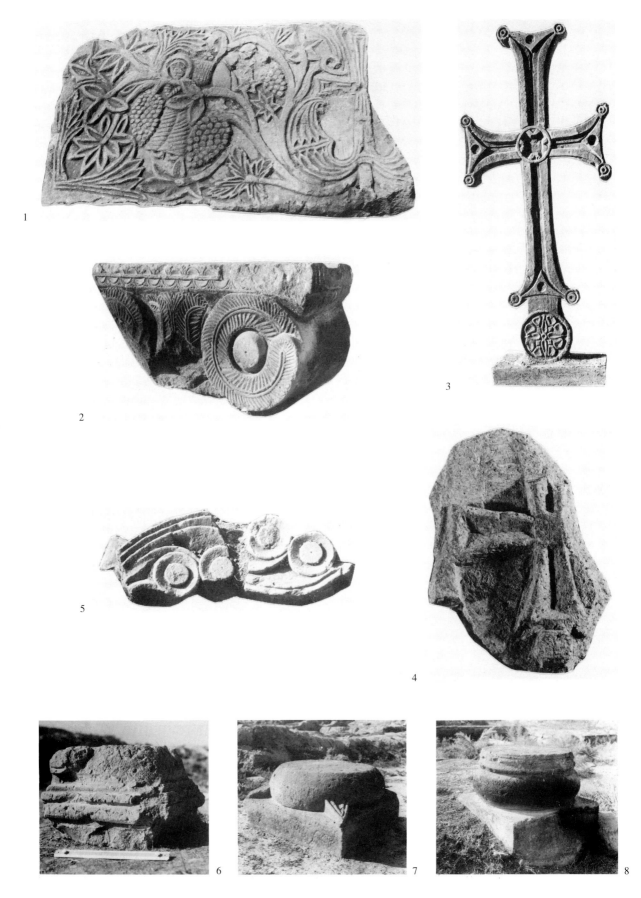

Eléments architecturaux (1-5) et bases de colonnes (IVe-VIIe ss.).

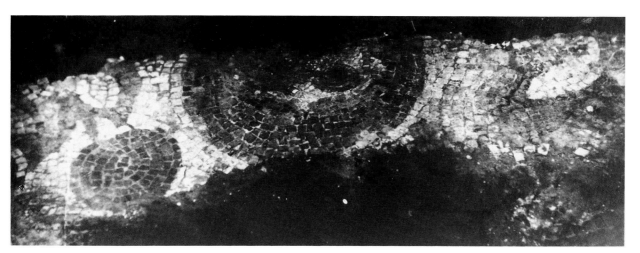

Fragments de mosaïque du sol de la cathédrale (Ve-VIIe ss.).

Pl. 7

Pl. 8

Vestiges des VIe-VIIe ss. (1), coupe stratigraphique (IVe-Ve ss.) (2). Vue des tombes en coupe dans les couches des XVe-XVIIe ss. (3).

Pl. 9

1

2

Vestiges des habitations des Ve-VIe ss. situés à l'ouest du palais du *catholicos* du VIIe s.

Pl. 10

Fouille profonde sous le mur de l'édifice monumental près de la tour sud de la citadelle (Ve-Xe ss.).

Pl. 11

1 : restes de murs de terre et de briques crues de la couche des VIIIe-Xe ss. 2 : coupe sur l'enceinte supérieure (VIIIe-XIe ss.).

Pl. 12

1 : petite colline de la citadelle avant le sondage stratigraphique. 2 : murs du palais dans le sondage stratigraphique (VIIIe s.).

Pl. 13

Restes d'une maison du IXe s.

Pl. 14

Restes de pièces d'habitation dans le secteur ouest du quartier central (IXe s.).

Habitations et bâtiments ancillaires (bains) au sommet de la citadelle (Xe-XIIe ss.).

Pl. 16

Complexe d'habitations dans le secteur nord-ouest de la citadelle (XIe-XIIe ss.).

Pl. 17

Restes d'une grande maison sur la citadelle (XIe-XIIe ss.).

Pl. 18

1 : secteur nord du versant ouest de la citadelle après les fouilles (XIIe-XIIIe ss.). 2 : fouilles des constructions sur le versant ouest (XIIe-XIIIe ss.).

Pl. 19

Restes de constructions dans les couches supérieures du secteur sud de la citadelle (XIIe-XIIIe ss.).

Pl. 20

Vue générale du quartier central.

Pl. 21

Vue générale du secteur sud de la citadelle.

Pl. 22

1

2

1 : bases en pierre du caravansérail (VIIe s.). 2 : tour sud de la citadelle.

Pl. 23

Fossé du secteur sud-est de la citadelle et restes du pont.

Pl. 24

1

2

1 : vue générale de la cathédrale. 2 : restes de l'abside est (Ve-VIe ss.) .

Pl. 25

1 : restes de l'abside est avec la chambre auxiliaire. 2 : vue de l'abside depuis l'est. 3 : partie centrale de l'église.

Pl. 26

1 : vue générale de l'église mononef. 2 : restes de la chambre auxiliaire nord-est.

Pl. 27

1 : fragments de récipients découverts sous le sol de l'église mononef (IXe-VIIIe ss. av. J.-C.). 2 : jarre à vin provenant du secteur nord de la ville (Ve-VIe ss.).

Pl. 28

Vue générale de l'église à trois nefs située au sommet de la citadelle (IVe s.).

Pl. 29

L'église de la citadelle vue depuis le nord.

Pl. 30

Restes des soubassements en tuf de l'église à trois nefs.

Pl. 31

1

2

Coupes stratigraphiques à travers la petite colline de la citadelle.

Pl. 32

Le palais du *catholicos* du Ve s.

Pl. 33

Le palais du *catholicos* (Ve s.) depuis l'est.

Pl. 34

Restes du temple païen dans le secteur ouest du palais du *catholicos*.

Pl. 35

Vue générale du palais du *catholicos* (VIIe s.) depuis le sud.

Pl. 36

Le palais du *catholicos* (VIIe s.) depuis le nord.

Pl. 37

Le palais du *catholicos* (VIIe s.). 1 : vue du nord-ouest. 2 : base de colonne avec restes de fondations en briques.

Pl. 38

1 : fouilles de l'édifice monumental (Ve-Xe-ss.) dans le secteur sud de la citadelle. 2 : un angle de cet édifice.

Pl. 39

Vue générale des vestiges du palais du gouverneur arabe (VIIIe s.).

Pl. 40

Restes des murs du palais du gouverneur arabe.

Pl. 41

Restes d'habitations en terre dans le quartier central (IXe s.).

Pl. 42

Restes d'habitations dans le quartier central (IXe s.).

Pl. 43

Coupe stratigraphique au sommet de la citadelle (Xe-XIe ss.).

Pl. 44

Vestiges d'habitation dans le secteur nord-ouest de la citadelle (XIe-XIIIe ss.).

Pl. 45

1 : restes d'un bain sur la colline (Xe-XIe ss.). 2 : restes d'habitations dans le secteur nord-est de la citadelle (XIIe-XIIIe ss.).

Pl. 46

1 : vue générale des vestiges trouvés sur le versant ouest de la citadelle. 2 : tronçon de mur en briques crues.

Pl. 47

Restes d'habitations près de la tour sud de la citadelle (XIe-XIIIe ss.).

Pl. 48

1 : monnaies sassanides en argent.   2 : monnaies byzantines en cuivre.

Pl. 49

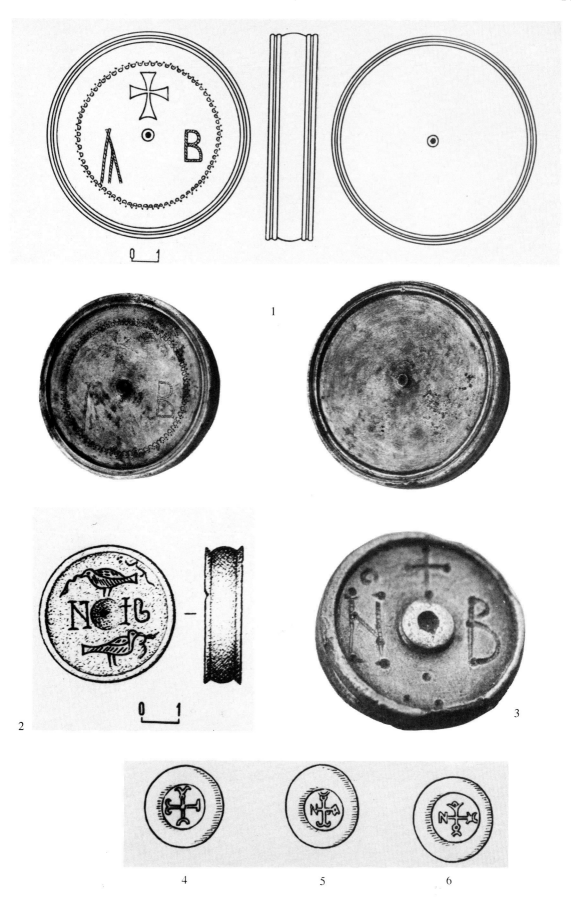

Poids byzantins en bronze et en verre (VIe-VIIe ss.).

Pl. 50

Monnaies géorgiennes, byzantines et seldjukides en cuivre (XIe-XIIIe ss.).

Pl. 51

Bulles en argile avec empreintes de sceaux (VIe-VIIe ss.).

Pl. 52

Bulles en argile avec empreintes de sceaux (VIe-VIIe ss.).

Pl. 53

Revers de bulles en argile avec empreintes de tissus et de ficelles.

Pl. 54

Vue générale des conduites d'eau.

Pl. 55

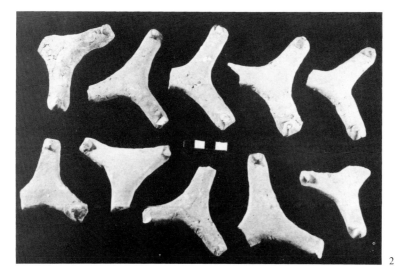

Accessoires de cuisson. 1 : pivots. 2 : pernettes. 3 : objet en forme de bol.

Pl. 56

Fours de potier.

Pl. 57

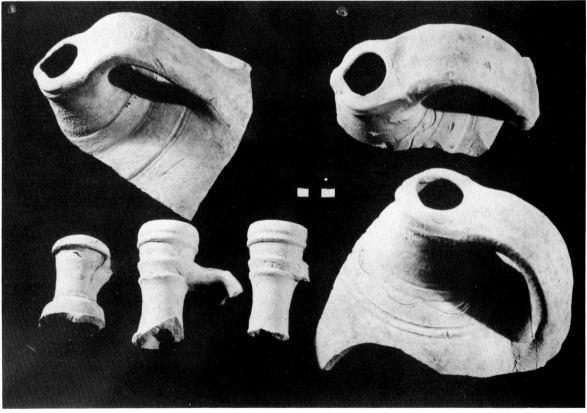

1 : tessons de coupes et de lampes. 2 : tessons de cruches (XIIe-XIIIe ss.).

Pl. 58

1 : jarre à vin avec décor incisé en forme de chevrons (Ve-VIe ss.). 2 : lèvre de jarre à vin avec lettres arméniennes (VIe s.). 3-5 : tuiles d'une fosse de la citadelle (IVe-Ve ss.). 6 : fragments de tuile avec inscription arménienne (VIe-VIIe ss.).

Pl. 59

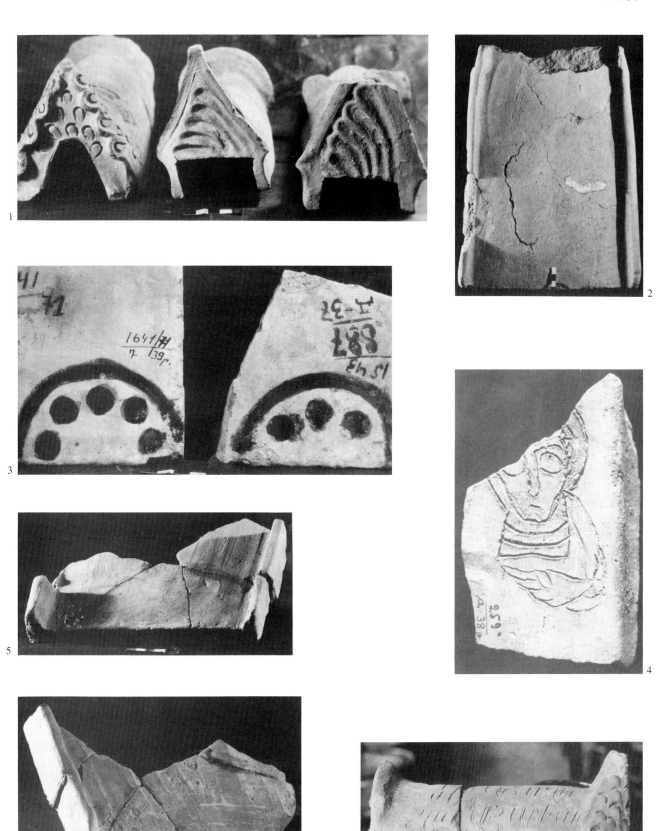

1-4, 7 : tuiles de la cathédrale (VIIe s.). 5-6 : fragments de tuiles du quartier central (Ve s.).

Pl. 60

1 : local pour les jarres à vin dans le palais du Ve s. 2-4 : jarre et tessons ornementés (VIe-VIIe ss.). 5-6 : coupes (VIe-VIIe ss.). 7 : couvercle de jarre avec inscription arménienne (VIe s.). 8 : fragment d'un tour de potier (VIe s.).

Pl. 61

1, 4-10 : principales formes de pots et de cruches du haut Moyen Age (Ve-VIIe ss.). 2-3 : ampoules avec représentation de Saint André (Ve-VIe ss.).

Pl. 62

Récipient à col zoomorphe et ornements appliqués (VIe-VIIe ss.).

Pl. 63

1

2

3

4

5

Récipients à glaçure du haut Moyen Age (Ve-VIIe ss.).

Pl. 64

1-2 : tessons de jarres avec inscriptions arméniennes (XIe-XIIe ss.). 3 : tessons d'une cruche estampée (XIIe s.). 4 : jarre (XIe s.). 5 : cruche peinte (XIe-XIIe ss.). 6-7 : tessons de récipients à col zoomorphe.

Pl. 65

Principaux types de cruches du IXe s.

Pl. 66

1 : grand récipient à lèvre trilobée. 2-6 : pots (IXe s.).

Pl. 67

Cruche avec inscription en arabe (IXe s.).

Pl. 68

Principaux types de cruches lustrées rouge jaunâtre (XIe-XIIe ss.).

Pl. 69

Cruches rouges lustrées (Xe-XIIIe ss.).

Pl. 70

Cruches (XIe-XIIIe ss.).

Pl. 71

Pots (IXe s.).

Pl. 72

Pots (Xe-XIIIe ss.).

Pl. 73

Petites cruches, pots et coupes (IXe s.).

Pl. 74

1-5 : coupes. 6-7, 9-10 : couvercles. 8 : récipient (XIIe-XIIIe ss.).

Pl. 75

Principales variétés de récipients sphéro-coniques (XIe-XIIIe ss.).

Pl. 76

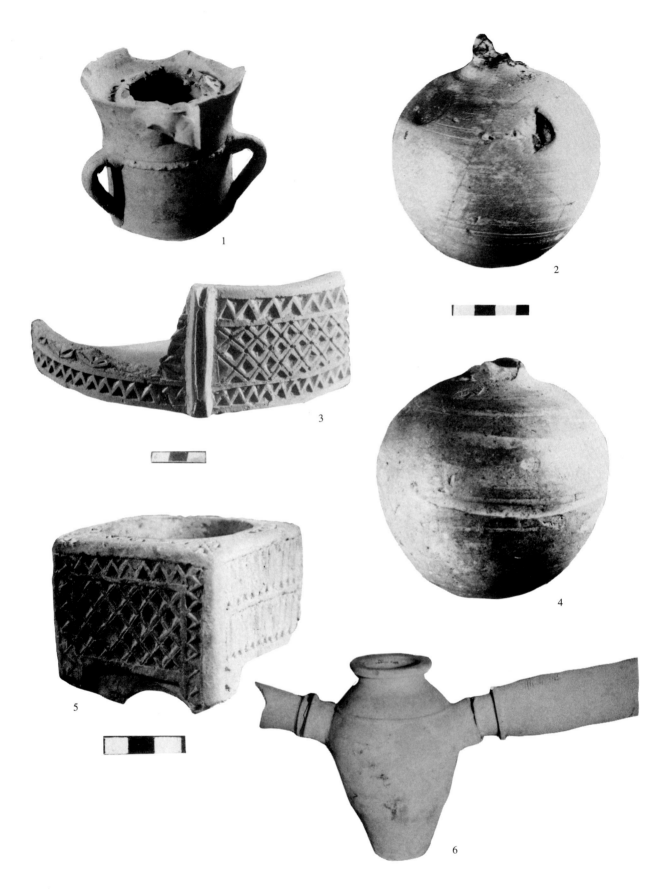

1 : récipient alchimique. 2, 4 : récipients sphéro-coniques. 3, 5 : récipients à ornementation gravée (IXe s.). 6 : jarre destinée à la clarification des liquides (VIIe s.).

Pl. 77

Couvercles (IXe s.).

Pl. 78

1-2 : récipients estampés. 3 : encrier. 4, 6 : couvercles. 5 : lampe (IXe s.).

Pl. 79

Couvercles estampés (Xe-XIe ss.).

Pl. 80

1-5 : céramique glaçurée monochrome verte (IXe s.).

Pl. 81

Céramique glaçurée polychrome (IXe s.).

Pl. 82

Céramique glaçurée polychrome (IXe s.).

Pl. 83

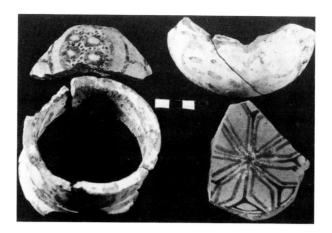

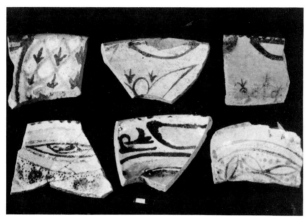

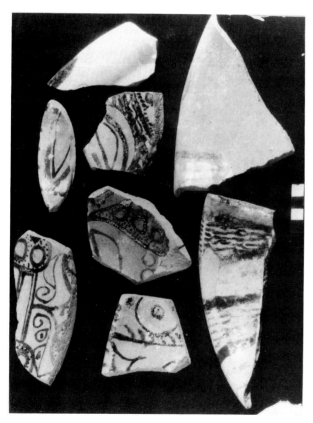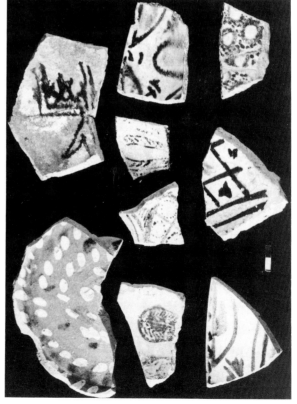

Céramique glaçurée polychrome (IXe s.).

Pl. 84

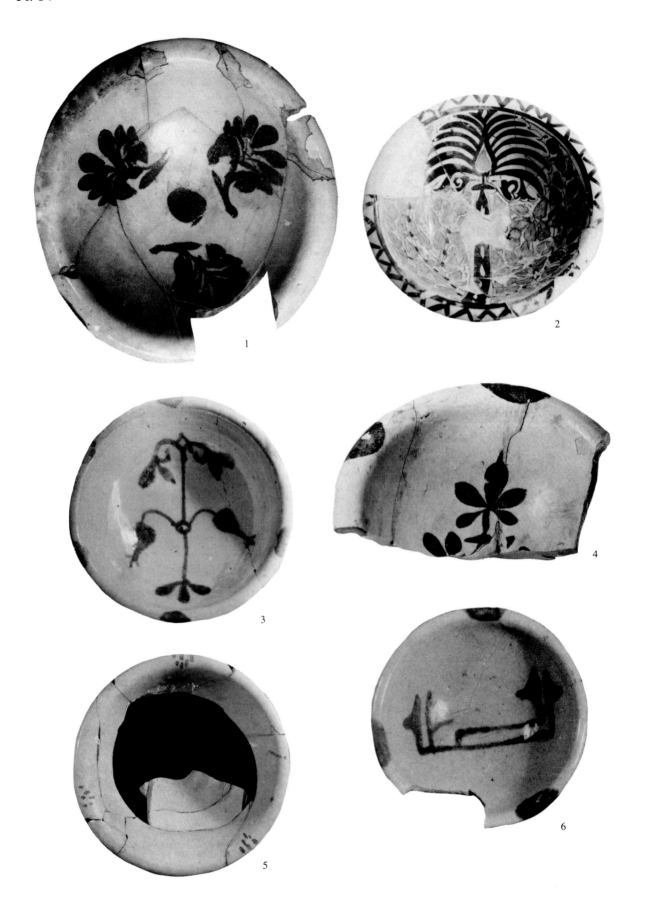

1-5 : céramique proche-orientale d'importation. 6 : coupe de production locale (imitation) (IXe s.).

Pl. 85

Céramique d'importation (IXe-Xe ss.).

Pl. 86

Coupes peintes à l'engobe sous glaçure (Xe s.).

Pl. 87

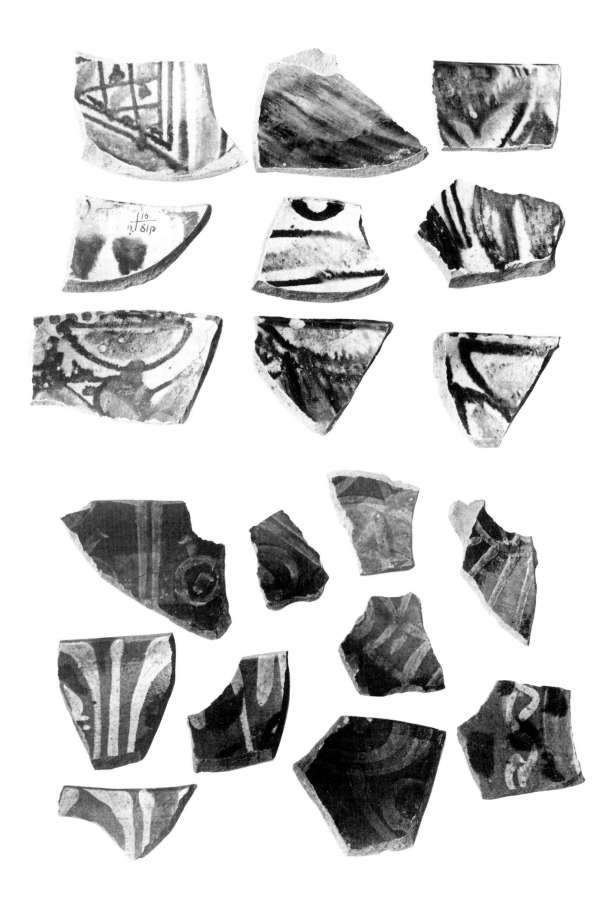

Fragments de coupes peintes à l'engobe sous glaçure (Xe s.).

Pl. 88

Coupes peintes à l'engobe sous glaçure (Xe s.).

Coupes monochromes et polychromes sous glaçure (XIe-XIIe ss.).

Pl. 89

Pl. 90

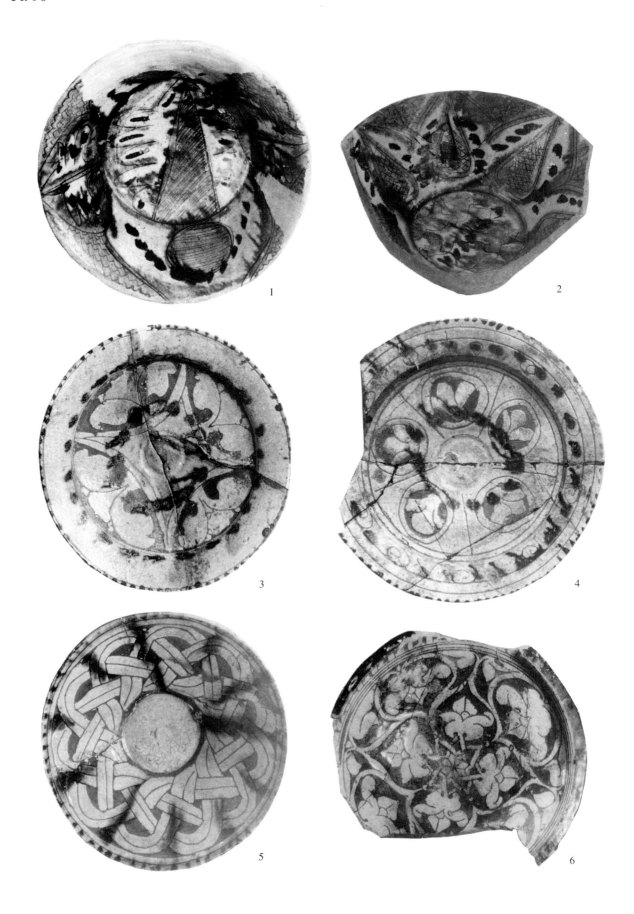

Coupes monochromes et polychromes sous glaçure (XIe-XIIe ss.).

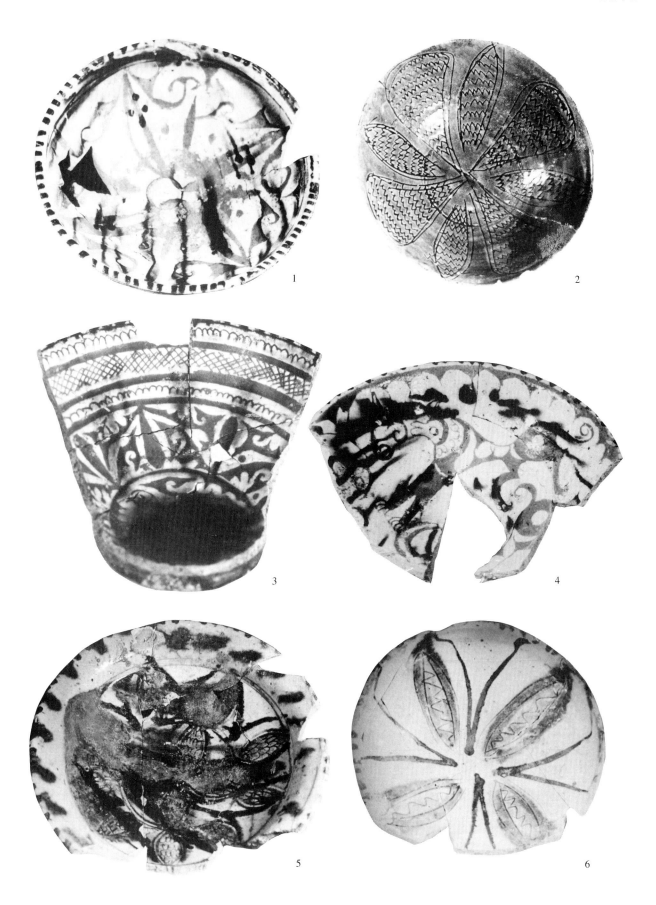

Pl. 91

Coupes monochromes et polychromes sous glaçure (XIe-XIIe ss.).

Pl. 92

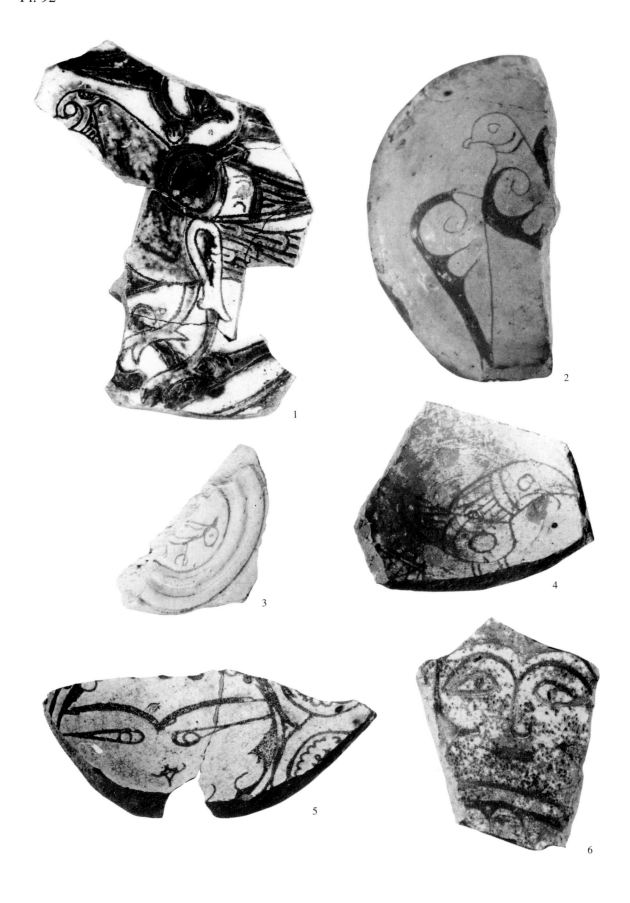

Fragments de coupes à décor sous glaçure représentant des oiseaux, des animaux et des êtres humains (XIIe-XIIIe ss.).

Coupes monochromes (XIIe-XIIIe ss.).

Pl. 93

Pl. 94

Coupes monochromes et polychromes (XIIe-XIIIe ss).

Pl. 95

Lampes. 1, 4-6 : XIIe-XIIIe ss. ; 2, 3 : IXe s.

Pl. 96

Cruches glaçurées (XIe-XIIIe ss.).

Pl. 97

Faïence de production locale. 1, 3 : vases (XIIe-XIIIe ss.). 2, 4, 5 et 6 : coupes (XIe-XIIe ss.) .

Pl. 98

Faïence de production locale (XIIe-XIIIe ss.).

Pl. 99

Faïence importée (XIIe-XIIIe ss.).

Pl. 100

1

2

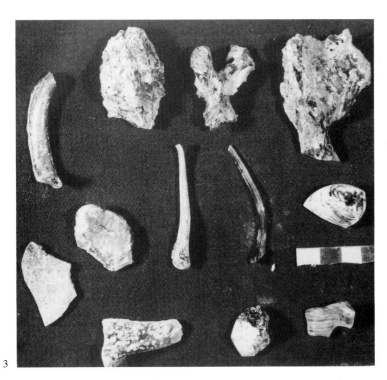

3

4

1 : vestiges d'un four de verrier dans la salle à colonnes du palais du *catholicos* du Ve s. (début du VIIe s.). 2-4 : scories et tessons provenant du rebut de l'atelier.

Pl. 101

1-3 : coupes et flacon polis. 4-5, 8-9 : verre et flacons. 6-7 : verre "millefiori"

Pl. 102

1-2, 4 : objets en verre des VIe-VIIe ss. 3 : dessin de couleur brune peint sur une coupe (VIe-VIIe ss.).

Pl. 103

Vaisselle de verre (IXe s.).

Pl. 104

1-4 : coupes et verre. 5-7 : lampes (IXe s.).

Pl. 105

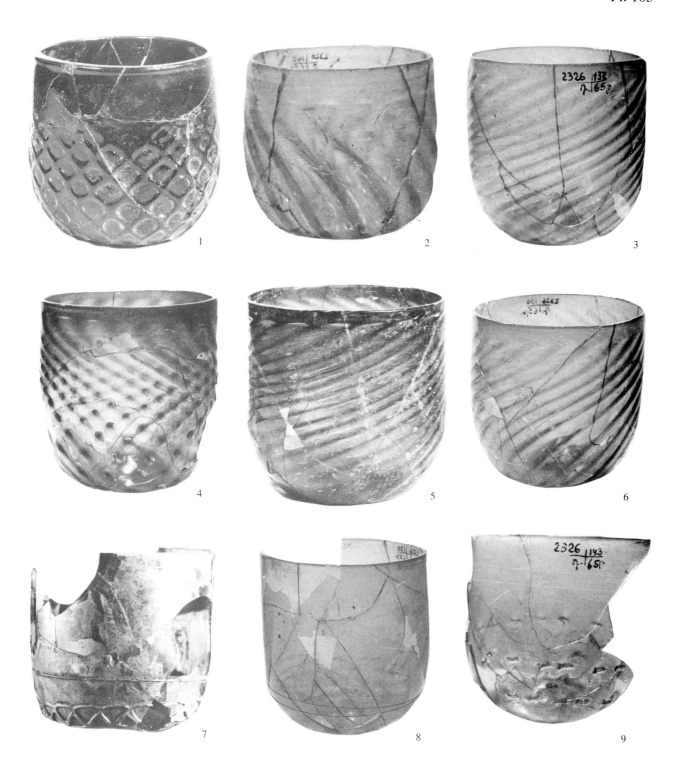

Coupes et verres en forme de tulipe (IXe s.).

Pl. 106

Lampes (IXe s.).

Pl. 107

Petite cruche, fiole et coupes de verre (Xe-XIIe ss.).

Pl. 108

1-3 : verres (XIe-XIIIe ss.).   4 : flacon à décor en forme de plume (haut Moyen Age).   5-6 : récip. décorés de fils et de gouttes (XIIe-XIIIe ss.).

Pl. 109

1. coupe à fond décoré (IXe s.). 2-4 : alambics (IXe-XIIIe ss.).

Pl. 110

1-8 : couteaux, outils. 9 : lampe (VIIIe-XIIIe ss.).

Pl. 111

1 : cotte de mailles. 2 : élément d'armure. 3 : représentation de Goliath sur le mur de l'église d'Aghtamar (Xe s.). 4-5 : pointes de flèche (IXe-XIIIe ss.).

Pl. 112

Vaisselle de cuivre (XIIe-XIIIe ss.).